Friedrich K. Barabas

Beratungsrecht

Ein Leitfaden für Beratung, Therapie
und Krisenintervention

Fachhochschulverlag
DER VERLAG FÜR ANGEWANDTE WISSENSCHAFTEN

Friedrich K. Barabas
Beratungsrecht
Ein Leitfaden für Beratung, Therapie
und Krisenintervention
Band 72
ISBN 3-931297-46-2

Der Verlag für Angewandte Wissenschaften
Frankfurt am Main

Typografische Konzeption:
Christoph Roether, Zürich
DTP: Michael Becker und Sven Oefner,
Studenten am Fachbereich Feinwerktechnik
der Fachhochschule Frankfurt am Main,
auf Apple Macintosh PowerPC im
Layoutprogramm FrameMaker 5.5.6
Druck: Elektra, 65527 Niedernhausen

Bestellungen
Das Buch kostet inkl. Porto und Versandkosten 34,– DM.
Bestellungen bitte unter der Angabe »Band 72«
per Post, Fax, E-Mail oder Telefon an den Verlag
Kleiststraße 31
60318 Frankfurt am Main
Telefax (0 69) 15 33 – 28 40
Telefon (0 69) 15 33 – 28 20
E-mail: fhverlag@verlag.fh-frankfurt.de

INHALT

ABKÜRZUNGSVERZEICHNIS

a.A.	anderer Ansicht
a.F.	alte Fassung
Abs.	Absatz
AG	Amtsgericht
AGJ	Arbeitsgemeinschaft für Jugendhilfe
Anm.	Anmerkung
AnwBl.	Anwaltsblatt
ArbG	Arbeitsgericht
ArbGG	Arbeitsgerichtsgesetz
ArchsozArb	Archiv für Wissenschaft und Praxis der sozialen Arbeit
Art.	Artikel
ASD	Allgemeiner Sozialdienst
AT	allgemeiner Teil
Aufl.	Auflage
Az.	Aktenzeichen
BAFöG	Bundesausbildungsförderungsgesetz
BAG	Bundesarbeitsgericht
BAG LJÄ	Bundesarbeitsgemeinschaft der Landesjugendämter
BayOblG	Bayerisches Oberstes Landesgericht
BB	Betriebs-Berater
Bd.	Band
BdP	Berufsverband Deutscher Psychologen
Begr.	Begründung
BeschSG	Beschäftigungsschutzgesetz
BGB	Bürgerliches Gesetzbuch
BGBl	Bundesgesetzblatt Teil I
BGH	Bundesgerichtshof
BGHSt	Bundesgerichtshof, Entscheidungen in Strafsachen
BR-Drs.	Drucksache des Bundesrates
BRAO	Bundesrechtsanwaltsordnung
BRD	Bundesrepublik Deutschland
BSG	Bundessozialgericht
BSGE	Amtliche Sammlung der Entscheidungen des Bundessozialgerichts
BSHG	Bundessozialhilfegesetz
BT-Drs.	Drucksache des Bundestages
BtBG	Betreuungsbehördengesetz
BtG	Betreuungsgesetz
BtMG	Gesetz über den Verkehr mit Betäubungsmitteln
BtPrax	Betreuungsrechtliche Praxis
BVerfG	Bundesverfassungsgericht
BVerfGE	Amtliche Sammlung der Entscheidungen des Bundesverfassungsgerichts
BVerwG	Bundesverwaltungsgericht
BVerwGE	Amtliche Sammlung der Entscheidungen des Bundesverwaltungsgerichts
bzw.	beziehungsweise
ca.	cirka
d.h.	das heißt
DAngVers	Die Angestelltenversicherung
DAVorm	Der Amtsvormund
DIV	Deutsches Institut für Vormundschaftswesen
DÖV	Die öffentliche Verwaltung
DVBl.	Deutsches Verwaltungsblatt
DVJJ	Zeitschrift für Jugendkriminalität und Jugendhilfe

DVO	Durchführungsverordnung
e.V.	eingetragener Verein
Einf.	Einführung
ErbGleichG	Erbrechtsgleichstellungsgesetz
etc.	et cetera
FamRZ	Zeitschrift für das gesamte Familienrecht
f, ff	folgende
FGG	Gesetz über Angelegenheiten der freiwilligen Gerichtsbarkeit
FR	Frankfurter Rundschau
FuR	Familie und Recht
GA	Goltdammer's Archiv für Strafrecht
GewO	Gewerbeordnung
GG	Grundgesetz für die Bundesrepublik Deutschland
GRUR	Gewerblicher Rechtsschutz und Urheberrecht
GVBl.	Gesetz und Verordnungsblatt
GWG	Gesellschaft für wissenschaftliche Gesprächsführung
h.M.	herrschende Meinung
HPG	Heilpraktikergesetz
Hrsg.	Herausgeber
i.S.	im Sinne
i.V.m.	in Verbindung mit
JA	juristische Arbeitsblätter
JGG	Jugendgerichtsgesetz
JuS	Juristische Schulung
JZ	Juristenzeitung
Kap.	Kapitel
KG	Kammergericht
KGSt	Kommunale Gemeinschaftsstelle für Verwaltungsvereinfachung
KindRG	Kindschaftsreformgesetz
KJ	Kritische Justiz
KJHG	Kinder- und Jugendhilfegesetz
Kl.	Kläger
LAG	Landesarbeitsgericht
LG	Landgericht
LSG	Landessozialgericht
m.w.N.	mit weiteren Nachweisen
MDR	Monatsschrift für Deutsches Recht
MedR	Medizinrecht
Mio.	Millionen
n.F.	neue Fassung
NDV	Nachrichtendienst des Deutschen Vereins
NJW	Neue Juristische Wochenschrift
np	Neue Praxis
Nr.	Nummer
NRW	Nordrhein-Westfalen
NStZ	Neue Zeitschrift für Strafrecht
NZS	Neue Zeitschrift für Sozialrecht
OLG	Oberlandesgericht
OVG	Oberverwaltungsgericht

Prax. Kinderpsychol. Kinderpsychiatr.	Praxis der Kinderpsychologie und Kinderpsychiatrie (Zeitschrift)
PrOVGE	Entscheidungen des Preußischen Oberverwaltungsgerichts
PsychKG	Psychisch-Kranken-Gesetz
PsychThG	Psychotherapeutengesetz
R&P	Recht und Psychiatrie
RBerG	Rechtsberatungsgesetz
RdJB	Recht der Jugend und des Bildungswesens
RsDE	Beiträge zum Recht der sozialen Dienste und Einrichtungen
SchKG	Schwangerschaftskonfliktgesetz
SGB I	Sozialgesetzbuch – Allgemeiner Teil
SGB V	Sozialgesetzbuch – Gesetzliche Krankenversicherung
SGB VIII	Sozialgesetzbuch – Kinder- und Jugendhilfe
SGBX	Sozialgesetzbuch – Verwaltungsverfahren
SGG	Sozialgerichtsgesetz
st.Rspr.	ständige Rechtsprechung
StGB	Strafgesetzbuch
StPO	Strafprozessordnung
StV	Strafverteidiger
u.a.	unter anderem
u.U.	unter Umständen
Urt.	Urteil
usw.	und so weiter
UWG	Gesetz gegen den unlauteren Wettbewerb
VersR	Versicherungsrecht
VG	Verwaltungsgericht
VGH	Verwaltungsgerichtshof
vgl.	vergleiche
VO	Verordnung
Vorbem.	Vorbemerkung
VSSR	Vierteljahresschrift für Sozialrecht
VwGO	Verwaltungsgerichtsordnung
WHO	World Health Organization (Weltgesundheitsorganisation)
z.B.	zum Beispiel
z.T.	zum Teil
ZAR	Zeitschrift für Ausländerrecht und Ausländerpolitik
ZfF	Zeitschrift für das Fürsorgewesen
ZfJ	Zentralblatt für Jugendrecht
ZfSH	Zeitschrift für Sozialhilfe und Sozialgesetzbuch
Ziff.	Ziffer
zit.	zitiert
ZPO	Zivilprozessordnung
ZRP	Zeitschrift für Rechtspolitik

1 EINLEITUNG

Das Buch befasst sich mit den expandierenden Beratungssystemen in der Bundesrepublik Deutschland und dem Beratungsrecht. Es ist interessant zu beobachten, wie die Beratungssysteme ausgebaut und rechtlich abgesichert werden. Wenn es richtig ist, dass jeder Mensch im Laufe seines Lebens aus den unterschiedlichsten Gründen einer Beratung bedarf, dann muss dies auch rechtliche Konsequenzen haben. Die Antwort des Gesetzgebers auf die sich stetig verkomplizierenden Lebensverhältnisse mag man beklagen oder bedauern. Die allgemeine Unübersichtlichkeit, sei es im Recht, sei es in den persönlichen und beruflichen Lebenszusammenhängen, führt zu mehr Beratungsbedarf. Wenn es »einen faktischen Bedarf an Beratung gibt, der ein gewisses Maß an Qualität und Quantität erreicht, dann wächst diesem Umstand zugleich auch eine eigenständige rechtliche Dimension zu« (Schulin/Gebler 1992, 33, 68).
In dem Maße, in dem Beratung juristischen Regularien unterworfen wird, sind rechtliche Kompetenzen der Beraterinnen und Berater erforderlich. Juristische Kenntnisse spielen in vielfältigen Beratungssituationen eine erhebliche Rolle. Man stelle sich vor: In einem Jugendamt spricht eine Familie vor, die völlig eingeschüchtert und verängstigt ist. Die Kinder haben Schulschwierigkeiten, eine Tochter droht in das Zuhältermillieu abzugleiten, die Wohnung wurde gekündigt und die Finanzprobleme sind erdrückend. Wenn die beratende Sozialpädagogin weder eine zulängliche Vorstellung davon hat, welche Rechtsansprüche das Bundessozialhilfegesetz einräumt, noch besonders bewandert im Kinder- und Jugendhilfegesetz ist, dann wird die Beratung zur Farce und endet zwangsläufig in einem Fiasko.
Bei Durchsicht der juristischen Literatur und der Rechtsprechung zu Fragen des »Beratungsrechts« fällt zunächst auf, dass es eine erhebliche *Rechtszersplitterung* gibt, die einen einfachen und schnellen Zugriff auf die Materie nicht erlaubt. Rechtliche Regelungen, die sich direkt oder mittelbar mit Beratung befassen, finden sich in fast allen Rechtsgebieten. Die Sozialgesetze, das bürgerliche Recht, das Strafrecht, strafrechtliche Nebengesetze, Verfahrensgesetze usw. enthalten Normen, die das Beratungswesen gestalten und strukturieren. Die rechtlichen Schwerpunkte können je nach Blickwinkel folgendermaßen aufgeteilt werden: Rechtsnormen, die sich vornehmlich mit den berufsrechtlichen Problemen der professionellen Berater befassen, und andererseits Vorschriften, die für die Ratsuchenden von besonderer Bedeutung sind. Eine scharfe Trennung lässt sich freilich nicht vornehmen, da vielfältige Überschneidungen existieren.
Schon der *berufsrechtliche Komplex* – die strafrechtlich bewehrte Schweigepflicht, der Sozialdatenschutz sowie die Zeugnisverweigerungs-

rechte in der sozialen Arbeit – macht dies hinreichend deutlich. Der Schutz des Vertrauensverhältnisses zwischen Berater und Klient nützt nämlich beiden. Der Klient kann sich vertrauensvoll öffnen, während der Berater das ihm entgegen gebrachte Vertrauen nicht zu enttäuschen braucht, weil er z.B. die Strafverfolgungsbehörden über Straftaten des Ratsuchenden nicht informieren muss. Hilfesuchende erwarten nämlich von ihren Beratern, dass sie ethische Standards einhalten.[1] Sie wollen nicht als Objekte für Experimente oder zur Befriedigung von Helferbedürfnissen missbraucht werden. Jedes Jahr werden in England und in den Vereinigten Staaten Berater verurteilt, weil sie das Gebot der Vertraulichkeit gebrochen haben. »Die bei weitem am häufigsten ausgedrückte Befürchtung von Klienten bezieht sich auf die Vertraulichkeit ihrer Gespräche. Sie befürchten, dass ein Helfer die Tatsache, dass sie bei ihm Hilfe suchen, nicht für sich behält, und dass er die Details des Hilfeprozesses mit Dritten bespricht. Besondere Sorge gilt der Möglichkeit, dass ein Mitglied der eigenen Familie oder der Arbeitgeber informiert wird. Das gilt besonders, wenn Minderjährige sich an einen Berater wenden, der dann aus objektiv mehr oder weniger guten Gründen die Eltern informiert« (Murgatroyd, 61).

Das *Vertrauensverhältnis* ist in den sozialen Berufen – wie in allen anderen dienstleistenden Berufen – ein entscheidendes Indiz für professionalisierte Berufsvollzüge. Vertrauen ist ein Mechanismus zur Reduktion sozialer Komplexität. »Differenzierte und mobile Sozialordnungen stellen hier besonders hohe Anforderungen, die nur erfüllt werden können, wenn nicht nur das Vertrauen, sondern auch das Lernen des Vertrauens gelernt werden kann« (Luhmann 1989, 29). Der Stellenwert des Vertrauensverhältnisses zwischen Klient und den beruflich Tätigen in der sozialen Arbeit hat sich in den vergangenen 25 Jahren entscheidend verändert.[2] Es ist in wichtigen Berufsfeldern der sozialen Arbeit rechtlich anerkannt und abgesichert.

Der *Schutz des Sozialgeheimnisses* unterstreicht auch die bei der Schaffung des Sozialgesetzbuches getroffene Grundsatzentscheidung, wonach die Sozialdaten einem erhöhten, dem Steuergeheimnis vergleichbaren Schutz unterliegen sollen. Das Finanzamt kann vom begüterten Steuerpflichtigen eine offene Darlegung seiner Verhältnisse nur verlangen, wenn es zugleich eine diskrete Handhabung dieser Information zusichert. Im sozialen Rechtsstaat muss diese Umgangsform auch für die Empfänger von Sozialleistungen gelten. Der bewusste Umgang

---

[1] Vgl. beispielsweise den Entwurf für ethische Richtlinien der Gesellschaft für wissenschaftliche Gesprächspsychotherapie (1998). Die Richtlinien sollen u.a. dem »Schutz von Klientinnen und Klienten vor unethischer Anwendung der klientenzentrierten Psychotherapie und Beratung durch alle therapeutisch, beraterisch und in der Ausbildung tätigen Mitglieder des Verbandes« dienen; vgl. auch Schneider (1999).

[2] Zum Stellenwert des Vertrauens für das soziale Handeln vgl. Schweer (1997).

mit personenbezogenen Daten und der Schweigepflicht hat deutlich zugenommen.
Eine andere Eigenschaft, die Hilfesuchende von ihren Beraterinnen fordern, ist *Kompetenz*. Die Klienten erwarten von den »Helfern«, dass sie wissen, was sie tun. Sie möchten sicher gehen, dass diese ihr Handwerk im Umgang mit Problemen beherrschen und dass sie den Prozess der helfenden Beziehung einschätzen können. Berater, die dieses Zutrauen in ihre Qualifikationen nicht vermitteln können, werden im Beratungsprozess nur selten Erfolg haben (Murgatroyd 1993).

Aus der Fülle der Rechtsprobleme, die sich bei einer Beratung stellen können, werden folgende juristische Fragestellungen bearbeitet:[1]

- Vorab soll den gesellschaftlichen Ursachen nachgegangen werden, die zu dem erstaunlichen Beratungsboom geführt haben (Kap. 2).
- Alsdann werden die *Rechtsansprüche* auf Beratung im sozialen Bereich systematisiert dargestellt. Es erweist sich, dass zahlreiche Rechtsansprüche auf Beratung im Recht der Bundesrepublik Deutschland vorhanden sind, mit allerdings deutlich unterschiedlicher Qualität und Zielrichtung. Sie reichen von einer eher rechtlichen Beratung bis hin zu Rechtsansprüchen auf psycho-soziale und psychologische Beratung sowie auf therapeutische Leistungen (Kap. 3).
- Ein schwieriges Problem der Sozialberatung ist *die Überschneidung mit verwandten Beratungsangeboten*. Es geht um Abgrenzung, Konkurrenz, aber auch um Zusammenarbeit mit den Angehörigen ärztlicher, anwaltlicher und psychologischer Berufe.
Die Fachkräfte in der sozialen Arbeit neigen dazu, ihre Kompetenzen herunterzuspielen, konkret: Es »vereinfacht« die Arbeit und verschiebt Verantwortlichkeit, wenn sich beispielsweise hinter der Behauptung versteckt wird, Rechtsberatung in der sozialen Arbeit sei ausgeschlossen und therapeutische Beratung den Fachärzten, den Psychologischen Psychotherapeuten sowie den Kinder- und Jugendlichenpsychotherapeuten vorbehalten. Auf diese Art und Weise kann man sich relativ komplikationslos einen »unangenehmen Fall vom Halse schaffen«. Beide Behauptungen sind in dieser Form aber unrichtig. Sie dienen zwar der subjektiven Erleichterung, weichen aber fachliche Standards auf und wirken professionsschädigend.
  - Die Analyse der juristischen Rahmenbedingungen – insbesondere des *Rechtsberatungsgesetzes* – ergibt, dass rechtliche Beratung durchaus eine Angelegenheit der sozialen Arbeit ist (Kap. 4).

[1] Die Rechtsgebiete und die juristischen Probleme im Zusammenhang mit dem Beratungswesen sind vielfältig, vgl. hierzu die Veröffentlichungen der Bundeskonferenz für Erziehungsberatung, insbesondere »Rechtsfragen in der Beratung« (1997b).

- Psycho-soziale Beratung (Kap. 5) – auch mit psychologischen Methoden – ist eine genuine Aufgabe der sozialen Arbeit. Die Grenzen bzw. Schnittstellen, die sich aus dem *Psychotherapeutengesetz* und dem Heilpraktikergesetz ergeben, werden näher beleuchtet (Kap. 6).

■ Mit der Feststellung, dass in der sozialen Arbeit in ganz erheblichem Umfang juristisch beraten wird und auch psychologische Methoden angewendet werden dürfen, stellt sich sogleich die Frage nach den *fachlichen Standards* und den erforderlichen Qualifikationen der Beraterinnen. Ist der Rechtsanspruch eines Bürgers auf – sagen wir einmal – Trennungs- und Scheidungsberatung erfüllt, wenn die Beraterin mit dem Hinweis – »bin auch schon einmal geschieden worden, alles halb so schlimm« – aufwartet? Ganz sicher nicht.
Es soll genauer aufgearbeitet werden, welche fachlichen und methodischen Anforderungen das Recht an die Beratung stellt (Kap. 7).

■ Falsche, unvollständige und schlechte Beratung hat Konsequenzen im *Haftungsrecht*. Der Gesetzgeber und vor allen Dingen die Gerichte haben nach und nach anerkannt, dass für Fehl- und Falschberatung gehaftet wird. Das gilt zunehmend für Anwältinnen und Ärzte, aber auch für die Fachkräfte in der Beratung. Durch diese Entwicklung hat Beratung ihre Beliebigkeit verloren (Kap. 8).

■ Ein Problem, mit dem Beraterinnen häufig konfrontiert werden, ist, wie sie sich in *Krisensituationen* gegenüber ihren Klienten verhalten oder mit suizidgefährdeten Menschen, die in Gefahr sind, ihre Gesundheit zu ruinieren, umgehen müssen. Es stellt sich die Frage nach ihrer »Aufsichtspflicht« und danach, in welcher Weise sie ihre Klienten vor sich selbst schützen müssen (Kap. 9).

■ Schließlich wird im abschließenden Kapitel nach dem rechtlichen Schutz des beraterischen *Vertrauensverhältnisses* durch den Sozialdatenschutz, die strafrechtlich bewehrte Schweigepflicht sowie durch die Zeugnisverweigerungsrechte gefragt (Kap. 10).

Insgesamt sind es juristische Fragestellungen, die in der Praxis immer wieder thematisch sind und die Beraterinnen in ihren konkreten Berufsvollzügen häufig verunsichern. Ihre Unsicherheit resultiert auch aus dem Umstand, dass der rechtliche Rahmen der Beratung weder besonders transparent, noch eine durchschaubare Gesamtsystematik vorhanden ist. Ein Weiteres: Die in diesem Buch bearbeiteten Rechtsprobleme decken nur einen Teil des »Beratungsrechtes« ab. Für die Schuldnerberatung z.B. gelten von der Sache her andere juristische Normen als für die Erziehungs- oder Drogenberatung. Die Darstellung beschränkt sich daher auf wichtige, gemeinsam für viele Arten und Formen der Beratung geltende rechtliche Regelungen.

Eine juristische Gesamtsystematik des »Beratungsrechts« würde die vorgelegte Publikation, den Rahmen einer Einführung sprengen. Die in den 70er Jahren veröffentlichten Schriften zur Problematik »Recht und Beratung« von Giese/Melzer (1974) sowie von Schuschke (1979) haben sich ebenfalls auf bedeutsame Ausschnitte des Beratungsrechts beschränkt. Dies gilt auch für das von der Bundeskonferenz für Erziehungsberatung 1997 herausgegebene Buch »Rechtsfragen in der Beratung«.

Forderungen nach Professionalisierung der Ausbildung sowie nach Qualitätssicherung in der Beratung sind angesichts der Ausweitung der Beratungssysteme und ihrer wichtigen gesellschaftlichen Bedeutung dringend einzulösen. Beratung darf auch nicht im rechtsfreiem Raum stattfinden. Rechtsansprüche, Rechtssicherheit, rechtlich verbindliche Ausbildungsgänge, juristisch durchsetzbare methodische und fachliche Standards müssen im Interesse der Ratsuchenden aber auch der Ratgeber geschaffen werden. Befürchtungen, die juristischen Regelungen lähmten und blockierten die Eigeninitiative und Selbstverantwortung der Individuen, sind nicht stichhaltig. Es wird in diesem Zusammenhang vergessen, dass mit der Verrechtlichung erwartbare Leistungen und Standards im Beratungssektor durchgesetzt werden, ein wichtiger Beitrag, die Risiken moderner Gesellschaften abzupuffern (Barabas 1998b).

2 BERATENDE TÄTIGKEITEN IN DER BUNDESREPUBLIK DEUTSCHLAND

Beratung, wer wollte es bestreiten, bedarf heutzutage fast jeder. Nicht nur in Krisen- und Konfliktsituationen besteht die Notwendigkeit Rat einzuholen, schon alltägliche, triviale Lebensereignisse überfordern häufig die Menschen in modernen Gesellschaften. Es hat den Anschein, als sei das Leben in einer Weise unübersichtlich geworden, dass es ohne fachlich-kompetente Beratung nicht mehr hinreichend steuerbar ist.

2.1 Wachsender Beratungsbedarf

Bereits ein Blick in die Rubrik »Rat und Hilfe« der Frankfurter Rundschau lässt die Dimensionen der beratenden Tätigkeit erkennen. Öffentliche und private Träger bieten zu zahlreichen Frage- und Problemstellungen fachlichen, professionellen Rat an. Ausmaß und Spektrum sind wirklich erstaunlich[1]:

- Frauenberatungsstelle;
- Beratungsstelle für Suchtgefährdete und Angehörige;
- Jugend- und Drogenberatung;
- Psychosoziale Gesprächs-, Kontakt- und Beratungsstelle;
- Lebenshilfe für geistig und mehrfach Behinderte: Beratung und Informationen für Jugendliche und Erwachsene;
- Kinder-Jugend-Elternberatungsstelle;
- Evangelisches Beratungszentrum: Psychologische Beratungsstelle;
- Sexualberatung/Familienplanung Pro Familia;
- Sozialberatung für Italiener;
- Beratung für Morbus Bechterew-Erkrankte;
- Ehe-, Familien- und Lebensberatungsstelle des Caritasverbandes;
- Persönliche Beratung durch Telefonseelsorge;
- Beratung für Kriminalitätsopfer;
- Beratung durch die Deutsche Multiple-Sklerose-Gesellschaft;
- Beratung durch Aids-Hilfe;
- Verhütungsmittelberatung;
- Schwangerschaftskonfliktberatung;
- Beratung durch den Kinderschutzbund;
- Psychologische Beratung für Mobbing-Opfer;
- Krisenberatung im Internet;

[1] Im März 1999 teilte die Frankfurter Rundschau mit: Unsere Rat- und Hilfeseite ist voll. Wir können zwar alte Einträge ändern, aber keine neuen aufnehmen und das Platzangebot zu erweitern, ist derzeit nicht möglich, denn: Guter Rat und mehr Platz sind teuer.

- Konfliktberatung im Strafrecht;
- Beratung von Stieffamilien;
- Beratung durch ›Sorgentelefon Scheidung‹;
- Opfer- und Zeugenberatung;
- Beratung für vergewaltigte Frauen und Mädchen;
- Beratung durch den Club Behinderter und ihrer Freunde;
- Fachberatungsstelle für sexuell missbrauchte Frauen und Mädchen;
- Mieterberatung;
- Schuldnerberatung;
- Beratung für geistig Behinderte;
- Beratungsstelle »Frauen helfen Frauen«;
- Beratung durch die Jugendgerichtshilfe;
- Zeugnisberatung für Kinder- und Jugendliche;
- Beratung für Alkoholgefährdete und Angehörige;
- Beratung durch aufsuchende Drogenberatung;
- Beratung für Trauernde;
- Beratung für Frauen und Mädchen durch den Verein »Frauen helfen Frauen« bei Trennung, Scheidung, Beziehungs- und Partnerschaftsproblemen sowie bei psychischer und physischer Misshandlung;
- Beratung für Jugendliche in Berufsnot;
- Verbraucherberatung;
- Beratung für Herzkranke;
- Altenberatung;
- Rentenberatung;
- Beratung für Alzheimer-Kranke und Angehörige;
- Beratung für Homosexuelle;
- Sozialberatung;
- Erziehungsberatung;
- Allgemeine Lebensberatung;
- Beratung für Angehörige psychisch kranker Menschen;
- Beratung für Alleinerziehende;
- Jugendliche für Jugendliche: Ein Beratungsangebot am Telefon;
- Bei Anruf Rat;
- Beratung und Therapie für Migranten.

Dieser »Beratungskatalog« ist keineswegs vollständig und bezieht sich in erster Linie auf eher individuelle Problemkonstellationen. Er zeigt aber eindrucksvoll, dass Beratung heutzutage so vielschichtige Formen angenommen hat, dass von einem Massenphänomen die Rede sein muss: Für fast jedes Problem wird Beratung angeboten. Der Katalog lässt aber auch erkennen, dass das Beratungsangebot unübersichtlich geworden ist.[1]

[1] In einigen Großstädten existieren inzwischen Beratungsführer, die den Zugang zu den Beratungsangeboten erleichtern sollen. So ist in Frankfurt am Main ein Leitfaden über die Möglichkeiten fremdsprachiger psycho-sozialer Beratung in Frankfurt und Umgebung herausgegeben worden. Der Leitfaden enthält weit über 100 Beraterinnen und Berater, die in 32 verschiedenen Sprachen psycho-soziale Hilfen, Beratungen und Unterstützungen anbieten (Stadt Frankfurt am Main u.a. 1997).

Aus diesem Grunde wurden *regionale Sozialbüros* gegründet (Reis, Bartelheimer u.a. 1998) oder sind in Planung. Sie sollen die Transparenz des Beratungsangebotes gewährleisten. Den Ratsuchenden soll in Lebenssituationen, die durch »Mehrfachnotlagen« (Arbeitslosigkeit, verminderter Lebensstandard, Schulden, drohender Wohnungsverlust, Ehe- und Beziehungsprobleme, Schwierigkeiten in der Kindererziehung, körperliche und psychische Erkrankungen, Trauer etc.) charakterisiert sind, durch ein niederschwelliges Beratungsangebot in den Sozialbüros geholfen werden. Ziel dieser Einrichtungen ist es:

- die vorhandenen Ressourcen und Strukturen im Bereich sozialer Beratung und Information zu bündeln und zu vernetzen;
- den Zugang zu sozialen Informationen und zu einer Beratung zu erleichtern;
- eine Wegweiserfunktion durch die Hilfesysteme anzubieten;
- eine enge Kooperation der öffentlichen Jugendhilfe und Sozialhilfeverwaltung sowie der freien Träger sozialer Dienste aufzubauen;
- durch individuelle Beratung und Hilfeplanung die Chancen für die Betroffenen zu erhöhen, um unabhängig von Sozialhilfe leben zu können.

Systematisiert lassen sich Beratungsangebote nach Problem-Erfahrungsfeldern und nach den jeweiligen spezifischen Lösungsangeboten darstellen:

Problem-Erfahrungsfelder[1]

Lösungsangebote	Lebenswelterfahrung	Beziehungserfahrung	Selbsterfahrung
Information und Orientierung	Typ 1 Sachberatung in den Gebieten Beruf, Arbeit, Recht, Verwaltung, Institutionen, Gesundheit …	Typ 2 Ehevorbereitungsberatung, Sexualberatung, klassische Erziehungsberatung …	Typ 3 Berufsberatung, Begabungsberatung, diagnostische Beratung, Gesundheitsberatung, Eignungsberatung …
Klärung und Deutung	Typ 4 Klärende Beratung in Politik, Verwaltung, Gemeinwesen, Wirtschaft …	Typ 5 Paarberatung, Familienberatung, Personalberatung, Organisationsberatung, Institutionsberatung …	Typ 6 Psychotherapeutische Beratung, Krisenberatung, Sterbeberatung, Selbstklärung, existentielle Beratung …
Handlung und Bewältigung	Typ 7 Schuldnerberatung, Beratung über effektiven Umgang mit Institutionen, Behörden, Verwaltung …	Typ 8 Mediationsberatung, Trennungsberatung, lösungsorientierte Familienberatung, Verhaltensmodifikationen bei Paaren und Familien …	Typ 9 Gesundheitsberatung, Stressberatung, Mediationstechniken, Verhaltensmodifikationen bei seelischen und körperlichen Störungen …

1 Diese Zusammenstellung der Problem-Erfahrungsfelder sowie der Lösungsangebote wurde aus Sander (1998) übernommen.

Diese Übersicht verdeutlicht, dass das Spektrum der Beratungstätigkeit von der Informationsvermittlung bis zur Bewältigung von seelischen und körperlichen Krisen reicht und auf Probleme reagiert, die durch Lebenswelt, Beziehungen und das Individuum selbst bedingt sind. Es wird auch klar, dass die beruflichen Einsatzfelder für Beratung ausweitbar sind und Probleme der Politik, Verwaltung, Wirtschaft etc. implizieren sowie die Individuen mit ihren vielfältigen Beziehungs- und Selbsterfahrungen umfassen.

Beratung ist zu einem unverzichtbaren Handlungskonzept sozialer Arbeit geworden und beschränkt sich längst nicht mehr auf Randgruppen, sondern erfasst prinzipiell alle gesellschaftlichen Bevölkerungsschichten (zur Beratung im Wandel vgl. Marschner 1999). Auch ein Oberlandesgerichtsrat, dessen Ehe in die Brüche zu gehen droht, ist klug beraten, wenn er sich an entsprechende Institutionen wendet, um möglicherweise einem familiären Desaster zu entgehen. Renten-, Frauen-, Schuldner-Alten-, Sozial-, Schwangerschaftskonflikt-, Familien-, Erziehungsberatung richten sich prinzipiell an alle Bürgerinnen und Bürger und werden nicht nur von sog. gesellschaftlichen Risikogruppen in Anspruch genommen.

2.2 Nachfrage und Inanspruchnahme von Beratungsangeboten

Es sind in der Bundesrepublik Deutschland keine Statistiken vorhanden, die die Beratungsangebote, den Beratungsbedarf oder die tatsächliche Nachfrage insgesamt dokumentieren (Paritätischer Wohlfahrtsverband 1996). Allerdings gibt es für bestimmte Beratungstätigkeiten zuverlässige Angaben über Art und Umfang der Beratung. Das gilt insbesondere für die Jugendhilfe.

Nach dem Kinder- und Jugendhilfegesetz werden neben anderen Daten jährlich die erzieherischen Hilfen statistisch erfasst. In dieser Bundesstatistik werden auch die Daten zur *institutionellen Beratung* aufbereitet. Darunter fallen alle von Beratungsstellen während eines Jahres abgeschlossenen Fälle von Erziehungs-, Familien-, Jugend- und Suchtberatung in der Jugendhilfe.

Mit diesen Erhebungen über den Umfang der Inanspruchnahme von Erziehungsberatungstellen und anderen Beratungsdiensten soll ein Überblick, in welchem Umfang diese Dienste zur Bewältigung individueller und familiärer Probleme beitragen, gewonnen werden. Die Statistik erfasst die persönlichen Merkmale der jungen Menschen, die beraten werden. Sie enthält Hinweise auf die Familiensituation und Anhaltspunkte über *die durchgeführten Beratungen*.

1992 wurden insgesamt 177.482 junge Menschen institutionell beraten (Statistisches Bundesamt 1994).

1996 ist die Anzahl der Beratungen bereits auf 239.546 gestiegen, eine Zunahme von über 60.000 Beratungen in nur vier Jahren.

1997 ist die Zahl der Jugendlichen, die professionellen Rat in Anspruch genommen haben, nochmals um 4% auf 248.100 gestiegen (FR v. 6.3.1999).

Aufgeschlüsselt nach der *Art der Beratung* ergibt sich 1996 folgendes Bild (Statistisches Bundesamt 1998):

- 203.300 Fälle in der Erziehungs- und Familienberatung
- 34.019 Fälle in der Jugendberatung sowie
- 2.227 Fälle in der Suchtberatung.

Eine Aufschlüsselung nach *Anlass und Schwerpunkten* aller drei Beratungsformen, wobei jeder junge Mensch bis zu zwei Anlässe für die Beratung angeben konnte, zeigt eindeutige Schwerpunkte:

▪ Entwicklungsauffälligkeiten	72.160
▪ Beziehungsprobleme	91.696
▪ Schul- und Ausbildungsprobleme	59.531
▪ Straftaten von Jugendlichen und jungen Volljährigen	6.482
▪ Suchtprobleme	6.088
▪ Anzeichen von Kindesmisshandlung	2.495
▪ Anzeichen für sexuellen Missbrauch	9.885
▪ Trennung und Scheidung der Eltern	47.818
▪ Wohnungsprobleme	4.083
▪ sonstige Probleme mit und in der Familie	48.716

Diese Zahlen lassen für die Jugendhilfe eine signifikante Steigerung des Umfangs institutioneller Beratung erkennen.[1] 1992 gab es in der BRD ungefähr 1.000 Erziehungsberatungsstellen, davon entfielen etwa 830 auf die alten Bundesländer. Auf eine Erziehungsberatungsstelle kamen ca. 75.000 Einwohner (Menne 1996b).

2.3 Gesellschaftliche Ursachen der expandierenden Beratungssysteme

2.3.1 Ausdifferenzierungen

Der drastisch expandierende Beratungsbedarf in modernen Gesellschaften hat vielfältige Bedingungen und Voraussetzungen. Eine wichtige Ursache ist die Ausdifferenzierung der Gesellschaft in hochspezialisierte Teilsysteme. Die gewaltige Transformation von vorindustriellen Gesellschaften – mit ihren geschlossenen, überschaubaren, an die Zyklen der Natur gebundenen Lebensläufen und unhinterfragten Deutungsmustern – in hochkomplexe, unüberschaubare Gesellschaften hat zu Unsicherheit und Ratlosigkeit geführt. Die ausdifferenzierten Teilbereiche moderner Gesellschaften, die Wirtschaft, das kulturelle, politische

[1] In der Schuldnerberatung wird davon ausgegangen, dass ca. 2,5 Mio. Haushalte in der BRD überschuldet sind, so dass etwa 4 Mio. Einwohner direkt betroffen sind, vgl. Thien (1998).

sowie das ausbildende System, die Familie und nicht zuletzt das komplexe Rechtssystem sind eine Voraussetzung für das hohe Maß der Individualisierung. Die Kategorie des Privaten wurde aufgewertet, Freiheit wurde in der Form individueller Freiheit als Rechtsposition formulierbar (Habermas 1992). Die Entscheidung über die Wahl des Glaubens oder des Ehepartners, der Ehepartnerin, der Ausbildung und des Berufs wird prinzipiell dem Einzelnen überlassen. Die Auswirkungen der Einzelentscheidungen für die Gesellschaft werden in den jeweiligen Teilsystemen bearbeitet (Barabas/Erler 1994).

> Die Ausdifferenzierung gesellschaftlicher Teilbereiche begründete die exklusive Zuständigkeit von Spezialisten für die Lösung bestimmter Probleme. Ärzte, Wirtschafts- und Naturwissenschaftler, Anwältinnen, Psychologinnen haben für ihre Fachrichtungen Problemlösungskonzepte entwickelt und beraten entsprechend ihre Mandanten, Klienten und Patienten.

Unter dem Gesichtspunkt der Differenzierung ist es auch einleuchtend, dass die traditionellen Lebensentwürfe nur noch bedingt gelingen. An die Stelle relativ festgefügter, planbarer und überschaubarer Lebensgestaltung, die Tochter wird Hausfrau und Mutter, der Sohn tritt in die Fußstapfen des Vaters, ist eine Vielfalt von Entscheidungsmöglichkeiten getreten. Diese optionale Erweiterung, wie das bislang nicht bekannte Maß an Entscheidungsfreiheit, bergen aber auch die Gefahr des individuellen Scheiterns in sich. An diesem Punkt setzt Beratung an.

2.3.2 Werte- und Strukturwandel

Wichtig für den Ausbau der Beratungssysteme ist der nicht zu übersehende Werte- und Strukturwandel in modernen Gesellschaften. Während früher die Eingebundenheit des Individuums in Kirche, weltanschauliche Gruppen, Verbände, Verwandtschaften, in Nachbarschaften und Familien Sicherheit und Schutz bot, freilich zuweilen auch Unfreiheit nach sich zog, haben wir es heute eher mit individualisierten Lebensläufen zu tun. Ökonomische Entwicklung und sozialer Wandel haben nicht nur die bundesrepublikanische Gesellschaft individualisiert und pluralisiert. Die vormaligen Solidaritätsstrukturen sind aufgebrochen und verweisen das Individuum auf sich zurück. An die Stelle der früheren Solidarität in den unterschiedlichen Bezugssystemen – insbesondere im kirchlichen Sozialmilieu und den Arbeiterorganisationen – ist nichts Vergleichbares auf privater Ebene getreten.

Vielmehr wurde die Lücke durch personenbezogene soziale Dienstleistungen, die von staatlichen Institutionen, durch die Verbände der Wohlfahrtspflege oder durch Selbsthilfegruppen der unterschiedlichsten Art angeboten werden, geschlossen. »Dieser eigentümliche Prozess wohlfahrtsstaatlicher Transformation, in dem Geld zu sozialen Dienstleistungen, zu Pflege, Beratung, Betreuung, Erziehung und Kontrolle wird, muss eigens organisiert werden. Er braucht eigene Konzepte, Institutionen und Organisationen« (Olk/Rauschenbach/Sachße 1995, 11, 12). Nun soll mit diesen Überlegungen nicht etwa die gute alte Zeit beschworen, die Solidarität der kleineren Einheiten glorifiziert, sondern lediglich die Notwendigkeit der Beratung plausibel gemacht werden.

2.3.3 **Erosion der Familie**

Das System Familie, um einen weiteren Aspekt anzusprechen, unterliegt einem rasanten Umgestaltungsprozess. Das zeigen die familienrechtlichen Reformen der vergangenen 30 Jahre. Das rechtliche Verhältnis der Eheleute zueinander war streng patriarchalisch geregelt: Dem Mann stand die Entscheidung in allen das gemeinschaftliche Leben betreffenden Angelegenheiten zu. Von Gleichheit der Geschlechter war keine Rede. Auch das Verhältnis minderjähriger Kinder insbesondere zu ihrem Vater war nach dem Prinzip: «Autorität, Familie und Gehorsam« geformt.

Die juristisch abgesicherte *väterliche Autorität*, nach der Generationen, die ihre Füße unter Vaters Tisch stellten, kuschen mussten, war rechtlich und gesellschaftlich nicht mehr haltbar. Im Recht des Eltern-Kind-Verhältnisses fiel zunächst das väterliche Alleinentscheidungsrecht. Außerdem gilt nach einer Entscheidung des Bundesverfassungsgerichts aus dem Jahre 1968 das Kind auch innerhalb der Familie als Träger von verfassungsmäßig gesicherten Grundrechten (BVerfGE 24,119). Die rechtliche Pflichtgebundenheit des Elternrechts wird auf das Wohl des Kindes bezogen, das zugleich den Richtpunkt für staatliches Handeln in diesem Bereich darstellt.

Mit dem Sorgerechtsgesetz 1980 ist die »elterliche Gewalt« der »elterlichen Sorge« gewichen. Die rechtlichen Beziehungen zwischen Eltern und ihren Kindern wurden grundsätzlich umgestaltet. Die Eltern müssen bei der Pflege und Erziehung die wachsenden Bedürfnisse des Kindes zu selbständigem, verantwortungsbewusstem Handeln berücksichtigen. Schließlich wurde durch die Kindschaftsrechtsreform 1998 der Statusunterschied zwischen ehelichen und nichtehelichen Kindern im Prinzip aufgehoben und die gemeinsame elterliche Sorge bei allen Kindern ermöglicht. Damit wurde juristischer Flankenschutz für die gesellschaftlichen Individualisierungsprozesse geliefert, d.h., die vom Einzelnen gesellschaftlich abgeforderte Konstruktion einer eigenen Biographie als »Bastelbiographie« ist rechtlich garantiert (Barabas/Erler 1994; Erler 1996).

Auch die *rechtlichen Spielregeln zwischen Mann und Frau* wurden tiefgreifend geändert. Ab dem ersten »Gesetz zur Reform des Ehe- und Familienrechts« von 1976 können die Eheleute entscheiden, ob der Name

der Frau oder des Mannes Ehename wird. Beide Ehepartner haben seither das Recht, erwerbstätig zu sein, und die Ehegatten können die Haushaltsführung im gegenseitigen Einvernehmen regeln. Damit ist das Modell der »Hausfrauenehe« endgültig zugunsten einer vertraglichen Konstruktion verabschiedet. Wie die Eheleute ihr Zusammenleben organisieren, wer arbeitet oder die Kinder erzieht, können sie ohne gesetzliche Zielvorgaben partnerschaftlich selbst entscheiden. Und nicht zuletzt: Das neue Scheidungs- und Scheidungsfolgenrecht hat die prinzipielle Unauflöslichkeit der Ehe beseitigt. Gesetzlich werden keine hierarchischen Strukturen mehr gestützt. Dem entspricht die soziale Entwicklung zu einer Vielfalt familialer Lebensformen und die Relativierung der unduldsamen kulturellen Vorherrschaft der Kleinfamilie.
Die modifizierten gesellschaftlichen Anforderungen an die Familien haben ihren Niederschlag im Recht gefunden. Zugleich haben die Rechtsreformen wiederum entschieden auf das System Familie verändernd zurückgewirkt. Die neuartigen rechtlichen Rahmenbedingungen führen zu einer Herauslösung der Individuen aus den Fesseln der Gemeinschaftsbindungen und zu sehr hohen und neuartigen Verhaltensanforderungen. Bereits die Partnerwahl ist zu einem komplizierten Akt individueller Entscheidung geworden (Barabas/Erler 1994).
Liebe und Zuneigung, Dispositionen und Einstellungen, Wünsche und Zukunftsperspektiven, Berufsarbeit und Lebensart und nicht zuletzt die Sexualität der Beziehungspartner sind in Balance zu bringen. Partnerschaftlicher Umgang, Emanzipation von Frau und Mann, die vermehrten Rechte von Kindern und Jugendlichen, aber auch die Tolerierung alternativer Lebensformen stellen Verhaltensanforderungen an die Familien und ihre Mitglieder, die von vielen nicht erbracht werden können. Allein die Entstehung der Frauenhäuser verweist auf die Tatsache, dass Männer keineswegs immer bereit sind, das Prinzip der Partnerschaft zu akzeptieren. Das Ausmaß der Gewalt von Männern gegen Frauen und Kinder ist im Gegenteil erschreckend. Zahlreiche Untersuchungen haben den Umfang dieses Gewalthandelns zu Tage gefördert. »Vor allem die Mitarbeiterinnen von Frauenhäusern, Notrufen für vergewaltigte Frauen, autonomen Frauenberatungsstellen und Frauenprojekten sowie weiteren Einrichtungen, die speziell Zuflucht und Hilfe für die Opfer anbieten, sind in ihrem Arbeitsalltag mit dieser Gewalt konfrontiert. ... Unsere eigenen Erhebungen zeigten, dass ein nicht geringer Anteil sozialer Einrichtungen und Beratungsstellen (zum Beispiel jede dritte der von uns befragten Einrichtungen in Hamburg) mit einer Klientel zu tun hat, bei der es zu Gewalthandlungen in der Beziehung gekommen ist – wenn auch dieses Problem selten der Anlass dafür ist, die Beratungsstelle aufzusuchen« (Bundesministerium f. Familie, Senioren, Frauen u. Jugend,1997, 9; vgl. auch Oberlies/Holler/Brückner 1998). Vor diesem Hintergrund wird auch einsichtig, dass die Selbsthilfekompetenzen der Familien schwinden.

Neben den Schwierigkeiten, die neuen Umgangsformen im familiären Binnenraum zu respektieren, tragen massiv äußere Umstände – wie Armut, Arbeitslosigkeit, Verschuldung, Scheidung, Partnerschaftskonflikte, schlechte Wohnverhältnisse, soziale Isolierung, fehlende Kenntnisse und Fertigkeiten zur Bewältigung des Alltags – zur Destabilisierung der Familie bei. Daher gibt es in vielen Familien unbefriedigende und belastende interne Kommunikations- und Interaktionsmuster (Erler 1996), die einzelne Familienmitglieder an einer adäquaten, altersgemäßen, sozialen und persönlichen Entwicklung hindern.
Diese Entwicklung ist auch der Bundesregierung nicht verborgen geblieben. In dem 5. Familienbericht räumt sie bereits 1994 ein, dass viele Paare sich trennen, weil sie sehr hohe, stark idealisierte Erwartungen an eine Ehe oder Partnerschaft haben, deren Realisierung sie selbst überfordert. Beachtung verdiene vor allem die Tatsache, dass manche Familien durch besondere Lebensbelastungen – wie Arbeitslosigkeit, gesundheitliche und partnerschaftliche Probleme – und durch die Schwierigkeiten bei der Kinderbetreuung überfordert werden und mit Gewalt reagieren (Bundesministerium für Familie und Senioren 1994).

2.3.4 Stress- und Belastungssituationen

Die Ursachen für individuelle krisenhafte Entwicklungen sind aber nicht ausschließlich und nicht überwiegend im familiären Rahmen zu suchen. Besondere Stress- und Belastungssituationen können dazu beitragen, dass Menschen ihr Leben nicht mehr in den gewohnten Bahnen weiterführen. Dazu zählen Menschen, die durch Vergewaltigung, Überschuldung, Misshandlungen durch den Ehepartner oder als Opfer von Straftaten plötzlich und unerwartet mit einer Situation konfrontiert sind, die sie vollends überfordert (Straumann 1992). Darüber hinaus können persönliche Krisen durch den Tod einer nahestehenden Person, Mobbing am Arbeitsplatz, Krankheit, Schwangerschaft, Schulversagen, Unfälle und Verletzungen verursacht werden. In all diesen zugespitzten, sozialen und persönlichen Krisen ist der Einzelne häufig überfordert, sieht keinen Ausweg mehr und bedarf der professionellen Hilfe.

2.3.5 Prävention

Ein weiterer Gesichtspunkt, der den zunehmenden Beratungsbedarf erklären hilft, ist die gestiegene gesellschaftliche, aber auch individuelle Sensibilisierung für Probleme: wie Drogen, Aids, familiäre Gewaltanwendung, sexueller Missbrauch von Kindern etc. Vor einigen Jahren wäre noch niemand auf die Idee gekommen, spezielle Beratungsstellen für Opfer sexueller Gewalt einzurichten und zu unterhalten.
Eine erhöhte Sensibilität besteht aber auch für mögliche Spätfolgen traumatischer Lebensereignisse. Den Opfern von Gewalt, Katastrophen, De-

linquenz, Mobbing muss geholfen werden. Wenn sie nicht rechtzeitig und kompetent beraten werden, können hohe Kosten zu Lasten der Versicherungssysteme entstehen. Je schneller und effektiver Krisen bewältigt werden, um so weniger wirken sie sich finanziell aus. Um ein Beispiel zu geben: Die institutionelle Erziehungsberatung weist spezifische Möglichkeiten zur fachlichen und kostenmäßigen Optimierung der Weichenstellung bei Entscheidungen im Jugendamt über die geeignete Hilfe zur Erziehung auf. In einem Berliner Projekt konnten die Einsparmöglichkeiten durch rechtzeitige kompetente Beratung nachgewiesen werden (Schultze 1998). Damit ist die präventive Wirkung von Beratung angesprochen.

Präventive Aspekte der Beratung enthält auch und gerade das Kinder- und Jugendhilfegesetz. Bei genauer Analyse dieses Gesetzes ist auffallend, dass Beratung und Unterstützung bei fast allen Leistungsbeschreibungen genannt werden. »Darin soll zum Ausdruck kommen, dass Beratung ein Wesenselement aller (sozial)pädagogisch intendierten Leistungen ist, da der jeweilige Leistungserfolg nicht einseitig durch die Tätigkeit des Leistungsträgers ›Jugendhilfe herbeigeführt werden kann, sondern nur im kommunikativen Zusammenwirken zwischen Leistungsträger … und dem Betroffenen, dessen Entwicklung gefördert werden, der neue Einsichten über sein Verhalten gewinnen soll, um so sein Verhalten auch ändern zu können« (Wiesner 1994, 109).

In allen Tätigkeitsfeldern der Beratung wird offensichtlich, dass es sinnvoll ist, rechtzeitig zu handeln, bevor das »Kind in den Brunnen gefallen« ist. »Erzieherische Hilfe und Beratung ist überall geboten, wo Menschen in Not geraten sind, von der Umwelt überfordert werden, den Umständen nicht angepasst leben, mit Belastungen nicht fertigwerden. Erzieherischer Hilfe bedarf der junge, noch bildbare und daher stützungsbedürftige Mensch; Beratung braucht der alte Mensch, der seine Umwelt nicht mehr recht versteht; Beratung braucht in der Tendenz jeder Bürger in einer immer komplexeren Gesellschaft. Der Zugriff pädagogischer Beratung beschränkt sich nicht auf bereits eingetretene Notstände. Diese gilt es gerade zu verhindern, deshalb ist in besonderem Maße vorbeugendes Handeln geboten« (Blanke/Sachße 1987, 251, 260).

Um es auf den Begriff zu bringen: Kompetente, professionelle Beratung kann dazu beitragen, Kosten des gesellschaftlichen Umbruchs zu reduzieren. Diese Überlegung darf aber nicht zu dem Trugschluss führen, dass Beratung billig wäre. Der Volksmund weiß, »Guter Rat ist teuer«, und tatsächlich: in dem Maße, wie die Beratung Erfolge nachweisen kann, wird es selbstverständlich werden, dass professionelle Beratung nicht zum Nulltarif zu haben ist.

2.3.6 Beratung als ökonomischer Wachstumsfaktor

All diese Gründe, die eine weitere erhebliche Steigerung der Beratungstätigkeit erwarten lassen, werden von modernen Wachstumstheorien – allerdings unter anderen Aspekten – bestätigt. Bislang wurden Produktivitätssteigerungen in den vergangenen zwei Jahrhunderten durch Basisinnovationen wie Dampfmaschine, Elektrotechnik, Chemie oder Automobil ausgelöst. Sie wurden von Bodenschätzen, Stoffumwandlungsprozessen und Energie getragen. Die letzte große Innovation hing dagegen erstmals von der Verwertung eines geistigen Rohstoffes ab, von Informationen. Das Erfolgsmuster in den vergangenen Jahrzehnten ist der produktive Umgang mit Informationen.
Weitere Produktivitätssteigerungen in der Wirtschaft werden in erster Linie durch verbesserte menschliche Fähigkeiten garantiert: bessere Ausbildung, bessere Gesundheit, bessere politische Entscheidungen. Die größten Produktivitätsreserven liegen heute im Gesundheitssektor. Dabei darf Gesundheit nicht nur als ein Zustand ohne Schmerzen definiert werden, sondern nach den Kriterien der WHO betrifft Gesundheit sieben Kriterien:

- ein stabiles Selbstwertgefühl;
- ein positives Verhältnis zum eigenen Körper;
- die Fähigkeit zu Freundschaft und sozialen Beziehungen;
- eine intakte Umwelt;
- eine sinnvolle Arbeit und gesunde Arbeitsbedingungen;
- Gesundheitswissen und Zugang zur Gesundheitsvorsorge;
- eine lebenswerte Gegenwart und die begründete Hoffnung auf eine lebenswerte Zukunft.

Produktivitätsfortschritte in Gesellschaft und Wirtschaft werden in zunehmenden Maße von Faktoren wie Einsatzbereitschaft, positivem Denken, Kommunikation, Angstfreiheit, Verantwortungsbewusstsein, Kreativität abhängen, also von psycho-sozialen Fähigkeiten. Kognitive Leistungen alleine reichen nicht mehr. Der Mensch mit seinen seelischen und sozialen Problemen rückt in das Zentrum des Wirtschaftsgeschehens (Nefiodow 1996). Um seine sozialen Kompetenzen zu sichern und produktiv einzusetzen, um eine wesentlich bessere Qualität im zwischenmenschlichem Umgang zu garantieren, sind in den unterschiedlichsten Bereichen Beratungsangebote und Beratungsansprüche geschaffen worden. *Alles in allem: Beratungssysteme sind in modernen Gesellschaften nicht mehr wegdenkbar. Alles spricht dafür, dass sie weiter ausgebaut werden.*

3 RECHTSANSPRÜCHE AUF BERATUNG

Es ist zur Zeit modern, die Begrenztheit, wenn nicht sogar den Tod des Sozialstaates zu proklamieren. Der Wohlfahrtsstaat hat augenscheinlich seine Faszination verloren. Allenthalben wird der Umbau und auch der Abbau des Sozialstaates gefordert. Die Verteidiger des sozialen Ausgleichs werden als professionelle Armutsplärrer denunziert, die mit Blindheit geschlagen seien. Unter den harten Konkurrenzbedingungen der globalisierten Wirtschaft könne der Sozialstaat nicht mehr länger in der bisherigen Form finanziert werden. Alles andere sei Augenwischerei und wiege die Menschen in trügerischer Sicherheit. Private Vorsorge sei das Gebot der Stunde, die Solidargemeinschaft könne nicht mehr alle Lebensrisiken abfedern. Dies wird jeweils mit Beispielen untermauert, die die Auswüchse des Sozialstaates illustrieren. Es könne doch nicht angehen, dass durch die Allgemeinheit alles und jedes finanziert werde. Derartige populistische, an den Stammtischen der Republik ausgerichtete Parolen, können nicht darüber hinwegtäuschen: Die Marktwirtschaft mit ihrer eigenen Gesetzlichkeit und Rationalität hat es nicht geschafft, Mittel und Wege zu finden und bereitzustellen, die soziale Not auf Dauer verhindern. Bereits aus diesem Grunde gibt es letztendlich zu der gesetzlich verordneten Solidargemeinschaft keine vernünftige Alternative.

Erstaunlich ist, dass in den Plädoyers für den radikalen Umbau und Abbau des Sozialstaates selten die möglichen Konsequenzen thematisiert werden: Bettelnde Rentner vor den Großbanken, trinkende Obdachlose in den innerstädtischen Einkaufszentren, demonstrierende arbeitslose Jugendliche, steigende Jugendkriminalität, erhöhter Drogenkonsum, Randale und Krawalle. Nur wenn von Skinheads Ausländer gejagt, verprügelt und erschlagen werden, deren Häuser in Flammen aufgehen, dann erinnern sich die Verantwortlichen jeweils daran, dass die Leistungen der sozialen Systeme – auch die präventiven Maßnahmen der Jugendhilfe – dazu beitragen, den sozialen Frieden zu erhalten.

Öffentliche Stimmungsmache, sozialstaatliche Leistungen seien gleichsam unverdient, trägt dazu bei, dass Betroffene die ihnen zustehenden Leistungen nicht in Anspruch nehmen. Darüber hinaus: Die Verschachtelungen des Sozialsystems, die Unübersichtlichkeit der Rechtslage, aber auch die teilweise hektischen Aktivitäten des Gesetzgebers bei der Veränderung der Sozialsysteme, die Unsicherheiten über die Leistungsvoraussetzungen und Leistungshemmnisse führen dazu, dass Leistungen häufig nicht oder nicht vollständig in Anspruch genommen werden.

Die Tatsache, dass das Sozialrecht im Verlauf der vergangenen Jahrzehnten eine hochkomplexe Materie wurde, ist auch dem Gesetzgeber bewusst. Er hat daher vielfältige Beratungsansprüche in den jeweiligen Systemen der sozialen Sicherung geschaffen, die dazu beitragen sollen,

Zugangsbarrieren zu den Sozialsystemen abzubauen. Ansprüche auf Beratung sind nun aber keineswegs aus »purer Menschenfreundlichkeit« geschaffen worden, sondern sie haben ökonomische Vorteile, weil sie präventiv wirken.
Die Sozialgesetze kennen sehr unterschiedliche Formen der Sozialleistungen. Nach § 11 SGB I gehören zu den Sozialleistungen Dienst-, Sach- und Geldleistungen. § 11 SGB I stellt ausdrücklich heraus, dass auch die persönlichen und erzieherischen Hilfen zu den Dienstleistungen gehören. Das Sozialleistungssystem der BRD hat eindeutig eine »monetäre Schlagseite« (Grüner/Dalichau, 1995, § 11 SGB I, 2). Durch die Hervorhebung der persönlichen und erzieherischen Hilfen im § 11 SGB I wird die einseitige finanzielle Ausrichtung des bundesrepublikanischen Sozialsystems vorsichtig korrigiert. Der Begriff Dienstleistungen ist nicht so konturierbar wie der der Sach- und Geldleistungen; er ist umfassend zu verstehen. Unter die Dienstleistungen fallen alle Formen der persönlichen Betreuung und Hilfe, so beispielsweise Auskunft und Beratung durch den Leistungsträger.
In den einzelnen Sozialleistungsbereichen findet sich ein differenziertes System von Beratungsformen. Je nach den gesetzlichen Vorgaben hat der Bürger Anspruch auf rechtliche Beratung oder aber auf eine Beratung in persönlichen Angelegenheiten. Im KJHG sind darüber hinaus Beratungsformen festgeschrieben worden, die eine umfassende Beratung und Betreuung vorsehen und bis hin zu therapeutischen Angeboten reichen. Wenn daher von Beratung die Rede ist, muss im Einzelnen geklärt werden, um welche Art der Beratung es sich handelt.

3.1 Die Verbindlichkeit und Einklagbarkeit von Beratungsansprüchen

Ob der Bürger gegen die Verwaltung, gegen die Sozialleistungsträger einen Anspruch auf Beratung besitzt, ist unterschiedlich geregelt. Je nach den gesetzgeberischen Formulierungen besteht für den Bürger ein Rechtsanspruch auf Leistung oder aber die Leistungsgewährung liegt im pflichtgemäßen Ermessen des Leistungsträgers. Das besagt § 38 SGB I. Er lautet:

> **§ 38 SGB I Rechtsanspruch**
> Auf Sozialleistungen besteht ein Anspruch, soweit nicht nach den besonderen Teilen dieses Gesetzbuchs die Leistungsträger ermächtigt sind, bei der Entscheidung über die Leistung nach ihrem Ermessen zu handeln.

Auch die Leistungen nach dem Kinder- und Jugendhilfegesetz zählen zu den Sozialleistungen im Sinne des § 11 SGB I (Mrozynski 1995, Anm. 10

zu § 11 SGB I).[1] § 38 SGB I bestimmt, dass auf Sozialleistungen im Zweifel ein Rechtsanspruch besteht und dass die Ermessensleistungen vom Gesetz gekennzeichnet sein müssen.

Besteht auf eine Leistung ein Rechtsanspruch, so bedeutet dies, dass der Bürger einen klagbaren Anspruch auf die Leistung hat, er kann sie gerichtlich gegenüber dem Leistungsträger durchsetzen. Das wäre der Fall, wenn ein Jugendamt keine Beratung nach § 17 Abs. 1 KJHG (Beratung in Fragen der Partnerschaft, Trennung und Scheidung) anbietet und eine Mutter, die für ein Kind sorgt, Beratung wünscht. Sie kann das Jugendamt zwingen, sie zu beraten oder ihr eine entsprechende, anderweitige Beratungsmöglichkeit anzubieten. Durch einen Rechtsanspruch auf eine Leistung hat der Bürger eine sicherere Stellung als bei einer nach Ermessen zu gewährenden Leistung.[2]

Ein Rechtsanspruch auf eine Leistung besteht dann, wenn in einer Norm der Anspruchsberechtigte, der Verpflichtete und der Inhalt des Anspruchs bestimmt sind (Kretschmer/von Maydell/Schellhorn 1996, Anm. 5 zu § 38 SGB I; Münder u.a. 1998, Anm. 6 ff VorKap 2 KJHG). »Anspruchsnormen sind nur solche, die Anspruchsvoraussetzungen enthalten und einen individualisierbaren Anspruchsinhaber nennen« (Kunkel 1997, 193, 198). Das ist z.B. bei § 18 Abs. 1 KJHG der Fall. Er besagt, dass Mütter und Väter, die für ein Kind zu sorgen haben, Anspruch auf Beratung und Unterstützung besitzen. Die Norm enthält den Anspruchsberechtigten

---

[1] Nach § 27 SGB I kennt das KJHG die folgenden Leistungen:
- Angebote der Jugendarbeit, der Jugendsozialarbeit und des erzieherischen Jugendschutzes;
- Angebote zur Förderung der Erziehung in der Familie;
- Angebote zur Förderung von Kindern in Tageseinrichtungen und in Tagespflege und
- Hilfe zur Erziehung, Eingliederungshilfe für seelisch behinderte Kinder und Jugendliche sowie Hilfe für junge Volljährige.

[2] Die Aufnahme der Jugendhilfe in das Sozialgesetzbuch war durchaus umstritten. Sie wurde in das Sozialgesetzbuch integriert, weil zu den Sozialleistungen »nicht nur die sozialen Geld- und Sachleistungen, sondern auch die in einer modernen Sozialpolitik mehr und mehr in den Vordergrund tretenden sozialen und erzieherischen Hilfen« (Bundestags-Drs. 7/868, 44) gehören. Das KJHG hat insofern eine nicht zu übersehende Wende in der deutschen Sozialpolitik gebracht. Sozialpädagogisches Handeln ist als ein gesetzlicher Leistungsanspruch in das KJHG aufgenommen worden. Auf diese Weise sind Pädagogik und Recht miteinander verbunden worden, eine radikale Reform des Sozialgesetzbuches. Die Verschränkung von Recht und Pädagogik bedeutet einen Verrechtlichungsschub in der sozialpädagogischen Arbeit, vgl. Kurz-Adam (1998) am Beispiel der Erziehungsberatungsstellen.
Das Problem ist nun, dass das KJHG die Leistungsverpflichtungen sehr unterschiedlich geregelt hat. Im Gegensatz zu den anderen Sozialgesetzen enthält das KJHG eine Gemengelage von hoheitlichen Aufgaben und Leistungen der Jugendhilfe. Die Leistungen unterfallen in Angebote der allgemeinen Förderung sowie der individuellen Hilfen. Schließlich sind die individuellen Leistungen der Jugendhilfe als persönliche und erzieherische Hilfe »in der Regel stärker als sonstige Sozialleistungen in einen umfassenden und oft kontinuierlichen Beratungszusammenhang eingebettet. Dadurch wird die Bestimmung klarer Grenzen des eigentlichen Leistungsverhältnisses als einer rechtlich definierten Beziehung erschwert«, Maas 1993, NDV, 465 466. Dies alles sind Besonderheiten des KJHG.

(Mutter, Vater), den Inhalt des Anspruchs (Beratung) sowie den Verpflichteten (Jugendamt).
Ob im Einzelfall ein Anspruchs- oder Ermessenstatbestand vorliegt, bestimmt sich regelmäßig nach dem Wortlaut der anzuwendenden Leistungsnorm. Es ist daher zwischen den Formulierungen im Einzelnen zu unterscheiden: »ist zu gewähren«, »muss«, »soll«, »kann,« »darf« etc.

- Die Formulierungen *»muss«, »ist zu gewährleisten«, »hat Anspruch«, »ist zu leisten«, »hat zu erbringen«* bedeuten, dass der Bürger in der Regel einen *durchsetzbaren Anspruch* auf die Leistung besitzt; die Verwaltung hat keinen Spielraum. Derartige gesetzliche Vorgaben bedeuten für die Verwaltung: sie ist gebunden, d.h., sie muss bei Vorliegen eines bestimmten Tatbestandes handeln. Aus der durch Gesetz begründeten Rechtsverpflichtung folgt jedoch nicht ohne weiteres ein subjektives Recht, also ein durchsetzbarer Anspruch. Dazu muss die Rechtsnorm dem Schutz der Interessen einzelner Bürger dienen. Ob dies zutrifft, ist der jeweiligen Norm zu entnehmen (Wiesner u.a. 1995, Vorbem. 7 vor § 11 KJHG). Das Kinder- und Jugendhilfegesetz enthält zahlreiche »Mussvorschriften« im Zusammenhang mit der Beratung.

- Im KJHG existieren aber auch zahlreiche *Sollvorschriften*. So heißt es beispielsweise im § 16 Abs. 1 KJHG: »Müttern, Vätern, anderen Erziehungsberechtigten und jungen Menschen sollen Leistungen der allgemeinen Förderung der Erziehung in der Familie angeboten werden.« Gewährt ein »Sollen« der Behörde einen gewissen Spielraum, um Ansprüche der Betroffenen abzuwehren? Die Rechtslage ist eindeutig: Nein.

Zwar könnte die hohe Anzahl der Sollvorschriften im Kinder- und Jugendhilferecht die Praxis dazu verleiten, den normativen Gehalt der jeweiligen Vorschriften nur als unverbindliches Programm zu interpretieren, das umgesetzt werden kann oder aber auch nicht. Verwaltungsrechtliche Sollvorschriften sind jedoch, sofern sie nicht nur bloße Programmsätze darstellen, durch die Rechtsprechung des Bundesverwaltungsgerichtes klar definiert. Sollvorschriften bedeuten für die Behörde im Regelfall ein »Muss« (Münder u.a. 1998, Anm. 8 VorKap 2 KJHG; Fieseler/Schleicher 1998, Anm. 12 zu § 2 KJHG). Eine Sollvorschrift »verpflichtet die Behörde, grundsätzlich so zu verfahren, wie es im Gesetz bestimmt ist; wenn keine Umstände vorliegen, die den Fall als atypisch erscheinen lassen, bedeutet das ›Soll‹ ein ›Muss‹ (vgl. BVerwGE 49, 16 (23) mit weiteren Nachweisen). Nur für atypische Fälle bleibt die Möglichkeit offen, anders zu entscheiden, wobei die materielle Beweislast für die hierfür maßgebenden Umstände die Behörde trifft« (BVerwGE 56, 221, 223). Beweispflichtig für den Ausnahmefall ist mithin die Behörde, der öffentliche Sozialleistungsträger.
Nur wenn derartige atypische Umstände im Einzelfall vorliegen, kann die Behörde bei einer Sollvorschrift vom Gesetzesbefehl abweichen (Erlen-

kämper/Fichte 1995, 160). Anders gesagt: der Leistungsträger muss im Regelfall die Leistung – hier die Beratung – erbringen und muss in atypischen Fällen nach Ermessensgesichtspunkten abwägen, ob eine Leistung zu erfolgen hat (Mrozynski 1995, Anm. 16 zu § 36). Durch eine Bezugnahme auf die christlichen 10 Gebote kann dieser Gesichtspunkt präzisiert werden. Du *sollst* nicht Töten enthält im Regelfall *ein Muss*, kein Mensch ist berechtigt, einen anderen zu töten. Nur wenn atypische Ereignisse eintreten, kann es gerechtfertigt sein, davon abzuweichen. Das wäre bei einer Notwehrsituation der Fall.

- *»Kannvorschriften«* räumen den Behörden dagegen einen Ermessensspielraum ein. Dies gilt auch für die Formulierungen »darf«, »ist befugt«, »ist berechtigt« (Mrozynski 1995, Anm. 4 zu § 39 SGB I). Ermessen bedeutet, dass das Gesetz der Verwaltung, dem Leistungsträger mehrere Wege des Handelns und Entscheidens zubilligt. Der Gesetzgeber überlässt es der Verwaltung, ob sie eine gesetzlich zulässige Maßnahme trifft oder nicht. Ermessen gewährt der Verwaltung ein gewisses Maß an Flexibilität. Sie ist nicht strikt an einen Gesetzesbefehl gebunden und kann daher auf die jeweiligen konkreten Erfordernisse reagieren und entsprechend handeln. Die Verwaltung kann die Besonderheiten des einzelnen Falles berücksichtigen.
Allerdings ist der Leistungsträger, auch wenn durch Gesetz ein Ermessensspielraum eingeräumt wird, in seinen Entscheidungen nicht beliebig frei. Er muss jeweils nach dem Zweck der Ermächtigung fragen und pflichtgemäß den Ermessensspielraum ausüben. Das bestimmt § 39 Abs. 1 SGB I. Er lautet:

> **§ 39 SGB I Ermessensleistungen**
> (1) Sind die Leistungsträger ermächtigt, bei der Entscheidung über Sozialleistungen nach ihrem Ermessen zu handeln, haben sie ihr Ermessen entsprechend dem Zweck der Ermächtigung auszuüben und die gesetzlichen Grenzen des Ermessens einzuhalten. Auf pflichtgemäße Ausübung des Ermessens besteht ein Anspruch.

Die Verwaltung ist daher niemals bei ihren Entscheidungen gänzlich frei, die Ermessensausübung ist immer gebunden (Kretschmer/von Maydell/Schellhorn 1996, Anm. 1 zu § 39 SGB I; Fieseler/Schleicher 1998, Anm. 18 zu § 2 KJHG). Die Grundsätze der Gesetzmäßigkeit der Verwaltung, der Gewaltenteilung und der Rechtsschutzgarantie gelten auch für die Ermessensausübung. Sie verbieten ein völlig freies Ermessen. Die verwaltungsgerichtliche Rechtsprechung hat den Begriff des Ermessens rechtsstaatlich eingebunden und die Ausübung des Ermessens durch eine Fülle von Richtlinien so geregelt, dass das Ermessen häufig dem Rechtsanspruch gleichkommt (Mrozynski 1995, Anm. 3 zu § 38 SGB I). Besonders im

Bereich der Sozialhilfe ist das Ermessen durch zahlreiche Verwaltungsrichtlinien begrenzt.
Diese Grundsätze zeigen sich vor allem darin, dass die Gerichte Ermessensentscheidungen dahingehend überprüfen können, ob die Grenzen des Ermessens durch die Verwaltung beachtet worden sind. Ein Ermessensfehler[1] liegt beispielsweise vor, wenn unzureichende oder sachwidrige Erwägungen angestellt, vor allen Dingen aber auch, wenn die Grundrechte oder der Verhältnismäßigkeitsgrundsatz nicht beachtet und gegen das Sozialstaatsprinzip oder sonst zwingendes Recht verstoßen wird. Wichtig ist in diesem Zusammenhang der Gleichheitsgrundsatz. Hat sich bei der Leistungsgewährung eine bestimmte Praxis herausgebildet, z.B. jungen Menschen Hilfe durch Beratung zu gewähren, dann liegt eine Selbstbindung der Verwaltung vor, ihr Ermessen ist sozusagen auf Null reduziert (Kretschmer/von Maydell/Schellhorn 1996, Anm. 15 zu § 39 SGB I; Fieseler 1997). Sie kann nicht dem Jugendlichen A helfen, dem Jugendlichen B aber – bei Vorliegen einer gleichen Problemlage – die Hilfe versagen. Das verstößt gegen den verfassungsrechtlich verbürgten Gleichheitsgrundsatz und ist rechtswidrig.

Finanzielle Überlegungen dürfen bei Ermessensentscheidungen keine ausschlaggebende Rolle spielen. Zwar sind fiskalische Erwägungen nicht schlechterdings ausgeschlossen. Das Bundesverfassungsgericht hat in einer viel beachteten Entscheidung zur Integration Behinderter in der Schule dem *Gesetzgeber* – nicht jedoch der Verwaltung – fiskalische Gründe zugebilligt. »Es ist von Verfassungs wegen nicht zu beanstanden, dass die zielgleiche wie die zieldifferente integrative Erziehung und Unterrichtung unter den *Vorbehalt* des organisatorisch, personell und von den sächlichen Voraussetzungen her Möglichen gestellt ist … Dieser Vorbehalt ist Ausdruck dessen, dass der Staat seine Aufgabe, ein begabungsgerechtes Schulsystem bereitzustellen, von vornherein nur im Rahmen seiner finanziellen und organisatorischen Möglichkeiten erfüllen kann … und erklärt sich daraus, dass der Gesetzgeber bei seinen Entscheidungen auch andere Gemeinschaftsbelange berücksichtigen und sich die Möglichkeit erhalten muss, die nur begrenzt verfügbaren öffentlichen Mittel für solche anderen Belange einzusetzen, wenn er dies für erforderlich hält« (BVerfG, FamRZ 1998, 21, 22).

Unbestritten im Sozialrecht ist indessen, dass die Erschöpfung der Haushaltsmittel kein Aspekt für eine ablehnende Entscheidung sein kann. »Es ist vielmehr Sache des Sozialleistungsträgers die Mittel im Haushalt so anzusetzen, dass die Inanspruchnahme der jeweiligen Sozialleistung

[1] Systematisch wird zwischen der Ermessensüberschreitung, der Ermessensunterschreitung und dem Ermessensfehlgebrauch, der gewissermaßen ein Sammelbegriff für alle möglichen Fehler der Verwaltung darstellt, unterschieden.

durch die Sozialleistungsberechtigten ständig möglich ist« (Mrozynski 1995, Anm. 41 zu § 39 SGB I). Die schlechte Haushaltslage darf im Ergebnis nicht zum Maßstab einer verwaltungsrechtlichen Entscheidung gemacht werden. Die Begründung: »Dafür gibt es bei uns kein Geld«, ist ermessensfehlerhaft, weil das Ermessen überhaupt nicht ausgeübt wird, sondern die Nichtleistung bereits feststeht (Fieseler/Schleicher 1998, Anm. 18 zu § 2 KJHG). Vielmehr muss die Verwaltung abwägen, ob gerade diese Entscheidung dem Zweck der Norm entspricht. Dies richtet sich eben nicht nach dem Haushalt, sondern ist nach Maßgabe der konkreten Rechtsnorm zu beurteilen.

■ Fazit: Ablehnende Entscheidungen der Verwaltungen sind allesamt gerichtlich überprüfbar; sie brauchen nicht wie Schicksalsschläge hingenommen werden.

3.2 Ansprüche auf Beratung nach dem Sozialgesetzbuch I

§ 14 SGB I bestimmt, dass jede Bürgerin und jeder Bürger Anspruch auf Beratung über seine Rechte und Pflichten nach dem Sozialgesetzbuch hat.[1]

§ 14 SGB I Beratung
Jeder hat Anspruch auf Beratung über seine Rechte und Pflichten nach diesem Gesetzbuch. Zuständig für die Beratung sind die Leistungsträger, denen gegenüber die Rechte geltend zu machen oder die Pflichten zu erfüllen sind.

Der Anspruch auf individuelle und umfassende Beratung nach dem Sozialgesetzbuch ist Ausdruck der im Grundgesetz verbürgten Sozialstaatlichkeit. Die Beratung soll sicherstellen, dass möglichst jede Bürgerin und jeder Bürger die Sozialleistungen erhält, die der Gesetzgeber vorgesehen hat. Die Leistungsgewährung darf nicht aus Unkenntnis unterbleiben. Es geht um die Realisierung des Gedankens vom mündigen Bürger in einem freien Gemeinwesen. Die Achtung vor der Mündigkeit des Bürgers gebie-

[1] Neben der Beratung kennt das SGB I auch noch die Verpflichtung der Sozialleistungsträger, aufzuklären oder Auskunft zu erteilen.
Die *Aufklärung* nach § 13 SGB I ist die allgemeine Information der Bevölkerung über Rechte und Pflichten nach den Sozialgesetzbüchern. Ansprüche des einzelnen Bürgers können aus dieser Vorschrift nicht hergeleitet werden, Mrozynski 1995, Anm. 5 zu 13 § SGB I; Schwede (1998), Maas (1998). Die Art und Weise der Aufklärung ist den jeweiligen Leistungsträgern überlassen.
Die *Auskunftspflicht* nach § 15 SGB I besteht im wesentlichen darin, dem Bürger den zuständigen Sozialleistungsträger zu benennen, Mrozynski 1995, Anm. 1a zu § 15 SGB I; zum Verhältnis von Aufklärung, Auskunft, Beratung vgl. v. Maydell (1986), Schwede (1998).

tet es, ihn in die Lage zu versetzen, in Kenntnis aller Zusammenhänge eine freie, selbstverantwortliche Entscheidung treffen zu können.

Dadurch soll sicher gestellt werden, dass die Unübersichtlichkeit des Sozialsystems nicht zu Lasten des Bürgers geht. Es wäre »schlechthin unredlich und unsozial, wenn der Staat dem Bürger zwar ein perfektes Sozialleistungssystem mit einer reichen Palette von Sozialleistungen anbietet, ohne dem Bürger gleichzeitig dazu zu verhelfen, diese Ansprüche auch zu erkennen und zu nutzen. Deshalb ist § 14 als eine notwendige und unentbehrliche Ergänzung unseres Sozialleistungssystems anzusehen« (Kretschmer/von Maydell/Schellhorn 1996, Anm. 7 zu § 14 SGB I). Die Pflicht zur Beratung ist von herausragender Bedeutung für das Funktionieren der sozialen Sicherung (BSGE 61,175). Bereits 1957 hat der Bundesgerichtshof festgestellt: »In einem sozialen Rechtsstaat gehört es zu den Amtspflichten der mit der Betreuung der sozial schwachen Volkskreise betrauten Beamten, diesen zur Erlangung und Wahrung der ihnen vom Gesetz zugedachten Rechte und Vorteile nach Kräften beizustehen« (BGH, NJW 1957, 1873).

Der Anspruch auf Beratung richtet sich gegen die Leistungsträger. Gem. § 12 SGB I sind die in den §§ 18 bis 29 SGB I genannten Körperschaften, Anstalten und Behörden die Leistungsträger nach dem Sozialgesetzbuch. Hierzu zählen u.a. die Ämter für Ausbildungsförderung, die Arbeitsämter, Orts-, Betriebs- und Innungskrankenkassen, die gewerblichen Berufsgenossenschaften, Gemeindeunfallversicherungsverbände, die Rentenversicherungsanstalten, Versorgungsämter, die Kreise und kreisfreien Städte. Die Beratung im Sinne des § 14 SGB I wird im Allgemeinen durch ein individuelles Gespräch sichergestellt. Die Beratungspflicht bezieht sich auf die Rechte und Pflichten nach den Sozialgesetzbüchern, also primär auf Rechtsregelungen. Der Anspruch beinhaltet, in allen sozialrechtlichen Fragen, die zur Beurteilung der Rechte und Pflichten von Bedeutung sein können, beraten zu werden (Grüner/Dalichau, 1995, § 14 SGB I, S. 14). Der Anspruch umfasst nicht allgemeine Lebensberatung, wie sie beispielsweise das Kinder- und Jugendhilferecht enthält. Allerdings können persönliche Verhältnisse, die die rechtliche Bewertung beeinflussen, auch Gegenstand der Beratung sein (Kretschmer/von Maydell/Schellhorn 1996, Anm. 16 zu § 14 SGB I).

Dem Bürger muss im Prinzip eine Beratung geboten werden, die er von einem guten Anwalt erwarten kann: »Der Bürger muss also so beraten werden, dass er auf anderweitigen bezahlten Rechtsrat verzichten kann. Er soll seine Rechte optimal wahrnehmen können, über Alternativen, die sich ihm bieten, aufgeklärt und in die Lage versetzt werden, auch zu Lasten des Leistungsträger zu disponieren« (Rüfner 1996, Anm. 4 zu § 14 SGB I). Diese Ansicht ist allerdings umstritten und findet ihre Grenze vermutlich in den personellen Möglichkeiten der meisten Leistungsträger (Kretschmer/von Maydell/Schellhorn 1996, Anm. 13 zu § 14 SGB I). Unbestritten dagegen ist, dass an die fachliche Qualität der Beratung nach § 14 SGB I hohe Anforderungen zu stellen sind.

Was die konkrete Ausgestaltung des Beratungsanspruchs nach § 14 SGB I angeht, hat die *Rechtsprechung* bestimmte Grundsätze entwickelt, die von den Sozialleistungsträgern zu beachten sind.

- An die Art und Weise, wie sich das Begehren des Bürgers nach Beratung artikuliert, dürfen keine überspannten Forderungen gestellt werden. Der Anspruchsberechtigte muss nicht in der Lage sein, bereits konkrete Fragen zu stellen. Dazu ist er häufig nicht fähig. Der Sozialleistungsträger muss den Berechtigten beraten, wenn ein konkreter, für den Träger erkennbarer Anlass besteht. »Das ist grundsätzlich dann der Fall, wenn sich in einem laufenden Verfahren klar zutage liegende Gestaltungsmöglichkeiten zeigen, deren Wahrnehmung offensichtlich so zweckmäßig ist, dass jeder verständige Sozialleistungsberechtigte sie nutzen würde« (Mrozynski 1995, Anm. 6 zu § 14 SGB I).
- Der Leistungsträger darf sich nicht darauf beschränken, nur die Fragen des Bürgers zu beantworten. Die gesamte Situation ist möglichst umfassend zu erörtern und zu klären (Kretschmer/von Maydell/Schellhorn 1996, Anm. 13 zu § 14 SGB I).
- Der bloße Hinweis auf den einschlägigen Gesetzestext und die anspruchsbegründenden Normen alleine ist niemals ausreichend. Vielmehr ist der Sozialleistungsträger prinzipiell verpflichtet, auf sich verändernde Rechtslagen hinzuweisen, ja er muss auch darauf aufmerksam machen, dass ein Rechtsstreit anhängig ist, dessen Ergebnis möglicherweise für den Anspruchsberechtigten eine günstigere Rechtslage schafft (Mrozynski 1995, Anm. 10 zu § 14 SGB I). Gegebenenfalls muss der oft schwer verständliche Gesetzeswortlaut in eine für den Laien verständliche Sprache übersetzt und mit entsprechenden Erläuterungen und konkreten Einzelfallbezügen verbunden werden.
- Durch die Beratung müssen falsches Informiertsein bei dem Beratenen ausgeräumt und Wege aufgezeigt werden, wie er zu seinen Rechten kommt.
- Der Anspruch auf Beratung geht selbstredend auf Erteilung fehlerfreier Ratschläge und Auskünfte. Eine Auskunft ist dann fehlerfrei, wenn sie zutreffend, vollständig und unmissverständlich ist.
- Die Beratung darf niemals unter Vorbehalt oder etwa so erfolgen, dass der Berater mitteilt, für die Beratung könne er keine Gewähr übernehmen. Ein Verweis auf anderweitige Beratungsmöglichkeiten ist ebenfalls unzulässig (Kretschmer/von Maydell/Schellhorn 1996, Anm. 13 zu § 14 SGB I).

Zwar ist der Beratungsanspruch nach § 14 SGB I umfassend, er weist allerdings auch Grenzen auf:

- Die Beratungspflichten dienen dazu, den Bürger zu den – nach dem gesetzgeberischen Programm vorgesehenen – Sozialleistungen zu führen. Er soll in die Lage versetzt werden, seine Rechte zu realisieren. Das heißt indessen nicht, dass der Leistungsträger verpflichtet ist, den Bürger so zu beraten, dass er jeweils das Optimale erreicht. Der Leistungsträger ist im Hinblick auf seine Betreuungs- und Fürsorgepflichten nicht gehalten, den Bürger auf alle für ihn möglicherweise günstigen Lücken im Gesetz und auf rechtlich nicht gebotene Gestaltungsmöglichkeiten hinzuweisen. Das ist die Aufgabe von Rechtsanwälten und Steuerberatern (BGH, NJW 1998, 1221).
- Der Leistungsträger muss erst tätig werden, wenn ein konkreter Anlass vorliegt, der Bürger Beratung begehrt. Allerdings hat die höchstrichterliche Rechtsprechung entschieden, dass auch eine spontane Beratung durch den Leistungsträger notwendig ist, wenn bei der Bearbeitung eines Falles offensichtlich wird, dass es für den Bürger vorteilhaftere Gestaltungsmöglichkeiten gibt. So ist es pflichtwidrig, wenn es die Kindergeldkasse unterlassen hat, nach dem Tode des Bezugsberechtigten Elternteils den überlebenden Elternteil auf seine Anspruchsberechtigung und die Notwendigkeit einer entsprechenden Antragstellung hinzuweisen (BSGE 58,283). »In der Regel wird eine solche Pflicht erst durch ein entsprechendes Begehren ausgelöst ... Allerdings beschränkt sich die Beratungspflicht des Versicherungsträgers nicht allein auf die Fallgestaltung, dass der Versicherte selbst die Initiative ergreift und hinreichend deutlich zu erkennen gibt, dass er Beratung oder Auskunft wünscht. Der Versicherungsträger ist vielmehr, auch wenn ein Beratungsbegehren – wie hier – nicht vorliegt, gehalten, die Versicherten bei Vorliegen eines konkreten Anlasses von sich aus ›spontan‹ auf klar zu Tage liegende Gestaltungsmöglichkeiten hinzuweisen, deren Wahrnehmung offensichtlich so zweckmäßig ist, dass sie ein verständiger Versicherter mutmaßlich nützen würde ...« (BSG, NZS 1995, 325, 326).
- Begrenzt ist der Beratungsanspruch dadurch, dass jeder Leistungsträger nur für seinen Bereich beraten muss. Er ist nicht verpflichtet, auch über die Leistungen anderer Leistungsträger zu informieren. Der Rentenversicherungsträger muss nicht über Leistungen nach dem KJHG beraten (Rüfner 1996, Anm. 5 zu § 14 SGB I; Mrozynski 1995, Anm. 12 zu 14 § SGB I). Erkennt jedoch ein unzuständiger Leistungsträger, dass ein anderer Leistungsträger zuständig ist, muss er den Versicherten zumindestens auf die anderweitigen Beratungsmöglichkeiten hinweisen (BSG, NZS 1995, 183).
- Im Hinblick auf Rechtsfragen außerhalb des Sozialrechtes muss der Sozialleistungsträger nur beraten, wenn sie in einem unmittelbarem Zusammenhang mit dem Beratungsgegenstand stehen. Wenn sich ein Behinderter über seine Rechte nach den Sozialgesetzbüchern beraten lässt, muss nicht auch über mögliche steuerrechtliche Vorteile informiert werden.

- Nicht eingeschlossen in § 14 SGB I sind Formulierungshilfen bei Anträgen oder Schriftsätzen.

Die *Durchführung der Beratung* erfolgt in aller Regel mündlich. Schriftliche Beratung ist die Ausnahme. Die Beratung muss von Fachkräften, die gute Rechtskenntnisse besitzen und Methoden der Gesprächsführung beherrschen, durchgeführt werden (Kretschmer/von Maydell/Schellhorn 1996, Anm. 15 zu § 14 SGB I). Alles in allem: § 14 SGB I verpflichtet die Sozialleistungsträger, ein fachlich kompetentes Beratungsangebot zur Verfügung zu stellen.[1]

3.3 Beratungsansprüche nach dem Bundessozialhilfegesetz

Eine große Anzahl von Menschen, denen Ansprüche auf Leistungen nach dem Bundessozialhilfgesetz zustehen, nehmen ihre Rechte aus Unsicherheit, Scham, aber auch aus Unwissenheit nicht wahr. Ihnen ist auch häufig nicht klar, dass sie nach dem BSHG einen Anspruch auf Beratung besitzen.

3.3.1 Beratung in Fragen der Sozialhilfe und in sonstigen sozialen Angelegenheiten, § 8 BSHG

§ 8 Abs. 1 BSHG legt fest, dass Formen der Sozialhilfe die persönlichen Hilfen, Geldleistungen oder Sachleistungen sind.

> **§ 8 BSHG Formen der Sozialhilfe**
> (1) Formen der Sozialhilfe sind persönliche Hilfe, Geldleistung oder Sachleistung.
> (2) Zur persönlichen Hilfe gehört außer der Beratung in Fragen der Sozialhilfe (§ 14 des ersten Buches Sozialgesetzbuch) auch die Beratung in sonstigen sozialen Angelegenheiten, soweit letztere nicht von anderen Stellen oder Personen wahrzunehmen ist. Wird Beratung in sonstigen sozialen Angelegenheiten auch von Verbänden der freien Wohlfahrtspflege wahrgenommen, ist der Ratsuchende zunächst hierauf hinzuweisen.

Nach § 8 Abs. 2 BSHG gehören zu den *persönlichen Hilfen* die Beratung

[1] Neben der Beratungspflicht der Leistungsträger nach § 14 SGB I enthalten die anderen Sozialgesetze weitere, spezielle Beratungsformen. § 3 und § 29 Arbeitsförderungsgesetz (SGB III) sehen die Berufsberatung vor. Nach § 1 Krankenversicherungsgesetz (SGB V) haben die Krankenkassen den Versicherten durch Aufklärung und Beratung zu helfen. In § 17 Unfallversicherungsgesetz (SGB VII) ist die Beratung durch die Unfallversicherungsträger geregelt. Gem. § 7 Pflegeversicherungsgesetz (SGB XI) haben die Pflegekassen die Eigenverantwortung der Versicherten durch Aufklärung und Beratung zu unterstützen.

in Fragen der Sozialhilfe und auch die Beratung in sonstigen sozialen Angelegenheiten soweit letztere nicht von anderen Stellen oder Personen wahrzunehmen ist.

- Die Beratung in *Fragen der Sozialhilfe* ist in erster Linie eine gründliche juristische Beratung über Rechte und Pflichten nach dem Bundessozialhilfegesetz. Insofern konkretisiert § 8 BSHG nochmals die Beratungspflicht aus § 14 SGB I für die Sozialhilfe. Die Beratung nach § 8 Abs. 2 BSHG geht jedoch über eine reine Rechtsberatung hinaus und beinhaltet auch Hilfestellungen bei der Rechtsverwirklichung. Die Rechtsberatung ist nicht auf das Bundessozialhilferecht beschränkt, sondern muss sich – wegen der Verzahnung des gesamten Sozialrechts mit anderen Rechtsgebieten – auch auf solche Rechtsfragen erstrecken, die Auswirkungen auf die Gewährung der Sozialhilfe haben. Die Beratung umfasst Hilfestellungen beim Formulieren von Anfragen und Schriftsätzen, nicht jedoch das Führen eines Rechtsstreites oder das Auftreten vor Gericht (Birk/Brühl/Conradis/Hofmann, u.a., 1998, Anm. 24 zu § 8 BSHG; Knopp/Fichtner 1992, Anm. 15 zu § 8 BSHG).
- In *sonstigen sozialen Angelegenheiten* hat der Träger der Sozialhilfe den Bürger bei allen Problemen der Lebensbewältigung zu beraten und zu unterstützen. Wenn es die fachlichen Kompetenzen des Sozialhilfeträgers übersteigt, muss er andere Fachkräfte, wie z.B. Psychologen, Ärzte, Pädagogen hinzuziehen (Schellhorn/Jirasek/Seipp 1997, Anm. 28 zu § 8 BSHG). Zu der Beratung in sonstigen sozialen Angelegenheiten zählt zum Beispiel die Schuldnerberatung. Damit ist die Beratung nach § 8 Abs. 2 BSHG wesentlich umfassender als die Beratung nach § 14 SGB I.

Es wird die Auffassung vertreten, die Gestaltung der persönlichen Hilfen mithin auch die Beratung entziehe sich »weitgehend einer gesetzlichen Normierung und gerichtlichen Nachprüfung; sie kann am besten im ›gesetzesfreien Raum‹ gedeihen« (Schellhorn/Jirasek/Seipp 1997, Anm. 7 zu § 8 BSHG). Diese rechtliche Auffassung lässt sich schon angesichts des Sozialstaatsgebots des Grundgesetzes nicht halten. Wenn auch zuzugeben ist, dass die rechtliche Erfassung und Einordnung derartiger persönlicher Hilfen schwierig ist, so besteht andererseits kein Grund, sie in den gesetzesfreien Raum zu verbannen, sie letztendlich als Gnadenakt zu qualifizieren. Wenn ein Bürger auf Grund seiner individuellen Lage Hilfe und Beratung durch Sozialarbeiter, Sozialpädagoginnen oder andere Fachkräfte in der sozialen Arbeit bedarf, können sie »nur in dem engen rechtlichen Rahmen stattfinden, den vor allem das Grundgesetz vorgibt. Dies ist im Bereich der Sozialhilfe besonders wichtig, weil hier die Hilfe als staatliche bzw. als staatlich vermittelte, d.h. mit dem Gewaltmonopol im Hintergrund, stattfindet und der einzelne in seiner Not praktisch auf andere Hilfen nicht ausweichen kann« (Birk/Brühl/Conradis/Hofmann, u.a., 1998, Anm. 12 zu § 8 BSHG).

§ 8 Abs. 2 BSHG enthält auch eine Zuständigkeitsregel. Die Beratung in *Fragen der Sozialhilfe* gehört stets zu den Aufgaben des Trägers der Sozialhilfe. Der Hilfesuchende darf insoweit auf keinen Fall auf andere Beratungsmöglichkeiten verwiesen werden. Insbesondere ist es ausgeschlossen, die Hilfebedürftigen an die Beratungsstellen der Verbände der freien Wohlfahrtspflege zu verweisen. Bei der Beratung in *sonstigen sozialen Angelegenheiten* ist die Beratungsverpflichtung unter den Vorbehalt gestellt, dass nicht andere Personen oder Stellen die Beratung wahrzunehmen haben (Prinzip der Nachrangigkeit). Dadurch ist der Beratung nach § 8 Abs. 2 BSHG im Prinzip die Aufgabe zugewiesen, auch im Bereich der Beratung letztes Auffangnetz zu sein. In der Beratung müssen mit dem Hilfesuchenden die zur Hilfe verpflichteten zuständigen Stellen abgeklärt werden (Birk/Brühl/Conradis/Hofmann, u.a., 1998, Anm. 25 zu § 8 BSHG).

3.3.2 Beratung zur Vermeidung oder Überwindung der Sozialhilfe, § 17 BSHG

§ 17 BSHG Beratung und Unterstützung

(1) Die Vermeidung und Überwindung von Lebenslagen, in denen Leistungen der Hilfe zum Lebensunterhalt erforderlich oder zu erwarten sind, soll durch Beratung und Unterstützung gefördert werden; dazu gehört auch der Hinweis auf das Beratungsangebot von Verbänden der freien Wohlfahrtspflege, von Angehörigen der rechtsberatenden Berufe und von sonstigen Stellen. Ist die weitere Beratung durch eine Schuldnerberatungsstelle oder andere Fachberatungsstellen geboten, ist auf ihre Inanspruchnahme hinzuwirken. Angemessene Kosten einer Beratung nach Satz 2 sollen übernommen werden, wenn eine Lebenslage im Sinne des Satzes 1 sonst nicht überwunden werden kann; in anderen Fällen können Kosten übernommen werden. Die Kostenübernahme kann auch in Form einer pauschalierten Abgeltung der Leistung der Schuldnerberatungsstelle oder anderer Fachberatungsstellen erfolgen.

§ 17 Abs. 1 BSHG sieht eine umfassende Beratung und Unterstützung vor, um Lebenslagen, in denen Leistungen der Hilfe zum Lebensunterhalt erforderlich oder zu erwarten sind, zu vermeiden und zu überwinden. Ziel dieser Vorschrift ist es, durch Beratung und Unterstützung die Sozialhilfebedürftigkeit gar nicht erst entstehen zu lassen oder sie zu beseitigen. Solche Lebenslagen sind Überschuldung, Ehekrisen, Sucht, drohender Verlust des Arbeitsplatzes, Wohnungsverlust, Ehescheidungen (Sans 1995; zur Konkretisierung der lebenslageorientierten Beratung vgl. Reis 1997).

§ 17 Abs. 1 BSHG verstärkt den Auftrag zur Beratung und Unterstützung, wie er sich aus §§ 8 und 72 BSHG sowie 14 SGB I ergibt, bei der Hilfe zum Lebensunterhalt. § 17 BSHG ist weit gefasst und beinhaltet alle Arten der funktionellen und institutionellen Beratung und Unterstützung (Schellhorn/Jirasek/Seipp 1997, Anm. 7 zu § 17 BSHG).

Die Beratung ist gleichsam in zwei Stufen eingeteilt.

- Zunächst soll der Sozialhilfeträger selbst beraten oder Hinweise auf andere Beratungsangebote geben.
- Ist es jedoch mit einer einmaligen oder vorübergehenden Beratung nicht getan, sind die Probleme so komplex, ist auf die Inanspruchnahme einer Fachberatungsstelle, wie z.B. Familien- oder Verbraucherberatungsstelle, insbesondere aber auch einer Schuldnerberatungsstelle hinzuwirken.

Ob im Rahmen des § 17 BSHG professionelle Schuldnerberatung geleistet werden kann, ist umstritten. Nur wenn der Sozialleistungsträger, der zugleich Kostenträger ist, nicht durch restriktive Vorgaben auf die Inhalte der Beratung Einfluss nimmt, kann vernünftige Schuldnerberatung geleistet werden. Die Intention des Leistungsträgers, aus Gründen der Ersparnis Sozialhilfe zu vermeiden, kann allzu leicht dazu führen, dass der Schuldner mit moralischem Zeigefinger beraten wird (Groth 1995). Das verträgt sich indessen kaum mit einer Beratung, die an den Ressourcen des Schuldners anknüpft, was heißt, dass im Prinzip nur der Schuldner die Kompetenzen besitzt, um letztendlich seine finanziellen und persönlichen Probleme zu lösen (Conen 1995).[1]

Zur Frage der Übernahme der Kosten: Was die erste Stufe angeht, sind die Kosten durch den Sozialhilfeträger zur tragen, der jedoch die Beratung meist selbst durchführen wird (Schellhorn/Jirasek/Seipp 1997, Anm. 12 zu § 17 BSHG).

Ist eine weitere Beratung durch Fachberatungsstellen geboten, sollen die angemessenen Kosten übernommen werden, wenn eine Lebensnotlage sonst nicht überwunden werden kann. Erforderlich ist eine Fachberatung dann, wenn unspezialisierte Beratung durch den ASD nicht aussichtsreich erscheint. Angemessen sind 100% der Kosten, die z.B. einer Schuldnerberatungsstelle entstehen (zur Finanzierung von Schuldnerberatungsstellen vgl. Sanz 1995; zu den Rechtsbeziehungen in der Schuldnerberatung zwischen dem Sozialhilfeträger, dem Hilfesuchenden und dem Träger der Schuldnerberatung vgl. Deutscher Verein, 1997a).

---

1 Zur Professionalisierung und zu der erforderlichen Querschnittsqualifikation in der Schuldnerberatung vgl. Reis (1995), Ebli (1995), jeweils mit weiteren Nachweisen.

3.3.3 **Beratung zur Überwindung besonderer sozialer Schwierigkeiten, § 72 BSHG**

§ 72 BSHG Hilfe zur Überwindung besonderer sozialer Schwierigkeiten

...

(2) Die Hilfe umfasst alle Maßnahmen, die notwendig sind, um die Schwierigkeiten abzuwenden, zu beseitigen, zu mildern oder ihre Verschlimmerung zu verhüten, vor allem Beratung und persönliche Betreuung für den Hilfesuchenden und seine Angehörigen, Hilfen zur Ausbildung, Erlangung und Sicherung eines Arbeitsplatzes sowie Maßnahmen bei der Erhaltung und Beschaffung einer Wohnung. Zur Durchführung der erforderlichen Maßnahmen ist in geeigneten Fällen ein Gesamtplan zu erstellen.

§ 72 Abs. 2 BSHG sieht eine Beratung für Personen vor, bei denen besondere Lebensverhältnisse mit sozialen Schwierigkeiten verbunden sind. Das sind Personen, deren spezifische Lebensverhältnisse zu sozialen Schwierigkeiten in der Familie, in der Nachbarschaft oder am Arbeitsplatz geführt haben und die diese Probleme mit eigenen Kräften nicht überwinden können.[1] Besondere Lebensverhältnisse können bei Personen ohne ausreichende Unterkunft, bei Landfahrern, bei Nichtsesshaften, bei aus dem Freiheitsentzug Entlassenen oder verhaltensgestörten jungen Menschen bestehen, § 1 der VO zur Durchführung des § 72 BSHG. Zur Beratung gehört vor allen Dingen, den Hilfeempfänger über die zur Überwindung seiner sozialen Schwierigkeiten in Betracht kommenden Maßnahmen zu unterrichten, § 7 VO. Die Besonderheit dieser Hilfeart besteht darin, dass auch die Angehörigen in die Beratung miteinbezogen werden können, § 72 Abs. 1 Satz 1 BSHG.

Das Bundessozialhilfegesetz kennt – abgesehen von der Beratung nach § 124 BSHG – die folgenden *Beratungsansprüche*:
Beratung in Fragen der Sozialhilfe und in sonstigen sozialen Angelegenheiten nach § 8 BSHG; Beratung, um Sozialhilfe zu vermeiden oder zu überwinden nach § 17 BSHG sowie eine Beratung nach § 72 BSHG in besonderen Lebensverhältnissen.

1 In Thesen zu einem fachpolitischen Leitbild der Hilfe zur Arbeit hat der Deutsche Verein die Bedeutung der Beratung für die Überwindung der Arbeitslosigkeit hervorgehoben. Hilfe zur Arbeit erfordert ein differenziertes Förderungsangebot. Hierzu zählen Beratung und Orientierung schon zu Beginn und während einer Maßnahme. Um die Wirksamkeit von Einzelmaßnahmen zu verbessern, ist es notwendig, Hilfen in einem Beratungsprozess gemeinsam mit dem Hilfeempfänger zu bestimmen und zu planen, Berlit/Fuchs/Schulze-Böing (1999).

3.4 Beratung nach dem Kinder- und Jugendhilfegesetz

Das Kinder- und Jugendhilferecht enthält vielfältige Ansprüche auf Beratung. Sie werden durch das Sozialstaatsgebot und durch § 2 SGB I konkretisiert. § 2 Abs. 2 SGB I verlangt, dass die sozialen Rechte möglichst weitgehend zu verwirklichen sind. Im Zweifelsfall ist also zugunsten des antragstellenden Bürgers zu entscheiden. Es gilt der Grundsatz »in dubio pro Antragsteller«.
Die besonderen Beratungsverpflichtungen und -angebote des KJHG signalisieren den Perspektivenwandel in der Jugendhilfe (Bundesministerium für Jugend, Familie, Frauen und Gesundheit, 1990; Pettinger 1998).[1]
Der Wandel von einem eingreifenden staatlichen Instrument zu einem sozialstaatlichen Dienstleistungsangebot lässt sich recht gut an den vielfältigen Möglichkeiten des KJHG, sich beraten zu lassen, ablesen. Die hochgradig komplexen gesellschaftlichen und institutionellen Strukturen erfordern Beratung in allen Lebenslagen.
Folgerichtig werden durch das KJHG die ordnungsrechtlichen Elemente durch mannigfaltige Beratungs- und Unterstützungsangebote ergänzt und ersetzt. Das Gesetz sieht präventive und professionelle Beratung der Betroffenen für die unterschiedlichsten Lebens- und Krisensituationen vor. Das KJHG berücksichtigt daher die Tatsache, dass Familien ohne Hilfe durch Beratungs- und Unterstützungssysteme, ihre Aufgaben nur noch schwerlich erfüllen können. Von Müttern und Vätern werden Verhaltens- und Umgangsformen erwartet, die sie häufig überfordern. Partnerschaftlicher Umgang mit ihren eigenen und auch fremden Kindern, kooperatives Verhalten zwischen Frau und Mann, die wechselseitige Respektierung der jeweils anderen Person in ihrer Individualität sind offenbar noch äußerst schwer zu bewältigende Anforderungen. Viele Erwachsene haben es ersichtlich noch nicht akzeptiert, dass das Wohl des Kindes, die Entwicklung seiner Persönlichkeit im Zentrum des Erziehungsprozesses zu stehen haben (Barabas/Erler 1994).

Ein Beispiel: Eine Ehe wird geschieden. Es sind zwei Kinder da, die Mutter war bis zum Zeitpunkt der Scheidung nicht berufstätig. Sie hat den Haushalt und die Kinder versorgt. Mittlerweile geht sie stundenweise einem Vertretungsjob in ihrem alten Beruf nach, da die Unterhaltszahlungen zur Lebensführung für sie und die beiden Kinder nicht ausreichen. Die Kinder haben auf die Scheidung der Eltern unterschiedlich reagiert: die ältere Tochter ist mittlerweile sehr verschlossen und in ihren schulischen Leistungen zurückgefallen. Der jüngere Bruder nässt unregelmä-

[1] Ein Perspektivenwandel in der Jugendhilfe existiert nach Ansicht Kunkels nur in der Phantasie einiger Autoren. Er kommt zu dem Ergebnis: »Jugendhilfe ist heute nichts anderes als früher, nämlich Hilfe für das Kind durch Leistung *und* Eingriff«, FamRZ 1997, 193, 201.

ßig das Bett ein. Für alle Betroffenen ist das Ganze eine mittlere Katastrophe. Dabei ist dies kein Horrorszenario, sondern Teil des bunten Flickenteppiches »Familie«. Der Vater hat bald eine neue Partnerin, mit der er zusammen lebt. (Dies ist nicht unwahrscheinlich; immerhin heiraten über zwei Drittel der Geschiedenen wieder oder gehen eine neue Lebensgemeinschaft ein.)

Die potentiellen Problemkonstellationen werden deutlich: Neben den leiblichen Eltern, die getrennt sind, aber ein gemeinsames Sorgerecht ausüben und daher zumindest miteinander reden sollten, haben die Kinder in der neuen Partnerin des Vaters eine weitere – ihnen fremde – weibliche Bezugsperson. Es ist einleuchtend, hier sind auf allen Ebenen für die Betroffenen Beratungsangebote nötig.

Mit der Reform des Kindschaftsrechts im Jahre 1998 sind an die Jugendhilfe neue Anforderungen gestellt. Die Jugendhilfe »erhält im Kontext familienrechtlicher Verfahren einen deutlich erweiterten und zudem eigenständigeren Auftrag als beratende, vermittelnde und Kinderinteressen vertretende Instanz. Der mit dem Kinder- und Jugendhilfegesetz 1990 vollzogene Perspektivenwechsel vom staatlichen Eingriff zur sozialen Dienstleistung wird im familienrechtlichen Kontext verstärkt. In einer auf mehr Dialog, Aushandlung, Toleranz, Flexibilität und Verantwortung ausgerichteten Beziehungskultur treten an die Stelle staatlicher Reglementierung und Einmischung zunehmend Eigenverantwortung und eigenständige Problemlösungen. Gerichtliche Interventionen mit Gewinnern und Verlierern treten zurück zugunsten von Beratung, Vermittlung und Konsensförderung« (AGJ 1999, 134).

3.4.1 Die Beratungsansprüche im KJHG: Ein kursorischer Überblick

Beratung von Ziel- und Problemgruppen

- Beratung für Kinder und Jugendliche, § 8 Abs. 3

Voraussetzungen: Not und Konfliktsituationen
Adressat: Kinder und Jugendliche – Gem. § 7 Abs. 1 KJHG ist Kind, wer noch nicht 14 Jahre alt ist, Jugendlicher wer 14, aber noch nicht 18 Jahre alt ist.
Verbindlichkeit der Norm: Leistungsanspruch des Kindes oder Jugendlichen

- Jugendberatung, § 11 Abs. 1 i.V.m. Abs. 3 Ziff. 6 KJHG

Voraussetzungen: Aktivitäten im Bereich der Jugendarbeit
Adressat: Gem. § 7 Abs. 1 KJHG ist junger Mensch, wer noch nicht das 27. Jahr vollendet hat.
Verbindlichkeit der Norm: Mussformulierung, jedoch kein Leistungsanspruch. Das Jugendamt bestimmt, welche Schwerpunkte es in der Jugendarbeit betonen will.

- Beratung in allgemeinen Fragen der Erziehung und Entwicklung junger Menschen, § 16 Abs. 2 Ziff. 2 KJHG

Voraussetzungen: Prävention, keine Einzelfallorientierung – Die Vorschrift bezieht sich auf allgemeine Probleme der Erziehung
Adressat: Mütter, Väter, andere Erziehungsberechtigte und junge Menschen sowie jede auf persönliche Beziehungen gegründete Gemeinschaft
Verbindlichkeit der Norm: Sollformulierung – Pflichtaufgabe des öffentlichen Trägers der Jugendhilfe

- Beratung in Fragen der Partnerschaft, § 17 Abs. 1 Ziff. 1 u. 2 KJHG

Voraussetzungen: Personensorge oder tatsächliche Sorge für ein Kind oder einen Jugendlichen
Adressat: Mütter und Väter
Zielsetzung:
1. ein partnerschaftliches Zusammenleben in der Familie aufbauen
2. Konflikte und Krisen in der Familie bewältigen

Verbindlichkeit der Norm: Mussformulierung – Leistungsanspruch

- Beratung in Fragen der Trennung und Scheidung, § 17 Abs. 1 Ziff. 3 i.V.m. § 17 Abs. 2 KJHG

Voraussetzungen: Trennung oder Scheidung
Adressat: Mütter und Väter
Zielsetzung: Im Falle der Trennung oder Scheidung die Bedingungen für eine dem Wohl des Kindes oder des Jugendlichen förderliche Wahrnehmung der Elternverantwortung schaffen
Verbindlichkeit der Norm: Mussformulierung – Leistungsanspruch

- Beratung und Unterstützung bei der Geltendmachung von Unterhaltsansprüchen, § 18 Abs. 2 und 3 KJHG

Adressat: Junge Volljährige bis zur Vollendung des 21. Lebensjahres sowie Mütter, denen die elterliche Sorge nach § 1626 a Abs. 2 BGB zusteht
Verbindlichkeit der Norm: Mussformulierung – Leistungsanspruch

- Beratung und Unterstützung bei der Ausübung der Personensorge, § 18 Abs. 1 KJHG

Voraussetzungen: Alleinsorge oder tatsächliche Sorge für ein Kind oder einen Jugendlichen
Adressat: Mütter und Väter
Verbindlichkeit der Norm: Mussformulierung – Leistungsanspruch

- Beratung und Unterstützung bei der Ausübung des Umgangsrechts, § 18 Abs. 3 KJHG

Voraussetzungen: Personensorge oder Umgangsrecht mit einem Kind bzw. tatsächliche Obhut
Adressat: Kinder und Jugendliche, Eltern, Umgangsberechtigte sowie Personen, in deren Obhut sich das Kind befindet
Verbindlichkeit der Norm: Mussformulierung – Leistungsanspruch

- Anspruch auf Beratung zur Erfüllung der Schulpflicht, § 21 KJHG

Voraussetzungen: Ständiger Ortswechsel der Personensorgeberechtigten (z.B. Artisten, Schausteller, Binnenschiffer) sowie mangelnde Sicherstellung des Schulbesuches
Adressat: Personensorgeberechtigte
Verbindlichkeit der Norm: Mussformulierung – Leistungsanspruch

- Beratung im Zusammenhang mit der Tagespflege, § 23 ABS. 2 KJHG

Voraussetzungen: Betreuung eines Kindes für einen Teil des Tages oder ganztags entweder im eigenen oder im Haushalt des Personensorgeberechtigten
Adressat: Personensorgeberechtigte
Verbindlichkeit der Norm: Mussformulierung – Leistungsanspruch

- Beratung selbstorganisierter Förderung von Kindern, § 25 Abs. 2 KJHG

Voraussetzungen: Selbsthilfeinitiativen zur Förderung von Kindern
Adressat: Mütter, Väter und andere Erziehungberechtigte
Verbindlichkeit der Norm: Sollformulierung

- Erziehungsberatung, § 28 KJHG

Voraussetzungen: Individuelle und familienbezogene Probleme, z.B. erziehungsauffällige und schulgestörte Kinder, Partner- und Sexualschwierigkeiten von Jugendlichen, Berufsfindungsprobleme Schulentlassener, Drogenabhängigkeit von Jugendlichen
Adressat: Kinder, Jugendliche, Eltern und andere Erziehungsberechtigte
Verbindlichkeit der Norm: Sollformulierung: Leistungsanspruch nur für die Personensorgeberechtigten

- Beratung in Fragen der Lebensführung, der Ausbildung und Beschäftigung im Rahmen der Heimerziehung, § 34 KJHG

Voraussetzungen: Heimerziehung oder sonstige betreute Wohnform
Adressat: Jugendliche
Verbindlichkeit der Norm: Sollformulierung

- Beratung im Rahmen des Hilfeplans, § 36 Abs. 1 KJHG

Voraussetzungen: Entscheidungen über die Inanspruchnahme einer Hilfe zur Erziehung oder über die Änderung von Art und Umfang der Hilfe
Adressat: Personensorgeberechtigte, Kinder und Jugendliche
Verbindlichkeit der Norm: Mussformulierung … Beratungspflicht des Jugendamtes gegenüber Kindern und Jugendlichen; Leistungsanspruch der Personensorgeberechtigten.

- Beratung der Herkunftsfamilie, um ein Kind wieder selbst erziehen zu können, § 37 Abs. 1 KJHG

Voraussetzungen: Hilfe für Kinder und Jugendliche außerhalb der eigenen Familie in einer Tagesgruppe, Pflegefamilie, Heimerziehung, in einer sonstigen betreuten Wohnform sowie bei Eingliederungshilfe für behinderte Kinder und Jugendliche
Adressat: Herkunftsfamilie
Verbindlichkeit der Norm: Sollformulierung

- Beratung für junge Volljährige, § 41 Abs. 3 KJHG

Voraussetzungen: Beendigung der Jugendhilfeleistungen nach den §§ 27 ff KJHG
Adressat: Junge Volljährige (nach § 7 KJHG, wer über 18 aber noch nicht 27 Jahre alt ist)
Verbindlichkeit der Norm: Sollformulierung – im Regelfall ein Leistungsanspruch bis zur Vollendung des 21. Lebensjahres; in begründeten Einzelfällen über diese Altersgrenze hinaus

- Beratung bei Inobhutnahme eines Minderjährigen, § 42 Abs. 1 KJHG

Voraussetzungen: Inobhutnahme eines Kindes durch das Jugendamt
Adressat: Kinder oder Jugendliche
Verbindlichkeit der Norm: Mussformulierung – Verpflichtung des Jugendamtes als sozialpädagogische Fachbehörde

- Beratung in Verfahren zur Annahme eines Kindes, § 51 Abs. 2 KJHG

Voraussetzungen: Verfahren zur Annahme als Kind
Adressat: Elternteil, dessen Einwilligung in die Annahme als Kind ersetzt werden soll
Verbindlichkeit der Norm: Sollformulierung – im Regelfall Beratungspflicht; Ausnahmen § 51 Abs. 2 S. 2 KJHG

- Beratung in Verfahren zur Annahme eines Kindes, § 51 Abs. 3 KJHG

Voraussetzungen: Verfahren zur Annahme als Kind bei nicht verheirateten Eltern
Adressat: Vater
Verbindlichkeit der Norm: Mussformulierung – Leistungsanspruch

- Beratung und Unterstützung bei Vaterschaftsfeststellung und Geltendmachung von Unterhaltsansprüchen, § 52 a KJHG

Voraussetzungen: Geburt eines Kindes, dessen Eltern nicht verheiratet sind
Adressat: Mütter
Verbindlichkeit der Norm: Mussformulierung – Leistungsanspruch

- Beratung bei Ausübung der Pflegschaft und Vormundschaft, § 53 Abs. 2 KJHG

Voraussetzungen: Pflege- oder Vormundschaftsverhältnis zu Kindern und Jugendlichen
Adressat: Pfleger und Vormünder
Verbindlichkeit der Norm: Mussformulierung – Leistungsanspruch

Beratung von Fachkräften und ehrenamtlichen Personen

- Beratung im Zusammenhang mit der Tagespflege, § 23 Abs. 2 KJHG

Voraussetzungen: Betreuung eines Kindes für einen Teil des Tages oder ganztags entweder im eigenen oder im Haushalt des Personensorgeberechtigten
Adressat: Tagespflegepersonen
Verbindlichkeit der Norm: Mussformulierung – Leistungsanspruch

- Beratung für Pflegepersonen, § 37 Abs. 2 KJHG

Voraussetzungen: Pflegeverhältnis
Adressat: Pflegepersonen
Verbindlichkeit der Norm: Mussformulierung – Leistungsanspruch während der gesamten Dauer der Pflege und vor Aufnahme des Kindes

- Beratung von Pflegepersonen und Vormündern im Hinblick auf Mängel, § 53 Abs. 3 KJHG

Voraussetzungen: Mängel im Pflege- oder Vormundschaftsverhältnis
Adressat: Pfleger und Vormünder
Verbindlichkeit der Norm: Mussformulierung – Beratungspflicht des Jugendamtes

- Beratung für ehrenamtlich tätige Personen, §73 KJHG

Voraussetzungen: Ehrenamt in der Jugendhilfe
Adressat: Ehrenamtlich tätige Personen
Verbindlichkeit der Norm: Sollformulierung

3.4.2 Beratung und Familie

Das System Familie als juristisch geregeltes ist in den vergangenen Jahrzehnten durch rechtliche Reformen gründlich umgestaltet worden. Die Gleichberechtigungsgesetzgebung (1957), die Reform des Rechts der nichtehelichen Kinder (1970) sowie das 1. Eherechtsgesetz (1976) und das Sorgerechtsgesetz (1980) waren wichtige Schritte, über die der einstmals von der väterlichen Autorität bestimmte und privat verantwortete Familienzusammenhang zersetzt wurde. Das Eherechtsgesetz nimmt ausdrücklich Abschied vom Leitbild der Hausfrauenehe und weist beiden Ehepartnern einen gleichberechtigten Status zu.
Die gesetzlichen Reformen haben die Rechtspositionen von Frauen und Kindern gestärkt. »Spät, aber doch noch, setzt sich damit im Familienrecht jene Vorstellung eines souveränen, über die eigenen Interessen selbst entscheidenden Individuums durch, die einst den traditionellen Bereichen klassischen Privatrechts vorbehalten zu sein schien« (Simitis 1975, 15, 39). Zugleich haben die Reformen auch die elterlichen Erziehungsbefugnisse relativiert und ersichtlich die öffentlichen Gestaltungsmöglichkeiten erhöht, kurzum das Verhältnis Eltern – Kinder partiell verrechtlicht.
Die juristischen Veränderungen des familiären Beziehungsgefüges wurden durch die Kindschaftsrechtsreform 1998 vorläufig abgeschlossen (vgl. Schwab/Wagenitz 1997; Wiesner 1997; Baltz 1997; Büttner 1998; Dickmeis 1998; Diederichsen 1998; Dörndorfer 1998; Kunkel 1998; Lipp 1998; Lakies 1998; Rauscher 1998; Schwab 1998; Wiesner 1998; Kohler 1999).[1] Neben verfahrensrechtlichen Änderungen[2] lassen sich vier zentrale Reformbereiche ausmachen:

---

[1] Kindschaftsrechtsreformgesetz (KindRG) vom 16.12.1997; Beistandschaftsgesetz vom 4.12.1997; Erbrechtsgleichstellungsgesetz (ErbGleichG) vom 16.12.1997; Kinderunterhaltsgesetz vom 6.4.1998.

[2] Eine wichtige verfahrensrechtliche Reform ist in § 50 FGG enthalten. Diese Vorschrift sieht den Anwalt des Kindes vor. Dem minderjährigen Kind kann ein Pfleger beigestellt werden, soweit dies zur Wahrnehmung seiner Interessen erforderlich ist. Er tritt für die Durchführung des gerichtlichen Verfahrens an die Stelle der Eltern. § 50 FGG nennt drei Regelbeispiele, in denen die Bestellung des Pflegers erforderlich ist. In diesen Fällen muss das Gericht begründen, wenn es ihn nicht bestellt. Zum Pro und Contra des Anwaltes des Kindes vgl. Salgo (1993), Dickmeis (1998), Will (1998), Büttner (1998).

- Der Statusunterschied zwischen ehelichen und nichtehelichen Kindern wird im Prinzip aufgehoben;
- die gemeinsame elterliche Sorge wird bei allen Kindern ermöglicht, unabhängig davon, wie die Eltern ihre Lebensverhältnisse rechtlich gestalten (Ehe ohne Trauschein, verheiratet, geschieden);
- das Kind hat nunmehr das Recht auf Umgang mit jedem Elternteil, wie auch jeder Elternteil zum Umgang mit dem Kind berechtigt und verpflichtet ist, § 1684 BGB;
- schließlich ist das Beistandsrecht geändert worden; es besteht nunmehr in einem Hilfsangebot, das auf Antrag eines Elternteils eintritt, § 1712 BGB.

Die Beratungsverpflichtungen und Beratungsangebote im KJHG sind Reaktionen auf die tiefgreifenden rechtlichen Veränderungen im Familiengefüge. Einige wichtige Beratungsangebote nach dem Kinder- und Jugendhilfegesetz konzentrieren sich daher auf das System Familie. Sie sollen im folgenden ausführlicher dargestellt werden.

Beratung in allgemeinen Fragen der Erziehung, § 16 KJHG

Die Vorschrift lautet:

> **§ 16 KJHG Allgemeine Förderung der Erziehung in der Familie**
>
> (1) Müttern, Vätern, anderen Erziehungsberechtigten und jungen Menschen sollen Leistungen der allgemeinen Förderung der Erziehung in der Familie angeboten werden. Sie sollen dazu beitragen, dass Mütter, Väter und andere Erziehungsberechtigte ihre Erziehungsverantwortung besser wahrnehmen können.
> (2) Leistungen zur Förderung der Erziehung in der Familie sind insbesondere
> ...
> 2. Angebote der Beratung in allgemeinen Fragen der Erziehung und Entwicklung junger Menschen ...

§ 16 KJHG will allgemein die Erziehung in der Familie durch die unterschiedlichsten Leistungen fördern, u.a. durch Familienberatung. Beratung in allgemeinen Fragen der Erziehung und Entwicklung junger Menschen soll dazu beitragen, den zunehmenden inner- und außerfamiliären Erwartungsdruck (Erler 1996) auszugleichen. Mit dieser Norm soll hervorgehoben werden, dass Erziehungsberatung auch präventiven Charakter besitzt und nicht nur im Rahmen der Hilfe zur Erziehung nach § 28 KJHG von Bedeutung ist. § 16 KJHG bezieht sich daher nicht auf den Einzelfall, sondern auf allgemeine Fragen der Erziehung.

Die Beratungsangebote nach § 16 KJHG sollen die Kenntnisse und das Bewusstsein von Müttern und Vätern[1] und anderen Erziehungsberechtigten (Pflegepersonen, Lebenspartnern, Erzieherinnen, Pädagogen, Sozialarbeiterinnen usw.) sowie von jungen Menschen für pädagogische, psychische und soziale Aspekte bei der Erziehung erweitern und dadurch deren Erziehungskraft stärken. Die Beratung nach § 16 KJHG umfasst die gesamte Bandbreite familiärer Konstellationen und enthält Elemente der Erziehungs-, Familien- und Lebensberatung (Münder u.a. 1998, Anm. 3 zu § 16 KJHG)

§ 16 KJHG enthält den gesetzgeberischen Auftrag, Aufklärungsarbeit zu leisten. Es gehört zu den präventiven Aufgaben vieler Beratungsstellen, in komplizierten Gruppensituationen in Kindergärten sowie bei Elternabenden mitzuwirken. Dies gilt auch für die Eltern- oder Pflegeelternarbeit, soweit sie nicht auf den Einzelfall bezogen ist. Unter die präventive Aufgabenstellung fällt auch die Mitarbeit in der Aus-, Fort- und Weiterbildung von Fachkräften in der sozialen Arbeit (Wiesner u.a. 1995, Anm. 19 zu § 16 KJHG).

Die Bedeutung dieser allgemeinen Beratung darf nicht unterschätzt werden. Geht es doch auch darum, alle an Erziehungsprozessen Beteiligten aufzuklären, damit sie die Rechtsansprüche auf individuelle Beratung nach dem KJHG kennenlernen.[2]

---

1 Nach einer Untersuchung von Schiersmann/Thiel (1998) werden diese Angebote im wesentlichen von Müttern, von Vätern dagegen kaum wahrgenommen.

2 Zur Situation in der Praxis vgl. 10. Jugendbericht, 1998, 234

Beratung in Fragen der Partnerschaft, Trennung und Scheidung, § 17 KJHG

§ 17 BSHG Beratung in Fragen der Partnerschaft, Trennung und Scheidung

(1) Mütter und Väter haben im Rahmen der Jugendhilfe Anspruch auf Beratung in Fragen der Partnerschaft, wenn sie für ein Kind oder einen Jugendlichen zu sorgen haben oder tatsächlich sorgen. Die Beratung soll helfen,

1. ein partnerschaftliches Zusammenleben in der Familie aufzubauen,
2. Konflikte und Krisen in der Familie zu bewältigen,
3. im Falle der Trennung oder Scheidung die Bedingungen für eine dem Wohl des Kindes oder des Jugendlichen förderliche Wahrnehmung der Elternverantwortung zu schaffen.

(2) Im Falle der Trennung oder Scheidung sind Eltern unter angemessener Beteiligung des betroffenen Kindes oder Jugendlichen bei der Entwicklung eines einvernehmlichen Konzepts für die Wahrnehmung der elterlichen Sorge zu unterstützen; dieses Konzept kann auch als Grundlage für die richterliche Entscheidung über die elterliche Sorge nach der Trennung oder Scheidung dienen.

(3) Die Gerichte teilen die Rechtshängigkeit von Scheidungssachen, wenn gemeinschaftliche minderjährige Kinder vorhanden sind (§ 622 Abs. 2 Satz 1 der Zivilprozessordnung) sowie Namen und Anschriften der Parteien dem Jugendamt mit, damit dieses die Eltern über das Leistungsangebot der Jugendhilfe nach Absatz 2 unterrichtet.

Die Anzahl der Scheidungen in der BRD ist im Steigen begriffen. Inzwischen wird mindestens jede dritte Ehe geschieden. Von den jährlich etwa 160.000 Scheidungen sind ca. 130.000 Kinder betroffen (BT-Drs.13/4899, 35 f). Das sich hinter diesen Zahlen verbergende gewaltige Konfliktpotential soll durch eine fachlich fundierte Partnerschafts-, Trennungs- und Scheidungsberatung abgebaut werden.
Die Kindschaftsrechtsreform 1998 hat bedeutsame Änderungen des § 17 KJHG gebracht.

- Wichtigste Neuerung ist, dass nunmehr Mütter und Väter, wenn sie für ein Kind oder einen Jugendlichen zu sorgen haben oder tatsächlich sorgen, einen Rechtsanspruch auf Beratung besitzen.
- Nach § 17 Abs. 3 KJHG sind die Gerichte verpflichtet, die Rechtshängigkeit von Scheidungssachen sowie Namen und Anschriften der Parteien dem Jugendamt mitzuteilen, wenn gemeinsame minderjährige Kinder vorhanden sind. Das Jugendamt muss die Eltern über den Rechtsanspruch auf Scheidungsberatung informieren. Auf diese Weise erfahren alle Scheidungseltern mit Kindern von dieser Beratungsmöglichkeit.

- Eine weitere gerichtliche Aufklärungsverpflichtung ergibt sich aus § 52 FGG. Danach soll das Gericht – in allen die Person eines Kindes betreffenden Verfahren – so früh wie möglich die Beteiligten anhören und auf bestehende Möglichkeiten der Beratung durch die Beratungsstellen und -dienste der Träger der Jugendhilfe – insbesondere zur Entwicklung eines einvernehmlichen Konzepts für die Wahrnehmung der elterlichen Sorge und der elterlichen Verantwortung – hinweisen.
- Bei der Entwicklung eines einvernehmlichen Konzepts für die Wahrnehmung der elterlichen Sorge nach Trennung und Scheidung sind die betroffenen Kinder und Jugendlichen angemessen zu beteiligen, § 17 Abs. 2 KJHG.

Das Kinder- und Jugendhilfegesetz zielt mit dem Beratungsangebot des § 17 Abs. 1 KJHG:

- auf Erhaltung bzw. Aufbau eines partnerschaftlichen Zusammenlebens innerhalb der Familie;
- auf Konflikt- und Krisenbewältigung innerhalb der Familie sowie
- auf die Herstellung von Bedingungen für eine dem Wohl des Kindes oder des Jugendlichen förderlichen Wahrnehmung der Elternverantwortung bei einer Trennung oder Scheidung.

Die Beratung nach § 17 KJHG umfasst damit alle Aspekte der Partnerschafts-, Familien- und Eheberatung vor, während und nach einer Trennung oder Scheidung (zum Problem der Zulässigkeit und des Umfanges der Rechtsberatung bei einer Trennungs- und Scheidungsberatung durch Fachkräfte der sozialen Arbeit vgl. Kap. 4). Sie enthält präventive Elemente für Familien in Schwierigkeiten, um weitmöglichst Schaden zu vermeiden und ist auch als Reorganisationsmodell für auseinanderbrechende Familien konzipiert (Faltermeier/Fuchs 1992; Proksch 1992; Fuchs 1993; Balloff/Walter 1993; Balloff 1994; Balloff 1995; Menne/Weber 1998; Lossen/Vergho 1998). Die mit Abstand häufigste Form der Beratung ist die Einzelberatung mit über 60%. Paarberatung nehmen 27,5% in Anspruch, während eine statistisch bisher völlig untergeordnete Rolle die Familienberatung mit 7,9% spielt (10. Jugendbericht 1998, 235).

§ 17 Abs. 1 KJHG operiert mit einer Doppelstrategie (Wiesner u.a. 1995, Anm. 2 zu § 17 KJHG):

- Die Partnerschaftskonfliktberatung nach § 17 Abs. 1 Nrn. 1 u. 2 KJHG soll dazu beitragen, die normalen Konflikte und Krisen zwischen den Eltern zu entschärfen, um Trennung und Scheidung zu vermeiden, die Paarbeziehung zu stabilisieren. Die Beratung soll präventiv wirken und ein partnerschaftliches Zusammenleben ermöglichen, damit die Auflösung des Familienverbandes vermieden werden kann (Münder u.a. 1998, Anm. 10 zu 17 § KJHG). Auffallend ist, »dass zur Zeit hauptsächlich das Beratungsangebot für diejenigen Eltern im Mittelpunkt des Interesses steht, die sich in der Trennungs- und Scheidungsphase befinden« (10. Jugendbericht 1998, 235). Der präventive Aspekt der Trennungs- und Scheidungsberatung wird bislang nur unzureichend berücksichtigt, obwohl die Anzahl der von Elternkonflikten betroffenen Kinder höher sein dürfte als die der von Scheidung betroffenen Kinder.

- Ist jedoch nichts mehr zu retten, soll die Trennungs- und Scheidungsberatung nach § 17 Abs. 1 Nr. 3 KJHG dafür sorgen, dem Kind oder Jugendlichen ein Optimum an Elternschaft und Kooperation zwischen den Eltern nach der Trennung und Scheidung zu garantieren.

Das Kinder- und Jugendhilfegesetz normiert im § 17 Abs. 2 KJHG die Verpflichtung der Jugendhilfe, im Falle der Trennung oder Scheidung der Eltern unter angemessener Beteiligung des betroffenen Kindes oder Jugendlichen die Entwicklung eines einvernehmlichen Konzeptes für die Wahrnehmung der elterlichen Sorge zu unterstützen. Durch Beratung und Unterstützung soll die beiderseitige elterliche Verantwortung erhalten bleiben und gefördert werden. Es ist daher besonders wichtig, durch fachlich fundierte Beratung zu einem gemeinsam getragenen Konzept zu gelangen, weil einvernehmliche Regelungen erfahrungsgemäß haltbarer sind als gerichtlich durchgesetzte Entscheidungen (Fieseler/Schleicher 1998, Anm. 17 zu § 17 KJHG).

Durch diese Konzeption des Gesetzgebers zur elterlichen Zusammenarbeit bei Trennung und Scheidung ist ein manifester Wechsel im staatlichen Interventionsansatz zu konstatieren. An die Stelle von justiziellen Entscheidungen treten sozialrechtliche Hilfen (Coester 1992). Das bedeutet, dass ein neuer Funktionsbereich für die Jugendhilfe mit eigenständiger, fachlich beraterischer Kompetenz geschaffen wurde. Die gesetzlichen Regelungen heben die besondere Verantwortung der Jugendhilfe für Familien in Krisensituationen hervor. In den Empfehlungen des Deutschen Vereins zur Beratung in Fragen der Trennung und Scheidung und zur Mitwirkung der Jugendhilfe im familiengerichtlichen Verfahren wurde bereits 1992 präzisiert, was Eltern und Kinder durch die Trennungs- und Scheidungsberatung erfahren sollen:

- »Eltern sollen lernen, ihre Probleme auf der Partnerebene von ihrer Verantwortung auf der Elternebene zu trennen und dabei die Interessen der Kinder in den Vordergrund zu stellen,
- Kindern soll der Zugang und die Beziehung zu beiden Elternteilen erhalten werden, ohne in Loyalitätskonflikte zu geraten, um Identifikationsmöglichkeiten mit Vater und Mutter zu erhalten,
- Kindern sollen Chancen zur Entwicklung eines stabilen Selbstwertes eröffnet werden,
- Kindern sollten möglichst viele ihrer sie stützenden Beziehungen und so weit wie möglich ihre vertraute Umgebung erhalten bleiben
- Kinder sollen Klarheit über den künftigen Lebensort erhalten und das Gefühl bekommen, diesen mitbestimmen und mitgestalten zu können

und damit ernstgenommen zu werden (Deutscher Verein 1992, 148,149).«

Diese Erwartungen an die Eltern sind durch die Kindschaftsrechtsreform nochmals gesteigert worden. Die Reform hat bei Trennung und Scheidung den Eltern im wesentlichen die Entscheidung überlassen, wie sie ihr Verhältnis zu den Kindern rechtlich gestalten wollen. Bedurfte es nach altem Recht einer richterlichen Entscheidung, einer Sorgerechtsregelung, so können nach dem neuen Recht Ehegatten mit minderjährigen Kindern geschieden werden, ohne dass ein Gericht über das Sorgerecht entscheidet. Nach §§ 1671, 1672 BGB bleibt das gemeinsame Sorgerecht bestehen, solange kein Elternteil einen Antrag auf Alleinsorge stellt.[1] Eltern sind nicht verpflichtet, eine Sorgeerklärung vor Gericht abzugeben. Ein übereinstimmender Vorschlag beider Elternteile ist nicht erforderlich. Nach dem Willen des Gesetzgebers soll die elterliche Sorge bei Trennung und Scheidung vor Gericht von Amts wegen nicht mehr behandelt werden, sondern nur noch auf Antrag.

Wenn gemeinsame Kinder vorhanden sind, hat das Gericht nach § 613 Abs. 1 Satz 2 ZPO die Ehegatten in jedem Eheverfahren – d.h. auch im Scheidungsverfahren – zur elterlichen Sorge anzuhören und sie auf die Beratungsmöglichkeiten bei den Trägern der Jugendhilfe hinzuweisen. Mit dieser Vorschrift und § 17 Abs. 3 KJHG soll die Entscheidungsbasis der Eltern optimiert werden. Dadurch soll erreicht werden, dass Entscheidungen über das Sorgerecht mit der Beratung durch die Träger der Jugendhilfe verzahnt werden (Wiesner 1997).[2]

Durch all diese rechtlichen Veränderungen hat die Bedeutung einer qualifizierten Trennungs- und Scheidungsberatung signifikant zugenommen. Gewiss kann eine kompetente fachliche Beratung dazu führen, dass feindliche Eltern wieder zur Kooperation finden. Gegenüber einer idealisierenden oder euphorischen Einschätzung der aktuellen Chancen für eine gemeinsame, nacheheliche elterliche Sorge ist freilich Skepsis angebracht. Realistischerweise müssen die Beraterinnen auch berücksichtigen, dass eine Trennung nicht immer »vernünftig« abläuft, sondern mitunter voller Wut, Hass und Trauer. Die »Fähigkeit zur Kooperation im Interesse des Kindes ist aber aufgrund der Auseinandersetzungen der Elternteile auf der Paarebene häufig nicht oder nur eingeschränkt vorhanden. Vielfach wird das Kind für die Fortführung des Kampfes zwischen den Partnern instrumentalisiert« (Wiesner 1997, 29; zu den Auswirkungen elterlicher Trennung auf die Kinder vgl. 10. Jugendbericht 1998, 236).

In welchem Maße sich ein gemeinsames Sorgerecht nach Trennung und

---

1 Zur rechtspolitischen Kontroverse, ob die Normierung des gemeinsamen Sorgerechts als Regelfall erfolgen soll oder ob doch eine richterliche Kontrolle sinnvoll ist, vgl. Schwab (1997) sowie Salgo (1996) jeweils mit zahlreichen weiteren Nachweisen.

2 Zu den Forderungen nach einer Zwangsberatung vgl. Jopt (1996).

Scheidung durchsetzen und als eine selbstverständliche Lösung empfunden werden wird, bleibt abzuwarten. Eines ist gewiss: Solange die Scheidung und der Verlust des Partners als Katastrophe begriffen werden, auf die hasserfüllt reagiert wird, scheint das gemeinsame Sorgerecht gewissermaßen seiner Zeit voraus zu sein (Salgo 1993). Und in der Tat ist nicht von der Hand zu weisen, dass die gemeinsame Sorge für Kinder nach der Scheidung die Eltern hohe kommunikative Anforderungen stellt und ihnen ein erhebliches Maß an Gelassenheit abverlangt. Ein gemeinsames Sorgerecht kann jedenfalls nicht mit der pädagogischen bzw. beraterischen Brechstange erzwungen werden (Salgo 1996).

Wenn bei einer Trennungs- und Scheidungsberatung offenbar wird, dass ein gemeinsames Sorgerecht nicht zu realisieren ist, das optimale Ergebnis nicht erreicht werden kann, dann gibt es unterhalb dieser Maximalposition genügend andere vernünftige Formen nachehelicher Solidarität oder Verantwortungsgemeinschaft. Das beinhaltet den Versuch, den kleinsten gemeinsamen Nenner der Eltern herauszufinden und ein Minimum von Absprachen zu treffen, die dem Kind optional beide Eltern erhält (Fuchs 1993). Eltern, die sich nach der Scheidung unversöhnlich gegenüberstehen, können nach Jahren bereit sein, gemeinsam Verantwortung für die Kinder zu tragen. Auch das muss bei einer Trennungs- und Scheidungsberatung berücksichtigt werden.

All dies erfordert von den Fachkräften erhebliche fachliche und methodische Fähigkeiten. So konstatiert der 10. Jugendbericht lakonisch: »Zugleich bedeutet dies, dass die Kindschaftsrechtsreform weitgehend ›leerlaufen‹ muss, wenn die nach § 17 KJHG n.F. vorgesehenen Beratungsleistungen der Kinder- und Jugendhilfe nicht in bedarfsgerechtem Umfang und befriedigender Qualität zur Verfügung gestellt werden. Deshalb ist es wichtig, die Umsetzung dieses Teils der Kindschaftsrechtsreform mit besonderer Intensität zu verfolgen: Mit anderen Worten: Die Verstärkung des Leitbilds der elterlichen Verantwortung muss mit der Verbesserung praktischer Beratungs- und Unterstützungshilfen seitens der Kinder- und Jugendhilfe verknüpft sein« (10. Jugendbericht 1998, 165).

Exkurs: Paarkonflikte, Trennung, Scheidung und Mediationsverfahren

Die Fähigkeit der Eltern zu partnerschaftlichem Umgang, zur Kommunikationsbereitschaft, zur Konfliktvermeidung soll durch interdisziplinäre Beratungsangebote, aber insbesondere auch durch Mediation gestärkt werden.[1]

---

[1] Zur Praxiserprobung von Mediation in streitigen Familiensachen vgl. Proksch (1998); zu internationalen Ansätzen in der Familienmediation und zur Prädiktion sowie zur Prävention von Beziehungsstörungen siehe Hahlweg/Baucom/Bastine/Markman (1998).

1998 hat der Europarat die Empfehlung – Nr. R (98) 1 des Ministerkomitees an die Mitgliedstaaten über Familienmediation – verabschiedet. Der Europarat hat nachdrücklich die Einführung der Familienmediation empfohlen. Dieses Dokument ist richtungsweisend für das Mediationsverfahren in Europa. Nach den Empfehlungen soll das Mediationsverfahren u.a. nach den folgenden Grundsätzen geführt werden:

»i. der Mediator ist unparteiisch,

ii. der Mediator ist neutral im Hinblick auf das Ergebnis des Mediationsverfahren,

iii. der Mediator respektiert die Meinung der Parteien und sorgt für gleichrangige Verhandlungspositionen,

iv. der Mediator ist nicht befugt, den Parteien eine Lösung aufzuzwingen,

v. die Bedingungen, unter denen die Familienmediation stattfindet, sollen den Schutz der Privatsphäre gewährleisten,

vi. die Mediationsgespräche sind vertraulich und dürfen später nur mit Zustimmung der Parteien oder in den nach dem innerstaatlichen Recht zulässigen Fällen verwendet werden,

vii. der Mediator soll in geeigneten Fällen die Parteien über die Möglichkeit der Eheberatung oder anderer Beratungsformen als Mittel zur Lösung ihrer ehelichen oder familiären Probleme informieren,

viii. der Mediator soll besonders für das Wohl der Kinder Sorge tragen, er soll die Eltern dazu bewegen, die Bedürfnisse der Kinder in den Vordergrund zu stellen, und sie an ihre vorrangige Verantwortung für das Wohl ihrer Kinder und ihre Pflicht zur Unterrichtung und Befragung ihrer Kinder erinnern ...« (Europarat 1998, 454, 455).

Beratung und Unterstützung bei der Ausübung der Personensorge, § 18 KJHG

§ 18 KJHG Beratung und Unterstützung bei der Ausübung der Personensorge

(1) Mütter und Väter, die allein für ein Kind oder einen Jugendlichen zu sorgen haben oder tatsächlich sorgen, haben Anspruch auf Beratung und Unterstützung bei der Ausübung der Personensorge einschließlich der Geltendmachung von Unterhalts- oder Unterhaltsersatzansprüchen des Kinder oder Jugendlichen.

(3) Kinder und Jugendliche haben Anspruch auf Beratung und Unterstützung bei der Ausübung des Umgangsrechts nach § 1684 Abs. 1 des Bürgerlichen Gesetzbuches. Sie sollen darin unterstützt werden, dass die Personen, die nach Maßgabe der §§ 1684 und 1685 des Bürgerlichen Gesetzbuches zum Umgang mit ihnen berechtigt sind, von diesem Recht zu ihrem Wohl Gebrauch machen. Eltern, andere Umgangsberechtigte sowie Personen, in deren Obhut sich das Kind befindet, haben Anspruch auf Beratung und Unterstützung bei der Ausübung des Umgangsrechts. Bei der Befugnis, Auskunft über die persönlichen Verhältnisse des Kindes zu verlangen, bei der Herstellung von Umgangskontakten und bei der Ausführung gerichtlicher oder vereinbarter Umgangsregelungen soll vermittelt und in geeigneten Fällen Hilfestellung geleistet werden.

Der durch die Kindschaftsrechtsreform 1998 teilweise geänderte § 18 KJHG bringt ebenfalls neue Aufgaben für die Jugendämter bei der außergerichtlichen Streitschlichtung im Zusammenhang mit den Umgangsrechten zwischen Kindern und Jugendlichen einerseits sowie Eltern, anderen Umgangsberechtigten und Personen, in deren Obhut sich das Kind befindet, andererseits.

Vorrangiges Ziel der Reform ist es, die rechtlichen Unterschiede im Umgangsrecht von ehelichen und nichtehelichen Kindern zu beseitigen. Bislang richtete sich das Umgangsrecht des nichtehelichen Vaters nach § 1711 Abs. 1 BGB, der regelte, dass der Personensorgeberechtigte den Umgang des Kindes mit dem Vater bestimmte. Damit war die Rechtsposition des nichtehelichen Vaters deutlich schwächer als die des Vaters nach der Scheidung, dem immerhin noch eine Art Resteltenrecht zustand. Wenn die Liebe in einer Ehe ohne Trauschein noch blühte, dann war das Umgangsrecht kein Problem. Wenn die Gemeinschaft dagegen platzte und der Vater trotzdem seine Kinder sehen wollte, dann war es für ihn schwierig, sich dieses Recht zu erstreiten.

Der neu eingefügte § 1626 Abs. 3 BGB formuliert als Programmsatz, dass zum Wohle des Kindes in der Regel der Umgang mit beiden Elternteilen

gehört. Bislang hatte das Kind kein Recht auf den Umgang mit jedem Elternteil; insofern bedeutet die neue Regelung einen Abbau der Defizite bei den Kinderrechten (Wiesner 1998). Gleiches gilt für den Umgang mit anderen Personen, zu denen das Kind Bindungen besitzt, wenn ihre Aufrechterhaltung für seine Entwicklung förderlich ist. Der Anspruch des Kindes auf Umgang ist in erster Linie als Signal zu verstehen; er ist auf eine Änderung des elterlichen Bewusstseins gerichtet (Schwab 1997).
§ 1684 BGB bestimmt: Kinder und Eltern sind zum Umgang berechtigt und verpflichtet. Damit hängt es nicht mehr vom Willen der »nichtehelichen« Mutter ab, ob der Vater ein Umgangsrecht besitzt. Nicht nur den Eltern steht ein Recht auf Umgang zu, auch das Kind ist anspruchsberechtigt. § 1685 BGB gewährt Großeltern und Geschwistern ein Recht auf Umgang mit dem Kind, wenn der Umgang dessen Wohl dient. § 1685 BGB zielt auf eine Stärkung der über die Kleinfamilie hinausgehenden Sozialbeziehungen.
Ob die gesetzgeberischen Intentionen, dass das Kind nicht nur Objekt des elterlichen Umgangs ist, und ob das Recht des Kindes auf Umgang mehr sein wird als ein »gutgemeinter Appell« (Rauscher 1998, 329,332), hängt insbesondere davon ab, wie fachlich und methodisch fundiert die Beratung angeboten und wie niedrigschwellig organisiert sie ist.

Die Beratung nach § 18 KJHG ist vor allen Dingen deswegen von Bedeutung, weil ein wichtiges Anliegen der Reform die Akzeptanz aller Beteiligten ist: eine Voraussetzung für eine dauerhafte und stabile Umgangsregelung. Beratung soll die erforderliche Einsicht bei den Eltern über die Bedeutung des Umgangs für die Entwicklung eines Kindes schaffen.

- § 18 Abs. 1 KJHG enthält die Verpflichtung des Jugendamtes, Mütter und Väter, die allein für ein Kind oder einen Jugendlichen zu sorgen haben oder tatsächlich sorgen, bei der Ausübung der Personensorge – einschließlich der Geltendmachung von Unterhalts- oder Unterhaltsersatzansprüchen des Kindes oder Jugendlichen – zu beraten und zu unterstützen (zu den Kompetenzen des Jugendamtes vgl. Oberloskamp 1997a). Der Grund, warum eine Mutter oder ein Vater allein sorgeberechtigt ist (verwitwet, kein gemeinsames Sorgerecht bei Lebensgemeinschaften oder alleiniges Sorgerecht nach einer Scheidung), ist belanglos. Der Anspruch richtet sich vornehmlich darauf, in Erziehungsfragen aber auch in Rechtsfragen im Zusammenhang mit der Ausübung des Personensorge- und Umgangsrechts beraten zu werden (Fieseler/Schleicher 1998, Anm. 10 zu §18 KJHG).
- § 18 Abs. 3 Satz 1 KJHG räumt Kindern und Jugendlichen gegenüber dem Jugendamt ein Anspruch auf Beratung und Unterstützung im Hinblick auf die Ausübung des Umgangsrechts ein.

Der Beratungsanspruch für die Kinder und Jugendlichen flankiert »ihr« Umgangsrecht aus § 1684 Abs. 1 BGB, d.h., sie sollen bei der Kontaktsuche oder Kontaktaufnahme unterstützt werden. § 18 Abs. 3 Satz 2 KJHG

enthält einen weiten Beratungs- und Unterstützungsauftrag des Jugendamtes für die Kinder und Jugendlichen. Das Jugendamt hat darauf zu achten, dass vom Umgangsrecht zum Wohle des Kindes Gebrauch gemacht wird.
§ 18 Abs. 3 Satz 3 KJHG, der für alle Umgangsberechtigten ein Anspruch auf Beratung normiert, soll dazu beitragen, die oft konfliktbeladenen Entscheidungen über Umgangsrechte und Umgangspflichten zu entschärfen (zu den Aufgaben des Jugendamtes ausführlich Fieseler/Schleicher 1998, Anm. 26 ff zu § 18 KJHG).

Es liegt auf der Hand, dass dieser Beratungskatalog, der mit entsprechenden Rechtsansprüchen korrespondiert, zu einer umfangreichen Vermittlungstätigkeit der Jugendämter führen kann. Allerdings wird auch in diesem Zusammenhang vor Euphorie gewarnt. »Entscheidend ist letztlich die Frage, ob – und mit welchen Mitteln – das Kind sein Recht auch wahrnehmen und durchsetzen kann. Jedermann weiß, dass ein zwangsweise durchgesetztes Recht im persönlichen Bereich eher schadet als nützt. Um so wichtiger ist es, durch sachkundige Beratung das Bewusstsein der Eltern dafür zu schärfen, dass das Kind ein Recht auf Umgang mit beiden Elternteilen hat, und sie aufgrund ihrer fortbestehenden Elternverantwortung die Ausübung dieses Rechts nicht vereiteln dürfen, sondern nach Kräften fördern müssen« (Wiesner 1998, 173, 179).
Dem Ziel des § 18 KJHG, möglichst eine einverständliche Regelung herbeizuführen, entspricht auch § 52 FGG. Danach soll bei Umgangsfragen vom Gericht auf bestehende Möglichkeiten der Beratung durch Beratungsstellen und Beratungsdienste der Träger der Jugendhilfe hingewiesen werden.

Erziehungsberatung, § 28 KJHG

Mit der Einführung des KJHG sind die Bedürfnisse, Wünsche und Interessen der betroffenen Kinder, Jugendlichen und Eltern in das Zentrum des Rechts gerückt, Kommunikation als Rechtsprinzip festgeschrieben worden (Kurz/Adams 1998). Diese Entwicklung hat auch die Erziehungsberatung erreicht. Die zuweilen vom administrativen System der Jugendhilfe abgeschotteten Erziehungsberatungsstellen haben ihre Arbeit lange Zeit autonom definiert und waren daher in die Kritik geraten. Der 8. Jugendbericht machte darauf aufmerksam, dass sich die Erziehungsberatungsstellen aus der mühseligen Arbeit mit Problemsituationen heraushielten und sich von der Jugendhilfe verabschiedet hätten. In einem Fazit wurde festgestellt: »Danach sollten die personellen und institutionellen Ressourcen der Erziehungs- und Familienberatung stärker Kindern, Jugendlichen, Eltern und Familien zugute kommen, die mit besonders belasteten individuellen Lebenslagen und sozioökonomischen Lebensbedingungen konfrontiert sind … So können die Ressourcen

dieser Dienste, in denen multidisziplinär besetzte Teams mit hoher Fachkompetenz arbeiten, nicht optimal genutzt werden. Viele Familien finden den Weg zur Beratung nicht« (8. Jugendbericht 1990, 137).
Aus neueren Untersuchungen ergibt sich, dass die Erziehungsberatungsstellen inzwischen vernetzt arbeiten und von Familien mit Problemstrukturen in Anspruch genommen werden (Hundsalz 1995; Kurz-Adams 1998). Gleichwohl ist das rechtliche Spannungsgefüge zwischen den Strukturen der Erziehungsberatung und den Gesetzeszielen des KJHG noch nicht abschließend gelöst. Das zeigt sich an dem Problem der Einbindung der Erziehungsberatung in das System des KJHG.
§ 28 KJHG ist die Rechtsgrundlage für die Eziehungsberatung und wendet sich an Kinder und Jugendliche sowie an Eltern und andere Erziehungsberechtigte.

§ 28 KJHG Erziehungsberatung
Erziehungsberatungsstellen und andere Beratungsdienste und -einrichtungen sollen Kinder, Jugendliche, Eltern und andere Erziehungsberechtigte bei der Klärung und Bewältigung individueller und familienbezogener Probleme und der zugrundeliegenden Faktoren, bei der Lösung von Erziehungsfragen sowie bei der Trennung und Scheidung unterstützen. Dabei sollen Fachkräfte verschiedener Fachrichtungen zusammenwirken, die mit unterschiedlichen methodischen Ansätzen vertraut sind.

§ 28 KJHG sieht ein Beratungsangebot vor, das bei der Klärung und Bewältigung individueller und familienbezogener Probleme helfen soll. Auf die Erziehungsberatung nach § 28 KJHG besteht für die Personensorgeberechtigten ein Rechtsanspruch. Kinder und Jugendliche sowie andere Erziehungsberechtigte sind dagegen nur »Leistungsempfänger« und besitzen keinen Rechtsanspruch (Wiesner u.a. 1995, Anm. 5 zu § 28 KJHG). Ein eigenständiger Anspruch auf Beratung wird dem Minderjährigen im Rahmen des § 8 Abs. 3 KJHG eingeräumt.
Im Gegensatz zu § 16 KJHG, der durch Beratung vorbeugend helfen will, ist die *Erziehungsberatung auf den konkreten Einzelfall bezogen.* Die Übergänge zu anderen Beratungsangeboten des Kinder- und Jugendhilfegesetzes, wie z.B. der Trennungs- und Scheidungsberatung oder der Beratung in Fragen des Umgangsrechts nach § 18 Abs. 3 KJHG, sind fließend.
§ 28 KJHG umfasst Erziehungsfragen und mangelnde Erziehungskompetenzen der Personensorgeberechtigen und anderer Erziehungsberechtigter sowie Lernschwierigkeiten, Verhaltensauffälligkeiten, Entwicklungsprobleme etc. und damit zusammenhängende psycho-soziale Beschwerden von Kindern und Jugendlichen (Cremer/Hundsalz/Menne 1994; Hundsalz 1995; Menne/Cremer/Hundsalz 1996; Pettinger 1998; Belardi 1999; Hundsalz/ Menne/Cremer 1999).

Durch die Formulierung, dass die in § 28 KJHG Genannten bei der Klärung und Bewältigung individueller und familienbezogener Probleme und der zugrunde liegenden Faktoren unterstützt werden sollen, stellt der Gesetzgeber klar, dass Erziehungsberatung nicht auf das Kind als Symptomträger oder auf die familiäre Situation reduziert werden kann. Eine derartige individualisierende und damit verkürzte Sichtweise wird durch das Kinder- und Jugendhilfegesetz nicht gedeckt. Vielmehr sind bei der Erziehungsberatung auch alle außerfamiliären Faktoren zu berücksichtigen. Es ist notwendig, die Familie als ein System zu begreifen, das mit vielfältigen anderen Bezugssystemen verbunden und in ständiger Wechselwirkung steht. Diese Beratung stellt also eine Form der Krisenintervention dar, die bei allen nur denkbaren familiären Problemlagen zur Anwendung kommen kann. Wichtig ist, dass diese Vorschrift nicht nur die Erziehungs-, Jugend- und Familienberatung zum Gegenstand hat, weil das Aufgabenfeld kaum begrenzbar ist. Erziehungsberatung umfasst daher letztlich jedwede Form von Lebensberatung, die von Schulstörungen über Berufsfindungsprobleme bis hin zu Alkoholiker-, Aids- und Schuldnerberatung reichen kann.

Die Erziehungsberatungsstellen werden vorwiegend aus den folgenden Gründen aufgesucht:

- emotionale Probleme (z.B. Ängste, Einsamkeit, depressive Zustände);
- soziale Verhaltensauffälligkeiten;
- Probleme im Schul- und Leistungsbereich;
- Schwierigkeiten in der familialen Interaktion (z.B. Ablösung vom Elternhaus, körperliche Züchtigung);
- psychosomatische Auffälligkeiten (z.B. Einnässen, Einkoten, Ess- oder Sprachstörungen);
- Trennung und Scheidung, Arbeitslosigkeit und weitere Belastungen (Menne 1996b).

Streitig ist, in welcher Form die Erziehungsberatung in die Hilfen zur Erziehung nach den §§ 27 ff KJHG eingebettet ist (Kurz-Adams 1998). Es handelt sich darum, welche Zugangsvoraussetzungen für die Erziehungsberatung bestehen, welche Bedingungen erfüllt sein müssen, um die Leistung zu erhalten. Es geht hierbei auch um das Problem, ob die Beratungsstellen freier Träger spontan, ohne dass das Jugendamt eine Entscheidung über die Leistungsgewährung getroffen hat, in Anspruch genommen werden dürfen. Es fragt sich, ob das Jugendamt entscheiden muss, ob Erziehungsberatung im konkreten Einzelfall ein geeignetes Instrument ist, die Erziehungsdefizite zu beheben.[1]

Maas ist der Auffassung, das Jugendamt habe vorweg zu klären, »ob von den vorgesehenen Hilfearten auch Erziehungsberatung in Betracht

---

[1] Diese Kontroverse hat auch unmittelbare Auswirkungen auf das Problem, ob § 36 KJHG (Hilfeplan) bei der Erziehungsberatung zu berücksichtigen ist; ausführlich Münder u.a. 1998, Anm. 23 ff zu § 28 KJHG.

kommt. Stellt sich heraus, dass Erziehungsberatung eine angesichts des gegebenen erzieherischen Bedarfs geeignete und notwendige Hilfe ist und wird diese Hilfe von den Personensorgeberechtigten akzeptiert, so hat das Jugendamt diese Hilfe zu gewähren. Diese Gewährung ist ein Verwaltungsakt …« (Maas 1995, 387, 389).

Andere Autoren sind dagegen der Meinung, dass diese rein »verwaltungsrechtliche« Lösung den Zugang zur Erziehungsberatung erschweren, wenn nicht gar vereiteln würde (Menne 1994; Wiesner u.a. 1995, Anm. 28 zu § 28 KJHG; Münder u.a. 1998, Anm. 22 zu 28 § KJHG mit weiteren Nachweisen). Sie plädieren – ohne die Einordnung der Erziehungsberatungsstellen in das KJHG und die Hilfen zur Erziehung nach den §§ 27 ff KJHG prinzipiell zu problematisieren – für einen gemäßigten Sonderstatus. Das Angebot der Erziehungsberatungsstellen soll nämlich so gestaltet sein, dass es die Betroffenen unmittelbar und ohne vorherige Beteiligung des Jugendamtes in Anspruch nehmen können. Diese Niederschwelligkeit (vgl. Deutscher Städtetag 1997) des Angebotes ist von großem Gewicht, um die Akzeptanz dieser Einrichtungen nicht zu gefährden. Allerdings ist auch nach dieser »gemäßigten« rechtlichen Interpretation unbestritten, dass die »Autonomie der Erziehungsberatung auf der Ebene der Einzelfallhilfe nicht mehr um jeden Preis gewahrt werden kann, sondern sich in eine Kooperationsform einfügen muss, die den Interessen aller Beteiligten dienen muss« (Kurz-Adams 1998, 426, 434).

Der individuelle Rechtsanspruch der Personensorgeberechtigten richtet sich an den Träger der öffentlichen Jugendhilfe; dieser hat dafür zu sorgen, dass entsprechende Angebote von öffentlichen oder privaten Trägern vorgehalten werden. Wenn sich Ratsuchende unmittelbar an eine Beratungsstelle in freier Trägerschaft wenden und Beratungsleistungen erhalten, erledigt sich der Rechtsanspruch gegen den öffentlichen Träger. Es bedarf keiner Einzelentscheidung durch das Jugendamt. »Dieses hat lediglich dafür Sorge zu tragen, dass eine bedarfsgerechte Versorgung mit Beratungsstellen zur Verfügung steht und das Angebot den qualitativen Standards entspricht« (Deutscher Städtetag 1997, 5, 6). Es bedarf auch keiner vorangehenden Information der öffentlichen Jugendhilfe (Wiesner u.a. 1995, Anm. 31 zu § 28 KJHG).

Wenn die Voraussetzungen des § 28 KJHG erfüllt sind, besteht u.U. auch ein Anspruch auf therapeutische Maßnahmen, z.B. auf eine Kinder- oder Spieltherapie. Therapeutische Elemente gehören zur Tätigkeit einer Erziehungsberatungsstelle (Münder u.a. 1998, Anm. 11 zu § 28 KJHG).

Für die Ratsuchenden entstehen durch die Inanspruchnahme einer Erziehungsberatungsstelle keine Kosten – und zwar weder bei öffentlichen noch bei privaten Trägern. Beratung und Therapie sind unentgeltlich.[1]

---

[1] Zu der Frage der Finanzierung von Erziehungsberatungsstellen vgl. Bundeskonferenz für Erziehungsberatung (1997a), Menne (1999).

3.5 Beratung von Kindern und Jugendlichen

Die konservativ-liberale Bundesregierung hat 1997 bekräftigt: »Kinder sind unsere Zukunft« – und sich zu den Beteiligungsmöglichkeiten junger Menschen in unserer Gesellschaft geäußert: »Es ist ebenfalls wichtig, auch außerhalb der Beziehungsverhältnisse in der Familie deutlich zu machen, dass Kinder und Jugendliche Träger eigener Rechte sind und als Rechtspersönlichkeiten anzuerkennen sind ... In diesem Verständnis vom Kind und dem Verhältnis zwischen Erwachsenen und Kindern als einer ›Partnerschaft‹ spiegelt sich ein Wandel, der sich in den vergangenen Jahrzehnten bei Eltern und in der Gesellschaft insgesamt vollzogen hat« (BT-Drs. 13/7597).
Wenn Kinder erwachsen werden und sich allmählich aus dem Elternhaus lösen, sind häufig Konflikte vorprogrammiert. Es kann passieren, dass Eltern und Kinder nicht mehr miteinander können, Verhaltensauffälligkeiten sich zu psychischen Krankheiten entwickeln, Aggression sich zu Gewalt steigert, kurzum: die familiäre Situation unerträglich wird. Um die Autonomie der Minderjährigen zu stärken, um ein Gegengewicht gegen die nicht nur ökonomisch mächtigen Personensorgeberechtigten zu setzen, wäre es sinnvoll, Kindern und Jugendlichen zumindest weitreichende Ansprüche auf Beratung einzuräumen.

3.5.1 Die Beratung nach den Sozialgesetzen

Wer das 15. Lebensjahr vollendet hat, also 15 Jahre alt geworden ist, ist sozialrechtlich handlungsfähig. Er besitzt das Recht nach § 36 SGB I, Anträge auf Sozialleistungen zu stellen und zu verfolgen sowie diese entgegenzunehmen.

§ 36 SGB I Handlungsfähigkeit

(1) Wer das fünfzehnte Lebensjahr vollendet hat, kann Anträge auf Sozialleistungen stellen und verfolgen sowie Sozialleistungen entgegennehmen. Der Leistungsträger soll den gesetzlichen Vertreter über die Antragstellung und die erbrachten Sozialleistungen unterrichten.

(2) Die Handlungsfähigkeit nach Absatz 1 Satz 1 kann vom gesetzlichen Vertreter durch schriftliche Erklärung gegenüber dem Leistungsträger eingeschränkt werden. Die Rücknahme von Anträgen, der Verzicht auf Sozialleistungen und die Entgegennahme von Darlehen bedürfen der Zustimmung des gesetzlichen Vertreters.

Diese Vorschrift dient dazu, den Minderjährigen, die ein Arbeits- und Beschäftigungsverhältnis abgeschlossen haben, für die sozialrechtlichen Ansprüche ein selbständiges Handeln zu ermöglichen. (Mrozynski 1995,

Anm. 2 zu § 36 SGB I). Diese Vorschrift will dem Minderjährigen nicht nur eine Art Mitwirkung im Sozialrecht geben, sondern umfasst die materiellrechtliche Verfügungsmacht über sozialrechtliche Ansprüche (Coester 1985) und zielt auf eine Statusveränderung des Jugendlichen, allerdings mit beträchtlichen Einschränkungen.

- Der Leistungsträger soll nach § 36 Abs. 1 SGB I die gesetzlichen Vertreter, im Regelfall die Eltern, über die Antragstellung und über die erbrachten Sozialleistungen unterrichten. Diese Unterrichtung dient weniger den Interessen der Minderjährigen, sondern wird damit begründet, dass das verfassungsrechtlich garantierte Elternrecht nur maßvoll tangiert werden dürfe. »Sollen« heißt, wie bereits dargelegt, nach den Grundsätzen des Verwaltungsrechts im Allgemeinen »müssen«. Nur wenn atypische Umstände vorliegen, können die Leistungsträger von einer Benachrichtigung der Eltern absehen (Mrozynski 1995, Anm. 16 zu § 36 SGB I).
- Nach § 36 Abs. 2 SGB I sind die gesetzlichen Vertreter darüber hinaus befugt, die Handlungsfähigkeit des Minderjährigen durch eine schriftliche Erklärung einzuschränken.
- Schließlich bedürfen die Rücknahme von Anträgen, der Verzicht auf Sozialleistungen und die Entgegennahme von Darlehen der Zustimmung des gesetzlichen Vertreters. Wenn diese Einschränkungen jedoch nicht vorliegen, besitzt der Minderjährige die sozialrechtliche Handlungsfähigkeit.

§ 14 SGB I gewährt einen Anspruch auf Beratung über die Rechte und Pflichten nach den Sozialgesetzbüchern. Die Durchführung der Beratung ist eine Dienst- und damit Sozialleistung. Aus diesem Grunde ist auch für den Anspruch auf Beratung die sozialrechtliche Handlungsfähigkeit erforderlich, damit der betroffene Jugendliche den Anspruch auf Beratung selbst geltend machen kann (Grüner/Dalichau, 1995, § 14 SGB I, 10). *Hat der Jugendliche also das 15. Lebensjahr vollendet, steht ihm im Prinzip ein Anspruch auf Beratung zu.*

Die Regelung des § 36 SGB I gilt auch für die anderen Sozialleistungen, insbesondere für die Sozialhilfe. Der Minderjährige kann Anträge auf Sozialhilfe stellen und verfolgen, soweit ein Anspruch für ihn in Frage kommt (Schellhorn/Jirasek/Seipp 1997, Anm. 26 zu § 4 BSHG). Dies gilt selbstredend auch für die Beratungsansprüche nach dem Bundessozialhilfegesetz.

3.5.2 Die Besonderheiten nach dem Kinder- und Jugendhilfegesetz

§ 36 SGB I gilt für alle vom allgemeinen Teil des Sozialgesetzbuches erfassten Leistungsgesetze, mithin auch für das KJHG. Es liegt daher nahe, die sozialrechtliche Handlungsfähigkeit der Minderjährigen auch für die Jugendhilfe zu bejahen. Inwieweit die sozialrechtliche Handlungsbefugnis in das Jugendhilferecht hineinreicht, ist streitig. Einige Autoren

sind der Auffassung, sie sei in einem bestimmten Umfang in der Jugendhilfe wirksam (Coester 1991), könne aber nur als partielle Handlungsfähigkeit bezeichnet werden, da sie selbst im Sozialrecht keineswegs umfassend ausgestaltet sei (Mrozynski 1995, Anm. 2 zu § 36 SGB I). Wiesner ist dagegen der Ansicht, dass ein Antragsrecht der Minderjährigen im KJHG nicht nur, wie im Sozialrecht, das gesetzliche Vertretungsrecht der Eltern berührt, sondern auch die tatsächliche Personensorge beschränkt. »Mit der gesetzlichen Vorverlagerung der sozialrechtlichen Handlungsfähigkeit des Jugendlichen ist jedoch keine Entlassung aus der Personensorge der Eltern verbunden« (Wiesner 1995, Anm. 29 zu § 8 KJHG; zu einem ähnlichen Ergebnis gelangt der 10. Jugendbericht 1998, 173; andere Auffassung Fieseler/Schleicher 1998, Anm. 4 zu § 8 KJHG). Nach der h.M. lässt sich die sozialrechtliche Handlungsfähigkeit aus § 36 SGB I nicht auf das Kinder- und Jugendhilfegesetz übertragen.
Ob sich aus dem KJHG selbst – immerhin dem Wortlaut nach ein Gesetz für Kinder und Jugendliche – eine Rechtsposition im Interesse von Minderjährigen ergibt, bestreiten die meisten Juristen. Für das Problem eigener Ansprüche von Kindern und Jugendlichen ist es bedeutsam, in welcher Form das KJHG das Verhältnis Eltern zu ihren Kindern regelt. Welche rechtliche Stellung wird den Kindern und Jugendlichen eingeräumt? Berücksichtigt das KJHG, dass durch die neue Verteilung der Arbeitszeit und die Verlängerung der Ausbildung, junge Menschen im Allgemeinen länger zu Hause leben als früher und sie trotzdem zu individueller Lebensplanung, zu autonomen Entscheidungen »gezwungen« werden? Mit anderen Worten, wie sollen Kollisionen und Konflikte im Eltern-Kind-Verhältnis gelöst werden, und welche Beratungsmöglichkeiten für die Kinder und Jugendlichen sieht das KJHG vor?

Eine nicht zu übersehende Aversion gegen Rechte von Kindern und Jugendlichen durchzieht das Kinder- und Jugendhilfegesetz (Kiehl 1990). Die rechtliche Prägung des Verhältnisses Kinder – Eltern im KJHG basiert auf zwei Grundentscheidungen des Gesetzgebers:

- Der Vorrang der elterlichen Erziehung wird entsprechend den verfassungsrechtlichen Vorgaben gewährleistet, § 1 Abs. 2 KJHG;
- Das KJHG verwehrt dem Kind oder Jugendlichen dem Grunde nach eigene Ansprüche auf Leistungen.

Nun ist denjenigen, die verstärkten rechtlichen Positionen von Kindern und Jugendlichen eher skeptisch gegenüberstehen (Wiesner 1998), einzuräumen, dass bislang wenig konkrete Konzepte zur Umsetzung dieser Forderung vorliegen. Dass dies aber nicht Sache des Gesetzgebers sei, erstaunt. In vielen anderen Bereichen der Rechtsordnung, denken wir nur an das Arbeits- oder Schulrecht, hat der Gesetzgeber nachdrücklichst Partizipationsrechte für Minderjährige normiert. Die Schülervertretung in den Schulen, die Jugendvertretung in den Betrieben, das kommunale Wahlrecht für 16jährige sind derartige Beispiele.

Allerdings bleiben diese Beispiele für das KJHG folgenlos. Dort gilt überwiegend das Motto: »Das Recht muss zwar zur Verbesserung der Sozialisationsbedingungen von Kindern einen Beitrag leisten, die Reichweite des Ausbaus von subjektiven Kinderrechten ist aber beschränkt« (10. Jugendbericht 1998, 160). Es gelte der kontraproduktiven Verrechtlichung von Kindern und Erwachsenen entgegenzuwirken.

Natürlich ist es eine Binsenweisheit, dass für die Ausübung von Rechten eine bestimmte Einsichtsfähigkeit vorhanden sein muss. Insoweit hat Wiesner völlig Recht. »Es bedarf keiner vertieften Kenntnisse der Entwicklungspsychologie und der Pädiatrie, um zu wissen, dass es zur Ausübung der Rechte einer bestimmten Einsichtsfähigkeit und Reife bedarf, die ein Säugling oder Kleinkind nicht hat« (Wiesner 1998, 173, 179). Ärgerlich ist nur, dass von Säuglingen und Kleinkindern die Rede ist. Wer wollte bestreiten, dass eine Dreijährige nicht das Recht hat, in eine betreute Wohnung zu ziehen oder eine Therapie gegen den Willen der Eltern zu beginnen. Wie ist dies aber bei 15-, 16-, 17-jährigen jungen Menschen zu beurteilen? Weil sie die Einsichtsfähigkeit nicht besitzen, nur mit Willen der Eltern? Zumindestens böte sich das Rechtsinstitut des »einsichtsfähigen Minderjährigen« an. Danach stehen »reifen« Minderjährigen bestimmte Teilmündigkeitsrechte vor allem im Strafrecht zu (vgl. BayOblG, NJW 1999, 372).

Gleichwohl: Die Ansprüche nach dem KJHG richten sich fast ausschließlich an die Personensorgeberechtigten.[1] Die fehlenden Rechtsansprüche für junge Menschen sind mehr als problematisch. Gewiss kann es keine gesetzlichen Ansprüche auf Alles und Jedes geben. Es ist aber nicht einzusehen, warum ab einem bestimmten Alter ein Jugendlicher nicht selbst entscheiden können soll, ob er Ansprüche nach dem KJHG geltend machen will oder nicht.[2] Nur auf diese Weise lassen sich Eigenverantwortlichkeit und autonome Planungsfähigkeit erreichen. Mit seinen Grundentscheidungen hat das KJHG überwiegend auf die Erziehungskompetenz der Personensorgeberechtigten und der Erwachsenen gesetzt. Bei Auseinandersetzungen zwischen Kindern und Jugendlichen mit ihren Eltern, die mit eigenen Kräften und auch mit fachkundiger Beratung nicht mehr lösbar erscheinen, setzt sich der elterliche Wille durch.

Die herrschende juristische Auffassung ist um so verwunderlicher, da doch das BGB Verrechtlichungstendenzen zwischen Eltern und Kindern durchaus positiv würdigt und normiert hat. Genannt sei hier nur § 1631a

---

1 Mit Einwilligung der Personensorge- bzw. der Erziehungsberechtigten können Kinder und Jugendliche alle Leistungen der Jugendhilfe in Anspruch nehmen. Bei Einverständnis zwischen Eltern und Kindern gibt es daher überhaupt kein Problem.

2 Soweit das KJHG eigene Ansprüche Minderjähriger vorsieht, z.B. die Eingliederungsbeihilfe für seelisch behinderte Kinder und Jugendliche nach § 35a KJHG, ist dies nach Ansicht des 10. Jugendberichtes für die Diskussion um erweiterte Kinderrechte unbeachtlich, da es sich nicht um Erziehungsleistungen handelt , 10. Jugendbericht 1998, 167.

Abs. 2 BGB. Das Vormundschaftsgericht hat durch § 1631a Abs. 2 BGB die Befugnis erhalten, Erklärungen von Eltern, die bei Wahl der Ausbildung und des Berufes offensichtlich keine Rücksicht auf Eignung und Neigung des Kindes nehmen und dadurch die Gefahr fördern, dass die Entwicklung des Kindes nachhaltig und schwer beeinträchtigt wird, zu ersetzen. Das Vormundschaftsgericht kann z.B. entscheiden, dass das Kind gegen den Willen der Eltern eine Schule weiter besuchen darf. Bei diesen weitreichenden Entscheidungen setzt sich also im Konfliktfalle nicht automatisch der elterliche Wille durch. Mit dieser Verrechtlichung des Eltern-Kind-Verhältnisses werden die gesellschaftlichen Individualisierungsprozesse juristisch abgesichert.
Für das Kinder- und Jugendhilferecht steht indessen fest, dass sich die meisten der Beratungsangebote nur an die Personensorge- bzw. an die Erziehungsberechtigten wenden. Eigene Ansprüche auf Beratung für Kinder und Jugendlichen kennt das KJHG lediglich in bescheidenem Umfang. Hier sind diejenigen Beratungsangebote hervorzuheben, die in familiären Auseinandersetzungen, bei Misshandlungen, sexuellem Missbrauch oder bei grob kindeswohlgefährdender Erziehung den Kindern und Jugendlichen Schutz bieten sollen.

Beratung in Konflikt- und Notlagen

§ 8 KJHG Beteiligung von Kindern und Jugendlichen

...

(3) Kinder und Jugendliche können ohne Kenntnis des Personensorgeberechtigten beraten werden, wenn die Beratung aufgrund einer Not- und Konfliktlage erforderlich ist und solange durch die Mitteilung an den Personensorgeberechtigten der Beratungszweck vereitelt würde.

Während § 8 Abs. 1 KJHG programmatisch die Beteiligung von Kindern an allen sie betreffenden Entscheidungen der öffentlichen Jugendhilfe fordert, haben Minderjährige unabhängig von ihrem Alter nach § 8 Abs. 2 KJHG das Recht, sich in allen Angelegenheiten der Erziehung und Entwicklung an das Jugendamt zu wenden. Diese Vorschrift normiert Anregungs- und Anhörungsrecht für Kinder und Jugendliche. Durch diese Regelungen soll die Subjektstellung der Minderjährigen betont werden (Fieseler/Schleicher 1998, Anm. 7 zu § 8 KJHG).
Ein *eigenständiger Anspruch* auf Beratung ist den Kindern und Jugendlichen indessen durch § 8 Abs. 3 KJHG eingeräumt worden. Dies war im Gesetzgebungsverfahren umstritten. Nach § 8 Abs. 3 KJHG können Kinder und Jugendliche sich ohne Kenntnis der Personensorgeberechtigten beraten lassen, wenn die Beratung auf Grund einer Konflikt- und Notlage

erforderlich ist und durch eine entsprechende Benachrichtigung der Personensorgeberechtigten der Beratungszweck unterlaufen oder gefährdet würde. Eine Not- und Konfliktlage liegt nicht nur dann vor, wenn Gefahr für Leib oder Leben droht, sondern auch, wenn zu befürchten ist, dass ohne Beratung das Kindeswohl gefährdet würde. Es muss sich nicht um eine aktuelle Situation handeln, sondern es ist ausreichend, wenn ein Konflikt mit den Eltern droht, z.B. wegen eines geplanten Schwangerschaftsabbruches (Münder u.a. 1998, Anm. 9 zu § 8 KJHG; Moritz 1999; weitergehend Fieseler/Schleicher 1998, Anm. 8 zu § 8 KJHG, die eine subjektiv empfundene Notlage für ausreichend halten). In der Praxis der Jugendhilfe existieren seit geraumer Zeit eine Vielzahl von Beratungsangeboten für Jugendliche. Persönliche oder telefonische Beratung, Sorgentelefone, Jugendnotdienste sollen dazu beitragen, Konflikte durch Beratung zu entschärfen oder zu lösen.

Auch hier stellt sich das Problem, in welcher Weise die Personensorgeberechtigten in die Beratung einzubeziehen sind, unter welchen Voraussetzungen sie benachrichtigt werden müssen. § 8 Abs. 3 KJHG besagt, dass die Personensorgeberechtigten zu informieren sind, wenn durch die Benachrichtigung der Beratungszweck nicht gefährdet wird. In einer Entscheidung des Bundesverfassungsgerichtes ist das Verhältnis von Elternrecht, Kindesinteresse und Kompetenz professioneller Berater präzisiert worden. Wenn eine Information an die Eltern Gesundheit und Wohlergehen der betroffenen Minderjährigen gefährden würde, ist eine Benachrichtigung nicht erforderlich.

- Bei mangelnden Vertrauensverhältnissen zwischen Eltern und Kindern oder bei Alkohol- und Drogensucht der Eltern könne es – so das Bundesverfassungsgericht – durchaus im Interesse der Kinder liegen, dass die Berater auch gegenüber den Eltern ein Schweigerecht besitzen (BVerfGE 59, 360).
- Dies gilt selbstverständlich auch für alle Formen bedrohlicher Kindesgefährdung durch die Personensorgeberechtigten, wie etwa bei einem sexuellen Missbrauch oder bei anderen Formen körperlicher Misshandlung.

§ 8 Abs. 3 KJHG räumt den Beratern einen Ermessenspielraum ein. Bei Abwägung des Elterninteresses auf Information einerseits und des Schutzes des Vertrauensverhältnisses zu den Kindern und Jugendlichen andererseits dürfen sie schweigen, wenn Beeinträchtigungen für das Kindeswohl drohen. § 8 Abs. 3 KJHG ist weit auszulegen, um ein Gegengewicht zu der Überbetonung des Elternrechts im Kinder- und Jugendhilferecht zu schaffen (Fieseler/Schleicher 1998, Anm. 9 zu 8 KJHG).

§ 8 Abs. 3 KJHG ist missverständlich formuliert. Er erweckt den Eindruck, dass es im Belieben des Jugendamtes steht, ob es ein Kind berät oder nicht. Dem ist nicht so. Durch die Formulierung »Kinder und Jugendliche *können* ... beraten werden« soll zum Ausdruck kommen, dass dem Jugendamt durch § 8 Abs. 3 KJHG eine eigenständige rechtliche Po-

sition gegenüber dem Elternrecht eingeräumt werden soll. Liegen die tatbestandlichen Voraussetzungen des § 8 Abs. 3 KJHG vor, dann ergibt sich ein Beratungsanspruch des Kindes oder des Jugendlichen und damit eine Verpflichtung des Jugendamtes, sie zu beraten (Wiesner 1995, Anm. 46 zu § 8 KJHG; Münder u.a. 1998, Anm. 11 zu § 8 KJHG). Eine längerdauernde Beratung von Kindern und Jugendlichen ohne Wissen der Eltern ist durch § 8 Abs. 3 KJHG jedoch nicht gedeckt. In einem derartigen Fall sollte das Jugendamt die Eltern informieren, es sei denn, es liegen außergewöhnliche Umstände vor. Bei Unverständnis der Eltern kann das Jugendamt das Vormundschaftsgericht einschalten und entsprechende Maßnahmen beantragen (Kunkel 1997).
Bleibt zu erwähnen, dass die Beratungsdienste der privaten Träger auch an die Vorgaben des § 8 Abs. 3 KJHG gebunden sind. Die Beraterinnen besitzen ein Schweigerecht in den Grenzen dieser Vorschrift, ansonsten müssen sie die Eltern informieren (Fieseler/Schleicher 1998, Anm. 17 zu § 8 KJHG).

Beratung bei der Ausübung der Personensorge, § 18 Abs. 3 Satz 1 KJHG

§ 18 KJHG verpflichtet die Jugendämter zur außergerichtlichen Streitschlichtung im Zusammenhang mit den Umgangsrechten zwischen Kindern und Jugendlichen sowie Eltern, anderen Umgangsberechtigten und Personen, in deren Obhut sich das Kind befindet. § 1684 BGB normiert: Kinder und Eltern sind zum Umgang berechtigt und verpflichtet. Nicht nur den Eltern steht ein Recht auf Umgang zu, auch das Kind ist anspruchsberechtigt. § 1685 BGB gewährt Großeltern und Geschwistern ein Recht auf Umgang mit dem Kind, wenn damit dessen Wohl gedient wird.
§ 18 Abs. 3 Satz 1 KJHG räumt Kindern und Jugendlichen gegenüber dem Jugendamt einen Anspruch auf Beratung und Unterstützung im Hinblick auf die Ausübung ihres Umgangsrechts ein. Der Beratungsanspruch für die Kinder und Jugendlichen flankiert das Umgangsrecht aus § 1684 Abs. 1 BGB, d.h., sie sollen bei der Kontaktsuche oder Kontaktaufnahme unterstützt werden. Ziel des § 18 KJHG ist es, möglichst eine einverständliche Regelung zwischen allen Beteiligten herbeizuführen, eine Voraussetzung für eine dauerhafte und stabile Umgangsregelung.

Beratung bei der Inobhutnahme, § 42 KJHG

Ein anderer Beratungsanspruch für Kinder und Jugendliche ergibt sich aus § 42 KJHG. Nach § 42 Abs. 2 KJHG ist das Jugendamt verpflichtet, Kinder und Jugendliche in seine Obhut zu nehmen, wenn das Kind oder der Jugendliche darum bittet (Selbstmelder) oder wenn eine dringende Gefahr für das Wohl des Kindes oder Jugendlichen besteht, § 42 Abs. 3 KJHG. Während der Inobhutnahme hat das Jugendamt für das Wohl des Kindes oder Jugendlichen zu sorgen und sie in ihrer gegenwärtigen Lage zu beraten.

§ 42 KJHG räumt Kindern und Jugendlichen einen altersunabhängigen Beratungsanspruch ein. Die Beratung in einer Krisenintervention hat vornehmlich zum Anliegen, dem Kind oder Jugendlichen eine fundierte pädagogische Hilfestellung zu geben, um die Entschärfung der Konflikte oder deren Lösung zu erreichen. Bei der Inobhutnahme darf keineswegs der Verwahraspekt überwiegen, sondern es müssen die fachlichen und personellen Anforderungen für eine geeignete und kompetente Kriseninterventionen und Beratung gewährleistet sein. Hierzu gehört es, mit den Minderjährigen Perspektiven zu entwickeln, Kontakte zu anderen sozialen Diensten aufzunehmen und gegebenenfalls mit den Erziehungsberechtigten zu kooperieren (Münder u.a. 1998, Anm. 7 zu § 42 KJHG). Der Beratungsansatz lässt erkennen, dass sozialpädagogisches Handeln – auch im Falle der Krisenintervention – ordnungspolitisches Handeln ersetzen soll.

Um dieses Ziel des Gesetzgebers zu gewährleisten, ist nicht nur ein entsprechend qualifiziertes Personal, sondern auch die jederzeitige Erreichbarkeit der Fachkräfte erforderlich. »Fachlich geeignete Sozialarbeiter müssen *rund um die Uhr erreichbar* sein und jederzeit mit anderen Fachkräften (Psychologen, Ärzten für Kinder- und Jugendpsychiatrie und -psychotherapie) Kontakt aufnehmen können (Rufbereitschaft)« (Wiesner 1995, Anm. 19 zu § 42 KJHG).

Das Jugendamt hat die Pflicht, die Personensorgeberechtigten oder die Erziehungsberechtigten – sowohl bei den Selbstmeldern als auch bei der Inobhutnahme bei Kindeswohlgefährdung – unverzüglich zu unterrichten. Widersprechen sie der Inobhutnahme, so muss das Jugendamt das Kind oder den Jugendlichen an den Personensorge- oder Erziehungsberechtigten herausgeben oder aber eine Entscheidung des Vormundschaftsgericht herbeiführen.

Beratung im Hilfeplanverfahren

Für den Hilfeplan bestimmt § 36 KJHG, dass die Personensorgeberechtigten und das Kind oder der Jugendliche vor Entscheidung über die Inanspruchnahme einer Hilfe bzw. vor einer notwendigen Änderung von Art und Umfang der Hilfe zu beraten sind. § 36 KJHG sichert den eigenen Anspruch von Kindern und Jugendlichen auf Beratung durch das Jugendamt. In Konfliktsituationen zwischen Eltern und Kindern kann es durchaus geboten sein, dass die Fachkräfte die Minderjährigen auch ohne Kenntnis der Personensorgeberechtigten beraten können. Dies ist der Fall, wenn die Voraussetzungen des § 8 Abs. 3 KJHG gegeben sind, also eine Not- und Konfliktsituation vorliegt. Wie bei § 8 Abs. 3 KJHG ist das Jugendamt dann nicht verpflichtet, die Eltern über den Beratungsinhalt zu informieren. Das Fachpersonal hat das Recht, Äußerungen des Kindes vor den Eltern geheim zu halten.

§ 36 KJHG enthält Aussagen über Inhalte und Qualität der Beratung. Sie hat sich an den individuellen Umständen zu orientieren und ist damit »der Aufklärung durch den Arzt vor einer Behandlung vergleichbar« (Fricke 1992, 509, 510).
Die inhaltliche Ausgestaltung der Beratung hat sich auch an § 14 SGB I zu orientieren. Sie muss insbesondere berücksichtigen, dass Ratsuchende in rechtlichen Angelegenheiten häufig wenig Kenntnisse besitzen. Nach Empfehlungen des Landeswohlfahrtsverbandes/Landesjugendamtes Baden soll in der Beratung nach § 36 KJHG u.a. auf:
- »die Leistungspalette der Jugendhilfe ...;
- die internen Abläufe, weil Klienten wissen müssen, wie Daten über sie verwendet werden ...;
- die Kostenbeitragsregelungen;
- das Wunsch- und Wahlrecht der Betroffenen ...;
- die Beteiligungsrechte von Kindern und Jugendlichen ...;
- die Beachtung der Grundrichtungen der Erziehung ...;
- die Beteiligungsrechte der Betroffenen bei der Erstellung und Fortschreibung des Hilfeplans;
- die datenschutzrechtlichen Bestimmungen ...« hingewiesen werden (Landeswohlfahrtsverband/Landesjugendamt Baden, in: ISA 1994, 201 ff).

3.6 Unfreiwillige Beratung und Therapie

Obwohl im Allgemeinen der Nutzen einer »angeordneten« Beratung oder Therapie begrenzt zu sein scheint, kennt die bundesrepublikanische Rechtsordnung derartige unfreiwillige Beratungen. Da ihnen das Moment der Freiwilligkeit fehlt, ist das für den Beratungsprozess konstitutive Vertrauensverhältnis häufig nur schwer herstellbar. Pflichtberatung und Zwangstherapien bedürfen einer gesetzlichen Grundlage, da sie in Grundrechte der Beratenen und Therapierten eingreifen. Die wichtigsten Pflichtberatungen sind um das Strafrecht und das Jugendgerichtsgesetz angesiedelt.

3.6.1 Die Pflichtberatung nach § 219 StGB sowie dem Schwangerschaftskonfliktgesetz

Das Urteil des Bundesverfassungsgerichtes vom 28.5.1993 (BVerfGE 88, 203) zum Schwangerschaftsabbruch hat im Kern die Fristenlösung abgesegnet, aber mit einer strafbewehrten Zwangsberatung versehen. Das mit einer Indikationslösung verbundene strafrechtliche Risiko für die Ärztinnen und Ärzte ist durch die Entscheidung des höchsten deutschen Gerichtes beseitigt worden (Frommel 1993). Allerdings wurde dieser rechtliche Fortschritt durch die Einführung der Zwangsberatung rechtlich flankiert. Das Bundesverfassungsgericht hat eine derar-

tige Beratung für rechtmäßig gehalten. Zwei der Leitsätze des Urteils lauten:
»11. Dem Gesetzgeber ist es verfassungsrechtlich grundsätzlich nicht verwehrt, zu einem Konzept für den Schutz des ungeborenen Lebens überzugehen, das in der Frühphase der Schwangerschaft in Schwangerschaftskonflikten den Schwerpunkt auf die Beratung der schwangeren Frau legt, um sie für das Austragen des Kindes zu gewinnen, und dabei auf eine indikationsbestimmte Strafdrohung und die Feststellung von Indikationstatbeständen durch einen Dritten verzichtet.
12. Ein solches Beratungskonzept erfordert Rahmenbedingungen, die positive Voraussetzungen für ein Handeln der Frau zugunsten des ungeborenen Lebens schaffen. Der Staat trägt für die Durchführung des Beratungsverfahrens die volle Verantwortung« (BVerfGE 88, 203, 204).
Die Straflosigkeit des Schwangerschaftsabbruchs ist daher von einer Beratung nach §§ 218a, 219 StGB abhängig. Die Einzelheiten der Beratung finden sich im Schwangerschaftskonfliktgesetz (SchKG). § 5 SchKG regelt die Inhalte der Schwangerschaftskonfliktberatung.

§ 5 SchKG Inhalt der Schwangerschaftskonfliktberatung

(1) Die nach § 219 des Strafgesetzbuches notwendige Beratung ist ergebnisoffen zu führen. Sie geht von der Verantwortung der Frau aus. Die Beratung soll ermutigen und Verständnis wecken, nicht belehren oder bevormunden. Die Schwangerschaftskonfliktberatung dient dem Schutz des ungeborenen Lebens.

(2) Die Beratung umfasst:

1. das Eintreten in eine Konfliktberatung; dazu wird erwartet, dass die schwangere Frau der sie beratenden Person die Gründe mitteilt, derentwegen sie einen Abbruch der Schwangerschaft erwägt; der Beratungscharakter schließt aus, dass die Gesprächs- und Mitwirkungsbereitschaft der schwangeren Frau erzwungen wird;
2. jede nach Sachlage erforderliche medizinische, soziale und juristische Information, die Darlegung der Rechtsansprüche von Mutter und Kind und der möglichen praktischen Hilfen, insbesondere solcher, die die Fortsetzung der Schwangerschaft und die Lage von Mutter und Kind erleichtern;
3. das Angebot, die schwangere Frau bei der Geltendmachung von Ansprüchen, bei der Wohnungssuche, bei der Suche nach einer Betreuungsmöglichkeit für das Kind und bei der Fortsetzung ihrer Ausbildung zu unterstützen, sowie das Angebot einer Nachbetreuung.

Die Beratung unterrichtet auf Wunsch der Schwangeren auch über Möglichkeiten, ungewollte Schwangerschaften zu vermeiden.«

§ 6 SchKG enthält im Einzelnen das Verfahren bei der Durchführung der Beratung. Nach § 6 Abs. 1 SchKG ist die Schwangere unverzüglich zu beraten. Nach § 7 SchKG hat die Beratungsstelle nach Abschluss der Beratung der Schwangeren ein mit Namen und Datum versehene Bescheinigung auszustellen, dass eine Beratung stattgefunden hat. Hält die Beraterin nach dem Beratungsgespräch eine Fortsetzung für notwendig, soll dieses neue Beratungsgespräch unverzüglich erfolgen, § 7 Abs. 2 SchKG. Die Ausstellung einer Beratungsbescheinigung darf nicht verweigert werden, wenn durch eine Fortsetzung des Beratungsgesprächs die Beachtung der in § 218 a Abs. 1 StGB vorgesehenen Fristen unmöglich werden könnte.

Wie aber, wenn eine Schwangere es ablehnt, über ihre persönlichen Angelegenheiten zu sprechen, die Gründe nicht mitteilt, die sie zu einem Schwangerschaftsabbruch bewegen, kann ihr dann die Bescheinigung verweigert werden? Einige sind der Auffassung, dass eine Bescheinigung nicht ausgefüllt werden muss, wenn eine Schwangere sich dem Gespräch entzieht. »Schweigt die Frau oder verweigert sie die Angabe solcher Gründe, insbesondere, um ›möglichst schnell‹ zum Zwecke der Eingriffsvornahme die Beratungsbescheinigung zu erhalten, hat keine Beratung im Sinne des § 5 SchKG und § 219 StGB stattgefunden. In Konsequenz hierzu hat sie dann auch keinen Anspruch auf die Bescheinigung« (Ellwanger 1997, Anm. 9 Einf.; vgl. auch Schönke/Schröder 1997, Anm. 23 zu § 219 StGB; Tröndle/Fischer 1999, Anm. 4 zu 219 StGB).

Diese Auffassung ist nicht haltbar. Das Bundesverfassungsgericht hat in einer Entscheidung zur Verfassungsmäßigkeit des Bayerischen Schwangerenhilfeergänzungsgesetzes nochmals hervorgehoben, dass im Rahmen der Konfliktberatung nach § 219 StGB das Prinzip der Freiwilligkeit gilt. Die Gesprächs- und Mitwirkungsbereitschaft darf nicht erzwungen werden und die Schwangere ist nicht verpflichtet, sich in dem Beratungsgespräch als Person zu identifizieren (BVerfG, NJW 1999, 841). Das Angebot der beratenden Fachkraft zu einem Gespräch gegenüber der Schwangeren ist ausreichend. »Das Bestreben, in der Konfliktberatung und beim Arzt gleichermaßen keinen Zwang zur Offenlegung einzuführen, damit der Arzt nicht insgeheim wieder zum Richter werde, ist im Parlament ausführlich und mit dem Ergebnis debattiert worden, dass durchgehend auf Freiwilligkeit gesetzt werde ...« (BVerfG, NJW 1999, 841, 849).[1]

Eigene Normen über die *Beratung Minderjähriger* enthält das SchKG nicht. Nach dem Grundgedanken des § 8 KJHG ist auch die Schwangerschaftskonfliktberatung für Minderjährige eröffnet, ohne dass die Personensorgeberechtigten davon erfahren. Für diese Auslegung spricht eine

---

[1] An dieser Auffassung des Bundesverfassungsgerichtes ist heftige Kritik geübt worden, vgl. Tröndle/Fischer 1999, Anm. 1a zu 218 StGB sowie Anm. 15 d ff vor 218 StGB; zur Problematik der Beratung unter Zwang vgl. Frommel (1993), Oberlies (1997), Kettner (1998), Skroch (1998), Kayßer (1998).

Stellungnahme des Bundesverfassungsgerichtes. »Ist von einer mit der Schwangeren erschienenen Person ein schädlicher Einfluss für das ungeborene Leben zu befürchten, ist ein neuer Beratungstermin anzuberaumen und die Schwangere aufzufordern, ohne Begleitung noch einmal zu erscheinen« (BVerfG, NJW 1993, 1761).

Was die *Durchführung der Beratung* betrifft, ergibt sich aus § 6 SchKG, dass andere Personen – auch die Eltern – nur mit Zustimmung der Schwangeren bei dem Beratungsgespräch anwesend sein dürfen. Das Gesetz bezieht sich nicht nur auf Volljährige, sondern es gilt auch für Minderjährige (Moritz 1999; Schönke/Schröder 1997, Anm. 12 zu § 219 StGB).

Die Frage, ob eine Minderjährige berechtigt ist, in einen *Schwangerschaftsabbruch einzuwilligen*, wird neuerdings wieder bestritten. Das OLG Hamm hat entschieden, dass eine 17-jährige Frau zum Schwangerschaftsabbruch die Zustimmung der gesetzlichen Vertreter benötigt (OLG Hamm, NJW 1998, 3424). Diese Ansicht des Oberlandesgerichts wird von Scherer (1997 sowie 1998) geteilt. Sie ist der Auffassung, dass aus Gründen der Rechtssicherheit auch »reifen« Minderjährigen Teilmündigkeitsstufen nicht eingeräumt werden dürften.

Dagegen wird von der herrschenden juristischen Lehre und einem Teil der Rechtsprechung anerkannt, dass für gewisse Teilbereiche eine selbständige Entscheidungsbefugnis vor der Volljährigkeit anzuerkennen ist, wenn der Minderjährige nach seiner geistigen und sittlichen Reife die Bedeutung und Tragweite des Eingriffs zu verstehen in der Lage ist.

Zwar hält das AG Celle ein nahezu 17 Jahre altes Mädchen, durchschnittlich intelligent und lebenserfahren, mit einer Entscheidung über den Schwangerschaftsabbruch für überfordert (AG Celle, FamRZ 1987, 738). Das LG München hat jedoch entschieden, dass eine 16-jährige strafrechtlich in einen Schwangerschaftsabbruch einwilligen kann, wenn sie auf Grund ihrer geistigen und sittlichen Reife die Bedeutung und Tragweite des Eingriffs zu begreifen vermag (LG München, FamRZ 1979, 850; weitere Nachweise zur Rechtsprechung bei Moritz 1999). In einem der wichtigsten Kommentare zum BGB wird diese Ansicht geteilt und formuliert: »Bei ungewollter Schwangerschaft einer minderjährigen Frau entscheidet hiernach sie selbst über die Austragung des Kindes oder den vorzeitigen Abbruch, wenn ihre Verstandesreife und Einsichtsfähigkeit ausreichen« (Staudinger, Peschel-Gutzeit 1992, Anm. 98 zu § 1626 BGB; siehe auch Siedhoff 1998; Moritz 1999; Schwerdtner 1999). Das AG Schlüchtern hält bei einer 16 Jahre alten Minderjährigen eine Zustimmung der Erziehungsberechtigten zum Schwangerschaftsabbruch nicht für erforderlich (AG Schlüchtern, FamRZ 1998, 968).

3.6.2 Beratung und Therapie im Rahmen der Bewährungshilfe, §§ 56 ff StGB

Nach § 56 StGB kann eine Freiheitsstrafe, die zwei Jahre nicht übersteigt, zur Bewährung ausgesetzt werden. Nach § 56 d StGB kann das Strafgericht einen Verurteilten unter Aufsicht und Leitung eines Bewährungshelfers stellen, wenn dies angezeigt ist, um ihn von Straftaten abzuhalten. Der Bewährungshelfer steht dem Verurteilten helfend und betreuend zur Seite, § 56 d Abs. 3 StGB. Der Verurteilte wird also mehr oder weniger gezwungen, ein Betreuungsverhältnis einzugehen. Ihm Rahmen seiner beruflichen Tätigkeit hat der Bewährungshelfer den Verurteilten persönlich und rechtlich zu beraten.

Nach § 56 c Abs. 3 StGB kann das Gericht dem Verurteilten für die Dauer der Bewährungszeit Weisungen erteilen, wenn er dieser Hilfe bedarf, um keine Straftaten mehr zu begehen. Eine Möglichkeit einer Weisung ist es, sich einer Heilbehandlung oder einer Entziehungskur zu unterziehen. Heilbehandlungen, die mit einem körperlichen Eingriff verbunden sind, bedürfen der Einwilligung des Verurteilten. Zu den Heilbehandlungen gehören u.a. stationäre oder ambulante psychotherapeutische Behandlungen (Schönke/Schröder 1997, Anm. 26 zu § 56 c StGB).

Durch die Reform des Strafrechts vom 26.1.1998 (BGBl. 1998, 160) sind für alle Strafgefangenen die prognostischen Anforderungen bei der Aussetzung eines Strafrestes oder einer Maßregel zur Bewährung verschärft worden.

Therapieweisungen sind auch ohne Einwilligung des Verurteilten bei Bewährungsstrafen und bei der Führungsaufsicht möglich geworden. Diese Verschärfung war in erster Linie für Sexualstraftäter gedacht (Tröndle/Fischer 1999, Anm. 10a zu 56c StGB).

Wenn der Verurteilte gegen die Weisung, eine Heilbehandlung durchzuführen, gröblich und beharrlich verstößt, dann widerruft das Gericht die Bewährung. Wenn der Verurteilte die ihm auferlegte therapeutische Behandlung abbricht, die Therapie verweigert, führt dies unmittelbar zum Widerruf. Der Verurteilte hat keine Wahlfreiheit (Schöch 1998). Das Ziel des Gesetzgebers ist es, die Verweigerung oder den Abbruch einer Therapie nicht einfach hinzunehmen.

3.6.3 Therapie statt Strafe: §§ 35 ff Betäubungsmittelgesetz

Bei Durchführung einer Therapie nach dem Betäubungsmittelgesetz (BtMG) kann:

- auf eine Anklageerhebung nach § 37 BtMG verzichtet werden oder
- die Vollstreckung einer verhängten Strafe oder Maßregel angerechnet und die Strafe zur Bewährung ausgesetzt werden, §§ 35, 36 BtMG (zu den Einzelheiten und der Problematik dieser Vorschriften vgl. Böllinger/Stöver/Fietzek 1995 sowie Körner 1994).

3.6.4 Beratung in der Jugendgerichtshilfe

Auch die Inanspruchnahme einer Beratung in der Jugendgerichtshilfe ist nicht gänzlich freiwillig. § 38 JGG regelt die Mitwirkung der Jugendgerichtshilfe in Strafverfahren gegen Jugendliche. Nach § 52 Abs. 3 KJHG hat der Mitarbeiter des Jugendamtes oder eines anerkannten Trägers der freien Jugendhilfe den Jugendlichen oder den jungen Volljährigen während des gesamten Verfahrens zu betreuen. Zu dieser Betreuung gehört die Beratung bereits schon im Zeitpunkt der Anklageerhebung (Wiesner u.a. 1995, Anm. 24 zu § 52 KJHG) sowie die Beratung der Eltern und sonstiger Erziehungsberechtigten (Münder u.a. 1998, Anm. 3 zu 52 § KJHG (zu den Kontroversen und Auseinandersetzungen um die Funktionen und die verfahrensrechtliche Stellung der Jugendgerichtshilfe in Verfahren nach dem Jugendgerichtsgesetz vgl. Münder u.a. 1998, Anm. 1 ff zu § 52 KJHG).

3.6.5 Die Beratung Behinderter

Eine angeordnete Beratung enthält auch § 124 BSHG. Diese Vorschrift bestimmt, dass Behinderte, deren Behinderung erkennbar ist, dem Gesundheitsamt oder einem Arzt zur Beratung über geeignete Eingliederungsmaßnahmen vorzustellen sind.
Ziel der Erfassung der Behinderten ist eine möglichst umfassende Rehabilitation (Schellhorn/Jirasek/Seipp 1997, Anm. 1 zu § 124 BSHG). § 124 BSHG enthält Vorstellungs-, Beratungs- und Benachrichtigungspflichten. Die Vorschrift sieht drei Varianten der Benachrichtigungspflicht vor:

- In erster Linie obliegt diese Pflicht den Eltern oder Vormündern, wenn sie bei einer ihrer Personensorge anvertrauten Person eine Behinderung wahrnehmen. Diese Rechtspflicht kann indessen nicht zwangsweise durchgesetzt werden (Schellhorn/Jirasek/Seipp 1997, Anm. 4 zu § 124 BSHG).
- § 124 Abs. 2 BSHG enthält Hinweispflichten bestimmter Berufsgruppen, wie beispielsweise Lehrerinnen, Sozialarbeiter, Kindergärtnerinnen, Heimerzieher etc. Sie müssen zunächst die Personensorgeberechtigten auf die Behinderung und auf ihre Verpflichtung hinweisen. Erst wenn die Personensorgeberechtigten auch nach wiederholten Hinweisen den Behinderten nicht dem Gesundheitsamt oder einem Arzt vorstellen, müssen die Fachkräfte das Gesundheitsamt benachrichtigen.
- § 124 Abs. 3 BSHG regelt schließlich die Hinweispflicht bei Volljährigen.

3.6.6 Schuldnerberatung nach der Insolvenzordnung

Nach der ab 1.1.1999 geltenden neuen Insolvenzordnung ist es möglich, dass auch Privatpersonen von ihrer Restschuld befreit werden können. Verschuldeten Bürgern wird nach einer siebenjährigen Wohlverhaltensphase die Möglichkeit eines Schuldenerlasses eingeräumt. Allerdings hat der Gesetzgeber – im Interesse der Gläubiger – vor einer Restschuldbefreiung einige Hürden aufgetürmt. Bevor der Privatkonkurs bei dem zuständigen Insolvenzgericht beantragt werden kann, muss der Schuldner ein gestuftes Verfahren durchlaufen (zum neuen Insolvenzrecht vgl. Neuenfeldt 1999).

- *Phase 1: außergerichtlicher Einigungsversuch*

Der Schuldner muss mit den Gläubigern einen außergerichtlichen, ernsthaften Einigungsversuch einer Schuldenregulierung unternehmen.

- *Phase 2: gerichtliches Schuldenbereinigungsverfahren*

Falls der außergerichtliche Einigungsversuch scheitert, kann mit Hilfe des Gerichts erneut der Versuch unternommen werden, zu einer Schuldenregulierung zu gelangen.

- *Phase 3: Gerichtliches Insolvenzverfahren*

Sind die Gläubiger weder mit der außergerichtlichen Einigung noch mit dem bei Gericht eingereichten Schuldenbereinigungsplan einverstanden, kann der dritte Weg der Schuldenbefreiung eingeschlagen werden. Er beginnt mit dem einfachen gerichtlichen Insolvenzverfahren; daran schließt sich eine sieben Jahre dauernde Wohlverhaltensperiode an; sie endet mit dem Verfahren zur Restschuldbefreiung.

Um das *gerichtliche Insolvenzverfahren* durchzuführen, ist zwingende Voraussetzung, dass die außergerichtliche Einigung mit den Gläubigern über die Schuldenbereinigung erfolglos geblieben ist. Über das Scheitern der Einigung hat der Schuldner bei Gericht eine *Bescheinigung* einzureichen. Den Einigungsversuch mit den Gläubigern kann der Schuldner nicht allein unternehmen, er bedarf professioneller Hilfe, er muss sich beraten lassen. § 305 Abs. 1 Ziff. 1 Insolvenzordnung spricht von geeigneten *Personen* oder *Stellen*, die die Bescheinigung ausstellen dürfen.

- Geeignete Personen für die Beratung der Schuldner sind in der Regel Rechtsanwälte, Notare, Steuerberater.
- Wer als »geeignete beratende Stelle« in Betracht kommt, entscheiden die Bundesländer. Nach Ausführungsgesetzen der Länder zur Insolvenzordnung müssen etwa die folgenden Anforderungen für eine Anerkennung erfüllt werden: Leitung der Stelle durch eine zuverlässige Person, Tätigkeit der Beratungsstelle auf Dauer, Tätigkeit mindestens einer Person mit ausreichender praktischer Erfahrung etc. (vgl. beispielsweise Gesetz zur Ausführung der Insolvenzordnung vom 23.6.1998, GVBl. NRW 1998/435, Nr. 29). Die von den Trägern der freien Wohlfahrtsverbände oder den Kommunen eingerichteten Schuldnerberatungsstellen sind in der Regel geeignete Stellen im Sinne des Insolvenzrechts (Bundesminister der Justiz 1998).

Durch diese Voraussetzungen soll eine qualitative Schuldnerberatung sowohl in persönlicher als auch in sachlicher und rechtlicher Hinsicht sichergestellt werden.

Ob die in das neue Insolvenzrecht gesetzten Erwartungen erfüllt werden, über 2,5 Mio. Haushalte in der BRD sind überschuldet (Thien 1998), ist einstweilen noch völlig offen. Die skeptischen Stimmen überwiegen (vgl. Nothacker 1993; Rother 1998; Uhlenbruck 1998; Pape 1999; Müller 1999). Die Chancen der Insolvenzordnung, dem Schuldner einen Neuanfang zu ermöglichen, ihm ein Stück Hoffnung zu geben, aber auch die Risiken und die lange Dauer des Verfahrens sind in der Beratung zu thematisieren. Das neue Recht misst der fachlich fundierten Schuldnerberatung große Bedeutung zu. Für die Schuldner ist es entscheidend, dass sie von professionellen Beratern während der Prozedur der Schuldenbefreiung beratend begleitet werden. Sie benötigen neben dem fachlichen ökonomischen und rechtlichen Rat psycho-soziale Hilfestellungen. Die Dauer des Verfahrens, die sieben mageren Jahre, in denen sie nicht mehr Herr ihres eigenen Einkommen sind, erfordern eine gehörige Portion Durchhaltevermögen. Kompetenter Rat und Betreuung sind daher unverzichtbar.

4 RECHTSBERATUNG IN DER SOZIALEN ARBEIT: ABGRENZUNG ZUR ANWALTLICHEN TÄTIGKEIT

4.1 Problemstellung

Rechtsfragen, psycho-soziale und ökonomische Probleme bilden – nicht nur in der sozialen Arbeit – häufig eine nur schwer entwirrbare Gemengenlage. Sie zu katalogisieren, sie aufzuspalten und die Lösungen den je einzelnen Fachdisziplinen zu überantworten, ist schier unmöglich und auch nicht sinnvoll. Das Prinzip der Ganzheitlichkeit, die Berücksichtigung aller Faktoren und Umstände bei einer Beratung oder Krisenintervention ist methodisch fast zwingend geboten. Dieses Beratungsverständnis – der interdisziplinäre Ansatz – charakterisiert im Übrigen das spezifische Profil der beratenden sozialen Arbeit im Gegensatz zur herkömmlichen anwaltlichen oder ärztlichen Beratung (Nestmann 1997; Straumann 1998).

Diesem ganzheitlichen Ansatz scheint das Rechtsberatungsgesetz entgegenzustehen. Eine sehr weit verbreitete Meinung lautet, dass Rechtsberatung und Rechtsvertretung irgendwie den Juristinnen und Juristen vorbehalten sind. Wer, ohne Anwalt zu sein, rechtlich berät und vertritt, verstößt tendenziell gegen das Rechtsberatungsgesetz.

Hinter dem Problem der Abgrenzung zulässiger rechtlicher Beratung in der sozialen Arbeit von den nur Anwälten vorbehaltenen Tätigkeiten verbirgt sich ein brisantes Thema: Es geht um den Zugang zum Recht (Rasehorn 1979). Wer soll wie in die Lage versetzt werden, seine Rechte zu kennen und sie durchzusetzen. Solange es rechtlich verfasste Strukturen gibt, stellt sich die Frage, wie komme ich zu meinem Recht.[1]

Die traditionelle Lösung: Man sucht seine Anwältin auf, und sie regelt die Angelegenheit gegen ein angemessenes Honorar. Das können sich einerseits nicht alle leisten, und andererseits existiert eine weit verbreitete Scheu, irgendetwas mit Anwälten, Gerichten, Gerichtsvollziehern oder Staatsanwälten zu tun zu haben. Der klassische Zugang zum Rechtssystem über die freie Advokatur ist für einen Teil der Bevölkerung aus diesen Gründen verbaut, obwohl der Stellenwert des Rechts immens gewachsen ist.

Der Verrechtlichungsprozess hat beträchtliche Ausmaße angenommen. Der Ausbau des Sozialstaates hat dazu geführt, dass auch die Sozialbe-

---

1 Inwieweit Medien, vor allem das Fernsehen, in ihren Sendungen rechtlich beraten dürfen, ist neuerdings streitig. Jedenfalls sehen es die Anwälte so, dass viele Berufsgruppen und Geschäftszweige der gewerblichen Wirtschaft, darunter Presse, Rundfunk und Fernsehen, den Rechtsberatungsmarkt als potentielle Erwerbsquelle entdeckt haben und begierig die Hand danach ausstrecken (Busse 1999). Das verbiete indessen das Rechtsberatungsgesetz. Dagegen sind andere der Auffassung, die Einschränkung rechtlich beratender Sendungen verstoße gegen die Presse- und Rundfunkfreiheit (Ricker 1999).

ziehungen immer mehr verrechtlicht werden. In der Sozialpolitik und der sozialen Arbeit ist der Verrechtlichungsprozess im Kernbestand irreversibel geworden. Das Recht hat große Bereiche der Berufsfelder der sozialen Arbeit erfasst und strukturiert sie. Durch die Reformen im Familienrecht ist auch die Sozialisation – selbst im scheinbar privatesten Bereich der Familie – verrechtlicht worden. Diese Veränderungen führen dazu, dass immer größere Bevölkerungsgruppen vom Recht unmittelbar tangiert werden und zur Durchsetzung ihrer Ansprüche rechtlichen Rats bedürfen.
Das hat auch der Gesetzgeber bereits Ende der 70er Jahre erkannt. Die Durchsetzung von Rechten der »sozial Schwachen« ist durch die Beratungshilfe sowie die Prozesskostenhilfe erleichtert worden (Friedrich 1995).

4.1.1 Beratungshilfe

Nach § 1 Beratungshilfegesetz wird auf Antrag Hilfe zur Wahrnehmung von Rechten außerhalb eines gerichtlichen Verfahrens gewährt, wenn der Rechtsuchende die erforderlichen Mittel nach seinen persönlichen und wirtschaftlichen Verhältnissen nicht aufbringen kann. Beratungshilfe, die prinzipiell einem Rechtsanwalt nach eigener Wahl übertragen werden kann, besteht in der juristischen Beratung und unter Umständen auch in einer rechtlichen Vertretung. Anträge auf Beratungshilfe können jedoch dann zurückgewiesen werden, wenn auch Behörden für eine rechtliche Beratung zuständig sind. So hat das Amtsgericht Neunkirchen einen Antrag auf Beratungshilfe abgewiesen, weil nach § 18 KJHG ein kostenloser Anspruch auf Beratung und Unterstützung bei der Ausübung der Personensorge durch das zuständige Jugendamt besteht (AG Neunkirchen, FamRZ 1998, 253; vgl. auch Schoreit/Dehn 1998, Anm. 50 zu § 1 RBerG sowie Schellhorn/Jirasek/Seipp 1997, Anm. 44 zu § 8 BSHG). Das bedeutet: Finanzielle Hilfe nach dem Beratungshilfegesetz wird einem Ratsuchenden dann nicht gewährt, wenn Behörden verpflichtet sind zu beraten.

4.1.2 Prozesskostenhilfe

Die Prozesskostenhilfe soll ebenfalls dazu beitragen, die »Kostenbarrieren« für den Zugang zu den Gerichten abzubauen (die Einzelheiten und die Voraussetzungen für die Inanspruchnahme dieser Hilfen finden sich bei Schoreit/Dehn 1998). Dieser prinzipiell richtige Schritt, durch Geldmittel ein gewisses Maß an Chancengleichheit herzustellen, kann indessen nicht darüber hinwegtäuschen, dass die Durchsetzung von Ansprüchen und Rechten noch ganz anderen – als den finanziellen – Barrieren unterliegt.

- Zunächst ist die – bereits angesprochene – weit verbreitete Schwellenangst vor Gerichten, Anwälten und der Justiz ein manifestes Hindernis. Zu dieser Angst trägt sicherlich die spezifische Juristensprache das ihre bei.

- Darüber hinaus scheitert die Rechtsverwirklichung gerade im Sozial- und Jugendhilferecht häufig daran, dass die eingeschalteten Anwälte von dieser Materie nur unzureichende Kenntnisse besitzen oder wegen der geringen Gebühren kein Interesse zeigen.[1] Die Hanseatische Rechtsanwaltskammer Hamburg hat dies unmissverständlich 1996 verdeutlicht. In einer Mitteilung an ihre Mitglieder wurde formuliert: »Der Anwalt-Suchdienst der Rechtsanwaltskammer hat auch die Rubrik ›Sozialrecht‹. Hierin enthalten sind auch Mandate aus dem Bereich des Sozialhilferechts. Wir sind aus dem Kollegenkreis um Überprüfung gebeten worden, ob solche Mandate im Rahmen des Anwalt-Suchdienstes weiter vermittelt werden sollen. Denn es hat sich gezeigt, dass es für Kolleginnen und Kollegen problematisch sein kann, Mandate aus dem Bereich des Sozialhilferechts anzunehmen: sie sind erfahrungsgemäß mit relativ viel Arbeit und relativ wenig Gebühren verbunden. Viele derjenigen Kolleginnen und Kollegen, die solche Mandate überhaupt angenommen haben, haben sich deshalb veranlasst gesehen, nach einer gewissen Zeit die Arbeit in diesem Gebiet einzustellen« (zit. nach Brühl 1998, 3, 6).
- Diese Zugangsschwellen gewinnen noch an Bedeutung, wenn man sich vergegenwärtigt, dass viele Bürger – und nicht nur die sozial Schwachen – mangels Rechtskenntnissen überhaupt nicht wissen, dass ihnen Ansprüche an die Systeme der sozialen Sicherung zustehen. Für die Leistungen nach dem Bundessozialhilfegesetz ist dies wiederholt nachgewiesen worden.

Die vielfältigen Beratungssysteme in der sozialen Arbeit können dazu beitragen, diesen unbefriedigenden Zustand zu verringern. Für die Schuldnerberatung, um ein Beispiel zu nennen, liegt dies auf der Hand. Gegenüber Fachkräften aus dem System der sozialen Arbeit, die Schuldnerberatung durchführen, bestehen nicht die psycho-sozialen Zugangsbarrieren, wie gegenüber den Juristen.
Schuldnerberatung ist aber ohne rechtliche Hinweise auf das Insolvenzrecht nicht denkbar. Wie soll auch einer überschuldeten Familie geholfen werden, wenn die Berater zwar ökonomische Ursachen und psychische Gründe für die Überschuldung thematisieren dürfen, juristische Fragestellungen indessen tabu sind. Ähnliches gilt für die Drogenberatung, die Beratung in der Jugendgerichts- und Bewährungshilfe. Bei den vielfältigen Beratungsmöglichkeiten und -ansprüchen nach dem Kinder- und Jugendhilfegesetz sind vor allem familien- und sozialrechtliche Aspekte von Bedeutung. Eine Frau möchte erfahren, welche Trennungsfristen das

[1] Für die juristische Beratung von Asylbewerbern hat dies Heinhold (1997) dargelegt; vgl. auch Zuck (1999).

Scheidungsrecht vorsieht. Eine Mutter möchte sich über die Konsequenzen des gemeinsamen Sorgerechts und über Unterhaltsansprüche, die ihr im Falle einer Scheidung zustehen, informieren. Ein Vater ist mit dem Umgangsrecht nicht einverstanden. Er möchte von der Mitarbeiterin im Jugendamt wissen, ob seine geschiedene Ehefrau ihm das Kind häufiger überlassen muss. Beratungen nach dem KJHG sind ohne rechtliche Bezüge kaum denkbar. Das gilt für fast alle Berufsfelder der sozialen Arbeit: bei der Beratung sind auch jeweils rechtliche Fragen thematisch.

Ob in der sozialen Arbeit rechtlich beraten werden darf, ist unter einem doppelten Aspekt darzustellen:
- Welche Behörden, Institutionen, privaten Träger etc. dürfen rechtlich beraten und
- über welche rechtlichen Themen- und Problemstellungen dürfen sie informieren?

Die folgenden Fallkonstellationen sollen der Illustration dienen:

■ Eine Mutter möchte, dass das Kind nach der Scheidung bei ihr lebt. Die Mitarbeiterin des Jugendamtes weist – in einer Trennungs- und Scheidungsberatung – auf die im Regelfall weiterbestehende *gemeinsame elterliche Sorge* hin. Die Mutter möchte wissen, ob sie bei gemeinsamer Sorge jeden Tag mit ihrem Mann telefonieren müsse, um über das Kind zu sprechen? Muss sie ihren Mann fragen, wenn sie vielleicht in zwei Jahren mit dem Kind in eine andere Stadt umziehen will?

■ Ein Vater ist unzufrieden, weil er sein Kind zu wenig sieht. Er möchte wissen, ob seine Frau nicht nach dem Gesetz verpflichtet ist, ihm das Kind öfters zum *Umgang* zu überlassen. Er fragt den Mitarbeiter des Jugendamtes, ob es nicht sinnvoller wäre, wenn sein Rechtsanwalt einen Antrag bei Gericht zur Regelung des Umgangs stellen würde.

■ Eine Mutter befürchtet finanzielle Nachteile durch das nacheheliche gemeinsame Sorgerecht und möchte vom Mitarbeiter des Jugendamtes wissen, ob sie beim gemeinsamen Sorgerecht Nachteile beim *Kindes- oder Ehegattenunterhalt* erleidet.

■ Ein Elternpaar will dem Kind die gewohnte Umgebung im gemeinsamen Haus erhalten. In diesem Haus lebt die Mutter seit der Trennung mit dem Kind allein. Sie kann allerdings die Mittel nicht aufbringen, um den Miteigentumsanteil des Vaters zu übernehmen. Der Vater ist grundsätzlich bereit, vorläufig auf eine juristische Regelung über das Eigentum am Haus zu verzichten. Er möchte allerdings keine finanziellen Nachteile dadurch erleiden. Er fragt den Mitarbeiter des Jugendamtes, wie die Eltern die *Rechtsverhältnisse am Hause* am besten regeln sollten.

■ Ein *gemeinnütziger Verein* ist Träger einer Schuldnerberatungsstelle. Ein Schuldner will sich über das Insolvenzrecht informieren und fragt nach den Voraussetzungen einer Restschuldenbefreiung.

- Darf die Vorsitzende eines *eingetragenen Vereins* als Beistand eine Sozialhilfeempfängerin zum Sozialamt begleiten?
- Ein totaler Kriegsdienstverweigerer wird von Gleichgesinnten juristisch beraten und vor Gericht vertreten.
- Eine Sozialpädagogin betreibt eine Mediations- und Beratungspraxis. Zu ihr kommt ein 16jähriges Mädchen und möchte erfahren, ob sie einen Schwangerschaftsabbruch gegen den ausdrücklich geäußerten Willen ihrer Eltern durchführen darf.[1]

Die Unsicherheit, ob Sozialarbeiter oder Sozialpädagoginnen, gegebenenfalls Psychologen oder Therapeuten überhaupt juristischen Rat erteilen dürfen, ist allenthalben groß.

4.2 Das Rechtsberatungsgesetz

Rechtliche Grundlage für die Beantwortung der Frage, unter welchen Voraussetzungen Fachkräfte in der sozialen Arbeit rechtlich beraten dürfen, ist das Rechtsberatungsgesetz (RBerG). § 1 Abs. 1 RBerG lautet:

§ 1 RBerG Erlaubnis

(1) Die Besorgung fremder Rechtsangelegenheiten, einschließlich der Rechtsberatung und der Einziehung fremder oder zu Einziehungszwecken abgetretener Forderungen, darf geschäftsmäßig – ohne Unterschied zwischen haupt- und nebenberuflicher oder entgeltlicher und unentgeltlicher Tätigkeit nur von Personen betrieben werden, denen dazu von der zuständigen Behörde die Erlaubnis erteilt ist.

Das Rechtsberatungsgesetz ist zunächst ein berufsordnendes Gesetz. Es regelt die gewerberechtliche Befugnis zur Besorgung fremder Rechtsangelegenheiten. Es hat die Aufgabe, den *Rechtsuchenden* vor einer Rechtsberatung durch persönlich ungeeignete oder nicht sachkundige bzw. unzuverlässige Beratungspersonen zu schützen. Es hat ferner die Aufgabe, die *Rechtspflege* vor Beeinträchtigungen durch solche Beratungspersonen zu schützen und soll schließlich den Schutz der Rechtsanwälte und zugelassenen Rechtsberater vor einem Wettbewerb mit anderen Rechtsberatung betreibenden Personen, die keinen standesrechtlichen, gebührenrechtlichen oder ähnlichen Interessen unterliegen, garantieren (BVerwG, NJW 1999, 440).

Das Rechtsberatungsgesetz ist darüber hinaus auch ein Verbotsgesetz. Es untersagt grundsätzlich jede Rechtsbesorgung ohne entsprechende

[1] Einige Fälle sind an Schulte-Kellinghaus (1994) angelehnt.

Erlaubnis (Altenhoff/Busch/Chemnitz 1993, Anm. 344). Das Rechtsberatungsgesetz scheint weitgehend der sozialen Arbeit ein Rechtsberatungsverbot aufzuerlegen, von einer anderen Warte aus betrachtet, das Beratungsmonopol der Rechtsanwälte abzusichern.

Die Entstehungsgeschichte des Rechtsberatungsgesetzes lässt den Monopolisierungsaspekt deutlich werden. Die heutige Rechtslage geht auf das Rechtsberatungsmissbrauchsgesetz von 1935 zurück. Dieses Gesetz beabsichtigte, die Staatsbürger vor den Gefahren einer unsachgemäßen und unzureichenden Rechtsberatung zu schützen. Aus diesem Grunde gestattete es die geschäftsmäßige Besorgung fremder Rechtsangelegenheiten einschließlich der Rechtsberatung nur denjenigen, die eine entsprechende Erlaubnis besaßen. Dieses Gesetz diente indessen völlig eindeutig auch dazu, die wirtschaftliche Lage der Rechtsanwälte zu verbessern und abzusichern (zu den Motiven des Gesetzgebers im Jahre 1935 vgl. OLG Dresden, NJW 1998, 90; Ricker 1999).
Allerdings wurden mit diesem Gesetz noch weitergehende, ganz andere Zwecke verfolgt, nämlich die Durchsetzung des nationalsozialistischen Rassegedankens durch die Eliminierung jüdischer Rechtsanwälte und die Gleichschaltung der Anwaltschaft (Schneider 1976; Kierdorf 1979; Müller-Dietz 1980; Finger 1981; Heinhold 1997 mit weiteren Nachweisen). § 5 der Verordnung zur Ausführung des Gesetzes zur Verhütung von Missbräuchen auf dem Gebiet der Rechtsberatung bestimmte lapidar: »Juden wird die Erlaubnis nicht erteilt«, und nach § 11 Abs. 2 der VO musste jeder Bewerber seine arische Abstammung nachweisen. Welche Intentionen dem Gesetz tatsächlich zugrunde lagen, lässt sich aus der folgende Stellungnahme ablesen. »Dem Führer und Reichskanzler gilt der unauslöschliche Dank der deutschen Anwaltschaft für das Reichsgesetz zur Verhütung von Missbräuchen auf dem Gebiete der Rechtsberatung: ein Gesetzgebungswerk, das im marxistisch-liberalistischen Parteienstaat eine völlige Unmöglichkeit gewesen wäre, das nur auf dem festen Boden nationalsozialistischer und berufsständischer Weltanschauung entstehen konnte ...« (Raeke 1938, zit. nach Schneider, 1976, 1, 5).
Diese Zusammenhänge gilt es bei der Interpretation des Gesetzes im Auge zu behalten.

Nach § 1 Abs. 1 RBerG bedarf es zur geschäftsmäßigen Besorgung fremder Rechtsangelegenheiten – einschließlich der Rechtsberatung – einer Erlaubnis.[1] Die Rechtsbesorgung ist der Oberbegriff für Rechtsbetreuung, Rechtsberatung sowie die Rechtsvertretung (Rennen/Caliebe 1992, Anm. 28 zu § 1 RBerG).

Worin besteht die Rechtsberatung?

Die beratende Tätigkeit muss sich auf Rechtsangelegenheiten beziehen. Beratung ist die Erteilung von Auskünften über die Rechtslage im Einzelfall sowie der Rat, in welcher Weise Rechte realisiert werden können. Der Beratungsbegriff ist nach der h.M. weit auszulegen (z.B. Schulte-Kellinghaus 1994; a.A. zu Recht Fieseler/Herborth 1996, 176). Die rechtliche Aufklärung der Eltern und im Übrigen auch der Kinder im Rahmen des KJHG ist Rechtsberatung. Ein rechtlicher Hinweis bei der Schuldnerberatung ist ebenfalls Rechtsberatung. Jede konkrete juristische Stellungnahme einer Sozialpädagogin fällt unter das RBerG. Der Rechtsrat kann sich auf jedes Rechtsgebiet beziehen (Rennen/Caliebe 1992, Anm. 28 zu § 1 RBerG; vgl. auch OLG Köln, NJW 1999, 504 sowie BVerwG, NJW 1999, 440). An der Rechtsberatung ändert auch die Tatsache nichts, dass z.B. bei der Beratung im Jugendamt sozialpädagogische Gesichtspunkte vorrangig sind (Schulte-Kellinghaus 1994). Es spielt auch keine Rolle, ob der Rechtsrat schriftlich oder mündlich erteilt wird.

Fremde Rechtsangelegenheiten

Die Besorgung der Rechtsangelegenheit muss fremd sein. Gemeinsame Interessen mehrere Personen machen die Angelegenheit noch nicht zu einer eigenen. Rechtliche Hilfeleistungen von Ehegatten untereinander, der Eltern für ihre volljährigen Kinder oder von befreundeten Personen untereinander sind fremde Angelegenheiten und sind im Prinzip erlaubnispflichtig.

Das Erfordernis der Geschäftsmäßigkeit

Rechtsberatung ist dann verboten, wenn sie geschäftsmäßig erfolgt. Geschäftsmäßig bedeutet nicht etwa, dass die Tätigkeit mit Einnahmen verbunden sein muss oder dazu dient, Gewinne zu erzielen. Es ist ausreichend, dass der Handelnde die Absicht hat, die Tätigkeit »sei es auch nur bei sich bietender Gelegenheit, in gleicher Weise zu wiederholen und sie dadurch zu einem dauernden oder wiederkehrenden Bestandteil seiner Beschäftigung zu machen. Es ist weder erforderlich, dass die Tätigkeit haupt- oder nebenberuflich, noch dass sie gegen Entgelt ausgeübt wird. Es muss sich auch nicht um eine mehrmalige Besorgung handeln, vielmehr kann sich bereits auch aus der nur einmaligen Besorgung fremder Rechtsangelegenheiten die Absicht künftiger Wie-

---

[1] Gem. § 3 Abs. 1 BRAO ist der Rechtsanwalt der nach dem Gesetz vorgesehene Berater und Vertreter in allen Rechtsangelegenheiten. Nach § 3 Abs. 2 RBerG benötigt ein Rechtsanwalt keine ausdrückliche Erlaubnis, seine Mandanten zu beraten und zu vertreten. Kraft Gesetzes steht ihm die Befugnis zu, fremde Rechtsangelegenheiten zu besorgen.

derholungen ergeben« (OLG Hamm, NJW 1998, 92, 93; OLG Karlsruhe, AnwBl 1989, 244 st. Rspr.; Altenhoff/Busch/Chemnitz 1993, Anm. 102). Entscheidend ist mithin, dass die Absicht besteht, die Handlung zu wiederholen. Nur einmalige Gefälligkeiten fallen nicht unter das Rechtsberatungsgesetz. Dagegen werden von dem Rechtsberatungsgesetz bei Wiederholungsabsicht auch solche Tätigkeiten erfasst, die aus Liebhaberei, aus Nächstenliebe oder sozialem Engagement erfolgen. Ein Indiz für die Wiederholungsabsicht liegt dann vor, wenn der Ratgeber für seinen Rat etwas bekommt (Altenhoff/Busch/Chemnitz 1993, Anm. 104; vgl. auch Gross 1989).
Diese sehr weite Auslegung des Erfordernis der Geschäftsmäßigkeit führt dazu, dass häufig ein Verstoß gegen das Rechtsberatungsgesetz anzunehmen ist. Bereits 1976 hat Schneider mit deutlichen Worten diese Tatsache angeprangert.

»Es ist geradezu abstoßend, demjenigen eine strafbare und sittenwidrige Handlung zu unterstellen, der etwa einer armen Rentnerin erklärt, wie sie sich gegen eine Mieterhöhung oder gegen einen Ratenkauf an der Haustür wehren kann. Ich habe einmal in einem Urlaub im Westerwald einer verhärmten, mittellosen Bäuerin die zwei Sätze, die für ihr Testament notwendig waren, zum Abschreiben vorgeschrieben. Sie brachte mir einige Tage später eine Dose Blutwurst. Das sprach nach heutiger Literatur für meine Wiederholungsabsicht. Dieser Vermutung hätte ich vielleicht, aber nicht sicher durch den Nachweis entgehen können, dass mein Hund die Blutwurst gefressen hat« (Schneider 1976, 1, 3).

Nicht geschäftsmäßig handelt indessen, wer in abhängiger Tätigkeit beschäftigt ist. Ein Angestellter, der weisungsgebunden eine Rechtsangelegenheit erledigt, handelt nicht geschäftsmäßig. Die Geschäftsmäßigkeit setzt zwingend eine selbständige Betätigung voraus (Altenhoff/Busch/Chemnitz 1993, Anm. 103 zu § 1 RBerG; Müller-Dietz, 1980, 43 ff). »Eine weisungsgebundene Person (Arbeitnehmer, Verbandsfunktionäre oä) handelt daher niemals geschäftsmäßig« (Rennen/Caliebe, 1992, Anm. 40 zu § 1 RBerG). Auf die Natur des Anstellungsverhältnisses, ob jemand als Beamter oder Angestellter arbeitet, kommt es nicht an (Müller-Dietz 1980, 44). Das bedeutet nun aber nicht, dass zum Beispiel alle verbeamteten bzw. angestellten Sozialarbeiterinnen und Sozialpädagogen in ihren jeweiligen Institutionen rechtlich über alles beraten dürfen. Die Beratung muss sich nämlich innerhalb des Aufgabenkreises des Trägers der sozialen Arbeit bewegen. Hier können sich im Einzelfall durchaus Abgrenzungsprobleme ergeben. Derjenige, der ohne eine derartige Einbindung Rechtsrat erteilt, verstößt gegen das Rechtsberatungsgesetz. Es bedarf daher einer rechtlichen Grundlage für die juristische Beratung.

4.2.1 Rechtsberatung durch Behörden und Körperschaften des öffentlichen Rechts

Gem. § 3 Ziff. 1 RBerG darf Rechtsberatung und Rechtsbetreuung von Behörden (Oebbecke 1994) und von Körperschaften des öffentlichen Rechts ausgeübt werden.

> **§ 3 RBerG Zugelassene Rechtsberatung**
> Durch dieses Gesetz werden nicht berührt:
> 1. Die Rechtsberatung und Rechtsbetreuung, die von Behörden, ..., von Körperschaften des öffentlichen Rechts ... im Rahmen ihrer Zuständigkeit ausgeübt wird; ...

§ 3 Ziff. 1 RBerG umfasst die *Bundes-, Landes- und Gemeindebehörden*. Für die soziale Arbeit sind besonders die Jugend- und Sozialämter hervorzuheben. Die in unserem Zusammenhang interessierenden *Körperschaften des öffentlichen Rechts* sind insbesondere die evangelischen Landeskirchen, die katholische Kirche sowie die Sozialversicherungsträger (Altenhoff/Busch/Chemnitz 1993, Anm. 350). Nach der verfassungsrechtlichen Position der Kirchen sind die Beratungsstellen und sonstige Einrichtungen der kirchlichen Wohlfahrtsverbände (Diakonisches Werk oder Caritasverband mit ihren Fachverbänden) kirchliche Einrichtungen und besitzen den öffentlich-rechtlichen Status der Kirchen.

Erlaubt ist eine beratende Tätigkeit aber nur, wenn und soweit sie *im Rahmen der Zuständigkeit* der Behörde oder der Körperschaft liegt. Der Sinn dieses Zuständigkeitserfordernisses besteht darin, die Allgemeinheit vor Schäden durch eine sachunkundige Rechtsberatung zu bewahren. Der Rechtssuchende soll vor finanziellen oder sonstigen Nachteilen geschützt werden, die ihm dadurch entstehen können, dass ihn Personen beraten, die weder die entsprechenden Sachkenntnisse noch die erforderliche Zuverlässigkeit und Eignung besitzen So wäre es in der Tat für einen Ratsuchenden problematisch, wenn er sich in einer Strafsache von einem Finanzbeamten beraten lassen würde (Altenhoff/Busch/Chemnitz 1993, Anm. 357).

Ob Rechtsberatung in einer Behörde oder Körperschaft des öffentlichen Rechts *im Rahmen ihrer Zuständigkeit* erfolgt, ergibt sich aus dem Aufgabenkreis, der der Institution auf Grund eines Gesetzes oder allgemeiner Verwaltungsanordnungen zugewiesen ist.

Zahlreiche Fälle sind völlig unproblematische. Die Zuständigkeit ist vor allen Dingen dann gegeben, wenn die Behörden bzw. die Körperschaften des öffentlichen Rechts eine gesetzliche Pflicht zur Rechtsberatung und Rechtsbetreuung haben. Durch § 14 SGB I z.B. sind die Sozialleistungsträger zuständig für die Beratung über die Rechte und Pflichten nach

dem Sozialgesetzbuch, insofern zuständig für eine rechtliche Beratung. Gewähren Gesetze Ansprüche auf rechtliche Beratung, dann ist es logisch zwingend, dass nicht nur juristisch beraten werden darf, sondern muss.
Problematisch und bestritten ist dagegen das Zuständigkeitserfordernis auf anderen Gebieten. Das ist vor allen Dingen dann der Fall, wenn die Behörden oder Körperschaften des öffentlichen Rechts den *gesetzlichen Auftrag zur pädagogischen, psycho-sozialen und wirtschaftlichen Beratung* haben. Hier scheint es problematisch, ob durch eine derartige Norm auch rechtliche Beratung normativ abgedeckt ist.

Trennungs- und Scheidungsberatung nach § 17 KJHG

Am Beispiel des Jugendamtes soll die Problematik der psychosozialen und der mit ihr im Kontext stehenden rechtlichen Beratung erläutert werden. Nach dem KJHG steht den Ratsuchenden ein umfangreiches Beratungsangebot des Jugendamtes zur Verfügung. Wenn ein Schüler, der mit seinen Eltern im heftigen Konflikt über seinen weiteren schulischen Werdegang steht, sich ratsuchend an das Jugendamt wendet, dann darf selbstverständlich eine Sozialpädagogin rechtlich über das juristische Verhältnis zwischen Eltern und Kindern oder über die Reichweite des Personensorgerechts nach dem Bürgerlichem Gesetzbuch aufklären. Diese rechtliche Beratung fällt unzweifelhaft unter den Aufgabenkatalog des § 8 Abs. 3 KJHG. Diese Vorschrift rechtfertigt es aber nicht, Jugendliche über erbrechtliche Fragen zu informieren.
Was die Trennungs- und Scheidungsberatung durch die Jugendämter nach § 17 KJHG angeht, wird die Ansicht vertreten, dass sie durch das RBerG nicht gedeckt sei (Zettner 1993). Haffke (1992) kommt zu dem Ergebnis, dass Mediation, wenn sie nicht von Rechtsanwälten vorgenommen wird, verbotene Rechtsberatung darstellt. Nach seiner Auffassung habe der Gesetzgeber bei der Normierung der §§ 17 Abs. 2 sowie 28 KJHG nicht an Mediation gedacht. Dafür spreche, dass eine so revolutionäre Verpflichtung, die das bisherige Gefüge zwischen anwaltlicher Beratung und psycho-sozialer Betreuung durch die Jugendhilfe sprengen würde, vom Gesetzgeber nicht beabsichtigt gewesen sei (zur Mediation durch Anwälte vgl. Mähler/Mähler 1997).
Es kann jedoch nicht angehen, dass der Gesetzgeber im Kinder- und Jugendhilfegesetz durch die §§ 17 und 28 KJHG den Jugendämtern eine Aufgabe zugewiesen und in Kauf genommen hat, dass die sachgemäße Erfüllung dieser Aufgabe den Jugendhilfeträgern verboten wäre (Coester 1992). Bei einer Trennungs- und Scheidungsberatung nach § 17 KJHG darf daher rechtliche Beratung zum Sorgerecht, zu Scheidungsfolgenvereinbarungen sowie zur Umgangsregelung und zu Unterhalts- und Vermögensauseinandersetzungen erfolgen (Schulte-Kellinghaus 1994; Münder u.a. 1998, Anm. 19 zu § 17 KJHG; Fieseler/Schleicher 1998,

Anm. 8 zu § 17 KJHG). In den eingangs geschilderten Fällen zur Trennungs- und Scheidungsberatung dürfen die Beraterinnen daher die gewünschten Auskünfte erteilen.[1]

Das kann auch rechtlich nicht anders sein, denn wie könnte sonst die Wirksamkeit und Nachhaltigkeit einer Beratung gesichert werden. Nach den heutigen Vorstellungen soll sie ganzheitlich sein, der Beratende soll in seiner Problemsituation nicht jeweils auf Teilaspekte reduziert werden. Das bedeutet: Im Regelfall darf es nicht so sein, dass die Juristin für die rechtlichen Fragestellungen, der Psychologe für die seelischen Schwankungen und die Sozialpädagogen und Sozialarbeiterinnen für Schwierigkeiten im pädagogischen und finanziellen Bereich zuständig sind. Das sehen im Übrigen die Rechtsanwälte ganz ähnlich. »Will man das Problem, so wie es sich wirklich stellt, zufriedenstellend lösen, braucht man in vielen Fällen noch andere Fachleute, also z.B. den Sozialarbeiter, den Seelsorger, Ärzte oder Sachverständige. Gute Beratung erfordert deshalb häufig Gesamtrat« (Zuck 1999, 190).

Diese Ansicht hat im Prinzip auch das Landgericht Memmingen für die Trennungs- und Scheidungsberatung nach dem KJHG vertreten. Das Gericht hatte folgenden Fall zu entscheiden: Die Stadt Memmingen betreibt eine »städtische Beratungsstelle für Familien und Jugendliche« als eine Einrichtung des Kinder- und Jugendhilfegesetzes. Ein in der Beratungsstelle ehrenamtlich tätiger, pensionierter Richter hat ein scheidungswilliges Ehepaar beraten und hat u.a. eine komplette Berechnung des Zugewinns und des Zugewinnausgleichsanspruchs der Ehefrau vorgenommen, darüber hinaus eine Scheidungsvereinbarung entworfen, in der neben anderen Problemen der nacheheliche Ehegattenunterhalt, die Hausratsteilung und der Versorgungsausgleich geregelt werden sollte. Die Vertretung der Anwaltschaft in Memmingen wollte durch eine Klage erreichen, dass die nach ihrer Ansicht unzulässige Besorgung fremder Rechtsangelegenheiten zu unterlassen sei.

Das Gericht führte aus: »Oft wird deshalb ohne Klarheit über das Schei-

[1] In den Empfehlungen des Europarates (1998) zur Familienmediation sind ausführlich die Grenzen der Rolle des Mediators thematisiert, insbesondere das Problem der Erteilung von Rechtsauskünften und der Rechtsberatung erörtert worden. Die Verfasser unterscheiden zwischen *Auskunft* und *Beratung*. Rechtsauskünfte sollen die Mediatoren erteilen dürfen, wenn dies erbeten oder im Verlauf des Mediationsverfahren als angemessen erachtet wird. »Die Erteilung einer Rechtsauskunft beinhaltet, dass das Verhältnis zu den Parteien unparteiisch bleibt. Die Auskunft wird als ein Hilfsmittel erteilt, ohne dass der Versuch unternommen wird, eine bestimmte Handlungsweise auf der Grundlage dieser Auskunft zu empfehlen«, Europarat 1998, 454, 460. Rechtsberatung schließe dagegen die Empfehlung eines speziellen Vorgehens ein und gerate in Widerspruch zum Prinzip der Unparteilichkeit bei der Mediation. Rechtsberatung nach dem Verständnis des deutschen Rechtsberatungsgesetzes ist die rechtliche Auskunft und nicht der strategische Ratschlag. Insofern stützt die Empfehlung des Europarates die Auffassung, dass in der Trennungs- und Scheidungsberatung rechtliche Auskünfte erteilt werden können und müssen.

dungsverfahren, der Ehewohnung, des Kindes- und Ehegattenunterhaltes ein tragfähiges Sorgerechtskonzept nicht entwickelt werden können. Der Elternteil, der um das Sorgerecht kämpft, wird deshalb vielfach wissen müssen und wollen, was er vom anderen an Unterhalt zu gewärtigen hat oder wie überhaupt sich seine vermögensrechtliche Situation nach der Trennung und Scheidung entwickeln wird. In solchen Fällen kann deshalb diese sozialpädagogische Hilfestellung der Beratungseinrichtung auch die Erteilung solcher zusätzlicher rechtlicher Informationen vom gesetzlichen Auftrag zur umfassenden Sorgerechtsberatung der Eltern mit umfasst sein« (LG Memmingen, DAVorm 1995, 117, 119). Bei der Trennungs- und Scheidungsberatung gehört es mithin zur Zuständigkeit der Jugendämter auch rechtlich beraten zu dürfen.
Für die vielfältigen anderen Beratungsmöglichkeiten nach dem KJHG gilt nichts anderes. Soweit die rechtliche Beratung in irgendeinem Zusammenhang mit der gesetzlichen Aufgabe steht, die der Behörde zugewiesen ist, ist juristischer Rat erlaubt.

Schuldnerberatung

Ein ähnliches Problem, wie bei der Trennungs- und Scheidungsberatung, stellte sich bei der Schuldnerberatung, die durch Behörden oder Körperschaften des öffentlichen Rechts angeboten wird. Es wurde der Versuch unternommen, die Grenzen der Schuldnerberatung eng zu fassen. Die herrschende Meinung hält dagegen sowohl die rechtliche Beratung, als auch die Betreuung von Schuldnern nach § 8 BSHG für rechtmäßig: »Nach § 8 Abs. 2 BSHG gehört zur persönlichen Hilfe außer der Beratung in Fragen der Sozialhilfe (§ 14 SGB AT) auch die Beratung in sonstigen sozialen Angelegenheiten. Überwiegend wird die Auffassung vertreten, dass das Merkmal ›Beratung in sonstigen sozialen Angelegenheiten‹ weit auszulegen ist, da die gesamten Lebensverhältnisse Hilfesuchender berücksichtigt werden müssen, wenn die Aufgaben der Sozialhilfe im Sinne des § 1 Abs. 2 BSHG erfüllt werden sollen. Demzufolge kann sich die Rechtsberatung außer auf das Sozialrecht auch auf sonstige Rechtsgebiete beziehen bzw. auf das Privatrecht, sofern der Bezug zur Aufgabenstellung des Trägers der Sozialhilfe im Sinne von § 1 Abs. 2 BSHG nicht verloren geht« (Deutscher Städtetag 1988; zur Kooperation in der Schuldnerberatung vgl. Bungart 1988).
Der Versuch der Anwaltschaft, die Schuldnerberatung bei sich zu monopolisieren, ist durch Gerichte zurückgewiesen worden. Das LG Saarbrücken hat 1987 die Unterlassungsklage eines Anwaltes gegen eine Angestellte des Caritasverbandes e.V. abgewiesen. Die Angestellte bedürfe für ihre Tätigkeit in einer Schuldnerberatungsstelle keiner Erlaubnis nach dem Rechtsberatungsgesetz, weil sie nicht geschäftsmäßig handele. Sie sei als Angestellte nicht selbständig in eigener Entscheidung und Verantwortung, also nicht unabhängig von den Weisungen

ihres Arbeitgebers (LG Saarbrücken, zit. nach Fieseler 1989, 243, 244; vgl. auch OLG Frankfurt am Main, NDV 1988, 243). Nach dieser Entscheidung ist Schuldnerberatung durch einen Verband der freien Wohlfahrtspflege auch nicht am Gesetz gegen den unlauteren Wettbewerb zu messen, wenn sie kostenlos im Rahmen sozialer Betreuung durchgeführt wird.[1]

Schuldnerberatung nach der Insolvenzordnung

Das reformierte Insolvenzrecht ist am 1.1.1999 in Kraft getreten. Nach der bisherigen Rechtslage war es so, dass Schuldner im Prinzip lebenslang für ihre Verbindlichkeiten haften mussten. Das Recht bot dem Schuldner kaum eine Chance auf eine wirksame Verringerung seiner Schulden. Das neue Insolvenzrecht bringt – zumindest theoretisch – eine erhebliche Veränderung. Nach Abschluss eines Insolvenzverfahrens kann ein Schuldner unter bestimmten Voraussetzungen eine Befreiung von seinen Verbindlichkeiten erreichen. Die erste Etappe auf dem Weg zu einer Schuldenbereinigung ist der Gang zur Schuldnerberatung, um vor der Eröffnung des gerichtlichen Verfahrens eine außergerichtliche Schuldenregulierung zu versuchen.

Ob in den Schuldnerberatungsstellen, wie sie von den Trägern der freien Wohlfahrtspflege oder den Kommunen eingerichtet sind (Bundesministerium der Justiz 1998, 13), rechtlich beraten werden darf, war umstritten. Wiederum behaupten Juristen, die Beratung auf diesem Gebiet sei ihre Domäne. Durch eine Reform des Rechtsberatungsgesetzes vom 19.12.1998 (BGBl I,1998, 3836) hat der Gesetzgeber diese Bedenken ausgeräumt.

> Nach § 3 Ziff. 9 RBerG ist die Besorgung von Rechtsangelegenheiten von Schuldnern durch eine als geeignet im Sinne der Insolvenzordnung anerkannte Stelle im Rahmen ihres Aufgabenbereichs erlaubt.

[1] Ein Diplomsoziologe oder Sozialarbeiter als Leiter einer Einrichtung der freien Wohlfahrtspflege darf aber nach Ansicht des OLG Köln ausländische Arbeitnehmer nicht bei der *Durchsetzung* ihrer Lohnansprüche unterstützen. Diese Tätigkeit ist nicht durch § 8 Abs. 2 BSHG abgesichert, da diese Art der Rechtsbetreuung über den Rahmen der persönlichen Hilfe hinausgeht. »Rechtsberatung als Selbstzweck« übersteigt den Rahmen, OLG Köln, NJW 1973, 437, 438. In den Überlegungen des Deutschen Vereins zur Schuldnerberatung vom 20.10.1988, NDV 1988, 36, werden die Grenzen der rechtlichen Betätigung in der Schuldnerberatung genannt. Nach Auffassung des Deutschen Vereins ist das Tätigwerden nach außen gegenüber den Gläubigern den Anwälten vorbehalten, dagegen Fieseler (1989).

Fazit

Das Zuständigkeitserfordernis für die Rechtsberatung und Rechtsbetreuung durch Behörden und Körperschaften des öffentlichen Rechts ist weit auszulegen. Dies wird durch eine andere Entwicklung in der Bundesrepublik nachhaltig unterstützt. Das Verhältnis von Bürger und Staat in einem demokratisch verfassten sozialen Rechtsstaat ist nicht mehr durch Gewaltunterworfenheit charakterisiert. Dem entspricht, dass sich der Behördenbegriff gründlich geändert hat. Behörden sollen moderne Dienstleistungsunternehmen sein. Bürgerfreundlichkeit und Bürgernähe beinhalten aber zwingend, dass der ratsuchende Bürger nicht weggeschickt werden darf. Zur Bürgerfreundlichkeit »gehört auf Seiten der Behörde eine sehr viele größere Offenheit für rechtliche Auskünfte und Beratung von Bürgern im Zusammenhang mit den zugewiesenen behördlichen Aufgaben« (Schulte-Kellinghaus 1994, 1230, 1233). Das Rechtsberatungsgesetz steht aus diesem Grunde der rechtlichen Beratung durch Behörden und Körperschaften des öffentlichen Rechts nicht im Wege.

Die Angst vor unzulässiger Rechtsberatung ist unbegründet. Es ist ausreichend, wenn die rechtliche Beratung in irgendeinem Zusammenhang mit Aufgaben, die der Behörde oder den Körperschaften des öffentlichen Rechts durch Rechts- oder Verwaltungsvorschriften zugewiesen sind, steht.

Ein Schutzzweck des Rechtsberatungsgesetzes, alle Bürger vor inkompetenter rechtlicher Beratung zu schützen, wird in der Regel bei der Beratung durch Behörden und Körperschaften des öffentlichen Rechts nicht tangiert. Die fachliche Kompetenz der behördlichen Beratung wird sichergestellt »durch konkrete Aufgabenzuweisungen in Gesetzen oder Verwaltungsvorschriften, Ausbildungs- und Laufbahnvorschriften für die Mitarbeiter und durch die verschiedenen rechtlichen Formen der Aufsicht« (Schulte-Kellinghaus 1994, 1230, 1233).

4.2.2 Rechtsberatung durch Verbände der nichtkirchlichen, freien Wohlfahrtspflege

Ob die nichtkirchlichen privaten Träger, z.B. die Arbeiterwohlfahrt oder Der Paritätische, rechtlich beraten dürfen, wird ebenfalls bezweifelt, da sie nach dem Gesetzeswortlaut nicht unter das »Behördenprivileg« fallen. Diese Wohlfahrtsverbände werden nämlich nicht in § 3 RBerG erwähnt, ein Umstand, der mit der Entstehungsgeschichte des Gesetzes im NS-Staat zu tun hat. Die Tätigkeit der freien Wohlfahrtsverbände passte nicht in die totalitäre, antipluralistische Ideologie der

Nationalsozialisten. Folglich wurde ihnen auch nicht, wie den evangelischen Landeskirchen und der katholischen Kirche, das Recht zur juristischen Beratung eingeräumt (Müller-Dietz 1980; Brühl 1998). Insofern ist das Rechtsberatungsgesetz dringend reformbedürftig, vermutlich ist es auch verfassungswidrig.

Die juristische Kompetenz, auch rechtlich beraten zu dürfen, wird – trotz dieser Gesetzesgeschichte – den nichtkirchliche, freien Trägern der Jugend- und Sozialhilfe bestritten. Der Vorwurf eines Verstoßes gegen das Rechtsberatungsgesetz trifft diese Wohlfahrtsverbände nach Ansicht einiger Autoren, da sie nicht an dem öffentlich-rechtlichen Status der Kirchen partizipierten (Schulz-Rackoll/Groth 1986). Für die Trennungs- und Scheidungsberatung wird dies auch von Wiesner vertreten. Für die Rechtsberatung durch Träger der freien Jugendhilfe ergäben sich aus dem Rechtsberatungsgesetz Grenzen, da sie nach § 7 RBerG nur ihre eigenen Mitglieder beraten dürften (Wiesner 1995, Anm. 27 zu § 17 KJHG).

Diese Auslegung geht fehl. Bereits 1969 ist als Ergebnis einer Besprechung zwischen Bundesministerien und der Bundesarbeitsgemeinschaft der freien Wohlfahrtsverbände im Hinblick auf die Beratung nach dem Bundessozialhilfegesetz folgende Übereinstimmung erzielt worden: »Die Wohlfahrtsverbände können in demselben Umfang wie Behörden der Sozialträger über Ansprüche nach dem Bundessozialhilfegesetz beraten« (abgedruckt in NDV 1988, 373). Das Rechtsberatungsgesetz wird durch diese Ergänzung und Interpretation an die verfassungsrechtliche Sozialstaatsklausel, das Subsidiaritätsprinzip sowie die plurale Wertordnung angepasst.

Was für die Beratung nach dem Bundessozialhilfegesetz gilt, ist auch auf andere Beratungsbereiche der freien Wohlfahrtsverbände anzuwenden, insbesondere auf die Beratung nach dem KJHG. Die Beratung muss freilich im Zusammenhang mit dem Aufgabenkreis des privaten Trägers erfolgen. Wenn ein Verband der freien Wohlfahrtspflege Trennungs- und Scheidungsberatung betreibt, dann sind rechtliche Hinweise zum Scheidungs- und Scheidungsfolgenrecht sowie zum Kindschaftsrecht juristisch erlaubt.

4.2.3 Beratung durch private Initiativen, Vereine und Selbsthilfegruppen

Ein privater Verein, z.B. »Trialog soziale Bildung und Beratung e.V.«, hat sich zur Aufgabe gestellt, Trennungs- und Scheidungsberatung durchzuführen. Der Beratungsansatz ist interdisziplinär und umfasst sachlogisch auch rechtliche Beratung. Trialog ist kein Verband der kirchlichen oder freien Wohlfahrtspflege und fällt daher zunächst nicht unter das Behördenprivileg, so dass die Zulässigkeit einer rechtlichen Beratung zweifelhaft erscheint.

Die Frage, ob rechtliche Beratung durch private Initiativen, Vereine und Selbsthilfegruppen gegen das Rechtsberatungsgesetz verstößt, ist durch das Bundesjustizministerium in Zusammenarbeit mit dem Petitionsausschuss des Deutschen Bundestages 1992 beantwortet worden. »Das Rechtsberatungsgesetz schreibt aber nur für die geschäftsmäßige Besorgung fremder Rechtsangelegenheiten einschließlich der Rechtsberatung eine Erlaubnispflicht vor; die Besorgung von Geschäften wirtschaftlicher Art oder unentgeltliche soziale Hilfeleistungen werden durch das Gesetz hingegen nicht berührt. Im Rahmen wirtschaftlicher Betätigung ist – wie Art. 1 § 5 Rechtsberatungsgesetz ausdrücklich vorsieht – auch die Erledigung rechtlicher Angelegenheiten zulässig, wenn diese in unmittelbarem Zusammenhang mit dem Geschäft des Gewerbebetriebes stehen.
Die – ähnlich gelagerte – Frage, ob auch bei der Erledigung sozialer Angelegenheiten eine in unmittelbarem Zusammenhang stehende Rechtsberatung zulässig sein soll, wird vom Rechtsberatungsgesetz, bei dessen Verabschiedung die Entwicklung zum modernen Sozialstaat nicht absehbar war, hingegen nicht ausdrücklich beantwortet. Aus dem dargelegten Sinn und Zweck des Rechtsberatungsgesetzes und der Regelung des Artikels 1 § 5 ist jedoch zu entnehmen, dass eine Rechtsberatung, die untrennbar verbunden ist mit einer im Vordergrund stehenden Erledigung einer sozialen Angelegenheit, welche ohne diese Rechtsberatung nicht vollständig oder nicht wirksam durchgeführt werden könnte, nicht von der Erlaubnispflicht erfasst sein soll. ...
Dementsprechend sind zu der Frage, inwieweit Rechtsberatung bei der ›Beratung in sonstigen sozialen Angelegenheiten‹ gemäß § 8 Abs. 2 BSHG durch die Verbände der freien Wohlfahrtspflege – deren selbständige Betätigung auf dem Gebiet der sozialen Aufgaben gemäß § 10 Abs. 2 BSHG ebenso zu achten ist, wie die selbständige Arbeit der freien Jugendhilfe gemäß § 4 Abs. 1, 2 KJHG – erteilt werden darf, bestimmte Grundsätze entwickelt worden ..., die allgemein anerkannt sind. Danach darf bei der Beratung in einer sozialen Angelegenheit auch auf Rechtsfragen aus sonstigen Rechtsgebieten eingegangen werden, wenn dies notwendig ist, so z.B. bei rechtlichen Hinweisen, die im Zusammenhang mit der persönlichen Hilfe in einer besonderen Lebenslage gegeben werden. ...
Diese für die Rechtsberatung durch freie Verbände der Wohlfahrtspflege zu § 8 Abs. 2 BSHG aufgestellten Grundsätze lassen sich auf die Betätigung der Träger freier Jugendhilfe übertragen. Auch die Träger freier Jugendhilfe nehmen – besondere – soziale Aufgaben war, bei denen die persönliche Hilfeleistung im Vordergrund steht. Die etwaige Erörterung und Beratung von Rechtsfragen durch Trennungs- und Scheidungsberatungsstellen im Rahmen des § 17 KJHG steht in untrennbarem Zusammenhang mit der den Schwerpunkt der Tätigkeit bildenden psychologisch-pädagogischen Hilfeleistung. Sie verstößt daher nicht gegen das Rechtsberatungsgesetz« (ZfJ 1994, 75 f).[1]

Diese Auslegung des § 5 RBerG, die Gleichstellung der Besorgung von Geschäften wirtschaftlicher Art mit der unentgeltlichen sozialen Hilfeleistung hat geklärt, dass kostenlose Rechtsberatung im Zusammenhang mit der Lösung sozialer Probleme durch Vereine als Träger der Jugendhilfe dem Rechtsberatungsgesetz nicht widersprechen. Etwas anderes gilt auch nicht für andere Institutionen und Selbsthilfegruppen. Denn auch bei ihnen, wie z.B. bei Hilfeinitiativen für Flüchtlinge, für vergewaltigte Frauen, steht die Erledigung einer sozialen Angelegenheit im Vordergrund, die ohne Rechtsberatung nicht vollständig oder nicht wirksam durchgeführt werden könnte (Huchting 1998).

In einer Entscheidung des VG Braunschweig wird diese Auffassung bekräftigt. In der Tätigkeit einer Interessengemeinschaft Sozialhilfe e.V. – einer Selbsthilfeorganisation von Sozialhilfeempfängern –, die u.a. alleinstehende Frauen, die laufend Sozialhilfe bezogen, beraten und auf dem Weg zum Sozialamt begleitet hat, ist kein Verstoß gegen das Rechtsberatungsgesetz zu sehen. »Dabei ist zu berücksichtigen, dass Sozialbeziehungen in der modernen Gesellschaft immer mehr verrechtlicht werden. Eine Beratung in sozialen Angelegenheiten ist daher – angesichts dieser fortschreitenden Verrechtlichung – ohne ein Eingehen auf rechtliche Fragen und Ansprüche gar nicht mehr möglich. Es ist daher davon auszugehen, dass die Unterstützung, die die Klägerin geleistet hat, nicht als geschäftsmäßige Besorgung von Rechtsangelegenheiten im Sinne des Gesetzes zu verstehen ist, sondern als Sozialberatung im Sinne von § 8 Abs. 2 BSHG« (VG Braunschweig, RsDE 1994, 88, 90 mit Anm. Giese). Nach Auffassung des Gerichts ist die Grenze zur Rechtsberatung erst dann überschritten, wenn geschäftsmäßig Sozialhilfeempfänger in Widerspruchs- oder gar Gerichtsverfahren vertreten werden.

4.2.4 Rechtsberatung in einer privaten, selbständigen Beratungspraxis

Eine Sozialarbeiterin betreibt privat eine Beratungsstelle für Therapie- und Krisenintervention. Es ist notwendig, dass sie in vielfältigen Zusammenhängen auch rechtlichen Rat erteilen muss und will. Hier

[1] In einem Rechtsgutachten zur *Rechtsbesorgung* in Sozialhilfesachen durch Vereine kommt Brühl zum Ergebnis, dass ein Verein, der es sich zum Ziel gesetzt hat »sozial benachteiligte und isolierte, arme und einkommensschwache Menschen nachhaltig zu unterstützen....« und dieses Ziel »insbesondere durch umfassende Aufklärung und Beratung im Bereich Sozialhilfebezug, Arbeitslosigkeit und Mietangelegenheiten und, wo nötig, Gewährung von Rat und Hilfe in Rechtsangelegenheiten für Mieter«, Brühl 1998, 3, erreichen will, zusätzlich die Hilfebedürftigen in Gerichtsverfahren vertreten darf.

ist die rechtliche Lage noch so, dass freiberuflich tätige Sozialarbeiter juristisch nicht beraten dürfen (Oberloskamp 1997b). Ihnen steht weder das Behördenprivileg zur Seite noch besitzen sie die Rechte der verbandlichen Wohlfahrtspflege. Für die beratende Tätigkeit in einer freien Praxis ist daher ein Konzept zwingend erforderlich, das eine interdisziplinäre Kooperation zwischen Beraterinnen und Anwältinnen vorsieht.
Als einen Verstoß gegen das Rechtsberatungsgesetz bewerten die Gerichte z.T. auch die ehrenamtliche, altruistische Rechtsberatung durch Privatpersonen, die schlicht und einfach nur helfen wollen. So hat beispielsweise das Amtsgericht Braunschweig einen Nichtjuristen, der Schuldnerberatung durchgeführt und wiederholt Betroffene bei Gläubigern und Banken vertreten hat, wegen Verstoßes gegen das Rechtsberatungsgesetz belangt (FR v. 22.5.1998). Ebenfalls als Verstoß gegen das Rechtsberatungsgesetz wird vom Amtsgericht Braunschweig die Beratung von Kriegsdienstverweigerern durch Gleichgesinnte bewertet (FR v. 22.5.1998).
In diesen Fällen wird Geschäftsmäßigkeit angenommen. Die Beratung übersteigt die Gefälligkeits- und Gelegenheitsberatung. Bereits 1976 hat Schneider insoweit die Verfassungswidrigkeit des Rechtsberatungsgesetzes dargelegt. Beratung könne nicht bei der Anwaltschaft monopolisiert werden. Eine verfassungskonforme Auslegung des Gesetzes lasse sich nur erreichen, wenn Beratung aus altruistischen Motiven, sittlichen Pflichten oder aus Anstand nicht unter das Rechtsberatungsgesetz falle (Schneider 1976).

4.3 Die Grenzen der Rechtsberatung in der sozialen Arbeit

Grenzen der rechtlichen Beratung ergeben sich zunächst aus der innerbehördlichen Aufgabenzuweisung (Schulte-Kellinghaus 1994). Wer für Trennungs- und Scheidungsberatung zuständig ist, darf nicht Schuldnerberatung betreiben. Das folgt nicht nur aus dem Rechtsberatungsgesetz, sondern auch aus fachlich-professionellen Beratungsstandards in der sozialen Arbeit.
Juristische Grenzen der Rechtsberatung ergeben sich aber auch aus anderen Gesichtspunkten: nämlich dem Haftungsrecht. Verschiedentlich ist zu lesen, dass für falschen Rat nicht gehaftet wird. Dem ist nicht so. Es ist augenscheinlich, dass ein Sozialarbeiter, der ein scheidungswilliges Paar berät, keine juristischen Fehlinformationen geben darf. Die Grenzen der Rechtsberatung liegen demnach in den fachlichen Kompetenzen der Beraterinnen. Ihnen muss bewusst sein, dass fehlerhafter Rechtsrat zu Schadenersatzansprüchen der Klienten führen kann. Insbesondere kommen Amtshaftungsansprüche und Ansprüche wegen Vertragsverletzung in Betracht (zu den möglichen Schadensersatzansprüchen bei fehlerhafter Beratung vgl. Kap. 8).
Das kann auch gar nicht anders sein. Beratung auf dem sozialen Sektor

findet nicht im rechtsfreiem Raum statt. Wenn die soziale Arbeit die Kompetenz und Zuständigkeit für rechtliche Beratung für sich reklamiert, steht dem auch das Risiko der Haftung gegenüber: für andere Professionen seit langem eine Selbstverständlichkeit. Sozialarbeiterinnen und Sozialpädagogen, die rechtlich beraten, müssen zum einen ganz ohne Zweifel die einschlägigen juristischen Kompetenzen besitzen und zum anderen interdisziplinär kooperieren können.

4.4 Zusammenfassung

- Rechtlich beraten dürfen Sozialarbeiterinnen und Sozialpädagogen als Angestellte oder Beamte bei Behörden (Jugend-, Sozial- oder Gesundheitsämter) und bei Körperschaften des öffentlichen Rechts (Kirchen oder konfessionelle Träger) im Rahmen ihrer Zuständigkeit nach § 3 Nr. 1 RBerG (Behördenprivileg).
- Rechtlich beraten darf diese Berufsgruppe auch, soweit sie bei anderen Wohlfahrtsverbänden und Institutionen tätig ist – und zwar im Rahmen der Beratung in sozialen Angelegenheiten.
- Dies gilt auch für die Beratung durch Selbsthilfegruppen, § 5 RBerG in analoger Anwendung.
- Freiberuflich tätige Sozialarbeiterinnen dürfen rechtlich nicht beraten.

Die Tatsache, dass in der sozialen Arbeit in den jeweiligen Zuständigkeitsbereichen rechtlich beraten werden darf, hat sich noch keineswegs überall herumgesprochen und ist noch nicht zum Allgemeingut geworden. Das System der sozialen Arbeit verharrt in Ehrfurcht vor dem Justizmonopol. Im 10. Jugendbericht der Bundesregierung 1998 ist beispielsweise im Zusammenhang mit der Trennungs- und Scheidungsberatung zu lesen: »Die Praxis hat gezeigt, dass die Vereinbarungen über sorgerechtliche Regelungen oft nur dann getroffen werden können, wenn die Beteiligten Informationen über ihre rechtlichen Möglichkeiten zur Gestaltung ihrer verantwortlichen Elternschaft oder für akzeptable Vereinbarungen über den Unterhalt des Kindes, u.U. auch über den der Ehefrau erhalten. Zur Scheidungsberatung gehört mithin in vielen Fällen noch eine rechtliche Beratung. Für Beratende entsteht dabei allerdings ein Problem: Während die Rechtsberatung von Jugendämtern und Behörden mit den Ausnahmebestimmungen des Rechtsberatungsgesetzes (RBeratG) im Einklang stehen, werden den freien Trägern dadurch Grenzen gesetzt, dass sie nur ihre Mitglieder beraten dürfen« (10. Jugendbericht 1998, 236). Diese Rechtsauffassung ist, wie wir gesehen haben, unrichtig

Der Widerspruch zwischen der Erlaubnis, in vielen Berufsfeldern der sozialen Arbeit rechtlichen Rat erteilen zu dürfen, und den tatsächlichen

Gegebenheiten hat mehrere Ursachen: Selbstverständlich den beharrlichen Kampf der Juristen um ihr Beratungsmonopol, aber auch die Bequemlichkeit der Sozialarbeiter selbst. Sie können sich allzu leicht mit dem Hinweis auf das Rechtsberatungsgesetz aus der juristischen Beratung verabschieden. Es »erleichtert« für einige ganz umgemein die Arbeit, wenn man mit dem »Recht« – bereits kein Lieblingsfach in der Ausbildung – nichts zu schaffen hat. Das durch derartige unprofessionelle Verhaltensweisen der Ruf der sozialen Arbeit nicht gerade verbessert wird, liegt auf der Hand.

Das Rechtsberatungsgesetz passt, was die Beratung in der sozialen Arbeit angeht, nicht mehr in die Landschaft. Zwar ist dieses Gesetz an die sozialstaatlichen Vorgaben im Wege der Auslegung angepasst worden. Es verbleiben indessen Unsicherheiten, da sich die Rechtsberatung auf dem sozialen Sektor nur diffus im Rechtsberatungsgesetz wiederfindet. Dies geht zu Lasten der betroffenen Bürger. Der Schutzzweck des Rechtsberatungsgesetzes – er sei hier nochmals erwähnt –, den Bürger vor unzulänglicher Rechtsberatung zu schützen, verkehrt sich in sein Gegenteil: die Unterversorgung ausgegrenzter Bevölkerungskreise mit rechtlichem Rat.

Die Befürchtung der Anwaltschaft, durch die »Auflockerung« des Rechtsberatungsgesetzes Mandanten zu verlieren, ist unbegründet. Die Beratungssysteme in der sozialen Arbeit umfassen ein erheblich anderes Klientel als es die Anwaltschaft anspricht.[1] In der Regel wollen Anwälte das Klientel der sozialen Arbeit nicht beraten, und sie können es auch nicht, weil die sozialen und ökonomischen Zugangsschwellen es im Allgemeinen verhindern, dass die Betroffenen einen Anwalt aufsuchen.

---

1 Zur Einführung eines neuen Berufes Sozial-Anwalt vgl. Staschelt (1995) sowie Oberloskamp (1996 und 1997b), Otto (1998); zur Rechtsberatung von Kindern siehe Schumacher (1997) und Trenczek (1999).

5 PSYCHO-SOZIALE BERATUNG

5.1 Abgrenzungen

Was eigentlich Gegenstand der psycho-sozialen sowie psychologischen Beratung ist, erschließt sich nicht so ohne weiteres aus dem Alltagsdiskurs. Jeder glaubt zu wissen, was Beratung, genauer: was psycho-soziale Beratung ist. Es existiert indessen eine verwirrende Vielfalt von Definitionen und Abgrenzungsversuchen zu anderen beratenden Professionen.

Im Einzelnen ist die Abgrenzung zwischen psycho-sozialer sowie psychologischer Beratung und heilkundlicher Psychotherapie schwierig vorzunehmen. Neben den klassischen Beratungssystemen der Medizin, des Rechts und wenn man so will, der Theologie, sind neue Formen entstanden, die nicht trennscharf von den etablierten Professionen abgegrenzt und auf den ersten Blick auch nur schwerlich sauber klassifiziert werden können. Sowohl die heilkundliche Psychotherapie als auch die Familien-, Ehe-, Lebens-, Drogen-, Schwangerschaftsberatung etc. können – ganz allgemein formuliert – handlungsbezogene Informationen oder Ratschläge enthalten, aber auch Problemlösungen und Konfliktbewältigungen mittels psychologischer Verfahrensweisen umfassen.

Zunächst: Unter psycho-sozialer Beratung sind keineswegs gutgemeinte Gespräche zu verstehen, wie sie unter Freunden in einer Krisensituation üblich sind. Selbstverständlich kann die lebenserfahrene Mutter oder der einfühlsame Patenonkel hervorragend geeignet sein, Lebensberatung durchzuführen und Krisensituationen besänftigend und kenntnisreich zu meistern.[1] Diese Form des Rates entspricht jedoch nicht dem Beratungsverständnis des Kinder- und Jugendhilfegesetzes. Beratung ist keine trivialisierte Form von Ratschlägen für die Zukunft, sondern ein Modus genuin sozialpädagogischen Handelns (Nestmann 1988b).

Psycho-soziale und psychologische Beratung finden als *funktionale* Beratung tagtäglich in den Berufsfeldern der sozialen Arbeit statt. Das Elterngespräch im Kindergarten, das aufklärende Gespräch im Jugendhaus, die beratende Kommunikation in einem Heim, die Beratung in einem

---

[1] Auf die Reichweite und Effizienz der Beratung durch die alltäglichen Helfer weist Nestmann hin: »Auch wenn genügend professionelle Helfer vorhanden wären, ist davon auszugehen, dass viele Individuen (insbesondere aus persönlichen, ökonomischen, ökologischen etc. Gründen) keinen Zugang zu diesen professionellen Helfern finden, aber andererseits wie alle anderen auch gezwungen sind, mit ihren psychologischen, gesundheitlichen und sozialen Problemen dann zurechtzukommen, wenn diese aktuell und drückend sind. Das heißt, informelle und gegenseitige psychosoziale und gesundheitliche Unterstützung bleibt kaum ersetzbare primäre Quelle von Hilfe und verdient damit die Aufmerksamkeit von Gesundheitswissenschaft und professioneller Gesundheitspraxis....«, Nestmann 1988a, 9 f; zur Alltagsberatung vgl. Reis/Bartelheimer u.a. (1998).

Altenheim sind Formen dieser Tätigkeit. Beratung in dieser Form kann auch als »Querschnittsfunktion« der sozialen Arbeit charakterisiert werden (Pettinger 1998; Belardi 1999). Diese Art der Beratung ist nicht institutionalisiert. Fachkräfte der sozialen Arbeit und Ratsuchende treffen in allen Berufsfeldern der sozialen Arbeit aufeinander. Die in diesen professionellen Zusammenhängen geleistete Beratung ist nicht Hauptzweck der jeweiligen sozialen Einrichtung oder Institution, sondern sie ergibt sich gleichsam bei Gelegenheit in Ausübung des Berufs.

Daneben existiert seit geraumer Zeit die *institutionelle* Beratung (ausführlich zur professionellen Beratung als institutionalisierter Beratung Reis/Bartelheimer u.a., 1998). Sie zeichnet sich dadurch aus, dass in Beratungseinrichtungen, wie z.B. in Erziehungs-, Drogen-, Aids-, Schuldnerberatungsstellen, fachspezifische Beratung angeboten wird. Hauptzweck dieser Institutionen ist die Beratung, diese ist institutionalisiert. Institutionelle psycho-soziale und psychologische Beratung ist ein Produkt unseres Jahrhunderts (Großmaß 1997; Nestmann 1988b). Zwischen 1920 und 1940 entstehen in Europa und in den Vereinigten Staaten Beratungsdienste für die Berufsplanung (Berufsberatung) sowie für die Bereiche Gesundheit und Erziehung. Der Bedarf an Beratungsdiensten war durch erhebliche gesellschaftliche Veränderungen bedingt. Berufsberatung wurde wegen der tiefgreifenden Umstrukturierung des Arbeitsmarktes und des Ausbildungssektors erforderlich.

Die Gesundheits- und Erziehungsberatungsstellen waren, wenn auch regional unterschiedlich, häufig psychoanalytisch oder individual-psychologisch ausgerichtet (Großmaß 1997, 111, 119). In zahlreichen Orten in Deutschland entstanden Sexual- und Lebensberatungsstellen, zwischen 1919 und 1932 mehr als 400 Sexualberatungsstellen. Sie expandierten, weil nach dem 1. Weltkrieg patriarchalische Grundposition erstmals folgenreich in Frage gestellt wurden (Barabas/Erler 1994). Intimhygiene, eigenständige sexuelle Bedürfnisse der Frau, Kameradschaftsehe, Empfängnisverhütung standen verstärkt auf der Tagesordnung und führten zu erheblichen Verunsicherungen und Irritationen (Großmaß 1997). Zur gleichen Zeit wurden in Anbindung an die psychotherapeutischen Kliniken in Frankfurt am Main und Berlin Institutsambulanzen mit eigenen Beratungsdiensten geschaffen.

Diese spezifische historische Entwicklung[1] ist nun sicherlich ein Grund dafür, dass die psycho-soziale Beratung sich häufig an dem kurativen Modell orientierte. Ganz wie im Verhältnis Arzt Patient sollte z.B. in der Sexual- oder Familienberatung Leiden geheilt oder zumindestens doch gemildert werden. Es kam daher in der Bundesrepublik zu einer recht unglücklichen Entwicklung. Beratung geriet zu einer »kleinen Therapie« – mithin zu einer gegenüber dem klinischen Modell defizitären Variante des »Heilens«.

[1] Zur Geschichte der Erziehungsberatung siehe Hundsalz (1995) mit weiteren Nachweisen.

Beratung wurde zu einer Methode abgewertet, die für leichte Störungen zuständig sein sollte.
Gegen diese defizitäre Ausrichtung hat sich bereits 1965 Klaus Mollenhauer gewandt. Er hat auf den eigenständigen Stellenwert der sozialpädagogischen Beratung hingewiesen. Er konstatierte die Zunahme des Beratungsbedürfnisses in der Sozialpädagogik – vor allem in der Jugendhilfe – und strich heraus, dass sozialpädagogische Beratung mehr sei als nur das Alltagsgespräch mit Beratungscharakter. »Die entscheidende Funktion der Beratung endlich liegt darin, dass sie kritische Aufklärung sein kann. Das Gespräch schafft Distanz, es ermöglicht, das Besprochene objektivierend zu betrachten, es ermöglicht ein rationales Verhalten zu sich selbst und zu den Bedingungen der eigenen Existenz. In der Beratung werden nicht nur Antworten gegeben, sondern zugleich neue Fragen formuliert; die rationale Erhellung eines Problems wird so weit wie möglich versucht, um eine Entscheidung vorzubereiten, die von Vorurteilen und Verfestigungen frei nach dem Abwägen der vernünftig entscheidbaren Fragen getroffen werden kann« (Mollenhauer 1965, 25, 32).
Er analysierte das spezifische Verhältnis zwischen Berater und Ratsuchendem. »Der Berater empfängt seine ›pädagogische‹ Legitimation einzig und allein vom Ratsuchenden. Er ist ausschließlich zu dem befugt, was dieser ihm einräumt. Diese Befugnis kann im Laufe eines Beratungsgesprächs erheblich erweitert werden, sie bleibt aber – auch wenn das Verhalten des Beraters solche Erweiterung fördern mag – an die Initiative des Ratsuchenden gebunden, wenn die Beratung nicht zu einem unmoralischen Verfahren werden soll. Wir dürfen annehmen, dass eine Beratung immer gesucht wird, um von Abhängigkeiten und Zwängen freier zu werden. Nur um dieses Gewinnes an Freiheit willen begibt sich der Ratssuchende in die vorübergehende und von ihm selbst begrenzte Abhängigkeit von dem, den er aufsucht« (Mollenhauer 1965, 25, 35).[1]
Die professionelle Eigenständigkeit der psycho-sozialen Beratung war und ist umstritten und konnte sich bislang nur zögernd durchsetzen. Im Hinblick auf die geringe rechtliche Regelungsdichte auf dem Gebiet der Beratung und aufgrund des mangelnden Interesses der Rechtswissenschaft an diesem Thema ist es kein Zufall, dass die gängigen Definitionen überwiegend von der Pädagogik, der Soziologie und der Psychologie geliefert werden. Zur Abgrenzung von Beratung und heilkundlicher Psychotherapie wird im Allgemeinen darauf abgestellt, dass Beratung für «normal« angepasste Klienten (Balloff/Walter 1993), für Fälle von mittlerer Schwere in Betracht kommt. Insofern stellt Beratung eine Vorform der Psychotherapie dar. Die Übergänge zur Therapie sind allerdings fließend (Dewe/Scherr 1991; Keupp 1991; Schulin/Gebler 1992; Specht 1993; Hundsalz 1995; Hottelet 1996; Nothacker 1996; Nestmann 1997;

1 Zur Funktion der Beratung in der Jugendhilfe vgl. auch Bäuerle (1969).

Hundsalz 1998; Straumann 1998; Schrödter 1998; Reis/Bartelheimer 1998; Belardi 1999).

Ein Gutachten des wissenschaftlichen Beirates für Familienfragen beim Bundesministerium für Familie und Senioren kommt zwar zu dem Ergebnis, dass Beratung und Therapie sich sachlogisch klar trennen lassen, räumt indessen aber auch ein, dass es bisweilen fließende Übergänge zwischen beiden Formen der »Hilfeleistung« gibt (Bundesminister für Familie und Senioren 1993, 12 f). Das Gutachten macht darauf aufmerksam, dass in der konkreten Beratungsarbeit die Grenze zwischen Beratung und heilkundlicher Psychotherapie nicht klar zu ziehen sei. Die Unterscheidung zwischen Beratung und Psychotherapie müsse indessen aus mehreren Gründen beibehalten werden. Um die Eigenverantwortung der Ratsuchenden nicht zu untergraben, müsse bis zum Beweis des Gegenteils davon ausgegangen werden, dass die individuellen Probleme ohne aufwendige heilkundliche Psychotherapie zu meistern sind. Die Unterscheidung sei auch deswegen notwendig, um unseriöse Angebote von Therapeuten, die sich nicht der wissenschaftlichen Evaluation und Diskussion stellten, in den Griff zu bekommen (Bundesminister für Familie und Senioren 1993).

Alle Abgrenzungsversuche und Definitionsprobleme haben indessen einen sehr realen Hintergrund. Die Übergänge zwischen der psychosozialen Beratung und der heilkundlichen Bearbeitung eines »Falles« sind ohne Zweifel fließend. Einige Beispiele mögen dies verdeutlichen.

- Ein von quälender Eifersucht geplagtes und inzwischen hasserfülltes Paar sucht eine Beratungsstelle auf. Der Mann wird von schweren depressiven Schüben geplagt und hat einen Selbsttötungsversuch hinter sich.
- Eine Frau erträgt das allabendliche, bedrückende und totale Schweigen ihres Ehemannes nicht mehr. Der Mann trinkt zunehmend größere Mengen Alkohol und ist inzwischen bei einer Flasche Schnaps pro Tag angelangt.
- Ein Vater macht sich große Sorgen um die Partnerwahl seiner Tochter und ist zuweilen sehr niedergeschlagen, wenn er an die möglichen Entwicklungen denkt.
- Ein Jugendlicher hat große Angst und Minderwertigkeitsgefühle. Diese verstärken sich bei bevorstehenden Prüfungen und führen dazu, dass er tagelang apathisch im Bett liegen bleibt.

Es ist augenscheinlich: Ob im Einzelfall mit einer psycho-sozialen Beratung oder mit der heilkundlichen Psychotherapie das Problem bearbeitet werden kann, ist nicht einfach zu beantworten.

Worauf es ankommt ist, die Beratung aus dem »Schlepptau der Psychotherapie« (Nestmann 1997,18; vgl. auch Straumann 1992) zu lösen. Dies bedeutet:

- »Beratung vom Beigeschmack der ›kleinen Therapie zu befreien,
- Beratung als eigenständiges Interventionskonzept, als selbständiges

Berufsfeld mit spezifischen Handlungskompetenzen zu definieren und
– Beratung als lebenswelt- und alltagsbezogenes psychosoziales Hilfsangebot zu konzipieren« (Nestmann 1997, 15).
Gefordert ist also eine ressourcenorientierte Beratung, die sich nicht an den Defiziten eines Menschen, sondern an dessen Potentialen und Möglichkeiten orientiert. Unter Beratung ist daher eine wissenschaftlich qualifizierte Problem-, Konflikt- und Krisenbewältigungshilfe zu verstehen, »die über fachliche Informationsvermittlungen, konkrete Hilfe, Ratschläge und Handlungsanweisungen hinausgeht, ganzheitlich orientiert ist und subjektbezogen ansetzt.
Sie findet institutionell/unternehmerisch eingebunden oder freiberuflich statt und erfolgt auf der Grundlage einer für die DienstleistungsabnehmerInnen transparenten, berufsethisch und rechtlich gesicherten Vertrauensbeziehung und definierten Qualifikations- und Qualitätsstandards.
Unter Anwendung theoretischen Wissens und methodischen Könnens suchen die Fachkräfte gemeinsam mit den Beratenen nach Entscheidungen und Problemlösungswegen. Sie stärken kontextgebunden und zielorientiert persönliche Ressourcen, erschließen soziale Potentiale und verändern – je nach Möglichkeit und Grenzsetzung – problemverursachende Verhältnisse.
Das Ziel der Beratung ist erreicht, wenn Entscheidungen und Alternativen zur Problem-, Konflikt- und Krisenbewältigung erarbeitet sind, die die Beratenen bewusst und eigenverantwortlich in ihren Umfeldbezügen treffen und umsetzen können« (Straumann 1998, 117, 138).

Psycho-soziale Beratung kann durch die folgenden Merkmale charakterisiert werden:

- Beratung bezieht sich auf situationsgebundene Problemzusammenhänge und phasentypische Überforderungen und Krisen;
- Beratung ist niederschwellig, d.h., die psychischen, finanziellen und rechtlichen Barrieren sind erheblich geringer als bei den klinischen Systemen; die Beratungsleistungen im System Jugendhilfe sind beispielsweise kostenfrei;
- Beratung erfolgt, bis auf einige problematische Ausnahmen,[1] auf freiwilliger Basis (Mollenhauer 1965);
- Beratung bezieht sich auf relativ reflexions- und handlungsfähige Menschen, auf weitgehend funktionierende Personen, mithin nicht auf schwerstgestörte Menschen (Nestmann 1997);
- Beratung setzt darauf, die Stärken und Fähigkeiten der Menschen zu aktivieren, statt sich an ihren Schwächen und Defiziten zu orientieren (Straumann 1998);
- Beratung ist zeitlich begrenzt und von überschaubarer Dauer;

[1] Zum Beispiel die Beratung nach § 219 StGB sowie § 5 Schwangerschaftskonfliktgesetz.

- Beratungsgespräche sind strikt vertraulich und personenbezogene Daten dürfen im Prinzip nur mit Einwilligung der Beratenden verwendet werden (Europarat 1998).[1]

> Diese vereinheitlichenden und identitätsstiftenden Grundmuster von Beratung machen recht deutlich, dass die psycho-soziale und psychologische Beratung gegenüber der heilkundlichen psychotherapeutischen Behandlung ein aliud, also etwas anderes ist und nicht etwa der kleine Bruder der Psychotherapie.

Sozialarbeiterinnen und Sozialpädagogen, die eine Beratung mit psychotherapeutischen Handlungskonzepten durchführen, haben folglich die Aufgabe, den Klienten gegenüber die Grenze der eigenen beruflichen Kompetenz zu verdeutlichen. Wenn die Beraterin den Eindruck gewinnt, dass der Klient geistig oder seelisch erkrankt ist, muss sie ihn an einen Psychiater bzw. Facharzt für Psychotherapie oder an eine psychologische Psychotherapeutin weitervermitteln. »Treten in Beratungen von seiten der Beratungsfachkräfte Unsicherheiten auf, ... so ist es die Pflicht der eigens dafür qualifizierten Beratungsfachkraft, entschieden zu verdeutlichen, dass die anstehende Bearbeitung der Problematik in Kooperation mit spezialisierten Fachkräften erfolgen muss und nicht mehr zu ihrem Kompetenzbereich gehört. Hier hat sie die Beratenen an die zum heilkundlichen Netzwerk gehörenden Fachkräfte der Psychiatrie, Neurologie, klinischen Psychologie bzw. Psychotherapie weiterzuvermitteln. Die Krankheitsdiagnosen und Indikationen für weiterführende Hilfen werden dann von diesen Fachkräften geleistet und somit auch professionell verantwortet.« (Straumann 1998, 117, 137) Wenn die beratenden Fachkräfte in der sozialen Arbeit auf diese Weise verfahren, ist der Gedanke absurd, dass sie etwa unter das Heilpraktikergesetz fallen könnten. Wenn sie allerdings diese professionelle Grenze nicht beachten, also heilkundlich tätig werden, befinden sie sich auf dem Boden des Heilpraktikergesetzes und machen sich unter Umständen nach § 5 HPG strafbar.
Ein großes Problem in der beratenden Praxis der sozialen Arbeit ist, dass Klienten, bei denen ein geistiger oder seelischer regelwidriger Zustand vorliegt, die also krank sind, nie und nimmer auf den Gedanken kommen, einen psychologischen Psychotherapeuten, einen Psychiater oder einen Facharzt aufzusuchen. Da existieren erhebliche Einsichtsbarrieren, Schwellenängste und hohe finanzielle Hürden. Die einzige Hilfe, die sie in der Regel anzunehmen bereit sind, ist die Beratung durch Fachkräfte der sozialen Arbeit. Vielen Ratsuchenden ist gemeinsam, »dass sie sich nicht ›als krank‹ im eingebürgerten Sinne der Bedeutung

[1] Zu den Ausnahmen dieses Grundsatzes siehe Kap. 10.

des Wortes sehen und von daher kein Hilfsangebot unter der Bezeichnung ›Psychotherapie‹ aufsuchen. Sie suchen keine Behandlung. Sie wünschen und erwarten Klärung, Orientierung und Entscheidungsfindung in einem überschaubaren und zeitlich wie thematisch begrenzten Gesprächsprozess« (Schrödter 1997, 71, 76). In diesen Fällen ist die therapieorientierte Beratung keine Ausübung der Heilkunde, sondern eine sozialpädagogische Dienstleistung.

5.2 Psycho-soziale Versorgung und rechtliche Entwicklung

Der eigenständige Charakter der psycho-sozialen Beratung wird in jüngster Zeit durch die rechtliche Entwicklung, insbesondere durch neue Gesetze bestätigt und zugleich präzisiert.

5.2.1 Beratung und Psychotherapeutengesetz

In diesem Zusammenhang ist zunächst das Psychotherapeutengesetz (PsychThG) zu erwähnen. Das PsychThG sieht im § 1 Abs. 3, Satz 4 vor, dass zur Ausübung von Psychotherapie nicht psychologische Tätigkeiten gehören, die die Aufarbeitung und Überwindung sozialer Konflikte oder sonstige Zwecke außerhalb der Heilkunde zum Gegenstand haben. Aus der Begründung zum Gesetzentwurf ergibt sich, dass besonders die kirchlichen und gemeinnützigen Beratungsstellen sowie die pädagogisch-therapeutischen Leistungen der Jugendhilfe nicht durch das Psychotherapeutengesetz erfasst werden. Die dort arbeitenden Fachkräfte benötigen weder eine Approbation nach dem PsychThG noch eine Erlaubnis nach dem Heilpraktikergesetz.

> Durch diese Regelung im Psychotherapeutengesetz wird hervorgehoben, dass neben den heilkundlichen Berufen die Beratung – auch mit psychologischen Elementen – ein eigenständiges professionelles Profil besitzt.

Eine Abgrenzung der psycho-sozialen Beratung von der heilkundlichen Psychotherapie erschließt sich bereits aus dem Gesetzentwurf der Bundesregierung zu dem Psychotherapeutengesetz aus dem Jahre 1993. Danach ist Ausübung der heilkundlichen Psychotherapie jede mittels wissenschaftlich anerkannten psychotherapeutischen Verfahrens vorgenommene Tätigkeit zur Feststellung, Heilung oder Linderung von psychischen Störungen mit Krankheitswert, für deren Auftreten somatische Ursachen ausgeschlossen worden sind. Krankheitswert haben u.a. neurotische und psychoneurotische Störungen; neurotische Konflikte und psychopathologische Folgezustände; seelische Behinderungen als Folge körperlicher Erkrankungen; aktuelle seelische Konflikte oder emotionale Mangelsymptomatiken bei seelischen und körperlichen Behinderungen; Entwicklungsdefizite und seelische Behinderungen, wenn psychodynamische Faktoren wesentlichen Anteil daran oder an deren Auswirkungen haben (BR-Drs. 523/93, 1). Alle anderen beratenden Tätigkeiten bei psycho-sozialen Problemen fallen nicht unter das Psychotherapeutengesetz.

Das PsychThG liegt insoweit auf einer Ebene mit einem Forschungsgutachten zu Fragen eines Psychotherapeutengesetzes. Danach sind »solche Maßnahmen, die nicht zum Erkennen, zur Verhinderung, Heilung oder Besserung (inklusive Rehabilitation) einer Krankheit bestimmt sind, nicht unter dem Begriff Krankenbehandlung zu subsumieren« (Meyer u.a. 1991, 27). Dies gilt insbesondere für alle Maßnahmen, die ausschließlich zur beruflichen Anpassung oder Förderung bestimmt sind und für Erziehungs-, Familien-, Partnerschaftsprobleme, soweit diese nicht als Folge einer seelischen oder körperlichen Erkrankung zu verstehen sind. Zwar können Beziehungsstörungen auch Ausdruck einer Krankheit sein, aber »nicht alle Lebensprobleme, Partnerschaftskonflikte, Reifungskrisen sind jedoch als seelische Krankheiten zu werten. Solche Beziehungsstörungen und Entfremdungen sind häufig phasentypische Lebensereignisse, bei denen entsprechende Beratungsgespräche, nicht hingegen eine Psychotherapie indiziert sind« (Meyer u.a. 1991, 27).

Bereits Mitte der 80er Jahre wird in einem Erlass des Landes Hessen (Richtlinien 1984) geregelt, dass Beratung in sozialen Konflikten – z.B. Eheberatung, Familienberatung, Erziehungsberatung oder Beratung durch den schulpsychologische Dienst u.ä. – keine Ausübung von Heilkunde darstellt. Ähnliche Erlasse gibt es auch in anderen Bundesländern (Wiesner 1995, Anm. 17 zu § 28 KJHG). Es unterliegt daher keinem Zweifel, dass die berufliche Tätigkeit als Berater eine genuine Aufgabe der Sozialarbeiter und Sozialpädagogen ist. Soweit im konkreten Einzelfall keine Krankheit vorliegt, fällt die – im weitesten Sinne – auch auf psychologischer Grundlage und mittels psychotherapeutischer Verfahren durchgeführte Beratung selbstverständlich nicht unter das Psychotherapeutengesetz oder das Heilpraktikergesetz.

Gleichwohl darf unter praktischen Gesichtspunkten nicht verkannt werden, dass die Abgrenzung zwischen der psycho-sozialen Beratung und der heilkundlichen Psychotherapie, die juristisch über den Krankheitsbegriff erfolgt, ambivalent ist. Zwar ist in § 1 Abs. 2 HPG der Begriff der Heilkunde definiert. Danach ist Ausübung der Heilkunde jede berufs- oder gewerbsmäßig vorgenommene Tätigkeit zur Feststellung, Heilung oder Linderung von Krankheiten, Leiden oder Körperschäden. In diesem Zusammenhang kommt der Definition von Krankheit eine große Bedeutung zu. Die Medizin hat aber keinen allgemein gültigen Krankheitsbegriff. »Die Notwendigkeit eines allgemeinen Krankheitsbegriffes stellt sich somit nicht aus der Sicht des Arztes oder Psychotherapeuten, der einen konkreten Patienten behandelt, sondern nur aus der Sicht und den Interessen der Rechtsprechung und des

Gesetzgebers« (Meyer u.a. 1991, 26). Vor allem geht es um das Problem, welche Behandlungsmethoden und welche Krankheiten von den Krankenkassen bezahlt werden müssen. »›Krankheit‹ wie auch ›Erzieherischer Bedarf‹ sind zunächst sozialrechtliche Konstrukte, die die Probleme der Menschen in ihrem Lebensalltag nur sehr unzureichend abbilden. (...) Diese Konstrukte dienen dazu, den Zugang zu Sozialleistungen zu operationalisieren: Unter welchen Bedingungen steht welche Leistung unter welcher Kostenträgerschaft, angeboten von welchen Berufsgruppen zur Verfügung? Die Feststellung von Krankheit hat die Leistungspflicht des Krankenversicherungssystems nach SGB V zur Folge. Der Fokus der Betrachtung liegt dabei auf der Störung des Individuums, dessen Krankheit geheilt werden soll« (Bundeskonferenz für Erziehungsberatung 1998, 3, 5).
Nach der Rechtsprechung des Bundessozialgerichtes ist Krankheit im Sinne der gesetzlichen Krankenversicherung ein regelwidriger körperlicher oder geistiger Zustand, der entweder Behandlungsbedürftigkeit oder Arbeitsunfähigkeit oder beides zur Folge hat (BSGE 48, 258; BSGE 59, 119).
Als Krankheit im Rechtssinne gelten nicht nur organische, sondern auch die seelischen Erkrankungen. Hierzu zählen Psychosen, Depressionen und andere rein seelische Erkrankungen aber ebenso auch Schockschäden und andere psychoreaktive Störungen als Folge von Unfällen, Verletzungen oder anderen schweren seelischen oder körperlichen Belastungen, z.B. die psychischen Folgen eines Mordversuches oder einer Vergewaltigung. Es ist jedoch zu beachten, dass nicht alle der Psychotherapie zugänglichen psychischen Störungen als Krankheiten anzusehen sind. Keine Krankheit liegt beispielsweise bei einer Legasthenie oder Neurose vor (Pulverich 1999, 54). Individuelle Charaktereigenschaften haben im Rechtssinne ebenfalls keinen Krankheitswert. Reizbarkeit, Arbeitsunfähigkeit, Rechthaberei, Eifersucht und dergleichen, auch wenn sie die Arbeitsfähigkeit beeinträchtigen, sind keine Krankheiten (Erlenkämper/Fichte 1995, 14f).

Diese formale Abgrenzung zwischen der psycho-sozialen Beratung und der heilkundlichen Psychotherapie ist zwar auf den ersten Blick eindeutig, verschleiert indessen die Tatsache, dass die Abgrenzung in den konkreten Arbeitsvollzügen häufig schwierig zu führen ist. »Sobald man diese Abgrenzung für die Arbeitsinhalte nachzuvollziehen sucht, wird es jedoch schwierig. Denn Beratung benutzt Settings und Kommunikationsformen, die dem Repertoire der Psychotherapie ähnlich sind oder ihm entstammen. Einzelne Sequenzen eines Beratungsverlaufs sind daher von psychotherapeutischen Sitzungen oft nicht zu unterscheiden« (Großmaß 1997, 111, 116). Der Weg, der häufig beschritten wird, besteht darin, die Störungen, die in Beratung oder in der Psychotherapie gelöst werden sollen, nach dem jeweiligen Schweregrad zu klassifizieren. An

dem einen Ende des Spektrums befinden sich Störungen, die einer heilkundlichen, klinischen Behandlung bedürfen, während an dem anderen Pol die »gesunde« Problembewältigung hilft, nämlich die Aufklärung und Beratung durch Expertinnen. Durch eine derartige Abbildung der Realität kann das »Abgrenzungsdilemma« (Großmaß 1997) jedoch auch nicht gelöst werden.
Die Abgrenzungsschwierigkeiten sind nicht nur der komplizierten Rechtslage geschuldet, sondern sie sind gewiss auch durch die unterschiedlichen Standesinteressen aller auf dem Beratungsmarkt konkurrierenden Berufsgruppen begründet. Es ist nicht zu verkennen, dass zwischen Sozialpädagogen, Ärztinnen, Psychologen, Sozialarbeiterinnen und Anwältinnen ein heftiger Wettbewerb stattfindet, da immer mehr Angehörige dieser Berufsgruppen auf den Beratungsmarkt drängen und versuchen, durch den Erwerb von Zusatzqualifikationen ihr Marktsegment zu erweitern oder zumindestens zu sichern. Die Auseinandersetzungen um die »Aufteilung des Kuchens« wird sich voraussichtlich weiter verschärfen, da Zuwachsraten bei den Studienabgängern aller Berufsgruppen zu verzeichnen sind. Dieser Wettbewerb, die höchst unterschiedlichen Standesinteressen sowie politisch kontroverse Vorstellung zur »Ordnung des Beratungsmarktes« verhindern bislang eine eindeutige berufsrechtliche Regelung.

5.2.2 Beratung und Therapie im Kinder- und Jugendhilfegesetz

Das KJHG hat das Verhältnis von psycho-sozialer Beratung und von therapeutischen Maßnahmen einerseits und der heilkundlichen Psychotherapie andererseits für den Bereich der Jugendhilfe präzisiert. Das KJHG kennt neben den zahlreichen Beratungsansprüchen auch Ansprüche auf therapeutische Leistungen.
§ 27 Abs. 3 KJHG sieht unmissverständlich vor, dass Hilfe zur Erziehung die Gewährung pädagogischer und damit verbundener therapeutischer Leistungen umfasst. Auch in der Heimerziehung oder in betreuten Wohnformen sollen die Kinder und Jugendliche durch eine Verbindung von Alltagserleben mit pädagogischen und therapeutischen Angeboten in ihrer Entwicklung gefördert werden, § 34 KJHG.
Die Frage ist nun, welche therapeutische Leistungen darf die Jugendhilfe erbringen und wo wird die Grenze zur Heilkunde überschritten?
Die Leistungsangebote des KJHG orientieren sich nach § 1 Abs. 3 KJHG daran, junge Menschen in ihrer individuellen und sozialen Entwicklung zu fördern, Benachteiligungen zu vermeiden oder abzubauen. Sie sollen dazu beitragen, positive Lebensbedingungen für junge Menschen und ihre Familien sowie eine kinder- und familienfreundliche Umwelt zu erhalten oder zu schaffen. Die wichtigste Funktion der Jugendhilfe ist die Herstellung von Chancengleichheit. Jugendhilfe soll »die Angleichung der Erziehungs- und Entwicklungsbedingungen durch Ausgleich eines strukturell

oder individuell vorhandenen Defizits und die Befriedigung eines hieraus resultierenden Bedarfs an Förderung im Sinne von Betreuung, Bildung, Erziehung und Therapie bewirken« (Wiesner u.a. 1995, Anm. 29 zu § 1 KJHG). Wenn das KJHG daher von Therapie spricht ist damit eine Methode gemeint, die in engem Kontext mit den pädagogischen und beraterischen Interventionsformen zu sehen ist. Die Therapien werden durch die pädagogische Zielsetzung bestimmt. Sie sollen dazu beitragen, die Entwicklung des Kindes und Jugendlichen zu einer eigenverantwortlichen und gemeinschaftsfähigen Persönlichkeit zu fördern.

Allerdings müssen therapeutische Angebote nicht immer zwingend mit pädagogischen Leistungen im Rahmen der Hilfe zur Erziehung verbunden sein. »Die Betonung der Verbindung der therapeutischen mit den pädagogischen Leistungen durch den Gesetzgeber entspricht der fachlichen Bedeutung, den die Verknüpfung beider Bereiche in der Praxis der Hilfe zur Erziehung hat. Sie ist jedoch nur als Hervorhebung einer bestehenden Praxis und nicht als Ausschließlichkeitsregel zu verstehen. Die Formulierung des Gesetzes lässt durch den Begriff ›insbesondere‹ darüber hinaus auch die Gewährung allein von therapeutischen Leistungen als Hilfe zur Erziehung zu. Voraussetzung ist allerdings, dass sie geeignet sind, einen Beitrag zu einer dem Kindeswohl entsprechenden Erziehung zu leisten« (Fieseler/Schleicher 1998, Anm. 40 zu § 27 KJHG).

Ist eine dem Kindeswohl entsprechende Erziehung nicht gewährleistet, liegt ein erzieherischer Bedarf vor, so ist das System der Jugendhilfe leistungsverpflichtet, § 27 KJHG. »Der Entwicklungsprozess Heranwachsender, die Dynamik der Erziehung und ihre Störungen sind Gegenstand der Intervention mit dem Ziel der eigenverantwortlichen und gemeinschaftsfähigen Persönlichkeit des Heranwachsenden. Die psychotherapeutischen Interventionen der Erziehungsberatung sind daher Teil eines umfassenden pädagogisch-therapeutischen Prozesses« (Bundeskonferenz für Erziehungsberatung 1998, 3, 5). Psychotherapie als Hilfe zur Erziehung in der Jugendhilfe ist daher nicht deckungsgleich mit der heilkundlichen Psychotherapie im Sinne des Psychotherapeutengesetzes.

Die Jugendhilfe ist grundsätzlich nicht an die Definitionen der Krankenkassen zum Begriff der Therapie und an die Therapiearten gebunden. Sie ist – abgesehen von der Finanzierung durch die Krankenkassen – nicht gehalten, die im Einzelfall schwierige Abgrenzung von pädagogischen und therapeutischen Leistungen vorzunehmen (Fieseler/Schleicher 1998, Anm. 42 zu § 27 KJHG; zur Abgrenzung von Pädagogik und Therapie vgl. Specht 1993; Hundsalz 1998 jeweils mit zahlreichen weiteren Nachweisen).

Aus alledem ergibt sich: Es wäre rechtlich verfehlt, wollte man die therapeutischen Hilfen, die das KJHG vorsieht, als Ausübung der Heilkunde den Heilberufen überlassen. »Solche Tätigkeiten können auch von Personen ausgeübt werden, die nicht zur Ausübung von Heilkunde befugt sind und deshalb auch keiner Zulassung als Psychotherapeut oder als Kinder- und Jugendlichenpsychotherapeut nach dem künftigen Psychotherapeutengesetz bedürfen« (Wiesner, u.a. 1995, Anm. 16 zu § 27 KJHG). Neben gesprächstherapeutischen Leistungen umfasst der Therapiebegriff nach dem KJHG auch andere therapeutische Leistungen, wie Beschäftigungs-, Kunst- und Gestaltungs-, Bewegungs- und Musiktherapie oder körperorientierte Verfahren (Fieseler/Schleicher 1998, Anm. 41 zu § 27 KJHG). Dadurch wird sichergestellt, dass psychotherapeutische Verfahren zum Beispiel in der Suchtkrankenhilfe und der Familientherapie, die mit spezifischen sozialen Hilfen vernetzt sind, nicht durch das Psychotherapeutengesetz und das Heilpraktikerrecht betroffen sind.

Beratung und Therapie nach dem Kinder- und Jugendhilfegesetz sind daher von der Heilkunde getrennte Formen der Hilfeleistungen. Man könnte sagen, es ist ein niederschwelliges Angebot, um Klinifizierungsprozesse möglichst zu verhindern. Und in der Tat ist es in der überwiegenden Anzahl der Fälle nicht notwendig, mit heilkundlicher Psychotherapie eine Krise zu überwinden, sondern eine fachlich-methodisch fundierte Beratung auf wissenschaftlicher Grundlage ist angemessen und auch besser geeignet, Lebenskrisen, die meist multifaktorielle Ursachen haben, zu steuern. Dadurch wird auch der Tatsache Rechnung getragen, dass viele Menschen mit psychotherapeutischen Mitteln und Methoden überhaupt nicht angesprochen werden können. Jedoch ist allein schon unter dem Aspekt des Fachkräftegebotes des § 72 KJHG eindeutig, dass derartige psycho-soziale und psychologische Beratungen und Therapien nur von solchen Personen angeboten und durchgeführt werden dürfen, die über eine entsprechende beraterische und therapeutische Qualifikation verfügen (Wiesner u.a. 1995, Anm. 17 zu § 27 KJHG).

Bisweilen wird beklagt, dass den Sozialarbeitern und Sozialpädagogen der Zugang zur heilkundlichen Psychotherapie nicht ohne weiteres offen steht. Es in diesem Zusammenhang von Gesichtsverlust (Heekerens 1992) die Rede und davon, dass diese Berufsgruppe, die de facto ebenfalls heilkundlich tätig ist, durch das Pschotherapeutengesetz disqualifiziert und ausgeschlossen werde. Sozialarbeiter und Pädagogen seien »Heiler« 2. Klasse und das könne nicht hingenommen werden. Dieser Ansatz verkennt, dass Beratung und Therapie in der sozialen Arbeit nun keineswegs Ausübung von Heilkunde sind. Psycho-soziale Interventionsformen konzentrieren sich auf die Bewältigung akuter Probleme und Krisen, während die heilkundliche Psychotherapie es mit Menschen zu tun hat, die krank sind. Zwar werden in der wissenschaftlich fundierten Beratung, in Kommunikations- und Interaktionsverfahren langjährig erprobte und überprüfte Standards aus dem Bereich der Psychologie- und Psychotherapieforschung übernommen und angewendet. Die Diagnose, ob eine geistige oder seelische Erkrankung, ein regelwidriger geistiger oder seelischer Zustand vorliegt, ist jedoch die Domäne der Medizin. Wenn daher eine Erkrankung vorliegt, wenn es um die Heilung oder Linderung somatischer oder psychischer Störungen mit Krankheitswert geht, ist dies nicht mehr Sache der Jugendhilfe.

5.3 Beratungsausbildung und Qualitätssicherung

Auf der Tagesordnung stehen die Forderungen nach einer professionellen Ausbildung für Berater und einer entsprechenden Qualitätssicherung der Beratungsprozesse, wie in einem Gutachten des wissenschaftlichen Beirates für Familienfragen beim Bundesministerium für Familie und Senioren hervorgehoben wurde. Das Gutachten kommt zu dem Ergebnis, dass es unerlässlich sei, den Beruf des Beraters und der Beraterin zu professionalisieren, mithin in seiner Qualität zu sichern. Vor allen Dingen müssen Kriterien entwickelt werden, wer in diesem Beruf überhaupt arbeiten darf (Bundesminister für Familie und Senioren 1993, 9 f). Darüber hinaus sind weitere Voraussetzungen für die Professionalisierung der Beratung:

- sachbezogene und personbezogene Kompetenzen;
- eine akademische am Wissenschaftler-Praktiker-Modell orientierte Ausbildung;
- ein rechtlicher Schutz des Titels »Familienberater« sowie
- eine wissenschaftlich fundierte Ausbildungsforschung.
- Es müssen staatlich anerkannte Berufsbilder sowie entsprechende Ausbildungs- und Prüfungsordnungen entwickelt werden.
- Für diese Aufgabe sollten öffentlich-rechtliche Standesvertretungen (Verkammerung) verantwortlich sein.
- An den Hochschulen sollten berufsqualifizierende Ausbildungsgänge eingerichtet werden. Diese Aufgabe erfüllten am ehesten postgraduale Studiengänge, die erste berufsqualifizierende Abschlüsse voraussetzen (Bundesminister für Familie und Senioren 1993, 39).

Insgesamt fordert das Gutachten, dass die Ausbildung der Berater einer rechtlichen Ordnung bedarf. Kein Zweifel: Die beraterischen Fähigkeiten müssen nachhaltig verbessert und signifikant erhöht werden. »Aus diesem Grunde ist die Förderung und konzeptionelle Weiterentwicklung von Beratung und die Qualifizierung von Fachkräften ein wichtiges familienpolitisches Anliegen, dem auf allen politischen Ebenen entsprechendes Gewicht beigemessen wird« (Bundesministerium für Familie und Senioren 1994, XIII).

Das Gutachten befasst sich ferner mit der Qualitätssicherung von Beratung und kommt zu dem Ergebnis, dass es zur Qualitätssicherung unerlässlich sei, Bestimmung über die Zulassungsvoraussetzungen für die Beratertätigkeit sowie Regelungen über Fortbildungsverpflichtungen zu treffen, die auch Art und Häufigkeit der Supervision einschließen (Bundesminister für Familie und Senioren 1993, 153).

Die Forderungen nach Professionalisierung und Qualitätssicherung in Beratung und Ausbildung sind angesichts der Ausweitung der Beratungssysteme und ihrer gesellschaftlichen Bedeutung umzusetzen.

Ein Teil der Beratung wird nämlich methodisch und inhaltlich »verkürzt« durchgeführt. Derleder hat für die Trennungs- und Scheidungs-

beratung darauf hingewiesen. Die Berater schaffen manchmal eine ambivalenzverkürzende Identität, bei der Beratung durch Frauen dominiere zuweilen eine unterkomplexe Befreiungspsychologie, die Beratung tendiere zur Neutralisierung des sozialökonomischen Dilemmas der Trennung, und schließlich fehle es bislang an einer systematischen Koordination der interdisziplinären Interventionen (Derleder 1995).
Die Durchsetzung fachlicher professioneller Standards ist auch deswegen so bedeutsam, weil sich z.B. für die Jugendhilfe aus § 72 KJHG nicht zwingend herleiten lässt, dass eine spezifische Ausbildung für die Beratungsfachkräfte obligatorisch ist. Für die Tätigkeit bei den Trägern der öffentlichen Jugendhilfe ist keineswegs, wie bei den klassischen Professionen, ein festumrissener Ausbildungsgang vorgeschrieben.
Es kommt darauf an, die Beraterinnen und Berater so zu qualifizieren, dass sie in der Lage sind, alle nicht heilkundlichen psycho-sozialen und psychologischen Interventionsformen kompetent in der Praxis anzuwenden. Auf Grund der fachlichen Anforderungen für solche Beratungsaufgaben ist es sinnvoll, u.a. entsprechende postgraduale Studiengänge einzurichten.

5.4 **Ein weiterbildender Studiengang an der Fachhochschule Frankfurt am Main**

An der Fachhochschule Frankfurt am Main ist 1991 ein derartiger Studiengang »Personzentrierte Beratung und Krisenintervention« eingerichtet worden. Die Nachfrage und das Interesse an diesem Studiengang sind enorm. Bei einer Anhörung zur Trennungs- und Scheidungsberatung 1994 im hessischen Landtag wurde er als eine Chance begriffen, Berater professionell auszubilden (Barabas/Straumann 1996).
Ziel des weiterbildenden Studiums ist es, Sozialpädagogen und Sozialarbeiterinnen aber auch Psychologen, Juristinnen, Ärzte etc. fundierte Beratungsqualifikationen zu vermitteln, die über ihre bisherigen Hilfskonzepte hinausreichen und die Voraussetzung für eine situativ einsetzbare, professionell-verantwortliche Krisenintervention in besonders schwierigen sozialen und individuell belastenden Situationen sind.
Unter der Wahrung ganzheitlicher Prinzipien arbeiten die Berater interdisziplinär und methodenintegrativ. Auf der Basis ihrer fachlichen Kompetenzen suchen sie auf der Grundlage wissenschaftlich fundierter Theorien und Methoden nach Entscheidungen und nach Wegen zur Konfliktbewältigung, die die Ratsuchenden selbstverantwortlich in ihren sozialen Bezügen umsetzen und tragen können (Straumann 1992).
Das weiterbildende Studium hat den Anspruch, die erforderlichen professionellen, ganzheitlich orientierten, interdisziplinär–kooperativ gestalteten Beratungsstandards zu vermitteln, indem es die wissenschaftlich fundierten methodischen Prinzipien des klientenzentrierten Konzeptes mit Arbeitsprinzipien der sozialen Arbeit und dem einschlägi-

gen theoretischen Wissen im interdisziplinären Bezug verbindet. Die Vermittlung dieses integrativen Ansatzes wird in der Lehre konkretisiert durch die teambezogene, interdisziplinäre Kooperation zwischen Beratungsausbilderinnen, die Qualifikationen und Feldkompetenzen in der sozialen Arbeit haben und über Zusatzausbildungen als Ausbilder in Personzentrierter Gesprächsführung und Beratung nach Carl Rogers verfügen und Fachkräften des Rechts, der Medizin, der Psychiatrie, der klinischen Psychologie sowie der Soziologie.

Studienschwerpunkte sind:

- Theorie und Praxis zur personzentrierten Kommunikation und Beratung mit Einzelnen, Paaren, Familien, Gruppen und Teams sowie Theorie der personzentrierten, differentiellen Problemanalyse, Hilfeplanung und Hilfedurchführung;
- beratungsrelevante Theorie aus der Medizin, Psychiatrie und klinischen Psychologie, problemgruppenspezifische Theorie, Diagnostik und Indikation in interdisziplinärer Kooperation;
- rechtliche Rahmenbedingungen der Beratung und beratungsrelevante Rechtskenntnisse;
- Theorie und Praxis der Qualitätssicherung durch die systematische Erfassung, Dokumentation und Evaluation von Beratungsgesprächen;
- Personzentrierte Methodik und Didaktik, tätigkeitsfeldbezogene Reflexion und Supervision der Praxis unter integrativen Aspekten;
- Personzentrierte Lehrberatung, Selbstreflexion und Selbsterfahrung einzeln oder in der Gruppe.

Das weiterbildende Studium erstreckt sich über fünf Semester. Die gesamte Ausbildung zur/zum wissenschaftlich qualifizierten Beraterin/Berater umfasst einschließlich der verlangten methodischen und praktischen Grundlagen 900 Stunden. Es schließt mit einer mündlichen und schriftlichen Prüfung ab. Die staatliche Prüfungsordnung des weiterbildenden Studiums am Fachbereich Sozialpädagogik sichert die Qualifizierungs- und Qualifikationsstandards für eine wissenschaftlich fundierte Beratung (Straumann 1994).[1]

[1] Der in dem weiterbildenden Studiengang bestätigte signifikant gestiegene Bedarf an Beratung in schwierigen Problem- und Konfliktsituationen hat an der Fachhochschule Frankfurt am Main zu einer Initiative geführt, einen Masterstudiengang »Beratung und Sozialrecht« zu initiieren.

6 DAS PSYCHOTHERAPEUTENGESETZ (PsychThG)[1]

Seit fast 25 Jahren sind sich die Fachleute im wesentlichen einig: Die Beteiligung der Psychotherapeuten an der Patientenversorgung muss auf eine gesetzliche Grundlage gestellt werden. Bereits 1978 ist ein erster Gesetzgebungsversuch unternommen worden, der misslang. 1994 scheiterte ein weiterer Gesetzentwurf der Bundesregierung »über die Berufe des Psychologischen Psychotherapeuten und des Kinder- und Jugendlichenpsychotherapeuten« (BR-Drs. 523/93). Dieser Gesetzentwurf wurde vom Bundesrat im wesentlichen wegen der Frage der Höhe der finanziellen Selbstbeteiligung der Patienten abgelehnt.
Am 27.11.1997 verabschiedete schließlich der Bundestag das »Gesetz über die Berufe des Psychologischen Psychotherapeuten und des Kinder- und Jugendlichenpsychotherapeuten (Psychotherapeutengesetz – PsychThG)«, das in seinen wesentlichen Teilen zum 1.1.1999 in Kraft getreten ist. [2]
Dieses Gesetz ist von erheblicher Bedeutung für ungefähr 13.000 psychologische und ärztliche Psychotherapeuten, die 1996 nach einer Statistik der Kassenärztlichen Bundesvereinigung allein 200.000 Kassenpatienten mittels tiefenpsychologisch fundierter und analytischer Psychotherapie behandelt haben (vgl. Der Spiegel 27/1998, 8).
Das PsychThG hat einige einschneidende Veränderungen auf dem Gebiet der Psychotherapie gebracht. Das PsychThG enthält zwei Teile, die unterschiedliche Regelungsbereiche betreffen und die getrennt betrachtet werden müssen. Das Gesetz schafft erstens in einem berufsrechtlichen Teil neue Heilberufe und regelt zweitens die Voraussetzungen, unter denen die neuen Berufe zum System der gesetzlichen Krankenversicherung zugelassen werden.
Die wichtigste Vorschrift ist § 1 PsychThG.

---

[1] Der Gesetzestext u.a. relevante Regelungen des Rechts für Psychotherapeuten finden sich in: Plagemann/Klatt 1999.

[2] Das Bundesverfassungsgericht hat im August 1999 zwei Verfassungsbeschwerden gegen das Psychotherapeutengesetz nicht zur Entscheidung angenommen. Nach Ansicht des Gerichts ist es verfassungsrechtlich *nicht* zu beanstanden, dass die gesetzlich normierten Berufsbezeichnungen nur von Personen mit den entsprechenden Studienabschlüssen geführt werden dürfen und nur diese die Kassenzulassung erhalten (FR vom 06.08.1999).
Durch diese Entscheidung ist höchstrichterlich geklärt, dass das Psychotherapeutengesetz mit der Verfassung übereinstimmt.

§ 1 PsychThG Berufsausübung

(1) Wer die heilkundliche Psychotherapie unter der Berufsbezeichnung »Psychologische Psychotherapeutin« oder »Psychologischer Psychotherapeut« oder die heilkundliche Kinder- und Jugendlichenpsychotherapie unter der Berufsbezeichnung »Kinder- und Jugendlichenpsychotherapeutin« oder »Kinder- und Jugendlichenpsychotherapeut« ausüben will, bedarf der Approbation als Psychologischer Psychotherapeut oder Kinder- und Jugendlichenpsychotherapeut. Die vorübergehende Ausübung des Berufs ist auch auf Grund einer befristeten Erlaubnis zulässig. Die Berufsbezeichnungen nach Satz 1 darf nur führen, wer nach Satz 1 oder 2 zur Ausübung der Berufe befugt ist. Die Bezeichnung »Psychotherapeut« oder »Psychotherapeutin« darf von anderen Personen als Ärzten, Psychologischen Psychotherapeuten oder Kinder- und Jugendlichenpsychotherapeuten nicht geführt werden.

(2) Die Berechtigung zur Ausübung des Berufs des Kinder- und Jugendlichenpsychotherapeuten erstreckt sich auf Patienten, die das 21. Lebensjahr noch nicht vollendet haben. Ausnahmen von Satz 1 sind zulässig, wenn zur Sicherung des Therapieerfolgs eine gemeinsame psychotherapeutische Behandlung von Kindern oder Jugendlichen mit Erwachsenen erforderlich ist oder bei Jugendlichen eine vorher mit Mitteln der Kinder- und Jugendlichenpsychotherapie begonnene psychotherapeutische Behandlung erst nach Vollendung des 21. Lebensjahres abgeschlossen werden kann.

(3) Ausübung von Psychotherapie im Sinne dieses Gesetzes ist jede mittels wissenschaftlich anerkannter psychotherapeutischer Verfahren vorgenommene Tätigkeit zur Feststellung, Heilung oder Linderung von Störungen mit Krankheitswert, bei denen Psychotherapie indiziert ist. Im Rahmen einer psychotherapeutischen Behandlung ist eine somatische Abklärung herbeizuführen. Zur Ausübung von Psychotherapie gehören nicht psychologische Tätigkeiten, die die Aufarbeitung und Überwindung sozialer Konflikte oder sonstige Zwecke außerhalb der Heilkunde zum Gegenstand haben.

6.1 Die berufsrechtlichen Regelungen des Psychotherapeutengesetzes

6.1.1 Zwei neue Heilberufe

Das PsychThG führt neben den bislang bestehenden akademischen Heilberufen (Arzt, Zahnarzt, Tierarzt, Apotheker) zwei völlig neue, eigenständige Berufe ein, den *psychologischen Psychotherapeuten* sowie den *Kinder- und Jugendlichenpsychotherapeuten*. Diese Berufsgruppen werden mit Ärzten und Angehörigen anderer Heilberufe gleichgestellt. Sie sind fortan nicht mehr Hilfspersonal der Ärzte. Der psychologische Psychotherapeut ist zuständig für die Behandlung von Personen ohne Altersbegrenzung, während der Kinder- und Jugendlichenpsychotherapeut berechtigt ist, Kinder und Jugendliche bis zum 21. Lebensjahr zu behandeln.

§ 1 Abs. 3 PsychThG definiert den Gegenstandsbereich des Gesetzes. Danach ist Ausübung von Psychotherapie im Sinne dieses Gesetzes jede mittels wissenschaftlich anerkannter psychotherapeutischer Verfahren vorgenommene Tätigkeit zur Feststellung, Heilung oder Linderung von Störungen mit Krankheitswert, bei denen Psychotherapie indiziert ist. Im Rahmen einer psychotherapeutischen Behandlung ist eine somatische Abklärung herbeizuführen.

6.1.2 Approbation

Nach § 1 Abs. 1 PsychThG bedarf es zur Ausübung des Berufes einer förmlichen Approbation. Diese ist nach § 2 PsychThG auf Antrag zu erteilen, wenn der Antragsteller:

- Deutscher im Sinne des Art. 116 des Grundgesetzes, Staatsangehöriger eines Mitgliedstaates der Europäischen Union oder eines anderen Vertragsstaates des Abkommens über den Europäischen Wirtschaftsraum oder heimatloser Ausländer ist;
- die vorgeschriebene Ausbildung abgeleistet und die staatliche Prüfung bestanden hat;
- sich nicht eines Verhaltens schuldig gemacht hat, aus dem sich die Unwürdigkeit oder Unzuverlässigkeit zur Ausübung des Berufes ergibt und
- nicht wegen eines körperlichen Gebrechens oder wegen Schwäche seiner geistigen oder körperlichen Kräfte oder wegen einer Sucht zur Ausübung des Berufes unfähig oder ungeeignet ist.

Die Regelungen über die Approbationserteilung und über die Erlaubniserteilung wurden damit an die Vorschriften anderer Heilberufe angeglichen.

6.1.3 Ausbildung

§ 5 PsychThG legt die Zugangsvoraussetzungen für die Ausbildung sowie die Dauer der Ausbildung fest. Die Zulassung zur Ausbildung als Psychologischer Psychotherapeut setzt *zwingend den Diplomabschluss der Psychologie* voraus. Für die Zulassung zu einer Ausbildung zum Kinder- und Jugendlichenpsychotherapeuten ist ein erfolgreich abgeschlossenes Hochschulstudium der Psychologie, Pädagogik oder Sozialpädagogik erforderlich. »Bei Kinder- und Jugendlichenpsychotherapeuten soll auch der erfolgreiche Abschluss des Studiengangs der Pädagogik oder Sozialpädagogik den Zugang zur Ausbildung ermöglichen, weil die Ausbildung in diesen Studiengängen in besonderem Maße zum Umgang mit psychisch gestörten Kindern und Jugendlichen befähigt« (BR-Drs. 523/93, 9). In einer Stellungnahme des Deutschen Vereins wurde gefordert, auch denjenigen den Zugang zu dieser Ausbildung zu eröffnen, die die Abschlussprüfung im Studiengang Sozialarbeit an einer staatlichen oder staatlich anerkannten Hochschule bestanden haben (Deutscher Verein 1995). Diese Forderung konnte im Gesetzgebungsverfahren nicht realisiert werden.

§ 5 PsychThG bestimmt die Struktur der Ausbildung für die neuen Heilberufe. Die Ausbildung dauert in Vollzeitform mindestens drei Jahre in Teilzeitform mindestens fünf Jahre. Die Ausbildung besteht aus einer praktischen Tätigkeit, die von theoretischer und praktischer Ausbildung begleitet und durch eine staatliche Prüfung abgeschlossen wird.

In zwei entsprechenden Ausbildungs- und Prüfungsverordnungen für Psychologische Psychotherapeuten vom 18.12.1998 (BGBl. I, 1998, 3749) sowie für Kinder- und Jugendlichenpsychotherapeuten vom 18.12.1998 (BGBl. I, 1998, 3761)[1] hat das zuständige Bundesministerium der Gesundheit Ziele und Gliederung sowie die Einzelheiten der theoretischen und praktischen Ausbildung festgelegt. Daneben regeln die Verordnungen das Prüfungswesen und enthalten die Voraussetzungen der Approbationserteilung.

6.1.4 **Wissenschaftliche Anerkennung**

Der Gesetzgeber definiert in § 1 Abs. 3 PsychThG was Ausübung der Psychotherapie ist. Das Gesetz enthält indessen keine Aufzählung der wissenschaftlich anerkannten psychotherapeutischen Verfahren. Diese Regelung, durch die nicht abschließend normativ festgelegt wird, was unter einem wissenschaftlich anerkannten psychotherapeutischen Verfahren zu verstehen ist, soll eine Weiterentwicklung auf diesem Gebiet nicht behindern. Nach § 11 PsychThG entscheidet die zuständige Behörde über die wissenschaftliche Anerkennung einer psychotherapeutischen Methode. Diese Entscheidung soll in Zweifelsfällen auf der Grundlage eines Gutachtens erfolgen. Das Gutachten soll durch einen wissenschaftlichen Beirat erstattet werden, der gemeinsam von der auf Bundesebene zuständigen Vertretung der Psychologischen Psychotherapeuten und Kinder- und Jugendlichenpsychotherapeuten sowie den ärztlichen Psychotherapeuten in der Bundesärztekammer gebildet wird.[2]

Entscheidend ist die wissenschaftliche Anerkennung. Als anerkannte Verfahren sind zunächst diejenigen anzusehen, die bereits über das bisher geltende Delegationsverfahren nach den Richtlinien des Bundesausschusses der Ärzte und Krankenkassen über die Durchführung der Psy-

---

1 Die Verordnungen sind abgedruckt bei Plagemann/Klatt (1999).

2 Der wissenschaftliche Beirat »Psychotherapie« hat am 7. Oktober 1998 gemäß § 11 PsychThG seine konstituierende Sitzung durchgeführt.

chotherapie in der vertragsärztlichen Versorgung anerkannt worden sind (Haage 1998). Das sind die Verhaltenstherapie, die Psychoanalyse und die tiefenpsychologisch fundierte Psychotherapie. In ihrer Sitzung vom 14.9.1998 hat die Arbeitsgruppe »Psychotherapeutengesetz« der Arbeitsgemeinschaft Oberster Landesbehörden in einem einstimmigen Beschluss die Gesprächspsychotherapie als weiteres neben den Richtlinienverfahren anzuerkennendes wissenschaftliches Verfahren akzeptiert. Durch diesen Beschluss wurde ein Durchbruch in der Anerkennung der Gesprächspsychotherapie im Rahmen der berufsrechtlichen Approbation erzielt.[1] Dagegen besteht für die Gestalttherapie, Familien- oder Körperpsychotherapie, für die Musik- oder Kunsttherapie nach dem derzeitigen Erkenntnisstand keine Chance, als wissenschaftliche Methoden anerkannt zu werden (Reinsch 1998; Bieback 1997).

6.1.5 Titelschutz

Um die berufsrechtlichen Standards zu sichern, wie dies auch in anderen traditionellen freien Berufen geschieht, führt das Gesetz den Titelschutz ein. § 1 PsychThG hat den Titel und die Berufsgruppe der »psychologischen Psychotherapeuten« sowie der »Kinder- und Jugendlichenpsychotherapeuten« geschaffen. Diese Berufsbezeichnungen werden in erster Linie durch das Strafgesetz geschützt. Nach § 132 a Abs. 1 Nr. 2 StGB ist u.a. der Missbrauch von Berufsbezeichnungen strafbar.

132 a StGB Missbrauch von Titeln, Berufsbezeichnungen und Abzeichen

(1) Wer unbefugt

1. inländische oder ausländische Amts- oder Dienstbezeichnungen, akademische Grade, Titel oder öffentliche Würden führt,
2. die Berufsbezeichnung Arzt, Zahnarzt, Psychologischer Psychotherapeut, Kinder- und Jugendlichenpsychotherapeut, Psychotherapeut, Tierarzt, Apotheker, Rechtsanwalt, Patentanwalt, Wirtschaftsprüfer, vereidigter Buchprüfer, Steuerberater oder Steuerbevollmächtigter führt ...

wird mit Freiheitsstrafe bis zu einem Jahr oder mit Geldstrafe bestraft.

(2) Den in Abs. 1 genannten Bezeichnungen, akademischen Graden, Titeln, Würden, Uniformen, Amtskleidungen oder Amtsabzeichen stehen solche gleich, die ihnen zum Verwechseln ähnlich sind.

[1] Die Gesprächspsychotherapeuten erhalten zwar die Approbation, sind aber von der Kassenzulassung ausgeschlossen, wenn sie nicht zugleich Qualifikationen in einem Richtlinienverfahren nachweisen können, Dreifert (1999).

Den genannten Bezeichnungen stehen solche gleich, die ihnen zum Verwechseln ähnlich sind, § 132 a Abs. 2 StGB. Dies gilt vor allem bei nur unwesentlichen Abweichungen, insbesondere dann, wenn nach dem Gesamteindruck eines durchschnittlichen, nicht genau prüfenden Beurteilers eine Verwechslung möglich ist (Schönke/Schröder 1997, Anm. 13 zu § 132a StGB). Es genügt, wenn die Bezeichnung geeignet ist, den durchschnittlichen Beurteiler zu täuschen. Ob unter diesen Gesichtspunkten etwa die Verwendung der Titel »Körper-Psychotherapeut« oder die Firmierung »Psychotherapeutische Praxis« mit strafrechtlichen Mitteln geahndet werden kann, bleibt abzuwarten (Plagemann 1998). Gerichtsurteile lassen indessen den Schluss zu, dass die Rechtsprechung strenge Maßstäbe anlegt (Tröndle/Fischer 1999, Anm. 13 zu § 132a StGB).
Das deutsche Recht kennt einen weiteren Titelschutz. Durch das Gesetz gegen den unlauteren Wettbewerb ist *irreführende*, § 3 UWG oder *sittenwidrige*, § 1 UWG, Werbung zum Zwecke der Klienten- oder Kundenwerbung untersagt. Gegen eine derartige Werbung können konkurrierende Personen und Unternehmen im Wege der zivilrechtlichen Klage vorgehen. Irreführend ist es beispielsweise, wenn sich jemand als »Praktischer Psychologe« bezeichnet, ohne Diplom–Psychologe zu sein (BGH, GRUR 1985, 1064). Auch die Bezeichnung »Psychologische Praxis« ist dann irreführend, wenn in der Praxis kein Psychologe oder bei einer Gemeinschaftspraxis bzw. Praxisgemeinschaft nicht überwiegend Psychologen tätig sind (Pulverich 1996).

6.1.6 **Die Grenze der neuen Heilberufe**

Den Angehörigen der neuen Heilberufe wird eine eigenverantwortliche Ausübung der Heilkunde erlaubt, *allerdings beschränkt auf die Ausübung der Psychotherapie*. Ansonsten bleiben die Vorschriften des Heilpraktikergesetzes unberührt. Das heißt, dass das Verbot der unerlaubten Ausübung von Heilkunde und die entsprechende Strafvorschrift des § 5 HPG weiterhin auch für die neuen Heilberufe dann gelten, wenn heilkundliche Tätigkeiten außerhalb der Psychotherapie wahrgenommen werden.
Nach § 73 Abs. 2 SGB V ist es den Psychologischen Psychotherapeuten sowie den Kinder- und Jugendlichenpsychotherapeuten u.a. nicht erlaubt:

- Maßnahmen zur Früherkennung einer Krankheit zu treffen;
- ärztlich Schwangerschaft und Mutterschaft zu betreuen;
- medizinische Leistungen zu verordnen;
- die Hilfeleistungen anderer Personen anzuordnen;
- Arznei-, Verband-, Heil-, und Hilfsmittel, Krankentransporte sowie Krankenhausbehandlung oder Behandlungen in Vorsorge- oder Rehabilitationseinrichtungen zu verordnen;
- häusliche Krankenpflege zu verordnen.

Kommt es daher zu einer akuten körperlichen Krise während einer psychotherapeutischen Behandlung, darf die Psychologische Psychotherapeutin oder der Kinder- und Jugendlichenpsychotherapeut keine Medikamente verabreichen, das wäre strafbar. Sie dürfen ihre Patienten nicht in ein Krankenhaus einweisen, das ist den Medizinern vorbehalten. Wenn allerdings ein Notfall vorliegen sollte, kann der Psychotherapeut den Klienten in eine Klinik bringen, die eigentliche Einweisung wird dann in der Regel von der Klinik selbst durchgeführt (Plagemann 1998, Anm. 134).

6.2 Zum Krankenversicherungsrecht

Durch eine Änderung des Krankenversicherungsrechts (SGB V) sind die Konsequenzen aus der Schaffung der neuen Heilberufe gezogen worden.
Psychologische Psychotherapeutinnen und Kinder- und Jugendlichenpsychotherapeuten sind nicht mehr Hilfspersonen des Arztes, die unter dessen Verantwortung bei der Krankenbehandlung der Versicherten mitwirken, sondern führen die Krankenbehandlung eigenständig wie Ärzte aus (Integrationsmodell). Sie sind prinzipiell gleichberechtigt in die vertragsärztliche Versorgung eingebunden (zu den Einzelheiten vgl. Bieback 1997; Plagemann 1998; Schirmer 1998; Schlund 1998; Plagemann/Klatt 1999; Spellbrink 1999). Daraus folgen einige wichtige Änderungen:

- Der Versicherte hat die freie Wahl unter allen zugelassenen psychotherapeutischen Leistungserbringern;
- zugelassene Psychotherapeuten sind vollwertige Mitglieder der jeweiligen kassenärztlichen Vereinigungen;
- die Krankenkassen honorieren die Leistungen der Psychotherapeuten;
- die psychotherapeutischen Leistungen von Ärzten und psychologischen Psychotherapeuten werden in gleicher Hohe vergütet.

Das Psychotherapeutengesetz ist teilweise auf Kritik gestoßen. Gegen den Widerstand der organisierten Ärzteschaft wurden neue Heilberufe geschaffen. Die Ärzte fürchteten die neue Konkurrenz, die Krankenversicherungen dagegen hatten wegen der zusätzlichen Kosten Bedenken. Die Vertreter der als wissenschaftlich anerkannten Psychotherapieeinrichtungen haben das Gesetz dagegen als einen Meilenstein und einen großen Fortschritt für Versicherte und Therapeuten gefeiert.
Heftig kritisiert wurde dagegen das Psychotherapeutengesetz von denjenigen, die bislang interdisziplinär therapeutisch gearbeitet haben. 1998 »wurde ein sehr deutsches Psychotherapeutengesetz verabschiedet, welches eine hohe Qualität der psychotherapeutischen Versorgung dadurch sicherstellen soll, dass sowohl zukünftig als auch übergangsweise ausschließlich Diplom-Psychologen zum Psychologischen Psychotherapeu-

ten zugelassen werden. Alle interdisziplinären Psychotherapeuten mit akademischer Grundqualifikation und identischer fachspezifischer psychotherapeutischer Qualifikation und ebenso langjähriger Berufstätigkeit werden künftig als ›Scharlatane‹ ... diskreditiert und werden keine Möglichkeit mehr haben, ihren Beruf qualifiziert auszuüben« (Rosenbaum-Munsteiner 1998, 97). In der Tat ist es so, dass Sozialwissenschaftler, Pädagoginnen, Theologinnen etc. mit therapeutischen Zusatzqualifikationen, die jahrelang qualifiziert ihre Berufstätigkeit ausgeübt haben, nicht unter das Psychotherapeutengesetz fallen. Sie sind die Verlierer des Gesetzgebungsverfahrens (Geuter 1999; Dreifert 1999).

Kritisiert wurde auch die Reduktion der anerkannten wissenschaftlichen Verfahren. Dadurch ergebe sich die Gefahr, dass es zu einer Verarmung der psychotherapeutischen Vielfalt komme (Reinsch 1998). Die Möglichkeit, dass das Psychotherapeutengesetz gleichsam eine Monokultur der psychotherapeutischen Schulen schafft, wenn es das große Feld der Psychotherapie nunmehr juristisch klassifiziert, ist nicht gänzlich von der Hand zu weisen. Jedenfalls dürften einige »Psychotherapeuten«, die *historisch* erheblich zur Weiterentwicklung der Psychotherapie beigetragen haben, nach dem deutschen Psychotherapeutengesetz nicht mehr ihren Beruf ausüben. Darüber hinaus wird auch eingewendet, dass im wesentlichen Behörden zu entscheiden hätten, was unter einer wissenschaftlichen Methode zu verstehen sei (Geuter 1999). Allerdings – so der Wille des Gesetzgebers – soll eine Weiterentwicklung auf dem Gebiet der Psychotherapie nicht ausgeschlossen werden. Die wissenschaftliche Anerkennung der psychotherapeutischen Verfahren bleibt indessen Voraussetzung für die anerkannte Ausübung der Psychotherapie, um Missbrauch zu verhindern.

Ob es tatsächlich zu größerer Transparenz, zu einer Qualitätssteigerung und zu mehr »Rechtssicherheit- und -klarheit« (Spellbrink 1999) auf dem Psychomarkt durch das Psychotherapeutengesetz kommen wird, wird die zukünftige Entwicklung zeigen. Fachleute gehen davon aus, dass Hilfesuchende inzwischen aus mehr als 600 verschiedenen Therapierichtungen auswählen können. Der einzelne ist hoffnungslos überfordert. Die Konsultation eines zugelassenen Psychologischen Psychotherapeuten ergibt eine gewisse Wahrscheinlichkeit, dass nach anerkannten wissenschaftlichen Methoden gearbeitet wird.

6.3 Psychotherapie und Heilpraktikergesetz

Das Bundesverwaltungsgericht hat 1983 grundlegend entschieden, dass Psychotherapie Ausübung der Heilkunde nach dem Heilpraktikergesetz ist.[1] Wer, ohne Arzt zu sein – so das Bundesverwaltungsgericht – die berufliche Tätigkeit anstrebt, Personen psychotherapeutisch zu behandeln, bedarf der Erlaubnis nach dem Heilpraktikergesetz. Heil-

[1] Zur Funktion des Heilpraktikergesetzes vgl. jüngst BGH, NJW 1999, 865.

kunde umfasst »jede berufs- oder gewerbsmäßige Tätigkeit zur Feststellung, Heilung oder Linderung von Krankheiten, Leiden oder Körperschäden bei Menschen, auch wenn sie im Dienste von anderen ausgeübt wird. Das Gesetz macht dabei keinen Unterschied, ob es sich bei den Krankheiten oder Leiden um solche rein körperlicher oder aber um solche auch oder ausschließlich seelischer Natur handelt (BVerwG, NJW 1984, 1414). Durch diese Entscheidung des Bundesverwaltungsgerichts war höchstrichterlich geklärt, dass Diplompsychologen bei der Ausübung ihrer Tätigkeit einer Erlaubnis bedürfen.[1] Sie mussten daher den Fachkundenachweis erbringen. Nach § 2 Abs. 1 der Durchführungsverordnung (DVO) zum Heilpraktikergesetz kann die Zulassung insbesondere dann verweigert werden, wenn sich aus einer Überprüfung der Kenntnisse und Fähigkeiten des Antragstellers durch das Gesundheitsamt ergibt, dass die Ausübung der Heilkunde durch den Bewerber eine Gefahr für die Volksgesundheit darstellt. Die Überprüfung durch das Gesundheitsamt dient nun keineswegs dazu, die fachlichen Kompetenzen des Bewerbers zu überprüfen. Der Fachkundenachweis nach dem Heilpraktikergesetz bedeutet nicht, dass dem Bewerber die Nützlichkeit seiner Arbeit oder etwa die Gleichwertigkeit mit einer ärztlichen Berufsausübung attestiert würde. Mit dem Fachkundenachweis wird lediglich bescheinigt, dass von der Berufsausübung durch den Bewerber keine Gefahr für die Volksgesundheit ausgeht. Der Fachkundenachweis beinhaltet daher keine staatliche Anerkennung im Sinne eines Befähigungsnachweises, sondern es geht ausschließlich um Gesichtspunkte der Gefahrenabwehr (Taupitz 1991).[2]

Durch das PsychThG hat sich die Rechtslage verändert. Das Gesetz hat zwei neue Heilberufe geschaffen. Es ist jedoch kein allgemeines Psychotherapiegesetz, das umfassend die Ausübung der Psychotherapie für alle in Betracht kommenden Berufe regelt. Insofern ist das Gesetz berufsrechtlich begrenzt (Bieback 1997; Haage 1998; Schade 1998). Diejenigen, die künftig keine Approbation als Psychologischer Psychotherapeut oder als Kinder- oder Jugendlichenpsychotherapeut beantragen können oder wollen, dürfen weiterhin, wie bislang, ihre psychotherapeutische Tätigkeit ausüben. Voraussetzung ist, dass die rechtlichen Voraussetzungen nach dem HPG eingehalten werden (Pulverich 1999, 51 f, Spellbrink 1999).

---

[1] An dieser Rechtslage haben auch Entscheidungen des Bundesverfassungsgerichtes aus dem Jahre 1988 prinzipiell nichts geändert. Das Gericht hat die herrschende Auffassung zu dem Heilpraktikergesetz im wesentlichen bekräftigt. Es hat entschieden, dass der Erlaubniszwang nach dem Heilpraktikergesetz eine zulässige Beschränkung der Berufsfreiheit für nichtärztliche Psychotherapeuten darstellt und deshalb auch auf den psychotherapeutisch arbeitenden Psychologen Anwendung finden kann, BVerfG, NJW 1988, 2290.

Für diejenigen, die *ohne Approbation*, Psychotherapie auf der Grundlage des Heilpraktikergesetz betreiben wollen, ergeben sich jedoch gegenüber den psychologischen Psychotherapeuten sowie den Kinder- und Jugendlichenpsychotherapeuten einige gravierende Unterschiede:

- Ihre Leistungen werden nicht durch die Krankenkassen honoriert.
- Den Titel »Psychotherapeut« dürfen sie nicht führen.
- Fraglich ist, ob sie den Titel »Heilpraktiker« führen müssen. Zwar hat das Bundesverfassungsgericht nach der alten Rechtslage festgestellt, dass der im Heilpraktikergesetz statuierte Zwang, für akademisch ausgebildete Psychotherapeuten die Berufsbezeichnung »Heilpraktiker« zu führen, verfassungsrechtlich bedenklich ist. Es besteht nämlich kein sachlicher Grund, die Berufsbezeichnung auf das gesamte Berufsfeld der nichtärztlichen Heilbehandler anzuwenden (BVerfG, NJW 1988, 2290). Ob dies auch für die neuen Rechtslage gelten wird, ist zweifelhaft.
- Fraglich ist auch, ob sich an der Überprüfung im Zulassungsverfahren nach dem HPG etwas ändern wird. Das Bundesverfassungsgericht sah es als problematisch an, dass die Überprüfung der Kenntnisse und Fähigkeiten der Bewerber – unabhängig von der Qualität ihrer Ausbildung – generell vorgeschrieben wird. Das Gericht hat die entsprechende Durchführungsverordnung dahingehend ausgelegt, dass die Qualifikation von *Diplom-Psychologen* bei der Art der Überprüfung ihrer Kenntnisse durch das Gesundheitsamt zu berücksichtigen ist (BVerfG, NJW 1988, 2290; BVerwG, NJW 1984, 1414; BVerwG, BVBl. 1996, 811; vgl. bereits Cursiefen 1989). Insoweit besteht für Diplom-Psychologen eine Ausnahmeregel von dem Heilpraktikergesetz. Sie erhalten, soweit sie ihre heilkundliche Tätigkeit auf die Ausübung der Psychotherapie beschränken, eine Erlaubnis zur Ausübung der Heilkunde auf der Basis einer eingeschränkten Überprüfung. Dies gilt nach einer Entscheidung des Bundesverwaltungsgerichts auch für *Diplom-Pädagogen* (BVerwG, DÖV 1993, 568).

Das Bundesverwaltungsgericht hat auch angedeutet, wie die Gesundheitsbehörde zu einer Entscheidung zu kommen hat. Die Überprüfung nach dem Heilpraktikergesetz sei keine formalisierte Prüfung im herkömmlichen Sinne. Vielmehr liege es im pflichtgemäßen Ermessen der Behörde, wie sie die Überprüfung gestalte. Die Behörde prüft, ob nicht bereits auf Grund der Aktenlage, auf Grund der vorgelegten Zeugnisse

---

[2] Das OVG Nordrh.-Westf., Urt. v. 8.12.1997 – 13 A 4973/94 – hat jüngst darauf hingewiesen, dass das Heilpraktikergesetz den Kranken vor den Gefahren schützen soll, die von einem vermeintlich Heilkundigen ausgehen, *es schützt den Kranken aber nicht vor sich selbst.* So kann ein Kranker zwar völlig auf eine Behandlung verzichten und sich so in erhebliche Gefahr begeben. Konsultiert er dagegen einen »Wunderheiler« benötigt dieser eine behördliche Erlaubnis nach dem HPG. Mir der Überprüfung der Kenntnisse und Fähigkeiten von Wunderheilern werde zumindest sichergestellt, dass diese Krankheitszeichen erkennen und die Patienten bei Bedarf unverzüglich an einen Arzt verweisen können; vgl. auch LG Verden, MedR 1998, 183 sowie Taupitz (1998).

und sonstiger Nachweise über absolvierte Studiengänge und Zusatzausbildungen die Erlaubnis erteilt werden kann. Wenn nicht, muss die Behörde weiter ermitteln. Aus einer Entscheidung des Verwaltungsgerichtshofes München geht hervor, dass der Nachweis der relevanten Kenntnisse prinzipiell auf öffentlich-rechtlicher Grundlage zu erbringen ist, was besagt, dass die Kenntnisse, die in einer öffentlichen Hochschule oder einer staatlich anerkannten Ausbildungsstätte erworben werden, höherwertig sind, da private Ausbildungen nicht in dem gleichem Maße eine Garantie für eine sachgemäße Ausbildung bieten. »Der Erwerb der Kenntnisse und ihr Nachweis dürfen im Interesse des Schutzes der Volksgesundheit nicht in die Hand privater Einrichtungen gleiten, deren Ausbildungs- und Prüfungsqualität nicht überwacht werden und die angesichts unterschiedlicher Lehrmeinungen bei den verschiedenen privaten Bildungseinrichtungen kein einheitliches Grundwissen vermitteln« (VGH München, NJW 1988, 2967). In einigen Bundesländern reicht alleine die Vorlage der Diplome oder es wird zusätzlich der Nachweis von Studienleistungen im Bereich der klinischen Psychologie verlangt (Enders/Heekerens 1994).

7 FACHLICHE UND METHODISCHE STANDARDS DER BERATUNG

Bei den Anstrengungen um die Entwicklung und Gewährleistung fachlicher und methodischer Standards in der Beratung ist zu bedenken, dass die Qualität in einem höchst komplexen Bedingungsgefüge gesichert werden muss. Anders als in einem Prozess der industriellen Produktion sind die Bedingungen der Beratung, vor allen Dingen der Faktor »Subjektivität«, nicht so ohne weiteres kalkulierbar und planbar. Darüber hinaus ist zu berücksichtigen, dass Beratung in fast allen Berufsfeldern der sozialen Arbeit eine wichtige Rolle spielt. Sie ist zuständig für sehr unterschiedliche ökonomische, gesellschaftliche und soziale Probleme sowie für individuelle, krisenhafte Entwicklungen. Das macht die Sache mit der Entwicklung und Sicherung der Beratungsqualität nicht einfacher.

Im Hinblick auf die Entwicklung, Sicherung und Überprüfung der Qualität macht es einen Unterschied, ob es sich um eine vorwiegend rechtliche oder sonstwie fachbezogene oder aber um eine eher psycho-soziale Beratung handelt.

7.1 Fachberatung

Vorweg: Die Differenzierung der je unterschiedlichen Beratungsformen bedeutet nun nicht, dass bei einer Fachberatung nur die spezifischen fachlichen Aspekte dominieren sollten. Eine derartige Reduktion entspricht keineswegs den Anforderungen an qualifizierte Beratung.

Machen wir es an der Rechtsberatung nach § 14 SGB I deutlich. Diese Vorschrift regelt im Einzelnen nicht die Art und Weise der Beratung; sie ist im Gesetz nicht festgelegt. Insoweit hat der Sozialleistungsträger einen gewissen Ermessensspielraum. Es ist aber anerkannt, dass bei unerfahrenen Bürgern die Beratung ausführlich und gründlich erfolgen muss. Oft muss der Berater erst einmal das wirkliche Begehren des Ratsuchenden herausarbeiten und feststellen, welches Ziel der Betroffene vernünftigerweise anstreben muss, damit sein Begehren weitgehend realisiert werden kann. Der Bedienstete muss sich daher einer einfachen, klaren und eindeutigen Sprache bedienen, die auf die individuelle Auffassungsgabe des Ratsuchenden Rücksicht nimmt (Grüner/Dalichau, 1995, § 14 SGB I, 18).

Die Grenzen des Ermessens können aber noch präziser bestimmt werden. Es ist darauf zu achten, dass das Ziel der Beratung weitestgehend realisiert wird. An dieser Funktion der Beratung haben sich alle fachlichen und methodischen Standards auszurichten. Dem Ratsuchenden

sind seine Rechte und Pflichten nach dem Sozialgesetzbuch individuell, konkret und detailliert zu erklären (Maas 1998). Kriterium ist das objektiv vorhandene, individuelle Beratungsbedürfnis des Ratsuchenden. Es müssen alle Aspekte des Einzelfalles und der soziale Hintergrund beleuchtet werden.
Die kommentierende Literatur sowie die Rechtsprechung haben somit konkretisiert und entschieden, dass über die »nur« rechtliche Beratung hinaus, die Berater auch individuelle, subjektive Faktoren der Ratsuchenden zu berücksichtigen haben, wenn man will, ganzheitlich beraten müssen.[1] Selbst bei den klassisch beratenden Berufen hat sich diese Erkenntnis durchgesetzt. Ein Arzt, der nicht in der Lage ist, bei bestimmten Erkrankungen die subjektiven Selbstheilungspotentiale, das familiäre und soziale Umfeld des Patienten für das Gelingen des Heilungsprozess einzubeziehen, verfehlt seinen Auftrag.
Bei fachbezogener Beratung ist es selbstverständlich unerlässlich, dass Berater die entsprechenden fachlichen Kompetenzen besitzen und sich jeweils auf dem neuesten wissenschaftlichen Kenntnisstand befinden müssen. Für die rechtliche Beratung bedeutet dies, dass die Beraterin die einschlägigen gesetzlichen Vorschriften kennen muss und die anerkannten Methoden der Umsetzung von Rechtsnormen zu handhaben weiß. Mängel in der Beratung, die durch fehlendes Wissen der Berater entstehen, können haftungsrechtliche Konsequenzen nach sich ziehen.

7.2 **Psycho-soziale Beratung: Fachliche Standards im KJHG**

Die Möglichkeiten, sich in Konfliktsituationen beraten zu lassen, sind vielfältig. Ein entsprechender Rechtsanspruch sagt allerdings für sich genommen wenig darüber aus, mit welchen professionellen Standards und mit welcher Zielsetzung Beratungen durchgeführt werden müssen. Wird beispielsweise der Anspruch auf Beratung auch dann erfüllt, wenn völlig inkompetente Berater die Ratsuchenden mit Floskeln, »Kopf hoch, es wird schon werden«, »die Zeit heilt alle Wunden«, in Erstaunen versetzen? Zur Lösung dieser Frage kommt es darauf an, ob sich aus den Normen und gesetzlichen Vorschriften, die Beratung zum Gegenstand haben, auch Aussagen darüber treffen lassen, mit welcher fachlichen Qualität Beratung stattzufinden hat.
Die Qualitätsanforderungen in der psycho-sozialen und psychologischen Beratung, wie beispielsweise nach dem Kinder- und Jugendhilfegesetz

---

[1] Angesichts der schnell einsetzenden Verantwortung der sozialen Arbeit für viele Berufs- und Problemfelder, aber auch im Bemühen um fachliche Profilierung wurde eine Perspektive immer deutlicher herausgearbeitet: die ganzheitliche Betrachtung des Menschen sowie des Individuums in seiner Umwelt. Beratung muss den Menschen ganzheitlich sehen, weil Problemstellungen in aller Regel komplexen Ursprungs sind. Das Ganzheitlichkeitsparadigma darf allerdings nicht mit Allzuständigkeit oder Alleinkompetenz verwechselt werden.

oder dem Schwangerschaftskonfliktgesetz, sind gegenüber der vorwiegend fachlichen Beratung nur schwer präzise zu fassen. Ein rechtlicher Rat ist im Gegensatz zu einer beratenden Begleitung in einer familiären Krise eher als richtig oder falsch zu klassifizieren.
Der Begriff Beratung ist nicht so konturierbar, wie die Höhe finanzieller Leistungen an einen Leistungsberechtigten (Maas 1998). Wenn ein Leistungsbescheid fehlerhaft ist, kann er gerichtlich überprüft werden. Was dagegen eine »gute fachliche« Beratung ist, kann ja durchaus unterschiedlich interpretiert werden. »In der Beratung ist es, ähnlich wie im Bereich der Psychotherapie und der Psychiatrie, nicht möglich, explizite, allgemeingültige Kriterien zu formulieren, da hier subjektive Bedeutungsgehalte und Perspektiven eine gewichtige Rolle spielen. Was Erfolg verspricht, beruht bei diesen Formen der Dienstleistungen auf sehr individuellen, zwischen den Beteiligten immer wieder neu abzuklärenden Erwartungen und Anforderungen und ist dementsprechend schwer normierbar« (Lenz/Gmür 1996, 52, 54). Diese »Relativität des Qualitätsbegriffs« (Wabnitz 1999; vgl. auch Merchel 1998b) erschwert eine allgemeingültige Definition der Qualität der Beratung aber auch anderer Jugendhilfeleistungen.
Es fragt sich dennoch, ob sich aus den Gesetzen, die sich mit Beratung befassen, Vorgaben für die fachliche Qualität der Beratung ergeben. Zu denken ist vor allem an das Kinder- und Jugendhilfegesetz.

7.2.1 Die Zielsetzung des KJHG

Vergegenwärtigt man sich die vom KJHG vorgegebene allgemeine Zielsetzung, dann wird deutlich, dass die psycho-soziale Beratung nur von Fachkräften durchgeführt werden sollte. Schlagwortartig seien die fachlichen Standards der modernen Jugendhilfe benannt:

- Lebensweltorientierung;
- Prävention, Partizipation;[1]
- Ganzheitlichkeit;
- Bürgernähe (Dezentralisierung und Regionalisierung);
- Alltagsorientierung.

Das KJHG hat insoweit einen Perspektivenwechsel vollzogen. Die grundlegenden inhaltlichen Vorgaben an die Jugendhilfe haben sich in den vergangenen Jahrzehnten erheblich verändert. Bereits unter Geltung des Jugendwohlfahrtsgesetzes und verstärkt im KJHG hat sich ein Wandel des Jugendamtes von einer hoheitlich eingreifenden Behörde zu einer eher dienstleistenden Institution vollzogen. Dieser Transformati-

[1] Jugendhilfe soll präventiv wirksam werden und lebenswerte, stabile Verhältnisse garantieren, damit es erst gar nicht zu Krisen und Konflikten kommt. Hierzu zählt auch, dass das KJHG den Gedanken der Partizipation der betroffenen Kinder, Jugendlichen und der Personensorgeberechtigten u.a. durch die §§ 5, 8, 36 KJHG in den Vordergrund gerückt hat.

onsprozess geht einher mit der Verwissenschaftlichung, Professionalisierung und Verrechtlichung der Arbeit in der Jugendhilfe. Diese Entwicklung hat gleichsam mittelbar auf das Problem der Fachkräfte eingewirkt. Die Aufgabenstellungen in der Jugendhilfe sind so komplex und vielfältig geworden, dass in weiten Bereichen »Laien« nicht mehr in der Lage sind, sie adäquat zu erfüllen.
Die neue Sicht der Jugendhilfe, die nicht mehr Ausfallbürge sein, sondern aktiv die Lebenslagen der Kinder, Jugendlichen und deren Familien verbessern soll, die sich parteilich und offensiv nach den Vorstellungen des Gesetzgebers einzumischen hat, verträgt sich nur schwer mit einem »technokratischen Konzept zur Erfüllung primär fiskalisch begründeter politischer Vorgaben« (Bürger 1995, 447, 452; vgl. auch Pettinger 1998).
In diesem Kontext hat sich nun auch entscheidend die Methode der Beratung geändert. *Das hierarchische Experten-Klienten-Machtgefälle wurde durch kommunikative Strukturen ersetzt.* »Mit dem Prinzip der Kommunikation ändern sich der Stellenwert des fachlichen Handelns und die Position der Professionellen in der Jugendhilfe grundlegend: diese müssen ihre Haltung der Überlegenheit aufgeben und zurücknehmen in eine Haltung der Bereitstellung von Wissen. Das Prinzip der Kommunikation ist der Grundzug eines Gesetzes, das den Forderungen nach der Modernisierung der Sozialen Arbeit Rechnung trägt und die traditionelle Hierarchie von Berater und Klient aufbricht« (Kurz-Adam 1998, 426, 431 f).
Diese sozialpädagogischen und beraterischen Handlungsmaximen, die ja keineswegs bei allen Trägern und bei jeder Fachkraft präsent sind, sollen durch Fortbildung und Praxisberatung der Mitarbeiter der Jugendämter und der Landesjugendämter sichergestellt werden, § 72 Abs. 3 KJHG. Dies korrespondiert mit dem gesetzlichen Auftrag der Förderung anerkannter Träger der Jugendhilfe, die Mittel zur Fortbildung der haupt-, neben- und ehrenamtlichen Mitarbeiter einschließen soll, § 74 Abs. 6 KJHG.

7.2.1 Die fachlichen Standards

Für den Bereich der psycho-sozialen Beratung können – abgeleitet aus den Vorgaben und Perspektiven des KJHG – die fachlichen Standards der Beratung präziser benannt werden (Specht 1993). Die Fachlichkeit in der Beratung umfasst zwei Faktoren: Einerseits die *institutionellen Bedingungen* der Beratungsstellen (vgl. im Einzelnen Landesjugendamt Hessen 1997) und andererseits die *fachlichen Kompetenzen* der einzelnen Berater. Zu den fachlichen Kompetenzen zählen:

- umfassende fachliche Kenntnisse allgemeiner Art (Psychologie, Pädagogik, Ökonomie, Recht) sowie fachliches Spezialwissen (z.B. in der Schuldnerberatung);
- handlungsbezogenes Interventionswissen (Methoden, Verfahren);

- ein wissenschaftlich fundiertes Konzept im Hinblick auf dialogisch gestaltete Verstehens- und Veränderungsprozesse (im Detail Straumann 1998);
- kommunikative Fähigkeiten;
- analytische Kompetenz;
- Respektierung der Autonomie der Ratsuchenden;
- die Fähigkeit, mit Fachkräften verschiedener Fachrichtungen kooperieren zu können, § 72 Abs. 1 KJHG; diese gesetzliche Forderung an die Fachkräfte beinhaltet auch das Wissen um die Grenzen der eigenen Kompetenzen und entsprechende Konsultationspflichten;
- die Fähigkeit, die Praxis zu dokumentieren und zu evaluieren (Straumann 1996);
- Fähigkeit zur Selbsterfahrung und Selbstreflexion;
- die Beachtung berufsethischer Prinzipien, insbesondere des Schutzes der Vertraulichkeit. Das Kinder- und Jugendhilfegesetz hat in seinen datenschutzrechtlichen Regelungen für die Beratung neue Maßstäbe gesetzt. Es unterwirft in § 65 KJHG die Sozialdaten, die dem Mitarbeiter eines Trägers der öffentlichen Jugendhilfe zum Zwecke persönlicher und erzieherischer Hilfen anvertraut sind, einem besonderen Schutz.[1]

Das Bundesverfassungsgericht hat 1993 im Rahmen seines Urteils zum Schwangerschaftsabbruch zur Qualität der Beratung Stellung genommen. Nach Ansicht des Gerichts soll Beratung ergebnisoffen[2] und zielorientiert geführt werden, ermutigen und nicht einschüchtern, Verständnis wecken und nicht belehren. Sie darf nicht manipulieren und indoktrinieren. Dies alles »stellt hohe Anforderungen an die inhaltliche Ausgestaltung der Beratung und an die Personen, die sie durchführen« (BVerfGE 88, 203, 283). Das Bundesverfassungsgericht ergänzte: »Jede Beratung muss daher darauf angelegt sein, ein Gespräch zu führen und dabei die Methoden einer Konfliktberatung anzuwenden. Dies setzt (...) voraus, dass die Beratenden über entsprechende Fähigkeiten verfügen und jeder einzelnen Frau hinreichend Zeit widmen können« (BVerfGE 88, 203, 284). Insgesamt sind diese Anforderungen an die Qualität der Beratung keineswegs überzogen, sondern finden sich in den unterschiedlichsten Empfehlungen von Fachgremien und auch in Gerichtsurteilen wieder.

---

1 In der »charter for ethical practice« der »european association for counselling« wird ebenfalls der Gedanke der Vertraulichkeit des Beratungsprozesses betont: »CONFIDENTIALITY respects personal information disclosed within a relationship of trust and protects that information from inappropriate disclosure to others«, EUROPEAN ASSOCIATION FOR COUNSELLING 1998, 253; vgl. auch Europarat (1998).

2 Freilich sind dem Prinzip der Ergebnisoffenheit Grenzen gesetzt. Bei einer drohenden Kindeswohlgefährdung ist die beratende Fachkraft gegebenenfalls gehalten, gegen den Willen der Ratsuchenden juristische Schritte einzuleiten.

7.2.3 Forderungen

So verlangt die Bundesarbeitsgemeinschaft der Landesjugendämter (BAG LJÄ): »Die Dynamik der Angebotspalette erfordert eine erhöhte Flexibilität und breitere Einsatzfähigkeit seitens des Personals. Technikunterstützte Formen der Information, Kommunikation und Dokumentation werden im Arbeitsalltag des Jugendamtes noch erheblich wichtiger werden und damit auch entsprechende Fähigkeiten zum Umgang damit. Das erforderliche hohe Problemlösungspotential des Jugendamtes ist durch ein entsprechendes Qualifikationsniveau des Personals und durch ein intensiviertes Fortbildungsprogramm zu fundieren. Dem Zuwachs an Entscheidungskompetenz muss durch personale Qualifikation entsprochen werden. Für die zunehmend auch im Jugendamt anfallenden Managementaufgaben bedarf es entsprechender Befähigung und qualifizierter Begleitung« (Bundesarbeitsgemeinschaft der Landesjugendämter 1996, 27).
Als beraterische Qualifikation fordert die BAG LJÄ die Kompetenz, den Betroffenen ihre eigenen Fähigkeiten bewusst zu machen und sie zu motivieren, diese einzusetzen. Bezogen auf die Gestaltung von Situationen und Strukturen, die entsprechende Lern- und Entwicklungsmöglichkeiten oder Entlastungen für die Betroffenen bieten, geht es auch um praktische Handlungskompetenzen der Fachkräfte. Die Handlungskompetenz basiert auf umfassenden fachlichen Kenntnissen einschließlich entsprechender Rechts- und Verwaltungskenntnisse, und schließt die Fähigkeit ein, auf problemverursachende Strukturen einwirken und sie verändern bzw. zu ihrer Veränderung beitragen zu können (Bundesarbeitsgemeinschaft der Landesjugendämter 1996, 9).
Die BAG LJÄ präzisiert auch für einzelne Beratungsarten die erforderlichen Kompetenzen.

- Für die Beratung in Fragen der Partnerschaft, Trennung und Scheidung nach § 17 KJHG sind neben allgemeinen Kompetenzen zur Beratung und Gesprächsführung spezifische Fähigkeiten im Bereich der Konfliktvermittlung und gegebenenfalls auch therapeutische Kompetenzen erforderlich. Für die unmittelbare Beratungstätigkeit ist der Nachweis einer entsprechenden methodischen Qualifikation (z.B. Mediation, Familienberatung) erforderlich.
- Für die Erziehungsberatung nach § 28 KJHG wird gefordert: »Die Fachkräfte müssen über entsprechende spezielle Kenntnisse pädagogisch-therapeutischer, sozialpädagogischer sowie heilpädagogischer Methoden und Ansätze verfügen. Des weiteren bedarf es der Fähigkeit, psychologische und soziale Probleme zu erkennen, entsprechende Hilfen zu erschließen und mit Einzelnen, Gruppen sowie erweiterten sozialen Systemen zu arbeiten. Die Fachkompetenz zur Durchführung konfliktorientierter Beratungsgespräche ist ebenso erforderlich wie die Fähigkeit zur Selbstreflexion und Kooperation, um in einem multidisziplinären

Team mitzuarbeiten« (Bundesarbeitsgemeinschaft der Landesjugendämter 1996, 17).
Aber auch die Gerichte haben zur Qualität der Beratung Stellung genommen. In einem Verfahren vor dem LAG Köln, in dem es um die Höhergruppierung eines Amtspflegers/Amtsvormundes ging, hat das Gericht sich zur Qualität der Beratung in der sozialen Arbeit geäußert. Der Amtspfleger/Amtsvormund sei höher einzugruppieren, u.a. deswegen, weil er gründliche, umfassende Fachkenntnisse bei Beratung und Betreuung von Einzelvormündern und -pflegern benötige. »Anders als eine Privatperson für sich selbst darf der Kl. sich dabei keine Nachlässigkeiten und Lücken leisten, muss also im gesamten rechtlichen Rahmen solchen Handelns, der ... eine Vielzahl von Rechtsgebieten überspannt – jederzeit einsetzbar – sein Wissen und Können parat haben. Anders als bei zahlreichen Verwaltungstätigkeiten des gehobenen Dienstes reicht dieses rechtliche Fachwissen jedoch nicht zur ordnungsgemäßen Erledigung der Aufgaben des Kl. aus ... Er muss mit großem menschlichen Einfühlungsvermögen handeln. Beides setzt ein außergewöhnliches Erfahrungswissen voraus« (LAG Köln, ZfJ 1993, 50, 55). Das besondere Klientel – nämlich Geisteskranke, Suizidgefährdete und Drogenabhängige – setzt ein spezielles, besonders komplexes Erfahrungswissen im Umgang mit solchen gefährdeten Personen voraus. Notwendig ist ein umfassendes Eingehen auf alle Anforderungen sachlicher und emotionaler Art (vgl. auch LAG Saarland, ZfJ 1997, 16).
Legt man insgesamt diese fachlichen Standards für die soziale Arbeit, insbesondere für die Beratung zugrunde, dann ist es eindeutig, dass eine Beratung nur durch speziell geschulte, professionelle Fachkräfte durchgeführt werden darf, um das verfassungsrechtlich verbürgte Sozialstaatsprinzip zu gewährleisten. Die Beratung in der sozialen Arbeit erfordert aus all diesen Gründen ein spezifisches Qualifikationsprofil (Straumann 1994).

7.3 Die Entwicklung und Sicherung der Qualität in der Beratung

Wenn es richtig ist, dass für die Beratung ein allgemein anerkanntes Verständnis der Qualität bzw. ihrer maßgeblichen Faktoren noch nicht vorhanden, sondern erst im Entstehen begriffen ist, dann kommt der Qualitätsentwicklung in der Beratung eine nicht zu unterschätzende Bedeutung zu. Die Qualität von Dienstleistungen, d.h. auch von Beratung, kann durch folgende Faktoren beeinflusst bzw. gesteuert werden:

- durch die Konkurrenz verschiedener Beratungsangebote – z.B. zwischen öffentlichen und privaten Leistungsträgern;
- durch die Auswahl des Personals;
- durch Qualitätsmanagement oder
- durch innerinstitutionelle bzw. gerichtliche Kontrollen.

7.3.1 Steuerung der Beratungsqualität durch Konkurrenz

Die Konkurrenz als Steuerungsmittel gewinnt im sozialen Sektor allmählich an Bedeutung. Erziehungshilfeträger konkurrieren um knapper werdende öffentliche Mittel, städtische Beratungsstellen sehen sich der Konkurrenz mit freigemeinnützigen Trägern ausgesetzt. Zugleich fördern Jugendämter gezielt den Wettbewerb zwischen unterschiedlichen Trägern. Allerdings befindet sich dies alles noch im Experimentierstadium (Schröder 1999), da das funktionierende Zusammenspiel zwischen öffentlichen und privaten Trägern, die finanzielle Verzahnung beider Systeme einen harten Wettbewerb noch nicht zulässt. Im übrigen wäre dies letztendlich auch nicht wünschenswert, da ernsthaft konkurrierende Systeme im Sozialsektor, die reine Marktregulierung, mit einer gewissen Wahrscheinlichkeit zu Lasten der Leistungsempfänger gehen würden.

7.3.2 Steuerung der Beratungsqualität durch Personalplanung

Die Durchsetzung von Fachlichkeit über die Personalplanung ist die wichtigste Form der Qualitätsentwicklung und -sicherung im privaten und öffentlichen Sektor. Professionelle Systeme rekrutieren ihre Fachkräfte in aller Regel nach einer entsprechenden Ausbildung. Die zweite juristische Staatsprüfung befähigt zum Richteramt und ermöglicht den Zugang zur Anwaltschaft, der Meisterbrief erlaubt die Ausübung eines Handwerks. Mediziner, Lehrer, Ingenieure, Architekten etc. müssen ihr Studium erfolgreich abgeschlossen haben, um in ihren Berufen arbeiten zu dürfen. Auf diese Art und Weise wird die Fachlichkeit garantiert.
Wie sieht es damit auf dem Gebiet der Jugend- und Sozialhilfe, insbesondere bei den beratenden Tätigkeiten aus? Das KJHG sowie das BSHG verhalten sich zu diesem Problem – vornehmlich aus Kostengründen[1] – ziemlich indifferent.

---

[1] In einem Bericht der KGSt vom Februar 1996 über die integrierte Fach- und Ressourcenplanung in der Jugendhilfe wird recht unverblümt der Kosteneinspareffekt der Budgetierung hervorgehoben. Sie dürfe zwar nicht dazu führen, dass »eine geeignete und notwendige Hilfe, auf die ein Rechtsanspruch besteht, eingeschränkt wird«, KGSt 3/1996, 16. Aber die Jugendhilfe dürfe keine neuen Bedürfnisse wekken. »Konkret bedeutet dies, dass z.B. die öffentlichkeitswirksame Eröffnung einer neuen Erziehungsberatungsstelle nicht nur einen bisher artikulierten Bedarf deckt, sondern neue Wünsche und Bedürfnisse weckt«, KGSt 3/96/17. Das bedeutet: Jugendhilfe soll sich nicht öffentlich einmischen, sondern möglichst im stillen Kämmerchen wirken. In diesem Bericht wird auch hervorgehoben, dass es keinen nur quantitativ zu bestimmenden Bedarf an bestimmten Leistungen gibt, »sondern dass dieser Bedarf selbst wiederum abhängig ist z.B. vom Selbsthilfepotential der Betroffenen und ihres Umfeldes«, KGSt 3/96/18, ein Plädoyer für vermehrte ehrenamtliche Tätigkeit und Selbsthilfe zur Lösung der sozialen Probleme.

Die zentrale Vorschrift des § 72 KJHG lautet in seinen entscheidenden Passagen:[1]

> **§ 72 KJHG Mitarbeiter, Fortbildung**
> (1) Die Träger der öffentlichen Jugendhilfe sollen bei den Jugendämtern und Landesjugendämtern hauptberuflich nur Personen beschäftigen, die sich für die jeweilige Aufgabe nach ihrer Persönlichkeit eignen und eine dieser Aufgabe entsprechende Ausbildung erhalten haben (Fachkräfte) oder aufgrund besonderer Erfahrungen in der sozialen Arbeit in der Lage sind, die Aufgaben zu erfüllen. Soweit die jeweilige Aufgabe dies erfordert, sind mit ihrer Wahrnehmung nur Fachkräfte oder Fachkräfte mit entsprechender Zusatzausbildung zu betrauen. Fachkräfte verschiedener Fachrichtungen sollen zusammenwirken, soweit die jeweilige Aufgabe dies erfordert.
> (2) Leitende Funktionen des Jugendamtes oder des Landesjugendamtes sollen in der Regel nur Fachkräften übertragen werden.[1]

§ 102 BSHG enthält eine fast inhaltsgleiche Vorschrift für den Bereich der Sozialhilfe.

> **§ 102 BSHG Fachkräfte**
> (1) Bei der Durchführung dieses Gesetzes sollen Personen beschäftigt werden, die sich hierfür nach ihrer Persönlichkeit eignen und in der Regel entweder eine ihren Aufgaben entsprechende Ausbildung erhalten haben oder besondere Erfahrungen im Sozialwesen besitzen.

Was bedeuten diese Normen für die Fachlichkeit in der Jugendhilfe und der Sozialhilfe somit auch für die Qualität der Beratung in der sozialen Arbeit? Beide Vorschriften regeln Grundsätze der Qualifikation von *hauptamtlichen* Mitarbeiterinnen in der Jugend- und Sozialhilfe. Die Rahmenbedingungen für die Beschäftigung ehrenamtlicher Mitarbeiter in der Jugendhilfe finden sich dagegen in § 73 KJHG.

§ 72 KJHG unterscheidet drei Regelungsbereiche:

- Zunächst sollen nach § 72 Abs. 1 Satz 1 KJHG hauptberuflich nur

[1] Neben § 72 KJHG ist noch in § 22 Abs. 3 KJHG im Zusammenhang mit den Grundsätzen der Förderung von Kindern in Tageseinrichtungen von in den Einrichtungen tätigen Fachkräften und anderen Mitarbeitern die Rede, während § 79 Abs. 3 KJHG vorsieht, dass die Träger der öffentlichen Jugendhilfe für eine ausreichende Ausstattung der Jugendämter und der Landesjugendämter zu sorgen haben. Hierzu gehört auch eine dem Bedarf entsprechende Zahl von Fachkräften.

Fachkräfte oder Personen mit besonderen Erfahrungen in der sozialen Arbeit beschäftigt werden.

- § 72 Abs. 1 Satz 2 KJHG verschärft die Anforderungen. Falls es die jeweilige Aufgabe erfordert, sind zwingend Fachkräfte zu beschäftigen.
- Nach § 72 Abs. 2 KJHG dürfen leitende Funktionen in der Regel nur Fachkräften übertragen werden.
- Welche Rechtsqualität die §§ 72 KJHG und 102 BSHG besitzen, ist umstritten.[1]

§ 72 Abs. 1 Nr. 1 KJHG sowie § 102 Abs. 1 BSHG sind nicht nur programmatische Soll-Vorschriften, die kaum Bindungswirkungen entfalten (so aber Schellhorn/Jirasek/Seipp 1997, Anm. 7 zu § 102 BSHG sowie Schellhorn/Wienand 1991, Anm. 8 zu § 72 KJHG). Diese Auffassung hätte zur Folge, dass es fast völlig im Belieben des öffentlichen Trägers der Jugend- und Sozialhilfe stünde, in welcher Form er das Fachlichkeitsprinzip realisierte.

Juristisch gesichert ist dagegen, dass die Aufgaben der Jugendhilfe nicht nur irgendwie überhaupt erfüllt werden, sondern dies muss fachlich erfolgen. »Einsparungsbemühungen dürfen keine Rolle spielen und ziehen das Risiko einer Amtshaftung bei der Aufgabenerfüllung durch unqualifiziertes Personal nach sich« (Fieseler/Schleicher 1998, Anm. 3 zu § 72 KJHG). Die Vorschriften sind aber auch keine Leistungsnormen mit Rechtswirkung nach außen (Wiesner u.a. 1995, Anm. 5 zu § 72 KJHG). Dies bedeutet: In der Jugend- und Sozialhilfe sollen Fachkräfte beschäftigt werden, ein betroffener Jugendlicher, seine Eltern oder Ratsuchende können es aber nicht erzwingen. Insofern bleibt die Personalhoheit der Träger der öffentlichen Jugendhilfe unangetastet.

Nach § 72 Abs. 1 Nr. 2 KJHG gelten besondere Anforderungen an die Beschäftigung von Fachkräften falls es die *jeweilige Aufgabe* erfordert. Dies gilt für alle Kerngebiete der Jugendhilfe. Dazu zählen sämtliche allgemeinen und besonderen sozialen Dienste. Im ASD, in der Adoptionsvermittlung, den ambulanten oder stationären Erziehungshilfen dürfen Personen ohne eine entsprechende Ausbildung nicht beschäftigt werden. Es steht nicht im Ermessen des öffentlichen Trägers, ob er eine Fachkraft beschäftigen will (Münder u.a. 1998, Anm. 16 zu § 72 KJHG; Fieseler/Schleicher 1998, Anm. 9 zu § 72 KJHG). Darüber hinaus sieht § 72 Abs. 1 Nr. 2 KJHG vor, dass bestimmte Aufgaben nur noch Fachkräften mit Zusatzausbildung übertragen werden dürfen. Hierzu gehört nun die Beratung in der Jugendhilfe. Es ist schlechterdings nicht vorstellbar, dass Erziehungs-, Trennungs- und Scheidungsberatung usw. ohne Zusatzqualifikationen adäquat durchgeführt werden können.

---

[1] § 72 KJHG verpflichtet zwar direkt nur die öffentlichen Träger. Über die inhaltlichen Voraussetzungen der Förderung der freien Jugendhilfe nach §§ 74 Abs. 1 Nr. 1 sowie 75 Abs. 1 Nr. 3 KJHG wirkt der Fachkräfteanspruch aber auch auf die Tätigkeit der freien Träger ein.

Trotz dieser gesetzlichen Anforderungen bleibt aber unklar, was eigentlich eine Fachkraft ist. Es existiert kein abschließend fixierter Kanon, wonach als Fachkraft nur Personen mit exakt vorgeschriebenen Ausbildungsgängen beschäftigt werden dürfen. Die Begründung zum Regierungsentwurf KJHG enthält einen Katalog derjenigen Berufsgruppen, die auf dem Gebiet der Jugendhilfe vorrangig beschäftigt werden sollen: Sozialarbeiterinnen, Sozialpädagogen, Erzieherinnen, Psychologinnen, Diplompädagoginnen, Sonderschulpädagogen, Psychagoginnen, Jugendpsychiater, Psychotherapeutinnen, Pädiater (BT-Drs. 11/5948, 97). Er ist jedoch nicht abschließend zu verstehen. Daneben können Juristinnen, Soziologen und Politologinnen, Musiktherapeuten, Logopädinnen etc. beschäftigt werden (Bundesarbeitsgemeinschaft der Landesjugendämter 1996; Münder u.a. 1998, Anm. 7 zu § 72 KJHG).
Wiesner hat darauf aufmerksam gemacht, dass im Hinblick auf die fachpolitischen Forderungen die Regelung des Qualifikationsprofils im KJHG unbefriedigend ist. »Sie kann angesichts gestiegener und weiter steigender Anforderungen an die Jhilfe allenfalls als Einstieg in eine Diskussion um die Sicherstellung nicht zu unterschreitender Standards und Qualitätsniveaus für alle Bereich der Jhilfe begriffen werden ... Die Offenheit der Regelung, die bereits den Wortlaut von § 102 BSHG kennzeichnet, dürfte vor allem auf den Einfluss der kommunalen Spitzenverbände zurückzuführen sein, die bei allzu strikten fachlichen Vorgaben ihre Personalhoheit und damit ein Element der kommunalen Selbstverwaltung gefährdet sehen« (Wiesner 1995, Anm. 2 zu § 72 KJHG). Aus diesem Grunde hat der wissenschaftliche Beirat für Familienfragen beim Bundesministerium für Familie und Senioren 1993 die Forderung nach professioneller Ausbildung für BeraterInnen und eine entsprechende Qualitätssicherung der Beratungsprozesse erhoben. Der Beruf des Beraters sei zu professionalisieren, die Qualität seiner Arbeit zu sichern, indem Kriterien entwickelt werden, wer überhaupt in diesem Beruf arbeiten darf (Bundesminister für Familie und Senioren 1993, 9 f).
Die *faktische* Durchsetzung fachlicher Standards ist letztendlich deswegen so eminent wichtig, weil sich aus § 72 KJHG und § 102 BSHG eben nicht zwingend herleiten lässt, dass eine spezifische Ausbildung für die Fachkräfte in der Jugend- und Sozialhilfe erforderlich ist. § 72 KJHG legt nicht fest, welche Qualifikation im konkreten Fall angemessen ist, für welche Aufgabe der öffentliche Träger welchen berufsqualifizierenden Abschluss als Einstellungsvoraussetzung fordern muss (Münder u.a. 1998, Anm. 10 zu § 72 KJHG). Dennoch ist es erstaunlich, dass in der sozialen Arbeit, besonders auch in der Beratung, die Anstellung von Fachkräften sowie das Qualifikationsprofil deutlich gestiegen sind. Der Akademisierungsgrad in den Beratungssystemen ist weit höher, als in anderen Tätigkeitsfeldern der sozialen Arbeit. Dies ergab sich bereits 1990 aus einer statistischen Aufbereitung. »In Beratungsstellen (zusammengefasst sind Erziehungs-, Jugend-, Familienberatung sowie Drogen-

und Suchtberatung) sind 67,6% der Beschäftigten Hochschulabsolventen, in Jugendämtern 48,5%, in Verbandsgeschäftsstellen 43,5%, in der Jugendarbeit 37% und in der Fremdplazierung 20,7%« (Der Bundesminister für Jugend, Familie, Frauen und Gesundheit, 8. Jugendbericht 1990, 161).
Um die fachlichen Standards in der Beratung zu garantieren und zu erhöhen, kommt es daher darauf an, Maßstäbe für die Auswahl der Beraterinnen und Berater zu setzen, die tatsächlich nicht mehr unterschritten werden dürfen. In diesem Sinne hat die Bundesarbeitsgemeinschaft der Landesjugendämter 1996 das Fachkräftegebot des Kinder- und Jugendhilfegesetzes präzisiert. Als Voraussetzungen für verantwortliche Tätigkeiten in der Jugendhilfe hat die BAG LJÄ folgende Anforderungen gestellt:

- kommunikative Fähigkeiten;
- analytische Kompetenz;
- konzeptionelle Kompetenz;
- grundlegende beraterische Fähigkeiten und praktische Handlungskompetenz;
- Fähigkeit zur Mitarbeit in der Jugendhilfeplanung;
- Kompetenzen im Bereich der Außendarstellung;
- Vertretung der Interessen von jungen Menschen und Eltern;
- Bereitschaft zur Fortbildung und Supervision (Bundesarbeitsgemeinschaft der Landesjugendämter 1996, 8 ff).

7.3.3 **Steuerung durch Qualitätsentwicklung**

Seit Beginn der 90er Jahre wird über neue Steuerungsmodelle in der Verwaltung diskutiert und überlegt, wie derartige Reformansätze in der sozialen Arbeit umgesetzt werden können. In mehreren Veröffentlichungen der Kommunalen Gemeinschaftsstelle (KGSt) wird diese Problematik thematisiert. Das Erprobungsfeld soll nach den Vorstellungen der KGSt der Bereich Jugendhilfe sein (KGSt 9/1994, 7).
Begriffe, die bislang in der betriebswirtschaftlichen Diskussion dominierten, verdrängen das pädagogische Vokabular in der sozialen Arbeit. Controlling, outputorientierte Steuerung in der Jugendhilfe, Produkte, Kunden, Budgetierung, Qualitätskontrolle sind die neuen Zauberworte. Im Gegensatz zur Steuerung durch Personal, Finanzen, Räume (input) soll den Ämtern und Einrichtungen vorgegeben werden, welche Angebote (Produkte) zu erbringen sind. Das Produkt ist der Kernbegriff der neuen Steuerung. Bezogen auf die Beratung im sozialen Bereich schlägt die KGSt u.a. folgende Produkte vor:

- Fallübergreifende Information/Beratung;
- allg. Beratung von Kindern, Jugendlichen und deren Familien;
- Partnerschafts-, Trennungs- und Scheidungsberatung im engeren Sinne;

- Erziehungsberatung im engeren Sinne nach § 28 KJHG ohne schriftlich fixierte Hilfeplanung nach § 36 KJHG;
- Erziehungsberatung im engeren Sinne mit schriftlich fixierter Hilfeplanung sowie
- sonstige Beratung (KGSt 1995 sowie KGSt 1996; zur Kritik an dieser Beschreibung des Produkts Beratung vgl. Müller 1996).

Produkt Beratung?

»Am ›Produkt Beratung‹ spitzt sich der Gegensatz von ökonomischen Rationalitätskriterien und fachlichen/therapeutischen Qualitätsmerkmalen zu: was ist das Produkt in der Erziehungs- und Familienberatung? Wird Zufriedenheit von Ratsuchenden produziert oder Erziehungsfähigkeit von Eltern?« (Menne 1996a, 7, 8). Kritiker sind der Auffassung, dass mit dem »Produkt Beratung« schlicht Etikettenschwindel betrieben wird. »Es wird Steuerung von Output, vom Ergebnis her gesagt, aber für die Ergebnisse von Beratung interessiert sich kein Schwein. Was interessiert ist, ob der Input klein genug bleibt, kalkuliert werden und wenn möglich heruntergefahren werden kann« (Müller 1996, 35, 37).

Wie immer man das Produkt Beratung definieren will (im Einzelnen Finis Siegler 1997), bedarf es jedenfalls geeigneter Qualitätskriterien (Lenz/Gmür 1996). Ziel jeder Produktentwicklung ist auch die *Qualitätssicherung*, das Angebot quantitativ angemessen und qualitativ hochwertig den Bedürfnissen der »Kunden« anzupassen.

Für die Beratung im psycho-sozialen Bereich ergeben sich nun einige spezifische Schwierigkeiten. Jeder Beratungsprozess ist – anders als im Bereich der materiellen Produktion – auf die Koproduktion der Beratenden angewiesen (Müller 1996; Frenzke-Kulbach/Kulbach 1998). Darüber hinaus können die Vorstellungen über das, was den Beratungserfolg ausmacht, zwischen den Trägern der Beratungseinrichtungen, den Ratgebern sowie den »Kunden« recht unterschiedlich sein.

Ein weiterer wichtiger Einwand gegen die Produktdefinierung ist das Problem der Messbarkeit. In der Jugendhilfe (KGSt 9/94, 31) wird die Produkteinheit überwiegend in »Dauer einer Dienstleistung in Stunden« und oder in »Zahl der bearbeiteten Fälle« beschrieben. Für die offene Kinder- und Jugendarbeit werden meist Öffnungszeiten, Zahl der Besucher, Raumangebot, Personalangebot in Stunden, Zielgruppen, pädagogische Betreuung von Angeboten in Stunden pro Jahr herangezogen (KGSt 9/94, 46). Die KGSt räumt denn auch ein, dass die Zielbestimmung der Produkte in der Jugendhilfe schwierig ist. Sie ist in der Jugendhilfe nur begrenzt möglich (KGSt 9/94, 30). Eine derartige Quantifizierung – bleiben wir bei der Beratung – kann sehr schnell dazu führen, dass nicht mehr nach den Anforderungen des Einzelfalles beraten, sondern schematisch vorgegangen wird. Es kann – gemessen an dem Zeitaufwand –

nicht festgestellt werden, ob eine Beratung völlig nutzlos ist oder aber auf Grund der spezifischen, schwierigen familiären Konstellation nur ein mit erheblichem Zeitaufwand verbundenes Beratungsangebot zum Erfolg verhilft.

Überprüfung durch Selbstevaluation

Allerdings werden die Jugendhilfe und die beratenden Systeme unter professionellen Gesichtspunkten schon in ihrem Eigeninteresse eine Qualitätsbemessung und Qualitätssicherung der Arbeit unterstützen müssen (siehe hierzu auch die Beiträge in Merchel 1998a sowie Menne 1998). Überprüfbare Standards können dazu beitragen:

- Das Selbstverständnis der Profession klarer zu bestimmen und sich gegenüber anderen Professionen selbstbewusster abzugrenzen;
- ihre politischen und finanziellen Spielräume zu sichern und
- ihre Wirksamkeit fall- und problemadäquat zu erhöhen sowie
- die Profession in ihrer Weiterentwicklung zu unterstützen.

Die entscheidende Frage ist, wer besitzt die Definitionsmacht über die Kriterien der Messbarkeit (Stähr/Hilke 1999). Hier besteht ein großer Bedarf an fachlichen Auseinandersetzungen. Statt abstrakter Messbarkeitsziffern verdinglichter Produkte (Olk 1996) bietet sich ein anderes Konzept, auf der Basis von Wirksamkeitsanalysen und Qualitätssicherung – unter Berücksichtigung der Erfahrungen und Beurteilungen der Klientel – durch die Fachkraft selbst, an. Durch Dokumentation und Reflexion der Praxis auf der Grundlage wissenschaftlich fundierter Methoden wie der Selbstevaluation kann durchaus die Effektivität einer Jugendhilfeleistung, einer Beratung gemessen werden (Straumann 1994). Statt nach abstrakten Ziffern wird nach der Wirksamkeit für den Klienten gefragt (Ergebnisqualität). Jedenfalls muss in der Diskussion klar werden, dass die Qualitätskontrolle nicht ausschließlich den Betriebswirten überlassen bleiben bzw. mittels betriebswirtschaftlicher Kriterien gesichert werden darf.

Diese Art und Weise der Qualitätsentwicklung von Beratung wird auch von dem Bundestagsausschuss für Arbeit und Sozialordnung unterstützt. 1998 hat der Bundestag eine Änderung des Kinder- und Jugendhilfegesetzes beschlossen. Es handelt sich um die Neuregelung der Entgeltfinanzierung in der Jugendhilfe. Die neu eingefügten §§ 78 a ff KJHG enthalten – im wesentlichen für die stationären und teilstationären Hilfen zur Erziehung – Rahmenbedingungen über Leistungsangebote, Entgelte und Qualitätsentwicklung. § 78 b KJHG ist die zentrale Vorschrift der Reform. Sie macht den Abschluss von Vereinbarungen über Leistung, Entgelt und Qualitätsentwicklung zur Voraussetzung für die Kostenübernahme im Einzelfall. Durch § 78 b KJHG wird erstmals die Qualitätsentwicklung im Bereich der Jugendhilfe eingefordert (Wiesner 1999; Wabnitz 1999). In der vom Bundestagsausschuss für Arbeit und Sozialordnung formulierten Gesetzesbegründung wird im Zusammenhang mit der Qualitätsentwicklung u.a. auch auf die systematische Dokumentation verwiesen. »Die wesentlichen Instrumente der Entwicklung und Gewährleistung fachlicher Qualität sind Beratung und Anleitung, die regelmäßige Supervision und Fortbildung sowie eine systematische Dokumentation der Entwicklung des Kindes bzw. des Jugendlichen. Zu diesen Maßnahmen gehören auch geeignete Formen der Prüfung der Qualität (Struktur-, Prozess-, Ergebnisqualität). Es ist grundsätzlich Aufgabe der Einrichtungsträger, Maßnahmen zur (Weiter-)Entwicklung der Qualität durchzuführen« (BT-Drs. 13/10330, 17f).

7.3.4 Steuerung durch Kontrolle

Jetzt könnte man einwenden, alles schön und gut, wie ist es aber, wenn die Beratung lausig, der Berater nicht ansatzweise die vorausgesetzten Kompetenzen und Fähigkeiten besitzt. Eine Kontrollmöglichkeit ist dann vorhanden, wenn der Berater offensichtlich die oben geschilderten Standards nicht erfüllt, die fachliche Kompetenz nicht besitzt oder gar missbraucht. In diesen Fällen kann es zu arbeitsrechtlichen oder dienstrechtlichen Konsequenzen kommen. Dies betrifft die behörden- bzw. trägerinterne Kontrolle. Darüber hinaus kann die Schädigung des Beratenen durch die Verletzung der Grundsätze fachlichen Könnens Schadensersatzansprüche zur Folge habe (Fieseler/Schleicher Anm. 3 zu § 72 KJHG; vgl. auch Kap. 8).

7.3.5 Zusammenfassung

Die Qualitätsentwicklung in der sozialen Arbeit steht vor spezifischen Problemen. Gerade in der Beratung, aber auch in der therapeutischen Arbeit erscheint die Entwicklung allgemeiner Qualitätsstandards schwierig. Die Evaluation und Dokumentation der Praxis, Supervision und Fortbildung sind fachlich plausible und erprobte Instrumente, die dazu beitragen, Qualitätsentwicklung in der Beratung zu sichern.

Ein weiteres, wichtiges Instrument der Qualitätssicherung bleibt die Personalplanung. Die eher repressiven Mechanismen – wie trägerinterne Kontrollen, Schadensersatzverpflichtungen bei Falsch- und Fehlberatung sowie Disziplinar- und Kündigungsrechte – flankieren die anderen Steuerungsinstrumente.

7.4 Ehrenamtliche Tätigkeit und Beratung

In jüngster Zeit wird in der Bundesrepublik Deutschland wieder verstärkt über den Beitrag, den die *ehrenamtliche Tätigkeit* in der sozialen Arbeit leisten kann, diskutiert. Es ist durchaus umstritten, welche Aufgaben ehrenamtliche Helfer übernehmen können, mit welchen Methoden sie arbeiten sollen und wie ihre Qualifikation und Bezahlung gestaltet werden muss. Zunehmend werden die Vorzüge ehrenamtlichen Engagements und die Nachteile professionalisierter Systeme betont. Die ehrenamtliche Tätigkeit weise Vorzüge auf, die strukturell von der professionalisierten Sozialarbeit nicht erbracht werden könnten. Im Gegensatz zu der professionellen Arbeit dürften es sich die Ehrenamtlichen leisten, mit dem Faktor Sympathie zu arbeiten. Das Ehrenamt sei ganz allgemein wichtig für eine Gesellschaft mit menschlichem Antlitz. Ehrenamtliche Arbeit besitze größere Unabhängigkeit vom Dienstherren und den bürokratischen Organisationen, sei freier und flexibler. Beratung dürfe nicht nur von Professionellen auf wissenschaftlicher Grundlage betrieben werden, denn Bürokratisierung und die Interpretationsmacht der Experten entmündigten die Klienten. »Wenn sich Sozialpädagogik zunehmend als Wissenschaft beruflich sozialpädagogischen Handelns erweist, ist sie einer Verengung ihres Diskussionshorizontes erlegen, wie er für die Entwicklung der Schulpädagogik schon länger sich abzeichnet« (Thiersch 1992, 9, 13).

Nun geht es freilich nicht darum, ehrenamtliche Arbeit zu denunzieren, ihr die Berechtigung abzusprechen. Die Chancen und Möglichkeiten ehrenamtlicher Tätigkeiten, aber auch das Innovationspotential von Selbsthilfegruppen dürfen nicht unterschätzt, aber auch nicht überbewertet werden. Ehrenamtliche Arbeit steckt jedoch in einem Dilemma. Der Vorteil der beruflichen Systeme liegt ja in ihrer Erwartungssicherung für die Betroffenen. Der Behinderte muss sich unbedingt darauf verlassen können, dass die Pflegedienste funktionieren, gegebenenfalls kann er nicht einmal auf die Toilette. Bei der ehrenamtlichen Arbeit besteht stets die Gefahr, dass sie »zurückgegeben« wird. Der leicht verklärende Blick auf die Potenzen und die Menschlichkeit des ehrenamtlichen Engagements lässt deren eigene Funktionsgesetzlichkeiten vergessen. Ehrenamtliche Arbeit ist eben nicht verrechtlicht und sanktionsbewehrt, also tendenziell unberechenbar.

Angesichts der Tatsache, dass die ehrenamtliche, unbezahlte Arbeit immer noch zu 2/3 von Frauen erbracht wird, stößt man auf ein anderes Phänomen. Die Propagierung der »Mitmenschlichkeit« in der sozialen Arbeit korrespondiert augenscheinlich mit der aktuellen Arbeitsmarktentwicklung. Ein gewollter Nebeneffekt der nützlichen, unentgeltlichen Tätigkeit ist es ja, dass die ehrenamtlich Tätigen nicht dem Arbeitsmarkt zur Verfügung stehen. Auf diese Weise werden Frauen vom Arbeitsmarkt genommen oder stehen ihm nicht zur Verfügung, sie erfüllen ihre Rolle als Trösterin, Dulderin und Mutter.

Gleichwohl besitzt ehrenamtliche Tätigkeit ihren Stellenwert. In bestimmten Tätigkeitsfeldern, bei Ferienfreizeiten oder bei der Freizeitgestaltung von älteren Menschen usw. ist kaum einzusehen, warum nicht ehrenamtliches Engagement gefördert und genutzt werden sollte. Dabei ist aber zu berücksichtigen, dass die ehrenamtliche Arbeit angeleitet, überwacht und koordiniert werden muss. Sowie jedoch »schwierige« Berufsfelder betroffen sind, z.B. sozialpädagogische Beratungstätigkeiten der unterschiedlichsten Art, institutionelle Beratung multifaktoriell belasteter Familien, Heimerziehung, um nur einige Beispiele zu nennen, kommt ehrenamtliche Arbeit nicht in Betracht.
Ein Letztes ist zu berücksichtigen: Die Rede von mehr Menschlichkeit durch das Ehrenamt klingt ein wenig danach, dass die professionell in der sozialen Arbeit Tätigen »unmenschlich« mit den Klienten umgingen. Nun ist zunächst augenscheinlich, dass Organisationen, Bürokratien und verrechtlichte Strukturen Distanz hervorrufen. Auf ein Amt geht man eben nicht gern. Die Alternative kann indessen nicht sein, das Prinzip Freiwilligkeit zu beschwören, sondern die Institutionen müssen verändert werden. Die sozialen Institutionen zu modernen Dienstleistungsanbietern auszubauen, das steht auf der Tagesordnung.

Exkurs: Entwurf eines Gesetzes über Verträge auf dem Gebiet der gewerblichen Lebensbewältigungshilfe

Eine anderweitige Möglichkeit, die Qualität in Beratungsprozessen zu gewährleisten ist der Verbraucherschutz.
Ende 1997 hat der Bundesrat den Entwurf eines Gesetzes über Verträge auf dem Gebiet der gewerblichen Lebensbewältigungshilfe in den Bundestag eingebracht (BR-Drs. 351/97 sowie BT-Drs. 13/9717).

> Ziel des Gesetzentwurfes ist es, den Verbraucher vor der missbräuchlichen Anwendung von Techniken, mit denen Bewusstsein, Psyche und Persönlichkeit manipuliert werden können, zu schützen sowie ihn vor Übereilung und wirtschaftlicher Übervorteilung zu bewahren.

Unter der Vielzahl von Angeboten auf dem Psycho-Markt seien – so die Begründung zum Gesetzentwurf – auch solche vorhanden, die »Anstoß« erregten. Sie versuchten unter Einsatz bewusstseinsverändernder Psychotechniken die hilfesuchenden Personen abhängig zu machen und sie wirtschaftlich auszubeuten.
Unter Lebensbewältigung versteht der Gesetzentwurf im § 1 Abs. 2 eine *Dienstleistung*, die Helferinnen, Helfer oder Helfergruppen gegenüber einer anderen Person unter deren Mitwirkung *mit dem Ziel der Feststellung oder Verbesserung der seelischen Befindlichkeit oder der geistig-*

seelischen Fähigkeiten erbringen. Lebensbewältigungshilfe kann durch Gespräch, Unterricht, mentales und/oder körperliches Training in sog. Selbsterfahrungsgruppen, Kursen, Workshops oder im Selbststudium und Selbsttraining unter Verwendung schriftlicher und/oder audiovisueller Unterrichtsmittel und/oder interaktiver Maschinen erfolgen.

Die Verbraucher/Kunden derartiger *gewerblicher* Lebensbewältigungshilfen sollen vor allem durch folgende gesetzliche Vorgaben vor Benachteiligungen geschützt werden:

- Nach § 2 Abs. 1 bedürfen die Verträge über Lebensbewältigungshilfe der Schriftform. Die Vertragsurkunde muss u.a.:
  - die genaue Beschreibung der Leistung und des angestrebten Ziels einschließlich einer kurzen Beschreibung der angewandten Methoden und der theoretischen Grundlagen,
  - die berufliche Qualifikationen der Helfer,
  - die Art sowie die voraussichtliche Anzahl und Dauer der Veranstaltungen enthalten.
- § 2 Abs. 3 sieht vor, dass der hilfesuchenden Person eine deutliche, lesbare Abschrift der Vertragsurkunde auszuhändigen ist.
- § 3 enthält eine zweiwöchige Widerrufsfrist. Dies ist ein zentraler Eckpunkt zum Schutz der hilfesuchenden Person. Sie ist nicht mehr zwangsläufig an den schriftlichen Vertrag gebunden, sondern der Vertrag wird erst wirksam, wenn er nicht innerhalb einer Frist von zwei Wochen widerrufen wird. Es bleibt also nach dem Vertragsschluss eine zweiwöchige Frist, den Vertrag wieder aufzulösen.
- Durch § 5 erhält die hilfesuchende Person ein unabdingbares Kündigungsrecht, d.h., es kann nicht vertraglich ausgeschlossen werden. Die hilfesuchende Person kann ohne Angabe von Gründen mit einer Frist von vier Wochen den Vertrag jederzeit kündigen.

Nach § 1 Abs. 1 gilt dieses Gesetz nicht, soweit die Lebensbewältigungshilfe durch *Angehörige des ärztlichen Berufs oder des Heilpraktikerberufs* in Ausübung der Heilkunde geleistet wird. Die Stoßrichtung des Gesetzes zielt nicht auf diesen klassischen Bereich der Behandlung psychischer Krankheiten, sondern auf die »Hilfe« bei der Lösung allgemeiner Lebensprobleme durch häufig nicht qualifizierte Helfer.

Der Entwurf nimmt aus dem Anwendungsbereich des Gesetzes auch die gesamte *nichtgewerbliche* Lebensbewältigungshilfe aus, die durch gemeinnützige Organisationen und insbesondere durch die Amtskirchen ausgeübt wird. »Für diesen Bereich kann davon ausgegangen werden, dass eine Ausnutzung der besonderen Situation der hilfesuchenden Person nicht erfolgt« (BT-Drs. 13/9717, 5). Dies gilt auch für die öffentlich getragenen oder jedenfalls öffentlich finanzierten Volkshochschulen sowie andere gemeinnützige Einrichtungen.

Nach Ansicht der Bundesregierung ist der Gesetzentwurf nicht geeignet, das angestrebte Ziel, den Verbraucherschutz, zu realisieren (BT-Drs. 13/9717). Die Bundesregierung weist vor allem darauf hin, dass nicht hinreichend trennscharf abzugrenzen ist, für welche Verträge dieses Gesetz gelten soll. Nach dem Wortlaut fallen unter das Gesetz Personal- oder Management-Beratung und wohl auch Consulting-Verträge (BT-Drs. 13/9717, 12). Darüber hinaus kommt das Gesetz auch bei der psycho-sozialen Beratung – soweit sie gewerblich betrieben wird – zur Anwendung. Das beträfe die vielen selbständigen therapeutischen Praxen, die Therapieangebote für Kinder und Jugendliche und Erwachsene bereitstellen. Abgesehen von dem nur schwer zu lösenden Problem, ob mit abstrakten, prohibitiven Regelungen eine Abgrenzung der seriösen Anbieter von den Scharlatanen zu erreichen ist, ist das Pro und Contra im Hinblick auf diesen Gesetzentwurf leicht zusammenzufassen.

Die Verfechter verweisen auf die Notwendigkeit des Verbraucherschutzes. Jedes Produkt müsse in der BRD gekennzeichnet werden. Jeder Winzer sei verpflichtet, auf dem Etikett den Erzeuger oder den Abfüller, die Alkoholstärke, den Jahrgang, den Orts- und Lagenamen anzugeben. Es sei daher den Anbietern von Lebensbewältigungshilfen zuzumuten, ihre Preise und Leistungen, die Qualität ihrer Angebote sowie ihre eigenen professionellen Qualifikationen offenzulegen.

Demgegenüber machen die Gegner des Gesetzentwurfes geltend, dass die Idee für dieses Gesetz aus dem Milieu der kirchlichen und staatlichen Sektenbekämpfer komme. Es gehe in Wahrheit nicht um den Verbraucherschutz, sondern um die Absicherung und Abschottung der derzeit großen Deutungs- und Lebenshilfesysteme: die Kirchen, die medizinischen Heilberufe einschließlich der wissenschaftlichen Psychotherapie. Um diese Monopole abzusichern, wolle der Gesetzgeber die Erwachsenenbildung, die Sozialtherapie und -beratung, die Esoterik sowie Beratung und das Training in der Wirtschaft, Körpertherapie und Selbsterfahrung mit den unseriösen Methoden der Sekten auf eine Stufe stellen. Dadurch werde die grundgesetzlich garantierte Berufsfreiheit eingeschränkt. Nicht zu übersehen sei auch, dass die verfassungsrechtlich geschützte Religions- und Weltanschauungsfreiheit tangiert werde.

Gegenüber diesen harschen verfassungsrechtlichen Bedenken ist zunächst darauf hinzuweisen, dass das geplante Gesetz ja keineswegs die Tätigkeiten auf dem Gebiet der Lebensbewältigungshilfen bestimmten Gruppen oder Einzelpersonen untersagen will. Es ist kein Verbotsgesetz, das die Berufsausübung verhindert. Insofern ist der Gesetzentwurf nicht mit dem Psychotherapeutengesetz oder dem Heilpraktikergesetz vergleichbar, die die Berufswahl und -ausübung reglementieren. Vielmehr soll durch das Gesetz lediglich das Angebot transparenter gestaltet werden. Die Hilfesuchenden sollen die entscheidungsrelevanten Fakten (Dauer, Kosten) wissen können und ihnen soll die rechtliche Möglichkeit eingeräumt werden, nach einer Bedenkzeit den Vertrag zu widerrufen.

Dieses gesetzgeberische Vorhaben liegt auf der Linie anderer Formen der »Lebensbewältigungshilfe«, z.B. der Hilfen zur Erziehung nach dem Kinder- und Jugendhilfegesetz. Das KJHG kennt ähnliche Verfahrens-

weisen, um die Transparenz der Leistungen der Jugendhilfe zu garantieren. Nach § 36 KJHG sind die Personensorgeberechtigten und das Kind oder der Jugendliche vor der Entscheidung über die Inanspruchnahme einer Hilfe und vor einer notwendigen Änderung von Art und Umfang der Hilfe zu beraten und auf die möglichen Folgen für die Entwicklung des Kindes oder des Jugendlichen hinzuweisen.
§ 36 KJHG fordert eine qualifizierte Planung und Überprüfung der Hilfeprozesse im Zusammenwirken der daran beteiligten Fachkräfte. Die Sorgeberechtigten sind über die in Betracht kommenden Hilfeformen umfassend zu informieren. Haben sich die Sorgeberechtigten entschlossen, Hilfe zu beantragen, so ist eine fachliche Problemanalyse vorzunehmen und eine Beratung und Entscheidung der im Einzelfall angezeigten Hilfeart im Zusammenwirken der einzelnen Fachkräfte vorzunehmen. Das Fachteam soll die Wünsche, Interessen und Erwartungen der Sorgeberechtigten, Kinder, Jugendlichen und jungen Volljährigen berücksichtigen. Der Hilfeplan soll u.a. enthalten: das Ziel der Hilfe, die Art und den Umfang der erforderlichen Hilfe, den voraussichtlichen Zeitraum der Hilfe.
Diese Form der Transparenz bei den Hilfen zur Erziehung nach dem KJHG, auch eine Art von Lebensbewältigungshilfen, ist wesentlich im Interesse der Personensorgeberechtigten und ihrer Kinder geschaffen worden. So gesehen, dient der Hilfeplan auch dem »Verbraucher-/Kundenschutz«. Was aber für eine spezifische psycho-soziale und pädagogische Leistung nach dem Kinder- und Jugendhilfegesetz erfolgreich umgesetzt wird, sollte auch für andere Lebensbewältigungshilfen gelten.

Exkurs: Der Lebens- und Sozialberater in Österreich

Der Bedarf und die Notwendigkeit an einer, wie auch immer gearteten Ordnung auf dem Beratungsmarkt, lässt auch die gesetzliche Regelung in Österreich erkennen. In § 261 GewO ist festgelegt, dass die berufliche Tätigkeit als »Lebens- und Sozialberater« der Bewilligungspflicht unterliegt.
Die Beratung und Betreuung von Menschen insbesondere im Zusammenhang mit Persönlichkeits-, Ehe- und Familienproblemen, Erziehungs- und Berufsproblemen sowie Sexualproblemen bedürfen einer behördlichen Konzession. Die gesetzliche Regelung wurde eingeführt, weil unseriöse und unfachmännische Praktiken bei der Lebens- und Sozialberatung nicht verhindert werden konnten. Unter § 261 GewO fallen auch die Krisenintervention, die Kommunikationsberatung, die Konflikt- und Gruppenberatung sowie die Supervision (Kinscher/Sedlak 1996). In § 261 Abs. 2 GewO ist ausdrücklich geregelt, dass auch die psychologische Beratung unter die Gewerbeordnung fällt. Ausgenommen ist die Psychotherapie.
Durch § 261 GewO sollen vor allem *unzuverlässige* Personen von der

Ausübung des beratenden Gewerbes ferngehalten werden. Um dies zu erreichen, sind in einer entsprechenden Verordnung detailliert die Voraussetzungen für den Erwerb des Befähigungsnachweises für die Lebens- und Sozialberater festgelegt (BGBl 602/95). Um die Bewilligung zur Ausübung des Gewerbes »Lebens- und Sozialberater« zu erhalten, ist erforderlich:

Ein *fachspezifischer Ausbildungslehrgang* für Lebens- und Sozialberatung von mindestens 560 Stunden. In diesem Qualifizierungsprozess geht es um die Vermittlung von Theorien und Methoden der Beratung und Krisenintervention auf der Grundlage sozialwissenschaftlicher, psychologischer, psychotherapeutischer, medizinischer, rechtlicher und betriebswirtschaftlicher Fachgebiete sowie 120 Stunden Gruppenselbsterfahrung.

Darüber hinaus werden mindestens *50 Stunden Einzelselbsterfahrung* sowie eine mindestens *zweijährige fachliche Tätigkeit* (mindestens 1.000 Stunden) unter begleitender Supervision verlangt. Diese zweijährige fachliche Tätigkeit umfasst:

- 60 – 200 Stunden Prozessreflexion, Vertiefung der Lehrinhalte, Übungen etc. in Gruppen beruflich einschlägig tätiger Personen;
- 150 – 550 Stunden Beratungsgespräche in der Praxis einer ausbildungsberechtigten Person;
- 40 – 80 Stunden Einzelsupervision;
- 80 – 200 Stunden Gruppensupervision;
- 20 – 200 Stunden Leitung oder Assistenz bei themenspezifischen Seminaren sowie
- 50 – 200 Stunden Anfertigung von Protokollen.

Die Ausbildung wird mit einer *schriftlichen, mündlichen und praktischen Prüfung* abgeschlossen.

Die gesetzliche Entwicklung in Österreich signalisiert unübersehbar den Bedarf an einer qualifizierten Beratung. Um den beratenden Beruf ausüben zu können, müssen in der Ausbildung die entsprechenden thematischen und methodischen Kenntnisse sowie selbstreflektorische Kompetenzen erworben werden. In der BRD wird zu diskutieren sein, ob die Sicherung der Standards in der Beratung besser durch eine Verbraucherschutzregelung oder eine obligatorische fachliche Ausbildung – geregelt durch ein Beratungsgesetz – zu erreichen ist.

8 BERATUNG, THERAPIE UND HAFTUNG

Ein besonders spektakulärer Fall einer fehlgeschlagenen »Beratung« ging 1998 durch die Presse. Ein Wehrpflichtiger mit psychischen Problemen wandte sich an einen Arzt, um sich Rat zu holen. Der empfahl ihm, seine persönlichen Probleme mit Alkohol und Pornos zu bewältigen. Diese Form der Beratung war tödlich. Der Wehrpflichtige nahm sich das Leben. Dieser extreme »Fall« verdeutlicht mit hinreichender Klarheit, dass Beratung nicht im rechtsfreiem Raum stattfinden darf. Grobe Verletzungen der fachlich-methodischen Beratungsstandards, Übertretungen ethischer Prinzipien oder gar strafrechtlich relevantes Verhalten dürfen nicht folgenlos bleiben.

Die Qualität von Beratung und Therapie wird auch durch das *Haftungsrecht* gesteuert. Das Haftungsrecht der Bundesrepublik Deutschland regelt Im Einzelnen die Frage, ob und in welchem Umfang derjenige, der einen Schaden unmittelbar oder mittelbar verursacht, Entschädigung zu leisten hat. Ein Schaden ist jeder Nachteil oder jede Einbuße an einem rechtlich geschützten Gut, wie Eigentum, Gesundheit, Persönlichkeitsrecht (Palandt/Thomas 1999, Anm. 3 ff zu § 823 BGB). Trifft jemand auf Grund einer fehlerhaften Beratung eine Entscheidung, die ihn schädigt, so ist der Ratgeber unter Umständen zum Ersatz des Schadens verpflichtet.

Das Haftungsrecht ist die Grundlage für den Ausgleich von Schäden, die zwischen Privatpersonen entstehen, aber auch für solche, die durch die öffentliche Hand – z.B. die Verwaltung – herbeigeführt werden.

Art, Inhalt und Umfang der Schadensersatzleistungen werden im wesentlichen durch die §§ 249 – 254 BGB bestimmt. Der Schaden wird entweder durch die Wiederherstellung des ursprünglichen Zustandes (Naturalrestitution) oder durch Ersatz des entstandenen Nachteils durch Geld wiedergutgemacht. Der schadensrechtliche Ausgleich enthält – im Gegensatz zum Strafrecht – keinerlei Unwerturteil. Im weiteren geht es nicht um das Strafrecht,[1] sondern um den zivilrechtlichen Ausgleich von Schäden.

Die allgemeinen Grundsätze des Haftungsrechts gelten prinzipiell auch für beratende Tätigkeiten in der sozialen Arbeit. *Fehlerhafte, unvollständige, aber auch pflichtwidrig unterlassene Beratungen können zur Folge haben, dass dem Beratenen ein Schaden entsteht.* Auf Grund einer mangelhaften Beratung unterlässt der Ratsuchende es, einen Antrag auf Sozialhilfe zu stellen oder er trifft eine für ihn persönlich verheerende Entscheidung. Es fragt sich, auf welche Weise und in welchem Umfang der durch die fehlerhafte Beratung entstandene Schaden ausgeglichen werden kann.

Schäden können nicht nur bei falscher Beratung, sondern auch bei

[1] Die strafrechtlichen Sanktionen bei Bruch des Vertrauensverhältnisses werden im Kap. 10 behandelt.

einem Bruch des Vertrauensverhältnisses zwischen Ratsuchendem und Berater, Klienten und Therapeutin durch die Verletzung der Schweigepflicht entstehen. Schließlich kann die Verletzung ethischer Standards – z.B. sexuelle Übergriffe in Beratung und Therapie – zu Schadensersatzansprüchen führen.

Unter welchen Voraussetzungen eine Fachkraft in der sozialen Arbeit gegebenenfalls für eine »falsche« oder »schlechte« Beratung oder Therapie haftet, ist nicht pauschal zu beantworten, sondern sie richtet sich:

- nach der Art der Beratung und
- danach, bei welchem öffentlichen Leistungsträger bzw. privaten Verband die Beratung durchgeführt wird.
- Darüber hinaus können beraterische Fehlleistungen nicht nur unmittelbar in einem Beratungsgespräch vorkommen, sondern auch durch Verletzung von Pflichten im Zusammenhang mit dem Geheimnis- und Datenschutz entstehen.

Es ist hier nicht der Raum, das System des deutschen Entschädigungsrechts zu schildern. Vielmehr soll fallbezogen die Relevanz von Haftungsfragen in der Beratung und der Therapie dargestellt werden.

An die Qualität der Beratung in den Berufsfeldern der sozialen Arbeit werden durch die Justiz nach und nach professionelle Anforderungen gestellt. Es findet eine parallele Entwicklung zwischen den klassisch beratenden Berufen und der beratenden Tätigkeit in der sozialen Arbeit statt. Wie Urteile im Arzthaftungsrecht zeigen, gewinnt die Pflicht des Arztes, zutreffend zu beraten, immer mehr an Bedeutung. So können die Eltern bei einer fehlerhaften genetischen Beratung, die zur Geburt eines behinderten Kindes geführt hat, von dem beratenden Arzt im Wege des Schadensersatzes den vollen Unterhaltsbedarf des Kindes verlangen, wenn sie bei richtiger und vollständiger Beratung auf die Zeugung des Kindes verzichtet hätten (BGH, FamRZ 1994, 364; vgl. auch BGH, FamRZ 1997, 669 sowie BGH, NJW 1999, 863).

Diese Rechtsprechung des Bundesgerichtshofes zu dem hochkomplexen Problem, ob letztendlich die Existenz eines behinderten Kindes als Schaden begriffen werden kann, hat das Bundesverfassungsgericht bestätigt. Es hat entschieden, dass die Rechtsprechung der Zivilgerichte zur Arzthaftung bei fehlgeschlagener Sterilisation und fehlerhafter genetischer Beratung vor Zeugung eines Kindes nicht gegen die Menschenwürde verstößt (BVerfG, FamRZ 1998, 149; zu diesem Problemkreis Deutsch 1998; Laufs 1998).[1] Es handelt sich bei einer fehlgeschlagenen Sterilisation und einer fehlerhaften genetischen Beratung um eine typische Berufshaftung des Arztes. Wenn ein Arzt die genetische Beratung vor

[1] Der 2. Senat des Bundesverfassungsgerichtes hat eine andere Auffassung zu dieser Frage, BVerfG, FamRZ 1998, 605; zum Problemkreis »die Geburt eines behinderten Kindes als Schaden« vgl. Degener (1998), Losch/Radan (1999).

der Zeugung eines Kindes übernimmt, ist es rechtlich unbedenklich, dass er »für schuldhaftes Fehlverhalten eintreten muss« (BVerfG, FamRZ 1998, 149, 151).[1]

8.1 Haftung für unterlassene, fehlerhafte und unvollständige Beratung in der sozialen Arbeit

Auskunfts- und Beratungspflichten können – juristisch formuliert – durch Nichterfüllung (Unterlassung einer juristisch gebotenen Auskunft und Beratung) oder durch Schlechterfüllung (fehlerhafte Auskunft und Beratung) verletzt werden (Gröschner 1990; Schwede 1998). Die Haftung für unterlassene oder fehlerhafte Beratung richtet sich zunächst danach, wer beraten hat. Beratungen können durch Beamte bei Jugend- oder Sozialämtern, durch Angestellte bei den Sozialversicherungsträgern oder durch Mitarbeiter von privaten Trägern erfolgen. Es macht auch einen Unterschied, ob es sich um eine vorwiegend rechtliche Beratung oder um eine eher psycho-soziale Beratung handelt.

8.1.1 Die Amtshaftung

Berät ein Beamter fehlerhaft oder unterlässt er eine Beratung, kann er nach den Grundsätzen über die Amtshaftung zum Ausgleich des Schadens herangezogen werden.
Rechtsgrundlage ist § 839 BGB.

§ 839 BGB Haftung bei Amtspflichtverletzungen
(1) Verletzt ein Beamter vorsätzlich oder fahrlässig die ihm einem Dritten gegenüber obliegende Amtspflicht, so hat er dem Dritten den daraus entstehenden Schaden zu ersetzen. Fällt dem Beamten nur Fahrlässigkeit zur Last, so kann er nur dann in Anspruch genommen werden, wenn der Verletzte nicht auf andere Weise Ersatz zu erlangen vermag.

Unter § 839 BGB fallen alle Bundes-, Landes- und Kommunalbeamte und die Beamten der öffentlich-rechtlichen Körperschaften und zwar auch Beamte auf Probe und Widerruf sowie haupt- und nebenberuflich tätige Beamte (Palandt/Thomas 1999, Anm. 28 zu § 839 BGB).
An die Stelle der *persönlichen Haftung* durch den Beamten nach § 839 BGB tritt die *Staatshaftung* nach Art. 34 GG, wenn der Beamte in Aus-

[1] Aber nicht nur Ärzte, sondern auch Architekten, Rechtsanwälte, Vermögensberater, Banken und Versicherungen etc. müssen für Fehlberatungen oder mangelhafte Gutachten haften. Mit dem Problem falscher Auskunftserteilung und Beratung sowie der Haftung im Bereich des Wirtschaftslebens beschäftigt sich Müssig (1997).

übung eines ihm anvertrauten öffentlichen Amtes gehandelt hat. Bei derartigen Fallkonstellationen haftet nicht der Beamte, sondern der Staat.

Art. 34 GG Haftung bei Amtspflichtverletzungen
Verletzt jemand in Ausübung eines ihm anvertrauten öffentlichen Amtes die ihm einem Dritten gegenüber obliegende Amtspflicht, so trifft die Verantwortlichkeit grundsätzlich den Staat oder die Körperschaft, in deren Dienst er steht. Bei Vorsatz oder grober Fahrlässigkeit bleibt der Rückgriff vorbehalten. Für den Anspruch auf Schadensersatz und für den Rückgriff darf der ordentliche Rechtsweg nicht ausgeschlossen werden.

Art. 34 GG regelt für den Bund, die Länder und Gemeinden und für alle sonstigen öffentlichen Rechtssubjekte (u.a. die Leistungsträger nach den Sozialgesetzen, § 12 SGB I, die Körperschaften, Anstalten und Behörden) bundeseinheitlich die Haftung des Staates.
Die Haftung des Staates ist für den hoheitlichen Sektor vorgeschrieben, der dadurch charakterisiert ist, dass öffentliches Recht zur Anwendung kommt. Hierzu zählt nicht nur die eingreifende Verwaltung, wie die Polizeibehörden, sondern auch die Leistungsverwaltung. Die Leistungsverwaltung besteht zum einen aus der gezielten Unterstützung der Bürger (Sozialhilfe, Studienbeihilfen; Leistungen nach dem KJHG etc.) und zum anderen aus der Bereitstellung öffentlicher Einrichtungen (Kindergärten, Schulen, Krankenhäuser, Versorgungsbetriebe), um die Lebensbedingungen der Bürger zu verbessern. Neben dem Erlass von Verwaltungsakten und anderen Rechtshandlungen kann auch faktisches Verwaltungshandeln und Nichthandeln eine Haftung auslösen.

Haftungsrechtlicher Beamtenbegriff

»Jemand« im Sinne des Staatshaftungsrechts sind nicht nur Beamte im staatsrechtlichen Sinne, sondern grundsätzlich auch die Angestellten und Arbeiter im öffentlichen Dienst, die mit der hoheitlichen Wahrnehmung von Verwaltungsaufgaben betraut sind. Man spricht von einem haftungsrechtlichen Beamtenbegriff. Entscheidend ist nicht der persönliche Rechtsstatus des Handelnden, sondern die öffentlichrechtliche Funktionsausübung.

Die Erteilung von Rat und Auskunft zum Beispiel nach den §§ 13, 14 SGB I ist regelmäßig eine derartige Hoheitsverwaltung.

Die Amtspflichtverletzung muss *schuldhaft* begangen worden sein, der

Amtswalter muss seine Amtspflichten vorsätzlich oder fahrlässig verletzt haben. *Vorsätzlich* handelt derjenige, der den rechtswidrigen Erfolg mit Wissen und Wollen erreichen will, anders formuliert: Der Handelnde muss den rechtswidrigen Erfolg vorausgesehen und in seinen Willen aufgenommen haben. Der Beweggrund des Handelns ist unerheblich (Palandt/Heinrichs 1999, Anm. 10 zu § 276 BGB). In der sozialen Arbeit ist es nur schwer vorstellbar, dass ein Berater gezielt und bewusst einen Ratsuchenden schädigen will, es kommt jedoch vor.
Nach § 276 BGB handelt dagegen *fahrlässig*, wer die im Verkehr erforderliche Sorgfalt außer acht lässt und übersieht, dass er gegen eine ihm obliegende Amtspflicht verstößt.

Verletzung von Amtspflichten

Um die Staatshaftung auszulösen, muss der Amtsträger seine Amtspflichten verletzt haben. Der Inhalt der Amtspflichten wird in erster Linie durch Gesetze und andere Rechtsnormen sowie durch Dienst- und Verwaltungsvorschriften konkretisiert. Für die Beratung durch Amtsträger ergeben sich aus den Normen, die dem Bürger Ansprüche auf Beratung einräumen, entsprechende Amtspflichten. Die Rechtsprechung hat Im Einzelnen konkretisiert, welche Anforderungen an die Beratung durch die Amtsträger, insbesondere an die Beratung im sozialen Bereich, zu stellen sind.

- Bereits 1953 hat das OLG Bamberg entschieden, dass das Jugendamt nur mit fachlich vorgebildeten Kräften besetzt sein darf. An ihre Amtsführung sind hohe Anforderungen zu stellen. Eine Verletzung der Beratungspflicht begründet Schadensersatzpflichten (OLG Bamberg, RdJB 1954, 258; zu Amtspflichtverletzungen des Jugendamtes vgl. auch LG Aachen, RdJB 1954, 259).
- Im sozialen Rechtsstaat gehört es zu den Amtspflichten der mit der Betreuung der sozial schwachen Volkskreise betrauten Beamten, diesen zur Erlangung und Wahrung der ihnen vom Gesetz zugedachten Rechte und Vorteile nach Kräften beizustehen (BGH, NJW 1957, 1873).
- Unrichtige Gesetzesauslegung eines Beamten ist dann eine Amtspflichtverletzung, wenn sie gegen den klaren, bestimmten und völlig eindeutigen Wortlaut des Gesetzes verstößt oder nicht der ständigen höchstrichterlichen Rechtsprechung entspricht. Die Tatsache, dass eine Gerichtsentscheidung die rechtlich vertretbare Auffassung eines Beamten zurückweist, kann allerdings nicht rückwirkend eine schuldhafte Amtspflichtverletzung begründen (BGH, VersR 1968, 788).
- Ein Beamter, der eine unrichtige, missverständliche oder unvollständige Auskunft gibt, verstößt auch dann gegen eine Amtspflicht, wenn sich die Auskunft oder Zusage auf eine künftige Entscheidung oder Leistung einer Behörde bezieht (BGH, NJW 1970, 1414).

- Nach Auffassung des OLG Hamm gehört es im sozialen Rechtsstaat zu den Pflichten eines Beamten, im Rahmen seines Aufgabengebietes einen sozial schwachen und erkennbar rechtsunkundigen Gesuchssteller vor vermeidbaren Klagen zu bewahren (OLG Hamm, NJW 1989, 462).
- Die Auskünfte, die ein Beamter erteilt, müssen dem Stand seiner Erkenntnismöglichkeit entsprechend sachgerecht, vollständig und richtig sein, so dass der Auskunftsuchende entsprechend handeln kann. »Diese Amtspflicht besteht gegenüber jedem Dritten, in dessen Interesse oder auf dessen Auftrag die Auskunft erteilt wird. Für die Frage, ob die Auskunft den zu stellenden Anforderungen genügt, kommt es entscheidend darauf an, wie sie vom Empfänger aufgefasst wird und werden kann und welche Vorstellungen sie zu wecken geeignet ist« (BGH, NJW 1991, 3027). Zu verlangen ist nach ständiger Rechtsprechung die Sorgfalt eines pflichtgetreuen Durchschnittsbeamten (Kretschmer/von Maydell/Schellhorn 1996, Anm. 38 zu § 14 SGB I).
- Ein Sachbearbeiter, der einer Studentin dahingehend Auskunft erteilt, die Voraussetzungen für die Bewilligung von BAFöG seien gegeben, obwohl dies nicht zutrifft, ist schadensersatzpflichtig nach den Amtshaftungsgrundsätzen (OLG Karlsruhe, NJW 1997, 1992).
- Besteht entgegen der von einem Mitarbeiter der Fachbehörde fehlerhaft erteilten Auskunft ein Anspruch auf Pflegegeld und unterbleibt deshalb eine Antragstellung, so besteht eine Schadensersatzpflicht des Schädigers (OLG Karlsruhe, FamRZ 1997, 554).[1] In dieser Entscheidung ging es um folgendes: Die Mutter eines schwerbehinderten Kindes hatte 1979 einen Antrag auf Gewährung von Pflegegeld beim Sozialamt abgeben wollen. Sie unterließ es, weil sie die unrichtige Auskunft erhielt, sie müsse ihre und ihres Ehemannes wirtschaftliche Verhältnisse offen legen. Das Gericht verurteilte die Beklagte zur Zahlung von ca. 63.000,– DM wegen Amtspflichtverletzung. »Nach dem Ergebnis der Beweisaufnahme hat die Mitarbeiterin der Bekl. ihr eine Auskunft erteilt, bei der, wäre sie zutreffend gewesen, keine Aussicht auf eine Bewilligung bestand. Dieser Auskunft der Fachbehörde durfte die Mutter des Kl. ohne weiteres vertrauen, ohne anderweitigen Rat einzuholen oder auf einer Entscheidung zu bestehen. Sie konnte sich vielmehr darauf verlassen, dass ein Amtsträger seiner Verpflichtung gerecht wird, den von ihm zu betreuenden Personenkreis ausreichend zu belehren, aufzuklären und ihm beizustehen, damit insbesondere ein Gesuchsteller das erreichen kann, was er zu erreichen wünscht und was das Gesetz ihm zubilligt, damit vermeidbarer Schaden von ihm ferngehalten wird« (OLG Karlsruhe, FamRZ 1997, 554).
- Nach Auffassung des BGH stellt es eine Amtspflichtverletzung dar, wenn ein Rentenversicherungsträger eine fehlerhafte Auskunft im fami-

[1] Das Oberlandesgericht hob damit ein Urteil des LG Offenburg auf, das eine Schadenersatzpflicht der Fachbehörde verneint hatte, LG Offenburg, FamRZ 1996, 1407 mit Anm. Müller (1997).

liengerichtlichen Verfahren zum Versorgungsausgleich erteilt (BGH, FamRZ 1998, 89).

- Zu den Amtspflichten des Jugendamtes gehört es, minderjährige Kinder bei der Geltendmachung ihrer Unterhaltsansprüche zu beraten und zu unterstützen (OLG Celle, ZfJ 1998, 220).
- Unterbleibt der Hinweis auf die Möglichkeit, Mittel für die Erstausstattung einer Pflegestelle innerhalb der ersten zwei Jahre der Pflegschaft beantragen zu können, so ist Schadensersatz zu leisten. Im sozialen Rechtsstaat ist ein Beamter im Rahmen seines Aufgabengebietes dazu verpflichtet, sozial schwache und rechtsunkundige ratsuchende Bürger vor vermeidbaren Schäden zu bewahren. Er darf nicht zulassen, dass der bei ihm vorsprechende Bürger einen Schaden erleidet, den er durch eine kurze Belehrung abwenden kann (LG Itzehoe, Urteil vom 4.6.1998, 6 0 523/97).
- Es ist eine Amtspflichtverletzung, wenn der Amtswalter eines Jugendamtes Antragsteller erst verspätet darauf hingewiesen hat, dass sie Leistungen nach dem Unterhaltsvorschussgesetz beantragen können. »Für den Bereich von Sozialleistungen ergibt sich aus §§ 14, 16 Abs. III SGB I die Pflicht des zuständigen Leistungsträgers, über sozialrechtliche Ansprüche zu beraten und erforderlichenfalls auch auf sachgerechte Anträge hinzuwirken. Diese Pflicht kann auch unabhängig von einem Beratungsverlangen oder einem konkreten Leistungsantrag dann bestehen, wenn aus konkretem Anlass offenbar wird, dass ein Leistungsanspruch gegeben ist, den jeder verständige Anspruchsberechtigte vermutlich wahrnehmen würde, wenn er Kenntnis von ihm hätte ... Das trägt dem Umstand Rechnung, dass erfahrungsgemäß gerade dann, wenn es um Sozialleistungen geht, allgemeine Informationen der Öffentlichkeit über Gesetzesänderungen ... den anspruchsberechtigten Personenkreis nicht oder nur unvollkommen erreichen « (OLG Celle, ZfJ 1999, 71).

Eine *persönliche Haftung* des Amtsträgers kommt nur ausnahmsweise in Betracht. Grundsätzlich haftet der Staat oder die Körperschaft, in deren Diensten der Beamte tätig ist, wenn er in Ausübung eines ihm anvertrauten öffentlichen Amtes gehandelt hat, Art. 34 GG.

Bei Vorsatz und grober Fahrlässigkeit kann der Amtsträger indessen in Regress genommen werden. Aus der Formulierung im Grundgesetz, »der Rückgriff bleibt vorbehalten«, ergibt sich, dass die Verfassung den Rückgriff nicht bindend vorschreibt. Vorsätzlich handelt der Amtswalter, wenn er eine Vorschrift nicht beachtet und sich dieser Pflichtwidrigkeit bewusst ist (Palandt/Thomas 1999, Anm. 52 zu § 839 BGB). Das wäre dann der Fall, wenn ein Ratsuchender nicht beraten wird, obwohl dieser einen Rechtsanspruch auf Beratung besitzt. Vorsätzlich ist es auch, wenn bewusst falsch beraten wird, um z.B. Sozialhilfeempfänger über ihre Leistungsberechtigung zu täuschen. Grobe Fahrlässigkeit, die ebenfalls zu einem Rückgriff führen kann, liegt dann vor, wenn die im Verkehr erforderliche Sorgfalt in besonders schwerem Maße verletzt wird.

8.1.2 Der Herstellungsanspruch

Neben den Schadensersatzansprüchen aus der Amtshaftung hat die Rechtsprechung im Wege der höchstrichterlichen Rechtsfortbildung den sog. Herstellungsanspruch geschaffen (Ebsen 1987; Kressel 1994; Marschner 1997). Ein Herstellungsanspruch liegt vor, wenn eine Behörde eine Betreuungspflicht gegenüber Sozialleistungsberechtigten verletzt, insbesondere fehlerhaft berät oder falsche Auskünfte erteilt.[1] *Im Gegensatz zum Amtshaftungsanspruch erfordert der Herstellungsanspruch kein schuldhaftes Verhalten des Beraters* (BSGE 49, 76; Ebsen 1987; Möhle 1990; Wallerath 1998). Vorausgesetzt wird lediglich die objektive Pflichtwidrigkeit der Beratung (Kretschmer/von Maydell/ Schellhorn 1996, Anm. 43 zu § 14 SGB I).

Ein weiterer Unterschied zwischen sozialrechtlichem Herstellungsanspruch und Amtshaftungsanspruch besteht darin, dass der Amtshaftungsanspruch auf Geldersatz gerichtet ist, während durch den Herstellungsanspruch die beklagte Behörde zu einer Amtshandlung verpflichtet wird.

Voraussetzung für den sozialrechtlichen Herstellungsanspruch ist ein Schaden in Form des Ausbleibens einer Leistung, auf die der Bürger einen Anspruch hat. Ein Herstellungsanspruch ist vor allen Dingen dann gegeben, wenn die Behörde pflichtwidrig Hinweise nicht gegeben, falsche Auskünfte erteilt oder fehlerhaft oder unvollständig beraten hat und der Betroffene es daraufhin unterlässt, Anträge zu stellen oder andere Gestaltungsrechte wahrzunehmen. Voraussetzung für den Herstellungsanspruch ist ein Schaden, der durch ein Verhalten der Sozialleistungsträger wesentlich verursacht wurde. Das ist insbesondere dann der Fall, wenn die Beratungspflichten nach § 14 SGB I nicht ordnungsgemäß erfüllt werden. Der Herstellungsanspruch dient dazu, Nachteile abzuwenden, die dem Bürger durch pflichtwidriges Verwaltungshandeln entstanden sind. Sind die Voraussetzungen des sozialrechtlichen Herstellungsanspruches erfüllt, ist die Behörde verpflichtet, den Betroffenen so zu stellen, wie er bei pflichtgemäßem Handeln stehen würde.

Grundsätzlich gilt für die Beratung über Rechte und Pflichten nach dem Sozialgesetzbuch, dass bei etwaigen Falschinformationen der Bürger nicht so gestellt werden kann, als sei die Falschinformation richtig. Wenn also in einem Beratungsgespräch behauptet wird, dass ein rechtlicher Anspruch auf eine bestimmte Leistung besteht und diese Auskunft unrichtig ist, so hat der Bürger keinen Anspruch auf diese Leistung (BVerwG, NDV-RD 1998,5). Ein extremes Beispiel: Wird ein Rentner dahingehend beraten, dass er für seinen jungen Hund Kindergeld beantragen kann, hat er selbstredend keinen entsprechenden Anspruch. Dies schon deswegen, weil auch die Sozialverwaltung an den Grundsatz der Gesetzmäßigkeit der

---

[1] Bestritten ist, ob der Herstellungsanspruch auch für die Sozialhilfe gilt; zum Meinungsstand vgl. Möhle (1990), Wallerath (1998).

Verwaltung gebunden ist. Der Vertrauensschutz des Bürgers muss demgegenüber zurückstehen.

Schematisch zusammengefasst sind die folgenden Voraussetzungen Grundlage für den sozialrechtlichen Herstellungsanspruch (Dörr 1993):

- Ein Sozialleistungsträger bzw. eine Behörde muss haftungsbegründend gehandelt haben. Dies kann durch aktives Tun (z.B. Auskunft nach § 15 SGB I) oder durch Unterlassen (z.B. einer gebotenen Beratung nach § 14 SGB I) erfolgen.
- Dieses Handeln muss pflichtwidrig gewesen sein, d.h. nicht mit der Rechtslage übereinstimmen. Eine fehlerhafte Beratung oder Auskunft ist pflichtwidrig, weil sie gegen den Grundsatz der Gesetzmäßigkeit der Verwaltung verstößt. Auf ein Verschulden der Mitarbeiter des Sozialleistungsträgers kommt es nicht an.
- Auf Seiten des Bürgers muss es zu einer Fehldisposition gekommen sein, etwa zu einer verspäteten Antragsstellung.
- Zwischen der Rechtsverletzung der Behörde und der Fehldisposition des Bürgers muss ein kausaler Zusammenhang bestehen.
- Die Fehldisposition hat zu einem sozialrechtlichen Schaden geführt. Geschädigt ist ein Bürger, z.B. durch eine verringerte Sozialleistung oder durch überhöhte Beitragsbelastung.

Liegen diese Voraussetzungen vor, kann der Betroffene verlangen, rechtlich so gestellt zu werden, wie er stehen würde, wenn der Sozialleistungsträger rechtmäßig gehandelt hätte. Hauptanwendungsfall des Herstellungsanspruchs ist die Wiederherstellung nicht eingehaltener Fristen. Wer falsch beraten wurde und aus diesem Grunde eine Frist versäumt hat, dem kann dieses Fristversäumnis nicht angerechnet werden (Mrozynski 1995, Anm. 31 zu § 14 SGB I; zur Hinweispflicht der Rentenversicherungsträger vgl. Marschner 1998). Der sozialrechtliche Herstellungsanspruch gilt aber auch beispielsweise in den folgenden Fallgestaltungen:

- Wenn infolge einer falschen Beratung die monatlich bezahlten Rentenbeiträge zu niedrig waren, um in den Genuss der Rente zu kommen, dann kann der Betroffene verlangen, dass die von ihm nachgezahlten Rentenbeiträge als rechtzeitig geleistet anerkannt werden (BSGE 41,126).
- Wenn infolge einer fehlerhaften Beratung die entrichteten Beitragsleistungen für den Betroffenen ungünstig sind, kommt eine Umbuchung oder Erstattung in Betracht (BSGE 60, 43).

> Die praktischen Auswirkungen der Amtshaftung und des sozialrechtlichen Herstellungsanspruches bestehen in der Konkretisierung des Umfangs der Beratungspflichten. Amtshaftung und Herstellungsanspruch haben daher den vielfältigen Beratungsansprüchen nach den Sozialgesetzen deutlich den Charakter des »unverbindlichen Gesprächs« genommen.

8.1.3 Die Haftung bei der Beratung durch Träger der freien Wohlfahrtsverbände

Die bisher dargestellten Möglichkeiten des Schadensersatzes bei der Amtshaftung oder des sozialrechtlichen Herstellungsanspruches bei einer unterlassenen oder fehlerhaften Beratung und Auskunft richten sich gegen die öffentliche Hand, die Verwaltung bzw. die Sozialleistungsträger nach den Sozialgesetzbüchern.
Wie aber, wenn ein privater Träger Erziehungs-, Trennungs- und Scheidungsberatung, Drogen- oder Aidsberatung anbietet und falsch berät oder informiert, wer haftet und in welchem Umfang? Zu diesem Problemkreis existiert eine Vorschrift im Bürgerlichem Gesetzbuch.

> **§ 676 BGB Rat oder Empfehlung**
> Wer einem anderen einen Rat oder eine Empfehlung erteilt, ist, unbeschadet der sich aus einem Vertragsverhältnis oder einer unerlaubten Handlung ergebenden Verantwortlichkeiten, zum Ersatze des aus der Befolgung des Rates oder der Empfehlung entstehenden Schadens nicht verpflichtet.

Das klingt so, dass eine Beratung weitestgehend unverbindlich und ohne rechtliche Konsequenzen ist. Dem ist aber nicht so. Lediglich bei einer reinen *Gefälligkeit*, bei einem Gespräch unter Freunden, bei der Alltagsberatung führt die unbeabsichtigte Falschauskunft zu keiner Haftung (Palandt/Sprau 1999, Anm. 1 zu § 676 BGB).
Derjenige, der Empfehlungen erteilt oder rät, kann im Schadensfall dann haften, wenn ein:

- Vertragsverhältnis oder
- eine unerlaubte Handlung vorliegen.

Insoweit gelten die allgemeinen Bestimmungen des BGB zur Schlechterfüllung und zu dem Schadensersatzrecht aus unerlaubten Handlungen (zum Ersatz des Vertrauensschadens wegen falscher Auskunft vgl. BGH, NJW 1999, 211 sowie BGH, JuS 1999, 496).

- Darüber hinaus haftet man, wenn wissentlich falscher Rat oder falsche Auskunft erteilt wird, um dem Ratsuchenden Schaden zuzufügen, § 826 BGB.

Der Beratung in den Einrichtungen der freien Träger liegt in aller Regel ein Vertrags- oder ein ähnlich zu bewertendes Vertrauensverhältnis zugrunde. Wird für die Beratung ein Entgelt vereinbart oder eine Gebühr erhoben, so besteht die Verpflichtung zur Haftung im Schadensfall.
Aber auch wenn die Beratung unentgeltlich erfolgt, ist bei einer professionellen Beratung nicht davon auszugehen, dass sie außerhalb des Rechts stattfindet. Beratungen und Auskünfte werden in Erfüllung einer

vertraglichen Aufklärungs-, Beratungs- oder Warnpflicht erteilt (Staudinger/Wittmann 1995, Anm. 8 zu § 676 BGB).
Sind die Voraussetzungen einer vertraglichen oder deliktischen Haftung gegeben, so ist der Ratgeber nach § 249 BGB zum Ersatz des Schadens verpflichtet, der dem Ratsuchenden und Auskunftsempfänger entstanden ist.

8.1.4 **Die Haftung bei psycho-sozialer Beratung**

Bei Beratungen, die sich nicht vorwiegend auf Rechte und Pflichten nach den Sozialgesetzen beziehen, sondern helfen sollen, individuelle Problemlagen zu überwinden, haben wir es mit der Besonderheit zu tun, dass diese Art der Beratung auf den ersten Blick nur schwerlich justiziabel erscheint. Eine fehlerhafte Auskunft kann bei einer eher rechtlichen/fachlichen Beratung ursächlich für einen Schaden sein. Das ist im Einzelnen nachweisbar und führt zur Verpflichtung, den Schaden zu ersetzen. Die Gerichtsurteile belegen dies.
Wie ist aber zu entscheiden, wenn es um die Frage geht, ob eine Beratung in einer Krisenintervention die »richtige« war, ob eine Beratung fehlerhaft war? Bei der Trennungs- und Scheidungsberatung, bei der Beratung von Kindern und Jugendlichen oder der Erziehungsberatung ist es durchaus möglich, dass die konkrete Beratung fehlerhaft erfolgt und der Ratsuchende geschädigt wird.
Allerdings wird bei derartigen Beratungen kein ›Erfolg‹ geschuldet. Die Beraterin kann und muss nicht vertraglich garantieren, dass durch die Beratung die Krise beseitigt, der Drogenkonsum beendigt, der Bestand der Ehe gesichert wird. Wenn eine Beratung daher ohne das gewünschte Ergebnis geblieben ist, so haftet man nicht für den ausgebliebenen Erfolg.[1]
Maßstab für eine Haftung, vorausgesetzt die sonstigen Haftungsvoraussetzungen liegen vor (Schadensersatzanspruch oder Vertragsverletzung), ist § 276 BGB. Danach haftet, wer die im Verkehr erforderliche Sorgfalt außer Acht lässt (Fahrlässigkeit). Es gilt ein objektiver Sorgfaltsmaßstab und nicht etwa eine individuelle Betrachtungsweise (Palandt/Heinrichs 1999, Anm. 15 zu § 276 BGB). Fehlende Fachkenntnisse entlasten den Haftenden keineswegs. Die Sorgfaltsanforderungen richten sich nach den jeweiligen Verkehrs- bzw. Berufskreisen (BGH, NJW 1970, 1038). Die berufsspezifische Konkretisierung der Sorgfaltspflichten bezieht sich auf besonnene und gewissenhafte Angehörige der jeweiligen Berufsgruppe.
Für die Fachkräfte in der psycho-sozialen Beratung gelten die Grundsätze des fachlichen Könnens. Sie enthalten Standards für die psycho-

1 Für den Bereich der psychologischen und therapeutischen Behandlung vgl. Pulverich 1996, 160.

soziale Beratung (vgl. Kap. 7) und geben damit Anhaltspunkte für die Qualität und den Sorgfaltsmaßstab. Diese Maßstäbe sind mit Aufmerksamkeit und Sorgfalt zu beachten. Das bedeutet indessen nicht, dass durch das Prinzip der Fachlichkeit schematische Handlungsmuster festgelegt sind. Professionelle Beratung erweist sich am Einzelfall und muss auf die individuellen Besonderheiten ausgerichtet sein. Im Rahmen der Einzelfallerfordernisse sind professionelle Standards zu beachten.[1]

> Eine Haftung kommt infolgedessen nur dann in Betracht, wenn der beratenden Fachkraft nachzuweisen ist, dass sie nicht nach den Regeln der Profession gearbeitet hat und dieses Vorgehen ursächlich für den Schaden war.

8.2 Haftung bei Bruch des Vertrauensverhältnisses

Ein *Vertrauensbruch* durch Berater kann ebenfalls zivilrechtliche Schadensersatzansprüche nach sich ziehen. Eine Beraterin erzählt einer »guten« Freundin, dass sie sich mal vorstellen müsste, der nach außen so seriöse Herr X sei Alkoholiker und zudem noch tablettenabhängig. Die Freundin berichtet dies sofort ihrem Lebensgefährten, der ein Arbeitskollege von X ist. Die Sache wird in der Firma publik. Die Folge: Herr X verliert seinen Arbeitsplatz.

Das Ausplaudern von Beratungsgeheimnissen kann für den Klienten schwerwiegende Folgen haben: Nicht nur gesellschaftliche Ächtung, sondern auch massive finanzielle Nachteile. Ein Arbeitsverhältnis wird gekündigt, ein in Aussicht stehender lukrativer Vertrag platzt, eine Ehe geht zu Bruch. Selbstverständlich hat sich der Berater – soweit er nach § 203 StGB schweigepflichtig ist – strafbar gemacht. *Eine Bestrafung des Beraters bringt jedoch keinen finanziellen Ausgleich, ersetzt dem Geschädigten weder den materiellen noch den immateriellen Schaden*, z.B. die psychischen Verletzungen und ihre Folgen.

Bei einem Bruch des Vertrauensverhältnisses kommt eine Haftung nach den Grundsätzen des Schadensersatzrechts in Frage.

Nach § 823 Abs. 1 BGB ist schadenersatzpflichtig, wer vorsätzlich oder fahrlässig das Leben, den Körper, die Gesundheit oder ein sonstiges, jedermann gegenüber geschütztes Recht verletzt. Zu diesen Rechtsgütern gehört das umfassende Recht auf *Achtung und Entfaltung der Persönlichkeit*. Im Einzelnen zählen dazu:

- die *Individualsphäre*, die das Selbstbestimmungsrecht des Menschen schützt;

---

[1] Zu dem Umfang der Sorgfaltspflichten bei Ärzten und Heilpraktikern vgl. BGHZ 113, 297.

- die *Privatsphäre*, die das Leben im häuslichen oder im Familienkreis betrifft sowie
- die *Intimsphäre*, die die inneren Gedanken und die Gefühlswelt umfasst und alle Angelegenheiten, auf die ihrer Natur nach ein Anspruch auf Geheimhaltung besteht, wie z.B. der Gesundheitszustand.

Die Intimsphäre genießt grundsätzlich absoluten Persönlichkeitsschutz (BGH, NJW 1988, 1984). Es braucht kaum darauf verwiesen zu werden, dass Probleme aus der Intimsphäre ein äußerst wichtigstes Thema in vielen Beratungsgesprächen sind.[1]

Eine Verletzung der Individual-, Privat- sowie Intimsphäre liegt u.a. dann vor, wenn geheimzuhaltende Umstände an Dritte weitergegeben werden. Diese Weitergabe ist grundsätzlich rechtswidrig, es sei denn, es lägen rechtfertigende Umstände vor. Das ist nur ausnahmsweise der Fall (vgl. Kap. 10).

8.2.1 Schutz der Privatsphäre

Der Bundesgerichtshof hat in einer Entscheidung erneut die Bedeutung des Schutzes der Privatsphäre hervorgehoben. Sogenannte absolute Personen der Zeitgeschichte, müssen zwar hinnehmen, dass Bildaufnahmen von ihnen veröffentlicht werden, nicht nur, wenn sie in öffentlicher Funktion tätig sind, sondern auch wenn ihr Privatleben im weitesten Sinne betroffen ist. Aber, so der Bundesgerichtshof, kann auch außerhalb des eigenen Hauses ein schützenswertes Interesse bestehen, wenn sich jemand in eine örtliche Abgeschiedenheit zurückgezogen hat, in der er objektiv erkennbar für sich alleine sein will und in der er sich in der konkreten Situation im Vertrauen auf die Abgeschiedenheit so verhält, wie er es in der breiten Öffentlichkeit nicht tun würde. Der BGH begründete diesen Anspruch auf Achtung und Schutz der Privatsphäre, dass jedem ein autonomer Bereich der Lebensgestaltung zustehe, »in der er seine Individualität unter Ausschluss anderer entwickeln und wahrnehmen kann. Dazu gehört in diesem Bereich auch das Recht, für sich zu sein, sich selbst zu gehören« (BGH, NJW 1996, 1128, 1129). Der Schutz der Privatsphäre ist durch diese Entscheidung verstärkt worden.[2]

---

[1] Nach § 823 Abs. 2 BGB ist ebenfalls schadensersatzpflichtig, wer gegen ein den Schutz eines anderen bezweckendes Gesetz verstößt. Ein derartiges Schutzgesetz ist nun ganz ohne Frage das Strafgesetzbuch und in unserem Zusammenhang der § 203 StGB, der u.a. das Vertrauensverhältnis zwischen staatlich anerkannten Sozialpädagoginnen und Sozialarbeitern zu ihren Klienten strafrechtlich absichert.

[2] Zum Persönlichkeitsschutz durch das Strafrecht vgl. Peglau (1998).

8.2.2 Schutz der Intimsphäre

Hervorzuheben ist: Die Intimsphäre eines Menschen ist absolut geschützt (BGH, NJW 1981, 1366; Palandt/Thomas 1999, Anm. 185 zu § 823 BGB). Eine öffentliche Darstellung ist unzulässig.

Daher darf es weder zu ungenehmigten Veröffentlichungen von Informationen aus vertraulichen Gesprächen kommen (BGH, NJW 1987, 2667), noch dürfen ungenehmigt Tonbandmitschnitte aus einem vertraulichen Gespräch veröffentlicht werden. Die ungenehmigte Weitergabe von Tonbandaufzeichnungen durch den Gesprächspartner, auch wenn das Gespräch mit dessen Zustimmung aufgezeichnet worden ist, verletzt grundsätzlich das Recht der Person zur Selbstbestimmung über das gesprochene Wort.

»Das Festhalten der Stimme auf einem Tonträger durch das nicht nur die Äußerungen ihrem Inhalt nach, sondern in allen Einzelheiten auch des Ausdrucks fixiert und aus der Sphäre einer von der Flüchtigkeit des Wortes geprägten Unterhaltung herausgehoben sowie für eine jederzeitige Reproduzierbarkeit in einem gänzlich anderen Kreis und einer anderen Situation objektiviert und konserviert werden, stellt eine derart intensive ›Verdinglichung‹ der Persönlichkeit dar, dass über ihren Kopf hinweg nicht über derartige Aufzeichnungen verfügt werden darf« (BGH, NJW 1987, 2667, 2668).[1]

8.2.3 Schadensersatzpflichten

Verletzt daher eine Beraterin das Vertrauensverhältnis, ist sie nicht nur strafrechtlich verantwortlich, sondern muss auch zivilrechtlich Ersatz für den eingetretenen Schadens leisten.
Das bedeutet zunächst, dass der *materielle Schaden* ersetzt werden muss. Zu ersetzen ist jedweder Vermögensschaden, der durch den Vertrauensbruch entstanden ist. Der Geschädigte ist so zu stellen, wie er vor dem schädigenden Ereignis gestanden hat.
Wer zum Schadensersatz verpflichtet ist, hat indessen auch den *immate-*

[1] Das Landgericht Hamburg hat dagegen die Schmerzensgeldklage eines Vaters, der von einer Psychologin in einer gutachterlichen Stellungnahme in den Verdacht gebracht worden ist, seine Tochter sexuell missbraucht zu haben, abgewiesen. Nach Ansicht des Landgerichts liegt kein rechtswidriger und schuldhafter Eingriff in das Persönlichkeitsrechts vor, weil die Behauptung in einem von der Rechtsordnung vorgesehenen Verfahren erfolgte. Etwas anderes gilt indessen bei leichtfertiger oder gar mutwilliger Beschuldigung (LG Hamburg, NJW 1998, 85; vgl. auch BVerfG, NJW 1998, 2889, das die öffentliche Nennung des eigenen Namens im Fall des sexuellen Missbrauchs durch den Vater für zulässig gehalten hat).

riellen Schaden zu ersetzen. Die Verletzung des Persönlichkeitsrechts kann u.U. zu erheblichen seelischen Belastungen bei dem Ratsuchenden führen. Wenn das soziale Umfeld durch das »Geschwätz« des Beraters erfährt, dass massive sexuelle Probleme gepaart mit Drogenabhängigkeit vorliegen, dann sind psychische Reaktionen des Betroffenen sehr wahrscheinlich. Die Rechtsprechung hat inzwischen anerkannt, dass bei Verletzung des allgemeinen Persönlichkeitsrechtes prinzipiell auch ein Ersatz des immateriellen Schadens in Betracht kommen kann. Allerdings unter zwei einschränkenden Voraussetzungen:

- Es muss sich um eine schwere Verletzung des Persönlichkeitsrechts handeln und
- eine Genugtuung für den Geschädigten durch eine Gegendarstellung oder einen Widerruf ist nicht möglich.

Ob ein Eingriff so gravierend ist, dass der immaterielle Schaden zu ersetzen ist, richtet sich nach dem Einzelfall. Allerdings dürfte gerade der Bruch eines vertraulichen Beratungsgesprächs und die Preisgabe intimer Details in aller Regel als schwerwiegende Verletzung des Persönlichkeitsrechtes anzusehen sein. Ein Beispiel: Das LG München verurteilte einen Psychologen zu einem Schmerzensgeld von 1000,– DM weil er ohne Einwilligung seines Klienten Befunddaten an dessen Hausarzt weitergeleitet hatte (Az.: 23 0 2157/91). Wenn der Patient nicht in die Weitergabe von Befunddaten einwilligt, so das Gericht, ist der behandelnde Psychologe auch gegenüber einem Kollegen an die Schweigepflicht gebunden.

Eine Entscheidung des Bundesgerichtshof zeigt auch recht deutlich, dass die Rechtsprechung den Schutz des Beratungsgeheimnisses ernst nimmt. Es handelte sich um folgenden Fall: Der Strafgefangene G bewarb sich bei der Klägerin, die ein Autohaus betreibt, um eine Stellung als Autoverkäufer. G verbüßte in einer Justizvollzugsanstalt eine Gesamtfreiheitsstrafe von fünf Jahren, zu der er wegen Betruges sowie wegen Steuerhinterziehung verurteilt wurde. Er war bereits wiederholt zu Freiheitsstrafen, darunter mehrfach wegen Betruges, Urkundenfälschung und Unterschlagung verurteilt worden. Sein Strafregisterauszug enthielt 22 Eintragungen. Es war vorgesehen, dass G als Freigänger einer Beschäftigung nachgehen sollte.

Bei der Vorstellung erklärte G dem Verkaufsleiter der Klägerin, er sitze wegen betrügerischem Konkurs und Steuerhinterziehung ein; sonst sei er nicht straffällig geworden. Dies könne sein Sozialarbeiter in der Vollzugsanstalt bestätigen. Der Verkaufsleiter rief daraufhin im Beisein des G den Sozialarbeiter an. Ein weiteres Telefongespräch mit dem Sozialarbeiter führte der Geschäftsführer der Klägerin. In beiden Unterredungen ging es um die strafrechtliche Vergangenheit des G. und die Prognosen für sein künftiges Verhalten. Daraufhin stellte die Klägerin den G. als Autoverkäufer mit Inkassovollmacht ein. In der Folgezeit behielt G. von den von ihm einkassierten Beträgen insgesamt 170.000 DM privat für sich.

Die Klägerin hat das Land unter dem Gesichtspunkt der Amtshaftung auf Zahlung von 170.000 DM verklagt. Die Klägerin behauptet, dass der Sozialarbeiter die wiederholte Bestrafung des G und seine Verurteilung wegen Betruges wissentlich verschwiegen habe, um die Einstellung des G nicht zu gefährden. Dabei habe er die Familienverhältnisse des G als günstig geschildert und hinzugefügt, G sei auf dem richtigen Weg und resozialisierungsfähig, es könne gar nichts passieren.
Das beklagte Land behauptete, dass der beanstandete Ratschlag im Rahmen eines unvorbereiteten Telefongesprächs erteilt worden sei, der Sozialarbeiter könne nicht alle Einzelheiten über die Vorstrafen im Gedächtnis haben.
Der Bundesgerichtshof hob hervor, dass Auskünfte, die ein Beamter erteilt, dem Stand seiner Erkenntnismöglichkeit entsprechend sachgerecht, d.h. vollständig, richtig und unmissverständlich sein müssen. Diese Amtspflicht bestehe, gegenüber jedem Dritten, der Auskunft von einem Beamten haben will. Die Auskunft durch den Beamten – im zu entscheidenden Fall – war zwar nicht vollständig, dennoch stellt sie keine Amtspflichtverletzung dar. Denn der Sozialarbeiter musste bei seiner Auskunft auch berücksichtigen, dass die »Preisgabe weiterer Einzelheiten über das strafrechtliche Vorleben des G dessen Wiedereingliederungschancen entscheidend mindern und sogar eine Amtspflichtverletzung gegenüber dem als resozialisierungsfähig beurteilten G darstellen konnte« (BGH, NJW 1991, 3027, 3028). Das verpflichtet einen Sozialarbeiter, den Umfang der Auskunft unter sorgfältiger Abwägung der Interessen aller Beteiligten zu bestimmen und einem Auskunftsuchenden nicht ungefragt Tatsachen mitzuteilen, die die Resozialisierung gefährden könnten.

8.3 Schmerzensgeld sowie berufs- und strafrechtliche Konsequenzen bei Verletzung ethischer Standards in Beratung und Therapie

In psychotherapeutischen bzw. beraterischen Verfahren kommt es immer wieder zu Grenzüberschreitungen der unterschiedlichsten Art. Die Berater oder Therapeuten versuchen, das Machtgefälle zwischen ihnen und den Rat- und Hilfesuchenden auszunutzen (zum Machtmissbrauch in der Therapie, Hafke 1998). Auf sexuellem Gebiet werden nicht selten die ethischen und professionellen Grundsätze verletzt. Soweit es sich um Sexualdelikte nach den §§ 174 ff StGB handelt, wird der Berater oder der Psychotherapeut strafrechtlich zur Verantwortung gezogen (zu den Einzelheiten vgl. Barabas 1998a).
Für alle sexuellen Handlungen unterhalb der Strafrechtsschwelle gilt das Gebot der Abstinenz, das heißt, Psychotherapeuten ist es strikt untersagt, emotionale persönliche Beziehungen, vor allen Dingen sexuelle Beziehungen zu ihren Klienten aufzunehmen. Der Grund ist einleuchtend. Die Methode der Psychotherapie verlangt, dass der Therapeut die Persönlichkeit des Klienten umfassend kennen lernen muss. Dies führt in der Thera-

pie, aber auch in der Trennungs- und Scheidungsberatung, der Familienberatung etc. notwendig zu einem engen Verhältnis zwischen den Beteiligten. Der Ratsuchende und der Klient müssen sich in Gesprächen und Interviews den Beratern und Therapeuten mit ihren Problemen offenbaren. Seine Aufgabe kann der Therapeut nur wirksam wahrnehmen, wenn er jeden privaten Kontakt mit dem Klienten meidet. Persönliche Beziehungen mit emotionaler Bindung sind daher unverantwortlich und grob fehlerhaft, unabhängig davon, ob sie aus eigenem Antrieb oder durch die Patientin herbeigeführt erfolgen. Ein Therapeut kann sich daher keineswegs dadurch entlasten, dass seine Klientin die treibende Kraft bei der Anbahnung der sexuellen Beziehung gewesen sei.

■ Lehrreich ist ein Fall, den das Oberlandesgericht Düsseldorf entschieden hat. Eine Frau, die von ihrem Stiefvater missbraucht wurde, wählte wegen einer Depression und massiven sexuellen Schwierigkeiten mit ihrem Partner eine psychotherapeutische Behandlung. Der Therapeut nahm während der Behandlung intime Beziehungen zur der Frau auf und sprach mit ihr von einer gemeinsamen Zukunft. Nachdem die Klientin u.a. feststellte, dass der Therapeut eine Beziehung zu einer anderen Frau aufgenommen hatte, geriet sie verstärkt in Alkohol und Tablettenabhängigkeit sowie in Suizidgefahr und musste sich stationär in ein Krankenhaus begeben.
Das Gericht in erster Instanz hatte den Therapeuten zur Rückzahlung des Honorars verurteilt und den geltend gemachten Schmerzensgeldanspruch mit der Begründung zurückgewiesen, für eine enttäuschte Liebe gebe es kein Schmerzensgeld. Das sahen die Richter der nächsten Instanz jedoch anders. Sie werteten das Verhalten des Therapeuten als eine Missachtung des Abstinenzgebotes. Der Therapeut kann seine Aufgabe nur wirksam erfüllen, »wenn er, solange die Behandlung dauert, jeden privaten Kontakt mit dem Patienten meidet. Denn durch die Aufnahme emotionaler persönlicher Beziehungen (zum Therapeuten) werden beim Patienten neue Reaktionen mobilisiert, die einer Überwindung neurotischer Störungen im Wege stehen. Das Abstinenzgebot ist deshalb ... ein Grundsatz, dessen peinliche Beachtung von der in der Medizin herrschenden Auffassung im Interesse des Patienten gefordert wird. Der Psychotherapeut handelt folglich unverantwortlich und grob fehlerhaft, wenn er aus eigenem Antrieb oder dem Verlangen einer weiblichen Patientin folgend persönliche Beziehungen mit emotionaler Bindung begründet«. Das Oberlandesgericht hat daher den Therapeuten zu einem Schmerzensgeld von 10.000 DM verurteilt (OLG Düsseldorf, NJW 1990, 1543; vgl. auch OLG Köln, 15 U 186/91).

■ Zu einem Schmerzensgeld in Höhe von 5.000 DM verurteilte das LG Hannover einen Heilpraktiker, weil er persönliche Beziehungen zu einer Patientin aufgenommen hatte, in deren Verlauf es jedenfalls einmal zum Austausch von Intimitäten zwischen den Parteien gekommen war. Darüber hinaus besteht kein Zahlungsanspruch des Therapeuten, weil der

Behandlungsvertrag wegen der standesrechtlichen Verstoßes sittenwidrig und damit nichtig ist (LG Hannover, Streit 1999, 21).

- Einem Diplompsychologen kann das Zertifikat »Klinischer Psychologe/Psychotherapeut BdP« entzogen werden, wenn er seine Sexualität nicht steuern kann und dadurch seine therapeutische Verantwortlichkeit verletzt (Schieds- und Ehrengericht des Berufsverbandes Deutscher Psychologen, Streit 1996, 20).
- Aber auch, wenn es *nicht zu einer sexuellen Beziehung* kommt, kann das Abstinenzgebot verletzt werden und zu Geldbußen führen. Hierzu ist es schon ausreichend, wenn ein Therapeut außerhalb der therapeutischen Sphäre private Kontakte zu seiner Klientin aufnimmt, etwa in der Form, dass er eine Klientin für sich Übersetzungsarbeiten vornehmen und abends privat bei seiner Arbeit anwesend sein lässt (Schieds- und Ehrengericht des Berufsverbandes Deutscher Psychologen, Streit 1993, 156).

Das Abstinenzgebot gilt auch für Beratungsverhältnisse, in denen nicht finanzielle Aspekte – wie zum Beispiel bei der Schuldnerberatung – im Vordergrund stehen, sondern psycho-soziale Problemstellungen aufgearbeitet werden müssen. Bei derartigen Beratungen kommt es naturgemäß zu einem engen Verhältnis der Beteiligten. Der Klient muss sich offenbaren, damit wirksam und fachlich kompetent geholfen werden kann. In einer Trennungs- und Scheidungsberatung etwa, in der Drogen- oder der Schwangerschaftsberatung besteht ein Machtgefälle, das die Berater nicht für eigene Interessen instrumentalisieren dürfen.

Der Gesetzgeber war der Auffassung, dass *der zivil- und berufsrechtliche Schutz* in bestimmten beraterischen und therapeutischen Verfahren nicht ausreichend ist. 1998 ist der strafrechtliche Schutz geistig und seelisch beeinträchtigter Menschen vor sexuellen Übergriffen im Rahmen von Beratungs-, Behandlungs- und Betreuungsverhältnissen verbessert worden.

§ 174c StGB Sexueller Missbrauch unter Ausnutzung eines Beratungs-, Behandlungs- oder Betreuungsverhältnisses

(1) Wer sexuelle Handlungen an einer Person, die ihm wegen einer geistigen oder seelischen Krankheit oder Behinderung einschließlich einer Suchtkrankheit zur Beratung, Behandlung oder Betreuung anvertraut ist, unter Missbrauch des Beratungs-, Behandlungs- oder Betreuungsverhältnisses vornimmt oder an sich von ihr vornehmen lässt, wird mit Freiheitsstrafe bis zu fünf Jahren oder mit Geldstrafe bestraft.

(2) Ebenso wird bestraft, wer sexuelle Handlungen an einer Person, die ihm zur psycho-therapeutischen Behandlung anvertraut ist, unter Missbrauch des Behandlungsverhältnisses vornimmt oder an sich von ihr vornehmen lässt.

Die Einführung des strafrechtlichen Schutzes lässt einerseits die wachsende Bedeutung der Beratung erkennen und war andererseits auch notwendig, denn die Anzahl der Sexualstraftaten im Rahmen der Beratungs-, Behandlungs- und Betreuungsverhältnisse sowie in der Psychotherapie sind nicht unbeträchtlich. Die Bundesregierung geht davon aus, dass sexuelle Angriffe gegenüber geistig behinderten Personen auch im Rahmen teilstationärer Behandlung »gleichsam zum Alltag gehörten« (BR-Drs. 295/97/7). In therapeutischen Behandlungsverhältnissen ist mit jährlich etwa 600 Fällen sexueller Übergriffe zu rechnen, so die Ergebnisse eines Forschungsberichtes aus dem Jahre 1995 (BR-Drs. 295/97/8).

Zusammenfassung:
Als ein wirksames Instrument, die Qualität der Beratung zu sichern, erweisen sich die unterschiedlichen Formen der Schadensersatz- und Wiederherstellungspflichten bei fehlerhafter oder unterlassener Beratung oder Auskunft. Die Amtshaftung, der sozialrechtliche Wiederherstellungsanspruch, der zivilrechtliche Schadensersatzanspruch sind geeignete Instrumente, Professionalität von Beratungsprozessen zu garantieren. Flankierend sollen strafrechtliche Normen gewährleisten, dass Beratungsprozesse frei von sexuellem Übergriffen bleiben.

9 KRISENINTERVENTION, SUIZID UND UNTERBRINGUNG

Berater und Therapeutinnen sind häufig – allemal in Krisensituationen unterschiedlichster Art – mit Grenzsituationen konfrontiert, in denen schnell und kompetent reagiert werden muss.

- Ein völlig überschuldeter Mann kündigt seiner Beraterin an, er werde sich »was antun«.
- In einer Eheberatung droht ein Mann völlig auszurasten, er beginnt seine Ehefrau als Flittchen und Hure zu beschimpfen.
- Ein Suchtberater stellt fest, dass sein Klient auf dem besten Wege ist, sich in kürzester Zeit tot zu saufen.
- In einer Beratung fängt ein Klient an, Möbel aus dem Fenster zu werfen und den Berater massiv zu beleidigen.
- Bei einer Ernährungsberatung in einem Esszentrum kommt die Beraterin zu dem Ergebnis, dass ein junges Mädchen zu verhungern droht, und überlegt, ob eine Zwangsernährung in Betracht kommt.

In derartigen Fällen kann sich die Frage stellen, ob die Klienten zur ihrer eigenen Sicherheit oder um die Gefährdung fremder Rechtsgüter zu verhindern, in Verwahrung genommen werden können – oder sogar die Pflicht besteht, sie zu verwahren. Es geht im Kern um den Schutz des Menschen vor sich selbst. Zur Lösung dieses »Problems« sind zwei äußerst gegensätzliche staatliche Strategien denkbar. Ein *überfürsorglicher Staat* könnte es sich zur Aufgabe setzen, seine Bürger zu einem gesundem Leben anzuhalten und sie zwingen, keinen Alkohol zu trinken, nicht zu rauchen oder keine gefährlichen Sportarten zu betreiben. Dagegen wäre es einem *Rabenvaterstaat* völlig egal, ob seine Bürger Suizid begehen, sich als Kampftrinker ins Jenseits befördern oder durch Drogen ihrem Leben ein Ende setzen. Das derzeit geltende Recht vermeidet beide Extreme und enthält fürsorgliche Aspekte (so ist es rechtmäßig, wenn die Polizei gegen eine Selbsttötung einschreitet) wie auch freiheitsverbürgende Elemente (Schwabe 1998).

9.1 Juristische Grundlagen des Unterbringungsrechts

Die Unterbringung eines Menschen gegen seinen Willen in einer geschlossenen Anstalt ist stets mit einem weitreichenden Eingriff in seine verfassungsrechtlich geschützten Grundrechte verbunden.[1]

---

[1] Die Anzahl der Unterbringungsanträge nach § 1906 BGB belief sich im Jahre 1995 auf ca. 55.000, während ca. 57.000 Anträge nach den Psychiatrie- und Krankensowie den Unterbringungsgesetzen der Länder gestellt wurden, Deinert (1998); vgl. auch Crefeld (1998), der sich mit der Zwangseinweisung befasst und zu dem Ergebnis kommt: »Exakte Zahlen sind Mangelware.«

Der freiwillige Aufenthalt eines psychisch Kranken stellt ihn dagegen anderen Patienten gleich. Er kann die Klinik jederzeit verlassen, er ist Auftraggeber des Krankenhauses. Er unterliegt selbstverständlich nicht den Regeln des Unterbringungsrechts. Eine freiwillige Entscheidung setzt voraus, dass sie nicht erzwungen wurde. Ferner muss garantiert sein, dass der Betroffene in der Lage ist, selbstverantwortlich zu entscheiden (zu den Einzelheiten vgl. Marschner/Volckart/Wagner 1994, 272).[1]

Ist der Betroffene jedoch mit einer Unterbringung *nicht einverstanden*, dann sieht das geltende Recht die Möglichkeit einer zivilrechtlichen oder einer öffentlich-rechtlichen Unterbringung vor.

Die *zivilrechtliche Unterbringung* für Volljährige ist in § 1906 BGB geregelt.[2] Die Vorschrift lautet:

§ 1906 BGB Unterbringung mit Freiheitsentziehung

(1) Eine Unterbringung des Betreuten durch den Betreuer, die mit Freiheitsentziehung verbunden ist, ist nur zulässig, solange sie zum Wohl des Betreuten erforderlich ist, weil

1. auf Grund einer psychischen Krankheit oder geistigen oder seelischen Behinderung des Betreuten die Gefahr besteht, dass er sich selbst tötet oder erheblichen gesundheitlichen Schaden zufügt, oder
2. eine Untersuchung des Gesundheitszustandes, eine Heilbehandlung oder ein ärztlicher Eingriff notwendig ist, ohne die Unterbringung des Betreuten nicht durchgeführt werden kann und der Betreute auf Grund einer psychischen Krankheit oder geistigen oder seelischen Behinderung die Notwendigkeit der Unterbringung nicht erkennen oder nicht nach dieser Einsicht handeln kann.

(2) Die Unterbringung ist nur mit Genehmigung des Vormundschaftsgerichts zulässig. Ohne die Genehmigung ist die Unterbringung nur zulässig, wenn mit dem Aufschub Gefahr verbunden ist; die Genehmigung ist unverzüglich nachzuholen.

Das *zivilrechtliche Betreuungsrecht* regelt die Unterbringung von

[1] Am 1.1.1999 trat eine Reform des Betreuungsrechtes in Kraft. Die Reform beabsichtigt u.a. eine Stärkung der ehrenamtlichen Betreuung, eine Eingrenzung und leichtere Feststellung der Berufsbetreuungsvergütung sowie Verfahrenserleichterungen; zur Reform vgl. Wagenitz (1998), und Brucker (1999).

[2] § 1631 b BGB regelt die zivilrechtliche Unterbringung für Minderjährige.

Betreuten durch den Betreuer. Für die Unterzubringenden muss daher zumindest ein vorläufiger Betreuer bestellt sein (Bienwald 1999, Anm. 33 zu § 1906 BGB). Für die freiheitsentziehende Unterbringung des Betreuten ist die Genehmigung des Vormundschaftsgerichtes erforderlich.

Die *öffentlich-rechtliche Unterbringung* ist in den Ländergesetzen zur Unterbringung psychisch kranker und süchtiger Menschen geregelt.[1] Die Gesetze der jeweiligen Bundesländer gehen im wesentlichen davon aus, dass die Anordnung der Unterbringung erforderlich sein muss:

- um eine erhebliche Gefährdung des Kranken selbst oder
- anderer Personen bzw.
- um eine Gefährdung der öffentlichen Sicherheit und Ordnung

zu vermeiden.

Die Unterbringungsgesetze der Länder sind keineswegs einheitlich und teilweise noch weit entfernt von modernen Einsichten in die, den psychisch Kranken gerecht werdenden Strukturen (zu den rechtspolitischen Anforderungen an die Versorgung von psychisch Kranken vgl. Marschner/Volckart/Wagner 1994, 188 ff; Crefeld 1998).

Öffentlich-rechtliche und zivilrechtliche Unterbringungsformen stehen gleichrangig nebeneinander. Allein die materiell-rechtlichen Voraussetzungen entscheiden, welche Unterbringungsform zur Anwendung kommt. Ist bereits, wenn auch nur vorläufig, ein Betreuer bestellt und liegen die Voraussetzungen des § 1906 BGB vor, ist die zivilrechtliche Unterbringung vorrangig, falls sich der Betreuer zu einer Unterbringung entschließt. Liegen die materiell-rechtlichen Voraussetzungen der zivilrechtlichen Unterbringung indessen nicht vor, z.B. bei einer Fremdgefährdung, dann muss nach öffentlich-rechtlichen Vorschriften untergebracht werden (Jürgens/Klüsener u.a. 1995, Anm. 48 zu § 1906 BGB).

> »Das Nebeneinander von zivilrechtlicher und öffentlich-rechtlicher Unterbringung ist auch aus praktischen Gründen sinnvoll. Es erleichtert die Beachtung des für das ganze Betreuungsrecht geltenden Erforderlichkeitsgrundsatzes. *Öffentlich-rechtliche Unterbringungen sind in der Regel nur von kurzer Dauer. Sie dienen vielfach der Intervention bei vorübergehenden Krisen, die nicht die Bestellung eines Betreuers erfordern.* Bei länger dauernden Unterbringungen wird es in aller Regel zum Wohl des Betroffenen erforderlich sein, ihm einen Betreuer zu bestellen, der im persönlichen Umgang mit ihm dazu beitragen kann, Probleme auch außerhalb des Freiheitsentzuges zu regeln« (BT-Drs. 11/4528/81).

[1] Die Landesgesetze zur Unterbringung psychisch Kranker finden sich bei Bienwald 1999, 1063 ff.

9.2 Die zivilrechtliche Unterbringung

§ 1906 BGB regelt die materiell-rechtlichen Voraussetzungen für eine zivilrechtliche Unterbringung.[1] Sie ist im Falle einer Freiheitsentziehung nur zulässig, wenn sie zum Wohle des Betreuten erforderlich ist, weil aufgrund einer psychischen Krankheit oder geistigen oder seelischen Behinderung des Betreuten die Gefahr besteht, dass er sich selbst tötet oder sich erheblichen gesundheitlichen Schaden zufügt (Selbstgefährdung). *Interessen Dritter oder der Allgemeinheit sind nicht geeignet, eine zivilrechtliche Freiheitsentziehung zu begründen.* Insoweit kommt nur eine Unterbringung nach den Psychisch-Kranken-Gesetzen in Betracht (Bauer/Birk/Klie/Rink 1997, Anm. 9 zu § 1906 BGB; Dodegge 1998; Bienwald 1999, Anm. 37 zu § 1906 BGB; a.A. Pardey 1995).

Freiheitsentziehung nach § 1906 BGB ist die Unterbringung in einer geschlossenen Anstalt, einem geschlossenen Krankenhaus oder in einem geschlossenen Heim ohne oder gegen den Willen des Betroffenen (Bienwald 1999, Anm. 25 zu § 1906 BGB). Dabei kommt es auf den natürlichen Willen des Betroffenen an. Entscheidend ist die natürliche Einsichts- und Urteilsfähigkeit, nicht dagegen die Geschäftsfähigkeit (BayOblG, FamRZ 1996, 1375).

Anknüpfungspunkt für die Unterbringung eines Betreuten ist die mögliche *Selbstgefährdung*, die allerdings ihre Ursache in einer psychischen Krankheit oder einer geistigen oder seelischen Behinderung haben muss. Wer sich aus Leichtsinn oder aus Freude durch Zigaretten, Alkohol oder Essen gesundheitlich selbst schädigt, kann natürlich nicht untergebracht werden (Bienwald 1999, Anm. 36 zu § 1906 BGB). Die Gefahr eines philosophischen oder Bilanzsuizids reicht ebenfalls zur Unterbringung nicht aus (Palandt/Diederichsen 1999, Anm. 4 zu § 1906 BGB).

---

[1] In § 1896 Abs. 1 BGB sind die Voraussetzungen für die Anordnung einer *Zwangsbetreuung* geregelt. Die Vorschrift lautet:

> **§ 1896 BGB Bestellung eines Betreuers**
> (1) Kann ein Volljähriger auf Grund einer psychischen Krankheit oder einer körperlichen, geistigen oder seelischen Behinderung seine Angelegenheiten ganz oder teilweise nicht besorgen, so bestellt das Vormundschaftsgericht auf seinen Antrag oder von Amts wegen für ihn einen Betreuer. Den Antrag kann auch ein Geschäftsunfähiger stellen. Soweit der Volljährige auf Grund einer körperlichen Behinderung seine Angelegenheiten nicht besorgen kann, darf der Betreuer nur auf Antrag des Volljährigen bestellt werden, es sei denn, dass dieser seinen Willen nicht kundtun kann.

Eine Betreuung darf dann nicht gegen den Willen des Betroffenen angeordnet werden, wenn dieser sich zwar selbst gefährdet, aber noch in der Lage ist, eigenverantwortlich zu handeln. Die Anordnung einer Zwangsbetreuung ist daher in den Fällen der bloßen Selbstgefährdung, die nicht in Suizidabsicht vorgenommen wird, nicht zulässig; vgl. Dröge (1998).

Das Gesetz differenziert zwischen Selbstgefährdung in Form der Selbsttötung oder einer sonstigen erheblichen Gesundheitsgefährdung.

9.2.1 **Die Gefahr der Selbsttötung,** § 1906 Abs. 1 Ziff. 1 BGB

Eine Gefahr der Selbsttötung ist dann zu bejahen, wenn objektivierbare, konkrete und ernstliche Anhaltspunkte für eine akute Suizidgefahr vorliegen (Bienwald 1999, Anm. 35 zu § 1906 BGB). Erforderlich ist ferner, dass die Gefahr der Selbsttötung auf Grund einer psychischen Krankheit oder geistigen oder seelischen Behinderung besteht. Sind diese Voraussetzungen gegeben, erlaubt das Gesetz eine zwangsweise Unterbringung. Allerdings ist nicht jede mögliche Gefährdung ein Grund für eine Unterbringung.

- Nicht ausreichend für eine Unterbringung ist es, wenn der Betroffene eine geringe Anzahl von Schlaftabletten und Beruhigungsmittel zu sich genommen hat oder wenn er aus dem Fenster einer Erdgeschosswohnung springt, wenn dies die einzige Möglichkeit darstellt, die versperrte Wohnung zu verlassen (BayOblG, R&P 1986, 115).
- Eine Unterbringung ist rechtlich auch dann nicht möglich, wenn eine geäußerte Suizidabsicht mehrere Monate zurückliegt und keinerlei greifbare Anhaltspunkte für eine konkrete Suizidgefährdung vorliegen (OLG Frankfurt am Main, R&P 1992, 66).
- Eine Unterbringung in einer geschlossenen Abteilung ist nach Ansicht des OLG Köln rechtlich bei Belastungsreaktionen und neurotischen Depressionen nicht geboten. »Bei der Patientin habe sich vielmehr seit Jahren eine krisenhafte Entwicklung gezeigt, die pubertäre Züge gehabt habe. Auf diese Depression sei sowohl medikamentös als auch mittels anderer therapeutischer Maßnahmen (Gespräche, Beschäftigungstherapie) richtig reagiert worden. Die geäußerten Suizidgedanken seien erkannt und ernstgenommen worden. Eine Unterbringung in eine geschlossene Abteilung sei nicht veranlasst gewesen. Eine solche, die Menschenwürde missachtende (Zwangs-)Maßnahme wäre hier sogar als Kunstfehler zu bezeichnen gewesen ... Die geäußerten Schlafstörungen und Angstanfälle seien mehr oder weniger ausgeprägt durchgehend ... vorhanden gewesen. Auf die Unruhe und Ängstlichkeit der Patientin sei durch ein Gespräch und die Ankündigung einer Überprüfung der Medikation angemessen reagiert worden« (OLG Köln, R&P 1993, 33, 34).
- *Ein in freier Willensbestimmung durchgeführter Selbsttötungsversuch erlaubt keine Unterbringung durch den Betreuer* (Palandt/Diederichsen 1999, Anm. 4 zu § 1906 BGB). Die Schwierigkeit besteht indessen darin, unter welchen Umständen eine Bilanzselbsttötung zu bejahen ist, bzw. ein Entschluss, dem Leben ein Ende zu setzen, auf einer Krankheit oder Behinderung basiert, somit nicht in freier Willensbestimmung erfolgt (zur Freiwilligkeit vgl. auch BayOblG, FamRZ 1993).

Objektivierbare und ernstliche Anhaltspunkte für die akute Gefahr einer Selbsttötung sind etwa:

- suizidale Gedanken,
- Todeswünsche,
- ernste Suiziddrohungen,
- frühere Suizidversuche, darüber hinaus
- die Zugehörigkeit zu Risikogruppen, die aber nur ein Indiz für das Vorliegen einer akuten Suizidalität sein kann (Jürgens/Klüsener u.a. 1995, Anm. 11 zu § 1906 BGB).

9.2.2 Die Gefahr der erheblichen gesundheitlichen Selbstgefährdung, § 1906 Abs. 1 Ziff. 1 BGB

Der in § 1906 BGB weiter vorgesehene Unterbringungsgrund ist die Gefahr einer krankheitsbedingten erheblichen gesundheitlichen Selbstgefährdung. Ein erheblicher gesundheitlicher Schaden liegt dann vor, wenn er nicht heilbar ist oder der Patient längere Zeit an den Folgen zu leiden hat (Bienwald 1999, Anm. 39 zu § 1906 BGB). Grundsätzlich darf jedoch jeder über seine eigene Gesundheit verfügen. Er allein kann entscheiden, ob er ein gesundes Lebens führen will.[1] Es besteht auch für den psychisch Kranken in gewissen Grenzen die »Freiheit zur Krankheit« (BVerfG, NJW 1998, 1774).

Es ist daher immer zu berücksichtigen, dass ein Betreuer einen einsichtigen, geschäftsfähigen Betroffenen nicht gegen seinen Willen unterbringen darf, selbst wenn er seine Gesundheit gefährdet.

Als Unterbringungsgründe gelten aber:

- die krankhaft bedingte Verweigerung der Nahrungsaufnahme oder
- wenn ein altersverwirrter Betreuter planlos nachts oder bei Kälte oder ohne Beachtung des Straßenverkehrs umherläuft und seine Gesundheit oder sein Leben dadurch gefährdet, überfahren zu werden oder zu erfrieren (vgl. BT-Drs. 11/4528/146 f);
- wenn jemand krankheitsbedingt sein Leben dadurch gefährdet, dass er die Einnahme lebenswichtiger Medikamente verweigert. Dies ist z.B. dann der Fall, wenn ein an einer Psychose erkrankter Diabetiker krankheitsbedingt seine Medikamente nicht nimmt und das Koma droht.

Ein nicht hinreichender Unterbringungsgrund ist dagegen,

- wenn ein Betreuter die Einnahme der zu seiner Behandlung erfor-

[1] Lange vor Verabschiedung des Grundgesetzes ging bereits das Preußische Oberverwaltungsgericht davon aus, dass »jeder über seinen Körper verfügen und insbesondere bestimmen kann, welche Nahrungs- und Genussmittel er seinem Körper zuführen will«, PrOVGE 39, 390, 391.

derlichen Medikamente ablehnt und dadurch »lediglich« ein *gesundheitlicher Rückfall* befürchtet werden muss. Es muss in jedem Einzelfall festgestellt werden, ob die Verweigerung der Medikamenteneinnahme zu einer erheblichen Gesundheitsschädigung führt und ob die Gesundheitsschädigung auf der Krankheit bzw. Behinderung des Betreuten beruht. Ein erheblicher Gesundheitsschaden wird dann angenommen, wenn die Verweigerung der Medikamenteneinnahme zu einem länger dauernden *Siechtum* führen würde (Jürgens/Klüsener u.a. 1995, Anm. 13 zu § 1906 BGB).

- *Für eine Unterbringung nicht ausreichend ist im Allgemeinen auch die Alkoholsucht.* Häufig scheitert die Unterbringung von alkoholabhängigen Personen bereits daran, dass keine psychische Krankheit im Sinne des Betreuungsrechts vorliegt. »Trunksucht (Alkoholismus) und Rauschgiftsucht sind für sich allein keine geistigen Gebrechen und rechtfertigen daher eine Pflegerbestellung nicht« (BayOblG, R&P 1994, 30). Suchtverhalten, das noch nicht in eine psychische Krankheit oder seelische Behinderung umgeschlagen ist, erlaubt es nicht, den Betreuten unterzubringen.

Wenn allerdings der Alkoholismus im ursächlichen Zusammenhang mit einem geistigen Gebrechen steht oder aber auf Grund des Alkoholmissbrauches ein Persönlichkeitsabbau vorliegt, ist nach der h.M. eine Unterbringung gerechtfertigt (BayOblG, FamRZ 1994, 1617; Bienwald 1999, Anm. 40 zu § 1906 BGB). Nochmals: der langjährige, übermäßige Alkoholmissbrauch muss zu einer organischen Veränderung im Gehirn, zu einem organischen Psychosyndrom geführt haben (LG Regensburg, FamRZ 1994, 125). Die Unterbringung zur Verhinderung einer Selbstschädigung infolge einer psychischen Krankheit setzt voraus, dass der Kranke seinen Willen nicht frei bestimmen kann (BayOblG, FamRZ 1993, 600). Letztendlich muss der Alkoholkranke selbst entscheiden, ob er geheilt werden will oder nicht (OLG Frankfurt am Main, NJW 1988, 1527). Insofern gilt auch in diesem Zusammenhang die Freiheit zur Krankheit (BVerfGE 58,208).

In einer Entscheidung hat das OLG Schleswig aktuell nochmals hervorgehoben: »Ist eine Alkoholsucht weder Symptom einer bereits vorhandenen psychischen Krankheit oder geistigen oder seelischen Behinderung noch Ursache eines bereits eingetretenen entsprechenden Persönlichkeitsabbaus und ist die Betroffene auch nicht zu einer Alkoholentwöhnungsbehandlung bereit, fehlen die Voraussetzungen für eine Unterbringung durch den Betreuer« (OLG Schleswig, FamRZ 1998, 1328).

9.2.3 **Die konkrete Gefahr**

Voraussetzung für die zivilrechtliche Unterbringung ist ferner das Vorliegen einer konkreten Gefahr (Palandt/Diederichsen 1999, Anm. 9 zu § 1906 BGB). Es muss die Wahrscheinlichkeit bestehen, dass eine

Gefahr eintritt, die bloße Möglichkeit ist keineswegs ausreichend. Die Gefahr muss ernstlich sein. Eine solche Annahme setzt eine Prognose anhand tatsächlicher Würdigung voraus (Bienwald 1999, Anm. 35 zu § 1906 BGB; BayOblG, FamRZ 1994, 1617). Aufschlussreich für die inhaltliche Präzisierung der konkreten Gefahr sind Entscheidungen des OLG Saarbrücken sowie des Bundesverfassungsgerichtes.

- Das OLG Saarbrücken hatte darüber zu befinden, ob eine Frau, die an einer akuten endogenen Psychose aus dem schizophrenen Formenkreis leidet, zwangsweise untergebracht werden darf. Die Behörde und die behandelnde Ärztin des psychiatrischen Krankenhauses begründeten die Notwendigkeit der Unterbringung u.a. damit, dass die Frau ihre Mutter bedrohe. Das Gericht wies diese Argumentation zurück und stellte fest, dass von einer konkreten Gefahr nur gesprochen werden könne, wenn eine Lage bestehe, die in überschaubarer Zukunft einen Schadenseintritt hinreichend wahrscheinlich mache. Eine konkrete Gefahr sei nicht damit festgestellt, dass ohne nähere Angaben behauptet werde, dass jemand andere Personen bedrohe. »Im Hinblick darauf, dass mit einer Unterbringung in die grundrechtliche geschützte Freiheit der Person eines Betroffenen eingegriffen wird, bedarf es (auch zur Gewährleistung eines effektiven Rechtsschutzes) bestimmter und nachvollziehbarer Feststellungen, welche Umstände eine konkrete und erhebliche Gefährdung Dritter ausmachen sollen« (OLG Saarbrücken, R&P 1998, 45).
- Eine drohende Gefahr, die eine sofortige Unterbringung rechtfertigt, liegt nicht vor, wenn jemand die Vorstellung hat, man habe ihm im Alter von fünf Jahren »Wanzen« in beide Ohren eingepflanzt. Die zwangsweise Unterbringung wurde in diesem Fall durch ein Amtsgericht damit begründet, dass eine Verzögerung des Behandlungsbeginns eine erhebliche konkrete Gefahr für den Betroffenen darstelle. Das Bundesverfassungsgericht wies demgegenüber daraufhin, dass die Einschätzung der Ärzte, das Wahnsystem des Betroffenen verfestige sich, keineswegs ausreiche, eine konkrete Gefahr zu begründen. Dies gelte schon deswegen, weil auch dem psychisch Kranken in gewissen Grenzen die »Freiheit zur Krankheit« belassen werden müsse (BVerfG, NJW 1998, 1774).

9.2.4 Die »unzulässige« zivilrechtliche Unterbringung

Nicht ausreichend für die zivilrechtliche Unterbringung ist die Gefahr für andere Rechtsgüter als das Leben oder die Gesundheit des Betreuten.

Ebenfalls nicht ausreichend ist die Gefahr, dass Dritte oder die Allgemeinheit durch den Betreuten geschädigt werden könnten (Bienwald 1999, Anm. 37 zu § 1906 BGB). Ein bloßes unsoziales Verhalten, der Betroffene beißt, kratzt Dritte, reißt jemandem die Brille herunter (LG Hildesheim, BtPrax 1994, 106) kann eine zivilrechtliche Unterbringung nicht rechtfertigen. In derartigen Fällen kann eine Unterbringung nur durch das öffentliche Unterbringungsrecht veranlasst werden.

9.3 Die öffentlich-rechtliche Unterbringung

Die öffentlich-rechtliche Unterbringung ist jeweils in den einzelnen Bundesländern geregelt.[1] Zum Teil ist die polizeirechtliche Herkunft der Regelungen noch unverkennbar (Marschner 1997).
Nach § 1 des Hessischen Gesetzes über die Entziehung der Freiheit geisteskranker, geistesschwacher, rauschgift- oder alkoholsüchtiger Personen vom 19. Mai 1952 (GVBl. 111) in der Fassung vom 5.2.1992 (GVBl. 66) kann eine Person auch gegen ihren Willen in einer geschlossenen Krankenabteilung oder in einer anderen geeigneten Verwahrung untergebracht werden, wenn aus ihrem Geisteszustand oder ihrer Sucht eine erhebliche Gefahr für ihre Mitmenschen droht und diese nicht anders abgewendet werden kann. Bildet eine Person infolge ihres Geisteszustandes oder ihrer Sucht eine Gefahr für sich selbst, so kann sie in gleicher Weise untergebracht werden, wenn die Gefährdung erheblich ist und nicht anders abgewendet werden kann.
Das Bundesverfassungsgericht hat in mehreren Entscheidungen im Hinblick auf die öffentlich-rechtliche Unterbringung das Spannungsverhältnis zwischen dem Freiheitsanspruch des Individuums, dem Sicherungsbedürfnis der Allgemeinheit und den fürsorglichen Pflichten des Staates präzisiert. Praktisch geht es um die Sachverhalte, in denen sich jemand extrem selbst gefährdet, sei es durch Drogen, sei es durch Selbsttötungstendenzen. In solchen Fällen stellt sich nämlich für die Therapeutinnen und Berater das Problem, ob sie in irgendeiner Weise tätig werden müssen, um ihre Klienten zu schützen. *Da sie nicht als Betreuer i.S. des Betreuungsrechts tätig sind, können sie nicht selbst eine zivilrechtliche Unterbringung in Gang bringen.*
Schon 1967 hat das Bundesverfassungsgericht fürsorglichen Tendenzen eine eindeutige Absage erteilt (Neumann 1982). Die Unterbringung einer Person, die gefährdet ist, weil sie aus Mangel an innerer Festigkeit ein geordnetes Leben nicht führen kann und zu »verwahrlosen« droht, ist unzulässig. Eine Besserung des Betroffenen, die Hinführung zu einem geordneten Leben, zu regelmäßiger Arbeit lassen eine Unterbringung nicht zu.

---

[1] Z.B. Bayern: Gesetz über die Unterbringung psychisch Kranker und deren Betreuung (Unterbringungsgesetz – UnterbrG) in der Fassung vom 5. April 1992 (Bayer.GVBl. 60, berichtigt 851) oder Niedersachsen: Gesetz über Hilfen und Schutzmaßnahmen für psychisch Kranke (NPsychKG) vom 16. Juni 1997 (Nds.GVBl. 272).

»Der Staat hat aber nicht die Aufgabe, seine Bürger zu ›bessern‹ und deshalb auch nicht das Recht, ihnen die Freiheit zu entziehen, nur um sie zu ›bessern‹, ohne dass sie sich selbst oder andere gefährdeten, wenn sie in Freiheit blieben« (BVerfGE 22, 180, 219 f).

Diese Auffassung hat das Bundesverfassungsgericht in mehreren Entscheidungen bekräftigt. 1983 hat es den Grundsatz »in dubio pro libertate« hervorgehoben. Vor allen Dingen bei befürchteter Selbstgefährdung muss der Richter eine besonders sorgfältige Prüfung der Unterbringungsvoraussetzungen vornehmen. Eine Freiheitsentziehung darf nur angeordnet und aufrechterhalten werden, wenn kein Zweifel am Vorliegen sämtlicher gesetzlicher Voraussetzungen besteht. Bei der Unterbringung ausschließlich zum Schutz vor Selbstgefährdung ist dies die selbstverständliche Folge der grundgesetzlichen Freiheitsvermutung (BVerfG, NJW 1983, 2627). Das Bundesverfassungsgericht betont gerade bei der Selbstgefährdung die Freiheitsvermutung (so BVerfG, NJW 1998, 1774).
Allerdings hat das Bundesverfassungsgericht in einer anderen Entscheidung auch hervorgehoben, dass bei psychisch Kranken ein aufgezwungener Schutz rechtmäßig sein kann. »Zwar steht es unter der Herrschaft des Grundgesetzes in der Regel jedermann frei, Hilfe zurückzuweisen, sofern dadurch nicht Rechtsgüter anderer oder der Allgemeinheit in Mitleidenschaft gezogen werden ... Nur wenn überwiegende Belange des Gemeinwohls, wie sie mit den Schranken des Art. 2 Abs. 1 GG bestimmt sind, es zwingend gebieten, muss der Freiheitsanspruch des einzelnen insoweit zurücktreten. Das Gewicht, das dem Freiheitsanspruch gegenüber dem Gemeinwohl zukommt, darf aber nicht losgelöst von den tatsächlichen Möglichkeiten des Fürsorgebedürftigen bestimmt werden, sich frei zu entschließen. Bei psychischer Erkrankung wird die Fähigkeit zur Selbstbestimmung häufig erheblich beeinträchtigt sein. In solchen Fällen ist dem Staat fürsorgerisches Eingreifen auch dort erlaubt, wo beim Gesunden Halt geboten ist« (BVerfGE 58, 208, 225).

Die Psychiatrie- und Kranken- sowie die Unterbringungsgesetze gelten im wesentlichen für die Fälle, in denen für psychisch Kranke noch keine Betreuung angeordnet ist und die Kranken sich in einer akuten Gefahrenlage für sich befinden oder andere gefährden. Durch die Unterbringungsgesetze soll ein sofortiges behördliches Handeln ermöglicht werden.

Unterbringungen sind also nach den Landesgesetzen bei

- Selbstgefährdung und bei
- Fremdgefährdung

rechtlich zulässig. Insoweit ist die öffentlich-rechtliche Unterbringung weitergehender als die zivilrechtliche, da sie auch möglich ist, wenn Gefahren für die Allgemeinheit, für die öffentliche Sicherheit und Ordnung bestehen.

So bestimmt beispielsweise § 11 Abs. 1 des PsychKG in Nordrhein-Westfalen: Die Unterbringung von Personen, die an einer Psychose, einer psychischen Störung, die in ihrer Auswirkung einer Psychose gleichkommt, einer Suchtkrankheit oder an Schwachsinn leiden, ist nur zulässig, wenn und solange durch ihr krankhaftes Verhalten gegen sich oder andere eine gegenwärtige Gefahr für die öffentliche Sicherheit und Ordnung besteht, die nicht anders abgewendet werden kann. Die Unterbringung ist auch dann zulässig, wenn nach dem krankhaften Verhalten eine nicht anders abwendbare gegenwärtige Gefahr besteht, dass die betroffene Person Suizid begeht oder sich selbst erheblichen gesundheitlichen Schaden zufügt. Die fehlende Bereitschaft, sich behandeln zu lassen, rechtfertigt dagegen für sich allein keine Unterbringung.

In allen Unterbringungsgesetzen der Länder wird das Tatbestandsmerkmal *Gefahr* als Voraussetzung für die Unterbringung festgeschrieben. Alle Gesetze gehen davon aus, dass eine konkrete oder gegenwärtige Gefahr für die geschützten Rechtsgüter vorliegen muss (Marschner/Volckart/Wagner 1994, 279). Eine gegenwärtige Gefahr ist dann gegeben, wenn ein schadensstiftendes Ereignis unmittelbar bevorsteht oder sein Eintritt wegen der Unberechenbarkeit des Kranken zwar unvorhersehbar, wegen besonderer Umstände jedoch jederzeit zu erwarten ist, vgl. § 11 Abs. 2 PsychKG NRW.

Zentrales Problem ist, welche Rechtsgüter durch eine Unterbringung geschützt werden dürfen. Klar ist, dass unter den verfassungsrechtlichen Vorgaben der Verhältnismäßigkeit und Erforderlichkeit nicht die Gefahr der Verletzung irgendeines Rechtsgutes ausreicht. Prinzipiell wird zwischen Selbstgefährdung und der Gefährdung von Rechtsgütern Dritter differenziert.

9.3.1 Die Selbstgefährdung

In einigen Ländern wird die *Selbstgefährdung* als eigenständiger Unterbringungsgrund normiert. In anderen Bundesländern ist die Selbstgefährdung ein Aspekt der Gefährdung der öffentlichen Sicherheit und Ordnung und berechtigt zur Unterbringung. In welcher Intensität die Selbstgefährdung vorliegen muss, hängt nicht zuletzt davon ab, welchen rechtspolitischen Interpretationen gefolgt wird. Nach einer eher polizeirechtlichen Anschauungsweise dient die Unterbringung ihrem

Wesen und ihrer Zielrichtung nach der Erhaltung der öffentlichen Ordnung und der Abwehr von Gefahren für die öffentliche Sicherheit. Demgemäß verfolgen auch die – eine Zwangsunterbringung regelnden Vorschriften – den Zweck, den Schutz der öffentlichen Sicherheit und Ordnung zu gewährleisten.
Die gegenteilige Auffassung stellt fürsorgerechtliche Überlegungen in den Vordergrund. Nach dieser Meinung ist eine Unterbringung bei einer Selbstgefährdung auch möglich, wenn die öffentliche Sicherheit und Ordnung nicht gestört werden. Andere kombinieren beide Gesichtspunkte (Marschner/Volckart/Wagner 1994, 286). Die für die Praxis relevanten Fälle der Selbstgefährdung sind der Suizid, die Gesundheitsgefahren durch Suchtverhalten sowie die Verweigerung einer ärztlichen, vor allen Dingen psychiatrischen Behandlung.

> Ein d*rohender Suizid* bedeutet nicht nur ein hohes Potential an Selbstgefährdung, sondern stellt nach der herrschenden juristischen Meinung auf jeden Fall auch eine Gefährdung für die öffentliche Sicherheit und Ordnung dar und kann daher zu einer öffentlichrechtlichen Unterbringung nach den Landesgesetzen führen (Marschner/Volckart/Wagner 1994, 285; zur Frage, wie konkret die suizidale Gefahr sein muss, vgl. OLG Saarbrücken, R&P 1998, 45).

- *Gesundheitsgefahren* durch eigenes Suchtverhalten berechtigen im Prinzip zu keiner Unterbringung. Im Zusammenhang mit der beabsichtigten Unterbringung eines Alkoholsüchtigen nach dem HessFreihEntzGes hat das Oberlandesgericht Frankfurt am Main entschieden, dass auch der Alkoholsüchtige grundsätzlich alleine zu entscheiden hat, ob er geschützt werden will. Auch ihm steht das Grundrecht der persönlichen Freiheit und damit auch das Recht zu, sein Leben völlig falsch und chaotisch zu führen. »Die Geisteskrankheit oder Sucht als solche und der durch sie bedingte Zustand eines Betr. vermag daher die Unterbringung zum Schutz seiner eigenen Person noch nicht zu begründen. Sie ist deshalb nur zulässig, wenn die Auswirkungen der Geisteskrankheit oder Sucht die Öffentlichkeit unmittelbar berühren. Die Selbstgefährdung eines Betr. kann erst zu einer Gefahr für die öffentliche Sicherheit und Ordnung werden, wenn besondere Umstände hinzutreten.« Ein derartiger Umstand kann ein drohender Suizidversuch sein, »wobei eine Tangierung der Öffentlichkeit mehr oder weniger fingiert wird« (OLG Frankfurt am Main NJW 1988, 1527, 1528; vgl. auch OLG Schleswig, FamRZ 1998, 1328). Danach stört der Suizident die öffentliche Ordnung. Die Polizei ist daher befugt, Maßnahmen zur Verhinderung einer Selbsttötung zu treffen, gleichgültig aus welchen Motiven sie begangen wird (Schwabe 1998).
- Bei der Gefährdung der eigenen Gesundheit muss es sich stets um

eine erhebliche oder ernstliche Gefahr handeln. Nicht jede krankheitsbedingte Gesundheitsgefährdung kann zu einer Unterbringung führen. Der notwendige Schweregrad liegt dann vor, wenn jemand krankheitsbedingt die Nahrung verweigert und zu verhungern droht oder die Einnahme lebenswichtiger Medikamente oder die Behandlung einer Diabetes ablehnt und dadurch die Gefahr eines Komas besteht (Marschner/Volckart/Wagner 1994, 288).

9.3.2 Die Gefährdung von Rechtsgütern Dritter

Neben der Selbstgefährdung kommt als Unterbringungsgrund auch die Gefährdung von Rechtsgütern Dritter in Betracht, wenn sie auf eine psychische Erkrankung etc. zurückzuführen ist.
Gefahren für Leben und in den meisten Fällen auch für die Gesundheit Dritter reichen unter Umständen, um eine öffentlich-rechtliche Unterbringung zu rechtfertigen. Die Erheblichkeit derartiger Gefährdungen ist unter verfassungsrechtlichen Aspekten im Einzelfall zu bestimmen. Beschimpfungen, querulatorische Verhaltensweisen jeder Art, Belästigungen sowie leichte körperlich zugefügte Beeinträchtigungen rechtfertigen keinen Eingriff in die Freiheitsgrundrechte des Kranken (BayOblGE 1989,17; OLG Saarbrücken, R&P 1998, 45).
Instruktiv ist ein Fall, mit dem das Bayerische Oberste Landesgericht befasst war. Es entschied, dass gegen seinen Willen in ein psychiatrisches Krankenhaus eingewiesen werden kann, wer psychisch krank ist und dadurch in erheblichem Maß die öffentliche Sicherheit und Ordnung gefährdet. Es handelte sich um einen Mann mit einer HIV-Infektion und einer erheblichen Persönlichkeitsstörung. Eine Unterbringung sei deswegen gerechtfertigt gewesen, weil die Gefahr drohte, dass er weiterhin ungeschützten Geschlechtsverkehr auch mit Kindern unter 14 Jahre ausüben würde (BayOblG, FamRZ 1998, 1329).
Streitig ist dagegen, ob bei einer Gefährdung für *Eigentum und Vermögen* Dritter eine Unterbringung in Betracht kommt (Marschner/Volckart/Wagner 1994, 287). Es steht außer Frage, dass bei Sachgefahren eine besondere Verhältnismäßigkeitsprüfung geboten ist. *Als Einweisungsgrund kommen Sachgefahren nur ausnahmsweise zur Anwendung.*

9.4 Verfahrensfragen

Das Unterbringungsverfahren ist für alle Formen der Unterbringung bundeseinheitlich im Gesetz über die Angelegenheiten der freiwilligen Gerichtsbarkeit (FGG) geregelt. Nach § 70 FGG sind Unterbringungssachen:

- die Genehmigung einer freiheitsentziehenden Unterbringung eines Minderjährigen,
- die Genehmigung einer Unterbringung eines volljährigen Betreuten,

- die Genehmigung einer Maßnahme nach § 1906 Abs. 4 BGB (Freiheitsentzug durch den Einsatz mechanischer Vorrichtungen, Medikamente und ähnlichem) sowie
- die Anordnung einer freiheitsentziehenden Unterbringung nach den Landesgesetzen über die Unterbringung psychisch Kranker.

Für die zivil- wie die öffentlich-rechtliche Unterbringung gelten im Prinzip die gleichen Verfahrensregeln.

Zuständig für die Genehmigung der Unterbringung ist das Amtsgericht – Vormundschaftsgericht, in dessen Bezirk das Bedürfnis für die Unterbringung auftritt, § 70 Abs. 5 FGG.

Der Betroffene ist nach § 70a FGG im Unterbringungsverfahren ohne Rücksicht auf seine Geschäftsfähigkeit *verfahrensfähig*, wenn er das 14. Lebensjahr vollendet hat.

Nach § 70c FGG ist der Betroffene vor einer Unterbringungsmaßnahme *persönlich anzuhören*. Das Gericht hat sich einen unmittelbaren Eindruck von ihm zu verschaffen. Die Anhörung dient der Tatsachenfeststellung und gibt dem Betroffenen die Möglichkeit, sich gegen die drohende Unterbringung zu wehren. Das OLG Schleswig hält eine Unterbringung ohne vorherige Anhörung nur bei Gefahr im Verzuge für zulässig (OLG Schleswig, FamRZ 1994, 781). Der Ort der Anhörung und der Verschaffung eines unmittelbaren persönlichen Eindruckes ist die normale Umgebung des Betroffenen, d.h. in der Regel seine Wohnung bzw. das Heim oder Krankenhaus, in dem er sich befindet (zu Durchführung und Inhalt der Anhörung in Betreuungs- und Unterbringungssachen vgl. Coeppicus 1991).

Vor einer freiheitsentziehenden Unterbringungsmaßnahme hat das Vormundschaftsgericht das *Gutachten eines Sachverständigen* einzuholen, der den Betroffenen persönlich zu untersuchen und zu befragen hat. Der Sachverständige soll in der Regel ein Arzt für Psychiatrie sein; in jedem Fall muss es aber ein Arzt sein, der Erfahrungen auf dem Gebiet der Psychiatrie besitzt, § 70e FGG. Nach Auffassung des BayOblG kann ein Gutachten grundsätzlich nur durch einen Arzt für Psychiatrie erstellt werden. Im Regelfall reicht es nicht aus, wenn ein Assistenzarzt einer psychiatrischen Klinik ein Gutachten erstellt, es sei denn es kann im Einzelfall festgestellt werden, dass er die erforderliche Sachkenntnis besitzt (BayOblG, FamRZ 1993, 351; ausführlich zur erforderlichen Qualifikation der Sachverständigen Bienwald 1999, Anm. 6 ff zu § 70e FGG). Das Gutachten hat konkrete Angaben zur laufenden und zukünftigen Behandlung in einer geschlossenen Einrichtung sowie zur Prognose zu enthalten (OLG Bremen, R&P 1995, 187; zu den Anforderungen an ein Gutachten vgl. auch OLG Düsseldorf, FamRZ 1995,118).

9.4.1 Die vorläufige gerichtliche Unterbringung

Nach § 70h FGG kann durch einstweilige Anordnung eine vorläufige Unterbringungsmaßnahme angeordnet werden. Diese Vorschrift erfasst sowohl die zivilrechtliche als auch die öffentlich-rechtliche Unterbringung (Bienwald 1999, Anm. 2 zu § 70h FGG). Derartige Eilentscheidungen dienen insbesondere als Intervention bei akuten Krisen, bei der Zuspitzung psychischer Störungen. In der Regel werden sie bald wieder aufgehoben (Marschner/Volckart/Wagner 1994, 417).

Materiell-rechtliche Voraussetzungen für eine derartig rasche Unterbringung nach § 70h FGG sind:

- dringende Gründe für die Annahme, dass auch eine endgültige Unterbringung angeordnet werden kann und
- dass mit einem Aufschub der Entscheidung über die Unterbringung Gefahr verbunden ist.
- Ferner ist ein ärztliches Kurzgutachten erforderlich und
- gegebenenfalls ist ein Verfahrenspfleger zu bestellen.
- Der Betroffene ist persönlich anzuhören. Auf eine persönliche Anhörung kann nur verzichtet werden, wenn Gefahr im Verzuge ist; dies muss aber durch konkrete Tatsachen begründet werden (OLG Schleswig, FamRZ 1994, 781; Sonnenfeld 1997).

Die zulässige Höchstdauer für die einstweilige Anordnung beträgt nach § 70h Abs. 2 FGG sechs Wochen. Die Frist kann, wenn sie nicht ausreicht, nach Anhörung eines Sachverständigen durch eine weitere einstweilige Anordnung bis zu einer Gesamtdauer von drei Monaten verlängert werden. Wurde im Wege der einstweiligen Anordnung eine vorläufige Unterbringung angeordnet, so wird diese mit Ablauf der festgesetzten Frist wirkungslos (KG Berlin, FamRZ 1993, 84).

Mit den rechtlichen Voraussetzungen einer vorläufigen Unterbringung befasst sich das OLG Schleswig. Es ging um eine öffentlich-rechtliche Unterbringung nach dem PsychKG in Schleswig-Holstein. Eine Frau, die auf Grund einer manischen Psychose an einem »akut psychotischen Zustand« litt, wurde nach § 24 PsychKG vorläufig in einer Fachklinik untergebracht. Die Betroffene war u.a. durch störende nächtliche Telefonanrufe und in der Praxis ihrer Hausärztin durch Verwirrtheit aufgefallen. Bei einem Hausbesuch des Facharztes für Neurologie und Psychiatrie des Kreisgesundheitsamtes, dem der chaotische Zustand ihrer Wohnung auffiel, äußerte sie sich zusammenhanglos und gedankenflüchtig. Während des etwa eineinhalbstündigen Besuches gelang es ihr nicht, ihre Absicht zu verwirklichen, einen Becher Tee zu trinken.

Die Betroffene wurde alsdann ohne Anhörung durch einstweilige Anordnung in einer Fachklinik untergebracht. Eine Anhörung wurde nachgeholt und ein Gutachten des Stationsarztes erstellt. Dieser bestätigte auf Grund der manischen und psychotischen Gedankeninhalte eine akute Eigen- sowie auch Fremdgefährdung, die nur durch eine stationäre Behandlung therapiert werden könne.

Das sah das Oberlandesgericht ganz anders. Zunächst hob es hervor, dass die Unterbringung der Betroffenen krass verfahrensfehlerhaft war, *denn die vorherige Anhörung der Betroffenen sei grundsätzlich auch bei*

Unterbringungsmaßnahmen im Wege einstweiliger Anordnungen notwendig.
Darüber hinaus fehle es materiell-rechtlich an hinreichend konkreten Feststellungen zu den Voraussetzungen einer vorläufigen Unterbringung. Die vom Landgericht »allein angenommene Selbstgefährdung ist im wesentlichen auf die Folgerungen in der nervenärztlichen Stellungnahme ... gestützt, insbesondere auf den Umstand, dass die Betr. während des ärztlichen Hausbesuchs keinen Tee getrunken hat. Der daraus und aus dem allgemeinen Verwirrtheitszustand der Betr. gezogene Schluss, die Betr. habe sich nicht mehr ausreichend ernähren können, ist nicht haltbar. Abgesehen davon, dass es auch zu dem Einzelvorgang an hinreichenden Feststellungen fehlt (z.B.: Hat die Betr. beim Eintreffen des Arztes schon zubereiteten Tee nicht ausgetrunken? Ist ihre Absicht, Tee zu trinken, an der Zubereitung gescheitert? Hat sie Tee während des Hausbesuchs zubereitet, aber nicht getrunken?), die allenfalls Aufschluss über ihre Fähigkeiten zur Selbstversorgung geben könnten, wird der Hausbesuch eines Arztes des Kreisgesundheitsamtes als Ausnahmesituation kaum die geeignete Gelegenheit zur Aufnahme von Speisen oder warmen Getränken sein. Darüber hinaus sind vor allem objektive Befunde zum Ernährungszustand der Betr. weder aktenkundig noch auch nur angedeutet. Der ›chaotische‹ Zustand der Wohnung und die verwirrten bzw. wahnhaften Äußerungen der Betr., von denen die Ärzte berichtet haben, besagen für eine Unfähigkeit zur ausreichenden Ernährung nichts ... Die sich ›nur‹ in Stimmungsschwankungen, zusammenhanglosen Erklärungen, nächtlichen Anrufen und dem Verkleben des eigenen Briefschlitzes sowie ähnlichen Verhaltensweisen außerhalb der Norm äußernde manische Psychose führt ... nicht ohne weiteres zur Annahme einer relevanten Eigengefährdung ...« (OLG Schleswig, FamRZ 1994, 781, 782 f).

9.4.2 Die vorläufige behördliche Unterbringung

In fast allen Landesgesetzen ist die Möglichkeit vorgesehen, im Wege einer behördlichen Eilmaßnahme vor einer gerichtlichen Entscheidung eine Unterbringung durchzuführen. Die gesetzliche Terminologie ist in den Gesetzen recht unterschiedlich.
Nach den meisten Landesgesetzen ist auch bei einer vorläufigen behördlichen Unterbringung ein ärztliches Zeugnis erforderlich, das auf einer frühestens am Vortage durchgeführten Untersuchung beruhen muss.
Die Anordnung einer vorläufigen behördlichen Unterbringung setzt voraus, dass

- dringende Gründe oder Anhaltspunkte dafür bestehen müssen, dass die Voraussetzungen für eine Unterbringung vorliegen, sowie
- eine gerichtliche Eilentscheidung nicht rechtzeitig erfolgen kann.

Das Eingreifen der Behörde setzt eine akute Gefahrenlage voraus. Das ist

Unterbringung gegen den Willen des Betroffenen

Zivilrechtliche Unterbringung § 1906 BGB	öffentlich-rechtliche Unterbringung Ländergesetze
materiell-rechtliche Vorraussetzungen	**materiell-rechtliche Vorraussetzungen**
Betreuer bzw. vorläufige Betreuung	kein Betreuungsverhältnis
psychische Krankheit oder geistige oder seelische Behinderung	Antrag der nach Landesrecht zuständigen Behörde
und dadurch Gefahr	Selbst- und Fremdgefährdung
des Suizides oder **eines erheblichen gesundheitlichen Schadens**	

Verfahren nach FGG

Genehmigung bzw. Anordnung durch Amtsgericht – Vormundschaftsgericht

§ 70 b FGG Bestellung eines Verfahrenspflegers
§ 70 c FGG Persönliche Anhörung des Betroffenen
§ 70 e FGG Sachverständigengutachten

Eilverfahren

- Dringende Gründe für die Annahme, daß auch eine endgültige Unterbringung angeordnet werden kann und
- daß mit einem Aufschub der Entscheidung über die Unterbringung Gefahr verbunden ist.
- Ferner ist ein ärztliches Kurzgutachten erforderlich und
- der Betroffene ist persönlich anzuhören; auf eine persönliche Anhörung kann nur verzichtet werden, wenn Gefahr im Verzuge ist.

der Fall bei einer Selbsttötungsgefahr. Der *Verdacht* einer Selbsttötungshandlung genügt indessen nicht. Bevor vorläufige behördliche Unterbringungen zum Zuge kommen können, sind alternative Maßnahmen wie die Betreuung und Überwachung durch Angehörige oder Mitarbeiter Sozialpsychiatrischer Dienste für einen vorübergehenden Zeitraum bis zu einer gerichtlichen Entscheidung in besonderem Maß auszuschöpfen. »Durch entsprechende *Kriseninterventionsmöglichkeiten* oder die Einschaltung eines psychiatrischen Notdienstes vor Verbringung des Betroffenen in die Einrichtung kann in vielen Fällen eine Unterbringung vermieden werden« (Marschner/Volckart/ Wagner 1994, 294). Mit anderen Worten: Die vorläufige behördliche Unterbringung kommt nur als letztes Mittel in Betracht.

9.5 Schadensersatzansprüche bei unrichtigen Gutachten und rechtswidriger Unterbringung

Bundesrepublikanische Gerichte haben sich wiederholt mit der Frage auseinandersetzen müssen, ob und in welcher Höhe Schadensersatz für unrichtige Gutachten und rechtswidrige Unterbringung zu leisten ist. In chronologischer Reihenfolge einige Urteile zur Problematik des Schadensersatzes. Die Rechtsprechung geht davon aus, dass ein psychiatrischer Sachverständiger nur dann haftet, wenn eine grob fahrlässige Falschbegutachtung vorliegt (OLG Schleswig, MedR 1994, 325). Grobe Fahrlässigkeit ist u.a. dann anzunehmen, wenn der Arzt vor Abgabe seiner gutachterlichen Stellungnahme den Unterzubringenden nicht gründlich untersucht hat (Wigge 1996).

- Das OLG Nürnberg hat 1988 eine vom Gericht hinzugezogene psychiatrische Sachverständige unter dem Gesichtspunkt der unerlaubten Handlung für eine grob fahrlässige Falschbegutachtung zu 30.000 DM Schmerzensgeld verurteilt, weil die Klägerin zu Unrecht entmündigt und in einer geschlossenen Anstalt untergebracht wurde (OLG Nürnberg, R&P 1988, 28).
- Das OLG Frankfurt am Main sprach einer Klägerin 2.000 DM Schmerzensgeld zu, weil bei der Vorbereitung einer Unterbringung kein fachlich im Umgang mit psychisch Auffälligen geschultes Personal eingesetzt wurde (OLG Frankfurt am Main, R&P 1992, 66).
- Ein Arzt, der durch seine Anzeige an die Gesundheitsbehörde ein Unterbringungsverfahren veranlasst, haftet nur im Fall vorsätzlicher sittenwidriger Schädigung des Betroffenen. Dies bedeutet für die psychosoziale Beratung: Wer subjektiv redlich durch eine Anzeige ein Unterbringungsverfahren initiiert, haftet nach gesicherter Rechtsprechung auch dann nicht auf Ersatz des immateriellen und materiellen Schadens, wenn die Unterbringung objektiv zu Unrecht erfolgt sein sollte (OLG Schleswig, MedR 1994, 325).
- Der Bundesgerichtshof hat 1995 entschieden, dass die Begutachtung im Unterbringungsverfahren auch die Pflicht beinhaltet, den Betroffenen nicht durch Fehldiagnosen zu schädlichen Vermögensdispositionen zu veranlassen (BGH, R&P 1995, 184).
- Auf Grund einer rechtswidrigen Unterbringung über einen langen Zeitraum (ca. 9 Jahre) und rechtswidriger Medikamentenverabreichung verurteilte das Landgericht Marburg die Anstellungskörperschaft der im Unterbringungsverfahren falsch gutachtenden Ärzte zu einem Schmerzensgeld in Höhe von 500.000 DM (LG Marburg, R&P 1996, 137).

9.6 Aufsichtspflichten und Haftung in Psychiatrie und Therapie

Der Jahrhunderte andauernde, autoritär disziplinierende Umgang mit psychisch Kranken, mit den »Irren«, letztendlich mit allen »Abweichlern« von der Normalität, prägt noch heutzutage das Bewusstsein der Bevölkerungsmehrheit. Die Sicherung und Kontrolle des Erkrankten, sein Einschluss waren die üblichen, aber auch anerkannten Methoden der Behandlung. Das Ziel war der Schutz der Allgemeinheit. Die Ausgrenzung der Unvernunft mit Ketten und Fesseln galten als probates Mittel, das Problem zu lösen. »Es scheint, als habe trotz aller Aufgeklärtheit und Rationalität unserer Zeit die ›gesunde‹ Umwelt noch immer kein von Emotionen freies Verhältnis zum Phänomen geistiger oder psychischer Krankheit gewonnen, als schwinge vielmehr in der Beurteilung Geisteskranker immer noch ein Rest jener auf Unwissenheit beruhenden, zu mancherlei Vorurteilen führenden Furcht vor dem Unberechenbaren, Unheilvollen, Dämonischen mit, die in vergangenen Zeiten Kranke zu Besessenen oder Hexen stempelte und der Verfolgung preisgab oder sie einer unmenschlichen Einkerkerung unterwarf« (Marburger 1971, 777).

Dass auf dieser Grundlage keine Handlungserfolge erzielt werden können, ist heute Allgemeingut. Selbständigkeit und Eigenverantwortlichkeit des Patienten und größtmögliche Freiheit in den Einrichtungen der Psychiatrie versprechen bessere Heilungsaussichten. Durch die vielfältigen Versuche, die Psychiatrie zu reformieren, durch das »Open-Door-System« stellt sich verschärft das Problem der zivilrechtlichen Aufsichtspflicht und der gegebenenfalls strafrechtlichen Verantwortung des Klinikpersonals.

Die Rechtsprechung hat zunehmend anerkannt, dass ein Suizid während des Aufenthaltes in einer Klinik niemals mit absoluter Sicherheit vermieden werden kann. Eine lückenlose Überwachung und Sicherung, die jede noch so fernliegende Gefahrenquelle ausschalten könnte, ist ausgeschlossen (Wolfslast 1987). Die Rechtsprechung betont die Sicherheit des Patienten, der untergebracht ist, als wichtigste Aufgabe. Dieses Sicherheitsgebot besteht indessen nicht uneingeschränkt, sondern es ist abzuwägen gegen die mögliche Therapiegefährdung auf Grund strikter Verwahrung.

Stets sind die Erfordernisse der Medizin zu beachten. Nach neueren Erkenntnissen ist gerade bei psychisch Kranken eine vertrauensvolle Beziehung und Zusammenarbeit zwischen Patient und Arzt sowie Krankenhauspersonal aus therapeutischen Gründen dringend erforderlich. Entwürdigende Überwachungs- und Sicherungsmaßnahmen, soweit sie überhaupt zulässig sind, können nach modernen medizinischen Erkenntnissen eine erfolgversprechende Therapie gefährden (BGH, R&P 1994, 141). Es muss gewährleistet werden, dass zwischen dem Klinikpersonal und dem Patienten ein aus psychiatrischer Sicht wünschenswertes Vertrauensverhältnis im Sinne eines »therapeutischen Arbeitsbündnisses« hergestellt werden kann. Allerdings muss ein psychiatrisches Krankenhaus mindestens so organisiert sein, dass kein Patient unbemerkt vom Personal seine Station oder gar das Haus verlassen kann (OLG Frankfurt am Main, VersR 1979, 451). Eine Verletzung von Aufsichtspflichten kann zu Schadensersatzansprüchen führen.

- Verursacht ein wegen Geisteskrankheit entmündigter volljähriger Heimbewohner außerhalb des Heimes ein Verkehrsunfall, so ist die allgemeine Aufsichtspflicht des Heimes nur dann verletzt, wenn bekannt oder erkennbar war, dass der Heimbewohner infolge seiner körperlichen oder geistigen Verfassung eine Verkehrsgefährdung darstellt, und geeignete Maßnahmen zur Abwendung der der Allgemeinheit drohenden Gefahr unterlassen wurden (OLG München, NJW 1966, 404).
- Eine Verletzung der Aufsichtspflicht ist zu bejahen, wenn eine suizidgefährdete Patientin, die an einer endogenen Depression leidet, in eine offene Station einer neurologisch-psychiatrischen Abteilung verlegt wird, ohne dass ganz besondere und konkrete Vorsichtsmaßnahmen zum Schutz der Patientin ergriffen werden (OLG Frankfurt am Main, VersR 1979, 451).
- Dagegen ist es für die Erfüllung der Aufsichtspflicht ausreichend, wenn bei einer Suzidgefährdeten die Nachtschwester stündlich nach der Patientin, die sich allein im Zimmer befindet, schaut und sich die Patientin zwischen zwei Kontrollen mit einem Bettlaken am gekippten Fenster aufhängt (OLG Hamm, VersR 1983, 43). Das Oberlandesgericht Hamm ist der Auffassung, dass Maßnahmen technischer Art zur Verhinderung oder Erschwerung einer Selbsttötung – wie Entfernung von Türklinken, Sicherungsflügeln an Fenstern oder ähnliche Einrichtungen – nicht beseitigt werden müssen. Dies mag früher üblich gewesen sein, entspreche indessen nicht mehr einer modernen Auffassung von der humanen Unterbringung psychisch Kranker.
- Wenn psychisch auffällige Jugendliche im Alter von 16 und 17 Jahren, bei denen eine Neigung zur Schädigung Dritter vorhanden ist, die sich allerdings noch nicht erkennbar konkretisiert hat, als Patienten in eine Klinik stationär aufgenommen werden, dann haften die Bediensteten der Klinik für angerichtete Schäden, wenn sie nicht stichprobenartig das Freizeitverhalten der Jugendlichen überwachen. Bei Kindern, die zu üblen Streichen und Straftaten neigen, besteht eine erhöhte Aufsichtspflicht. Andererseits sind der Überwachung vor allem bei älteren Jugendlichen naturgemäß Grenzen gesetzt. Sie brauchen nicht ständig überwacht zu werden. Insoweit besteht auch kein Anlass die therapeutisch gebotene Bewegungsfreiheit einzuschränken. Dagegen ist es geboten, ihr Verhalten in der Freizeit stichprobenartig zu überwachen. »Diese Überwachung musste sich insbesondere darauf erstrecken, welche Örtlichkeiten in der Freizeit aufgesucht wurden, ob diese ›günstige Gelegenheiten‹ zur Schadensstiftung boten, welche Patienten häufiger

gemeinsam die Freizeit miteinander verbrachten und ob sich dadurch eine erkennbare Verstärkung der Schädigungsneigung ergab, der durch weitere geeignete Maßnahmen vorzubeugen war« (BGH, NJW 1985, 677).

- Bei einem 17jährigen geistig Behinderten, der schon wiederholt durch Brandstiftungen aufgefallen ist und in einem Wohnheim und der Werkstätte für Behinderte aufgenommen wurde, haftet u.U. der Träger, wenn er dem Behinderten unbeaufsichtigten Ausgang gewährt oder ihm bei Antritt des Ausgangs vorhandene Zündmittel nicht wegnimmt. Allerdings ist die Frage der Haftung nicht leicht zu beantworten, wenn trotz der Behinderung der Jugendliche erziehbar ist und aus diesem Grunde eine pädagogische Beeinflussung zu einem weitgehend selbständigen und verantwortungsbewussten Verhalten eine Reduzierung von Reglementierungen als vernünftig erscheinen lassen (OLG Frankfurt am Main, FamRZ 1987, 519).
- Es besteht keine Verletzung der Aufsichtspflicht der Bediensteten eines Krankenhauses, wenn eine suizidgefährdete Patientin auf dem Gang zur Toilette nicht überwacht wird und mit einem aus dem Patientenzimmer mitgenommenen Feuerzeug sich selbst zu verbrennen versucht. Es besteht kein Anlass, dass die Patientin beim Verlassen des Krankenzimmers durch Abtasten untersucht wird, ob sie im Besitz eines Feuerzeuges ist (BGH, R&P 1994, 141).
- Es besteht kein Verstoß gegen die psychiatrischen Sorgfaltspflichten, wenn einer suizidgefährdeten Patientin der Ausgang mit ihrer Mutter erlaubt wird und sie einen Selbsttötungsversuch unternimmt. Eine Ausschaltung jeglicher vermeidbarer Risiken liefe nämlich darauf hinaus, dass eine solche Patientin dauerhaft unter Aufsicht des Klinikpersonals hinter gesicherten Türen und Fenstern verbleiben müsste (OLG Stuttgart, Urt. vom 20.10.1994 - 14 U 38/93-).
- Zwar haben auch allgemeine Krankenhäuser, wenn sie bewusstseinsgetrübte Patienten behandeln, dafür zu sorgen, dass jede vermeidbare Selbstgefährdung ausgeschlossen wird; es muss aber nicht jedes nur vorstellbare Risiko verhindert werden. Eine permanente Sitzwache ist auch bei einer 68jährigen Patientin mit ausgeprägtem hirnorganischen Psychosyndrom nur in ganz besonderen Fällen erforderlich (LG Heidelberg, NJW 1998, 2747).
- Unfälle während einer Suchtbehandlung können mit ausreichender Sicherheit nur durch strenge Fixation im Bett verhindert werden. Solche freiheitsentziehenden Maßnahmen sind ohne eindeutige Anzeichen einer Selbstgefährdung oder Suizidalität unzulässig und medizinisch nicht vertretbar (OLG München, MedR 1998, 366).

Zusammenfassung:
Bei der stationären Therapie psychisch Kranker, besonders suizidaler Patienten, geht die einschlägige Rechtsprechung zwar im Grundsatz von der Sicherheit des Patienten als gleichsam oberstem Gebot aus. Das Sicherheitsgebot besteht indessen nicht uneingeschränkt. Es ist vielmehr abzuwägen gegenüber der möglichen Therapiegefährdung durch strikte Verwahrung. Eine Ausschaltung jeglichen Risikos kann selbst durch permanente Überwachung und dauerhafte Einschließung nicht 100%ig gewährleistet werden. Solche Sicherungsmaßnahmen lässt das Recht zudem nicht zu.

Exkurs: Der Beitrag des Strafrechts zur Suizidprävention

Bei familiären oder individuellen Krisen erscheint häufig der Suizid als letzter Ausweg. Die Zahlen sprechen für sich. Jährlich werden ca. 250.000 Menschen nach Suizidversuchen in Krankenhäuser eingeliefert; bei mehr als 12.000 Menschen kommt jede Hilfe zu spät. Polizisten, Sozialarbeiterinnen, aber auch Theologen, Psychotherapeuten und Ärztinnen sind mit der Frage konfrontiert, welche Anforderungen das Recht an sie stellt, was sie unternehmen müssen, um nicht mit dem *Strafrecht* in Konflikt zu geraten.

Die Juristinnen und Juristen selbst sind sich keineswegs einig und kommen zudem bei entsprechenden Strafverfahren ohne ärztliche oder psychologische Gutachten selten aus. Die juristischen Kontroversen sind in kaum lösbare Probleme menschlicher Existenz eingebettet. Es geht um die Selbstverfügbarkeit des Lebens. Unbezweifelbar steht der sanfte, schmerzlose, humane Tod auf der Wunschliste der meisten Menschen weit oben. Die Forderung nach Selbstbestimmung auch über das eigene Leben widerspricht indessen der christlich-abendländischen Auffassung über die Unverfügbarkeit des Lebens. Dementsprechend prallen fast unversöhnlich weltanschauliche, aber auch juristische Meinungen aufeinander.

Um die rechtlichen Probleme der möglichen Strafbarkeit der »Teilnahme« an Selbsttötungsdelikten besser verstehen zu können, ist ein Blick auf die strafrechtliche Systematik der Straftaten gegen das menschliche Leben hilfreich. Die Bandbreite der Tötungsdelikte ist erheblich. Sie reicht vom Mord bis hin zur fahrlässigen Tötung. Der Unrechtsgehalt der Tötungsdelikte ist sehr unterschiedlich und dies schlägt sich im Strafmaß nieder.

- Der *Totschlag* nach § 212 StGB ist nach der h.M. sozusagen der Durchschnittsfall einer vorsätzlichen Tötung und wird mit Freiheitsstrafe nicht unter fünf Jahren bestraft.
- Von Totschlag wird strafverschärfend der *Mord* nach § 211 StGB abgegrenzt. Danach wird derjenige, der vorsätzlich einen Menschen

tötet als Mörder mit lebenslanger Freiheitsstrafe bestraft, wenn die Tötung als besonders verwerflich anzusehen ist.

- Strafmildernd wirkt sich dagegen die *Tötung auf Verlangen* aus. Nach § 216 StGB wird jemand mit einer Freiheitsstrafe von sechs Monaten bis zu fünf Jahren bestraft, wenn er durch das ausdrückliche und ernstliche Verlangen des Getöteten zur Tötung bestimmt worden ist. Ernstlich ist ein Verlangen dann, wenn es zielbewusst auf Tötung gerichtet ist und vor allen Dingen auf einem freiverantwortlichen Entschluss des Opfers beruht. Die Strafvorschrift ist erfüllt, wenn z.B. die Ärztin einem gelähmten Patienten eine tödliche Injektion verabreicht, nachdem dieser darum gebeten hat.
Diese *aktive Sterbehilfe* – die gezielte Tötung eines Kranken, um das von ihm als unerträglich empfundene Leben zu beenden – wird völlig unstreitig entweder als Tötung auf Verlangen nach § 216 StGB bzw. als Mord oder Totschlag bestraft (Kutzer 1994). Wer seinen lebensmüden Freund erschießt, wird bestraft. Allerdings sind die Grenzen zur straflosen Suizidteilnahme fließend und zuweilen sehr durchlässig. Der Arzt, der dem lebensmüden Patienten das Gift auf den Tisch stellt, das der Patient selbst schluckt, leistet lediglich Beihilfe zur Selbsttötung und ist nicht strafbar. Nun könnte man einwenden, dass sei ein typische juristische Spitzfindigkeit, ist es aber nicht. Die Differenzierung ist sinnvoll. *Ein Suizid liegt vor, »wenn das Opfer die Schwelle zum Tode selbst überschreitet, eine Tötung auf Verlangen, wenn es sich hinüberstoßen lässt.* Diese Lösung findet ihre Rechtfertigung in der Erwägung, dass es von einem Todeswunsch bis zu seiner Realisierung ein weiter Weg ist: Denn viele haben sich die Pistole an die Schläfe gesetzt, aber wenige haben die Kraft aufgebracht, abzudrücken. Wer – die Zurechnungsfähigkeit vorausgesetzt – diesen letzten Entschluss besteht, muss seinen Tod selbst verantworten« (Roxin 1994, 75, 78 f).[1]

- Am »unteren Ende« der Tötungsdelikte steht die *fahrlässige Tötung*. Nach § 222 StGB wird mit Freiheitsstrafe bis zu fünf Jahren oder mit Geldstrafe bestraft, wer durch Fahrlässigkeit den Tod eines Menschen verursacht.

Die Straflosigkeit der Teilnahme an einem Suizid

Die Selbsttötung[2] ist nach dem Strafrecht prinzipiell nicht unter Strafe gestellt. *Dem deutschen Strafrecht ist daher – teilweise im Gegensatz zu ausländischen Rechtssystemen – weder die Strafbarkeit des Selbsttötungsversuches noch die Strafbarkeit der Anstiftung oder*

---

[1] *Passive* Sterbehilfe liegt dann vor, wenn bei einem tödlich erkrankten Menschen, dessen Leiden mit »aussichtsloser Prognose einen irreversiblen Verlauf genommen hat, die der Lebensverlängerung dienende medizinische Behandlung eingestellt wird«, Kutzer 1994, 110, 113.

Beihilfe zur Selbsttötung bekannt (Tröndle/Fischer 1999, Anm. 4 Vor 211 StGB; zu Einzelheiten vgl. Bottke 1993; Schöch 1996). Wer einem anderen rät, sein Leben zu beenden oder ihm ein tödliches Gift beschafft, kann nach deutschem Recht nicht bestraft werden.

Auch die fahrlässige Mitverursachung einer freiverantwortlichen Selbsttötung z.B. durch das Herumliegenlassen einer schussbereiten Waffe ist nicht strafbar. Aus diesem Grunde können auch Verfasser von Anleitungsbücher zum Suizid nicht strafrechtlich belangt werden.

Strafbare Teilnahme an einem Suizid bei Verantwortungsunfähigkeit

Alle Teilnahmeformen am Suizid sind indessen nach der herrschenden juristischen Meinung nur straflos, wenn die Selbsttötung auf einer *freiverantwortlichen Willensentschließung* beruht. Die Abgrenzung im Einzelnen ist schwierig. Die Diskussionen und die Meinungsverschiedenheiten über die Strafbarkeit der Beteiligung an einer Selbsttötung bzw. ihre Nichtverhinderung drehen sich im Prinzip um die Frage, welche Funktion dem Strafrecht bei der Suizidprävention zukommt.

Eine Auffassung geht dahin, das Strafrecht aus den sozialen und emotionalen Tragödien so weit wie möglich herauszuhalten. Die Mitwirkung bei derartigen Taten oder ihre unterlassene Hinderung sollen im wesentlichen nur dann bestraft werden, wenn der Suizident im Zustand der Verantwortungsunfähigkeit gehandelt hat. Die Gegenposition hofft darauf, die Selbsttötungsrate durch das Strafrecht vermindern zu können. Das soll dadurch erreicht werden, dass das soziale und professionelle Umfeld des Suizidgefährdeten durch Drohung mit Strafe zum Eingreifen angehalten wird.

Die herrschende juristische Meinung steht auf dem Standpunkt, dass bei nicht frei verantwortlichem Handeln des Suizidenten, die Teilnahme an Selbsttötungen strafbar ist. Teilnahme sind die Anstiftung und die Beihilfe, also die Beteiligung an einer fremden Tat. *Die entscheidende Grenzlinie ist die freie Verantwortlichkeit* (vgl. Gropp 1996). Will ein Mensch in geistiger Umnachtung aus dem Leben scheiden und ein Außenstehender, der dies erkennt, reicht ihm einen Giftbecher, so ist er strafbar.

Nun kann man natürlich der Auffassung sein, dass jeder, der aus dem Leben scheiden will, nicht mehr in der Lage ist, frei verantwortlich zu entscheiden. Diese Auffassung hat sich indessen nicht durchgesetzt,

---

[2] Es ist sprachlich noch immer ein Skandal, dass in der Literatur sowie im Allgemeinen Sprachgebrauch überwiegend das Wort »Selbstmord« verwendet wird. Damit wird über jemanden, der aus welchen Gründen auch immer, aus dem Leben scheiden will, sprachlich das härteste Unwerturteil gefällt, denn Mörder ist, der aus besonders verwerflichen Gründen einen anderen tötet, wie zum Beispiel aus Mordlust oder aus Habgier.

würde sie doch dazu führen, bei allen Selbsttötungen, selbst bei einem echten Bilanzsuizid zu Rettungspflichten zu gelangen. Der freie, wohlüberlegte Schritt aus dem Leben, wäre kaum noch möglich, von dem sozialen und professionellen Umfeld würden erhebliche Anstrengungen verlangt, die Selbsttötung zu verhindern. »Teilte das Strafrecht die These, alle Suizidenten seien krank und eigenverantwortungsunfähig, könnte jeder, der mit Suizidgefährdeten privat oder professionell zu tun hat, ihnen nur in Angst um eigene Strafbarkeitsrisiken begegnen. Solcher Sorge Vorschub zu leisten, wäre dem Erhalt lebenswahrender, bereitwilliger Kommunikation abträglich« (Bottke 1993, 174, 181).
Nach einem Standardkommentar zum Strafgesetzbuch liegt die freie Verantwortlichkeit dann vor, wenn «keinerlei Anzeichen für psychische Störungen oder Zwangsvorstellungen erkennbar sind, aufgrund derer die natürliche Einsichts- oder Urteilsfähigkeit hinsichtlich der Tragweite und Unwiderruflichkeit dieses Schrittes ausgeschlossen oder wesentlich beeinträchtigt sein könnte« (Schönke/Schröder 1997, Vorbem. 36 zu § 211 StGB).

- Einigkeit besteht darin, dass von einer fehlenden Freiverantwortlichkeit jedenfalls dann ausgegangen werden muss, wenn der Suizident noch ein Kind ist. Nach § 19 StGB ist schuldunfähig, wer noch nicht vierzehn Jahre alt ist. Die Anstiftung eines Kindes zu einer Selbsttötung ist demnach strafbar.
- Juristisch gesichert ist auch, dass ein Suizident, der an einer krankhaften seelischen Störung, an einer tiefgreifenden Bewusstseinsstörung, Schwachsinn oder schweren anderen Abartigkeit im Sinne des § 20 StGB leidet und aus diesem Grunde nicht in der Lage ist, die Problematik der Selbsttötung zu erkennen, nicht frei verantwortlich handeln kann. Unter § 20 StGB fallen auch Formen der schweren Trunkenheit und aktuellen Drogenabhängigkeit.

Die Rechtsfolgen bei der Teilnahme an einer nicht freiverantwortlichen Selbsttötung sind unterschiedlich, je nach der Intensität der Beteiligung.

Strafbare aktive Teilnahme an einem Suizid

Liegt keine Freiverantwortlichkeit des Betroffenen vor und ein Dritter, der dies erkennt, *veranlasst* oder *unterstützt* die Selbsttötung, dann kann er sich der Tötung in sog. mittelbarer Täterschaft strafbar machen. Das wäre der Fall, wenn er dem an einer krankhaft seelischen Störung leidenden Menschen eine Pistole in die Hand drückt und sich der erschießt. Der Täter wird strafrechtlich so behandelt, als habe er selbst geschossen und wird wegen Totschlages bestraft.
Nun ist es in beraterischen, in therapeutischen bzw. in sozialarbeiterischen Berufsfeldern fast so gut wie ausgeschlossen, dass der Tod eines lebensmüden Klienten in dieser Form *vorsätzlich* herbeigeführt wird. Bei beraterischen oder therapeutischen Tätigkeiten sind die rechtlichen Konfigurationen andere. Dort geht es im Kern darum, dass nichts oder

nicht genügend getan wurde, um die Selbsttötung eines Klienten zu verhindern. Es geht also um einen *Unterlassungsvorwurf*.

Strafbarkeit wegen Unterlassen

In den Fällen der mangelnden frei verantworteten Suizidentscheidung ist es möglich, dass derjenige, der den Suizid nur geschehen lässt, strafrechtlich zur Rechenschaft gezogen werden kann. Der Tatbestand eines Deliktes kann im Prinzip auch durch Unterlassen begangen werden. Das regelt § 13 StGB.

> **§ 13 StGB Begehen durch Unterlassen**
> Wer es unterlässt, einen Erfolg abzuwenden, der zum Tatbestand eines Strafgesetzes gehört, ist nach diesem Gesetz nur dann strafbar, wenn er rechtlich dafür einzustehen hat, dass der Erfolg nicht eintritt, und wenn das Unterlassen der Verwirklichung des gesetzlichen Tatbestandes durch ein Tun entspricht.

Die einleuchtende Grundfeststellung dieser Norm ist, dass es bei bestimmten Delikten keinen Unterschied macht, ob man eine Strafvorschrift durch aktives Tun oder durch Unterlassen erfüllt. Es besteht nämlich im Ergebnis kein Unterschied, ob ein Vater sein Kind erschlägt oder es aber durch Nahrungsentzug verhungern lässt. Ein Unterlassen ist dann strafbar, wenn der Unterlassende eine sog. *Garantenstellung* besitzt. Das bedeutet, der Täter muss zur Erfolgsabwendung verpflichtet sein, wie z.B. die Eltern, die ihr Kind nicht verhungern lassen dürfen. Sog. Lebensschutzgaranten sind vor allem Angehörige und Ärzte auf Grund der Behandlungsübernahme. Bloße Beratung begründet nach Ansicht des Bundesgerichtshofes keine Garantenstellung (BGH, NJW 1983, 351; zur rechtlichen Problematik der Garantenstellung in der sozialen Arbeit vgl. Bringewat 1997 sowie Mörsberger/Restemeier 1997).

Welche Strafrechtsfolgen bei einem Unterlassen im Zusammenhang mit der Selbsttötung eintreten, ist im Detail umstritten. Die Rechtsprechung und ein Teil der Lehre nehmen weitgehende Handlungspflichten an, während die herrschende Lehre darauf verweist, dass dadurch die Straflosigkeit der Suizidteilnahme unterlaufen würde.

- Fest steht jedoch, dass diejenigen, die eine *Garantenstellung* für das Leben des Gefährdeten innehaben, sich des Totschlags durch Unterlassen schuldig machen können, wenn sie den unfreien Suizid geschehen lassen (Schönke/Schröder 1997, Anm. 40 Vorbem. zu §§ 211 StGB).
- Für diejenigen, die keine derartige Garantenstellung besitzen, kommt eine Bestrafung wegen unterlassener Hilfeleistung nach § 323c StGB in Betracht. Nach dieser Vorschrift,. wird mit Freiheitsstrafe bis zu einem

Jahr oder Geldstrafe bestraft, wer bei Unglücksfällen oder gemeiner Gefahr oder Not nicht Hilfe leistet, obwohl dies erforderlich und ihm den Umständen nach zuzumuten, insbesondere ihm ohne erhebliche eigene Gefahr und ohne Verletzung anderer wichtiger Pflichten möglich ist.
Ein *frei verantworteter* Selbsttötungsversuch ist nach der ganz herrschenden Meinung jedoch kein Unglücksfall; die Respektierung des Willens des Suizidenten bleibt straflos (Schönke/Schröder 1997, Anm. 7 zu § 323c StGB). Dies gilt allerdings nicht mehr, wenn es sich beispielsweise um einen »Geisteskranken« handelt, Dritte durch die Selbsttötung gefährdet werden (Aufdrehen des Gashahnes) oder der Suizident seinen Entschluss ändert. Es handelt sich daher um einen Unglücksfall, wenn der Suizident ins Wasser geht und bei der Gefahr des Ertrinkens um Hilfe ruft (Tröndle/Fischer 1999, Anm. 3a zu § 323c).

Eine Verhinderungspflicht besteht in all den Fällen nicht, in denen von einem frei verantworteten Handeln ausgegangen werden kann. Bei einem «Bilanzsuizid« oder einer Selbsttötung bei schwerer Erkrankung – der unheilbar Kranke bittet ausdrücklich darum, ihn nach der Einnahme einer Überdosis nicht in das Leben zurückzuholen – besteht keine strafrechtlich erzwingbare Pflicht zu handeln. Soweit mit hinreichender Wahrscheinlichkeit von einem freiverantwortlichen und bis zum tödlichen Ende durchgehaltenen Suizidwillen ausgegangen werden kann, lässt sich bei Respektierung dieses Entschlusses für die Nichtverhinderung des Suizides oder für den Verzicht auf Rettungsmaßnahmen eine strafrechtliche Konsequenz weder aus einer Garantenstellung noch wegen unterlassener Hilfeleistung begründen.

10 DER VERTRAUENSSCHUTZ IN DER BERATUNG

In allen rechtlichen Erläuterungen und Hinweisen zu Beratung, Therapie oder Supervision wird die immense Bedeutung des Vertrauensschutzes zwischen Berater und Ratsuchendem herausgestellt. Die berufliche Schweigepflicht, der Datenschutz sowie die Zeugnisverweigerungsrechte sollen das beraterische Verhältnis gegen den Zugriff durch Dritte absichern und schützen.

Ein Konflikt ist offensichtlich. Schon der kurze Blick auf einen gewöhnlichen Beratungsfall genügt, um zu erkennen, welche höchst unterschiedlichen Interessen im Raum stehen. So ist es durchaus nichts Ungewöhnliches, dass die Polizei oder die Staatsanwaltschaft Daten aus einem Beratungsgespräch erfahren will, um gezielt gegen einen Straftäter vorgehen zu können. In einer derartigen Konstellation können die Interessen der Beteiligten weit auseinandergehen. Während Berater und Therapeutinnen die Belange der Kinder und Jugendlichen sowie ihrer Familien zu vertreten haben, ist Aufgabe der Polizei und der Staatsanwaltschaft die Strafverfolgung (vgl. zu diesem Problemkreis Kaufmann 1990, Klinger/Kunkel 1990; Groß/Fünfsinn 1992; Riekenbrauk 1992; Weichert 1993; Wolter 1995; Proksch 1996; Stange 1997; Simitis 1997; Ollmann 1998; Beckmann 1998; Falterbaum 1999).

Die Bedeutung und Reichweite des Datenschutzes und der strafrechtlichen Schweigepflicht sind umstritten. Es geht im Kern um die Effizienz staatlicher wie privater Institutionen und Verbände einerseits und um den Schutz der Würde des Menschen andererseits (Hassemer 1996; Trute 1998; Simitis 1998). Die »Datensammler« führen im wesentlichen das Argument ins Feld, je mehr Daten vorhanden sind, um so aussichtsreicher kann gearbeitet werden. Der Missbrauch sozialstaatlicher Leistungen lasse sich mit einem vernetzten Datensystem erfolgreich ausschalten, präventiv könnten schädliche soziale Verhaltensweisen und strafbare Handlungen gezielt bekämpft werden. In der Tat: Wer wollte ernsthaft dagegen sein, dass Verbrechern das Handwerk gelegt wird, dass staatliche Leistungen nur die wirklich Anspruchsberechtigten erhalten und die öffentlichen und privaten Administrationen nach dem letzten Stand der Dinge arbeiten. Die rasanten Entwicklungen im Informations- und Kommunikationssektor, die umwälzenden Veränderungen der Arbeitswelt durch den Einsatz der Mikroelektronik sind letztendlich irreversibel. Es gibt kein Zurück zur guten alten Zeit, keine Neuauflage von Tintenfässern oder Schreibmaschinen. Die Lösung, die bleibt, um eine demokratisch verfasste Gesellschaft zu erhalten, ist – in welcher Form auch immer – der Schutz der Daten. Das Bundesverfassungsgericht hat dem Einzelnen grundsätzlich die Befugnis eingeräumt, selbst zu entscheiden, wann und innerhalb welcher Grenzen persönliche Lebenssachverhalte offenbart werden dürfen (BVerfGE 65,1).

In Beratung und Therapie hängt die Qualität professionellen Handelns davon ab, das Vertrauen der Betroffenen zu gewinnen und zu erhalten. Dies kann nur durch hohe Diskretion erreicht werden.

- Die Ratlosigkeit indessen, was bei Misshandlungen in einer Familie, bei Straftaten gegen die sexuelle Selbstbestimmung, bei Straftaten schlechthin bzw. bei dem Verdacht derartiger Delikte rechtlich veranlasst werden soll, ist weit verbreitet. Mitarbeiterinnen von Beratungsstellen, von psycho-sozialen Diensten, staatlich anerkannte Sozialarbeiterinnen und Sozialpädagogen sowie Psychologen erfahren in Beratung und Therapie von Straftaten oder unerträglichen familiären Verhältnissen und sind verunsichert, was geschehen soll. Häufig stellt sich auch die Frage, ob etwa eine Pflicht zur Anzeige besteht, wenn ein Berater von einer Straftat erfährt.

Neben dem spannungsreichen Verhältnis zwischen beratenden und strafverfolgenden Systemen stellen sich für die Beraterinnen und Therapeuten im Zusammenhang mit dem Vertrauensschutz und der befugten Offenbarung noch vielfältige weitere Probleme, wie etwa:

- Was darf in einer internen bzw. externen Supervision besprochen werden?
- Müssen Eltern über die Beratung ihrer Kinder durch Mitarbeiter des Jugendamtes stets informiert werden?
- Wie sieht es mit der innerbehördlichen Schweigepflicht aus? Darf man gegenüber Vorgesetzten auf Fragen nach den Inhalten eines Beratungsgespräches die Anwort verweigern?
- Können Richterinnen Berater zur Zeugenaussage zwingen?

Therapeutinnen und Berater haben zweifelsohne das Wohl der Ratsuchenden, ihre Privat- und Intimsphäre zu garantieren und zu schützen und auch zu bedenken, welches Unheil für alle Beteiligten angerichtet werden kann, wenn Informationen an eine »falsche Stelle« gelangen.[1] Die Beratertätigkeit ist häufig eine schwierige Gratwanderung zwischen dem Vertrauensschutz in Beratung und Therapie einerseits und Behördeninteressen andererseits.

Fälle

Die Fülle der höchst praktischen rechtlichen Probleme verdeutlichen die folgenden, teilweise von bundesrepublikanischen Gerichten entschiedenen Fälle.

---

[1] Mit der Zulässigkeit einer Strafanzeige des Jugendamtes bei sexuellem Kindesmissbrauch und möglichen Schadensersatzpflichten bei vorschneller Einschaltung der Strafverfolgungsbehörden befasst sich Ollmann (1998).

Eine Sozialpädagogin erfährt in einem Beratungsgespräch mit einem 10-jährigen Kind, dass eine Gruppe schon älterer Jugendlicher im Stadtteil Kinder bedroht, sie in Schlägereien verwickelt und ihnen Sachen wegnimmt. Sie erfährt auch die Namen der jugendlichen Schläger. Der zuständige Polizeibeamte wendet sich an die Sozialpädagogin mit der Bitte um Unterstützung bei der Tataufklärung. Nur wenn die Rädelsführer der »Jugendgang« bestraft werden könnten, seien die Kinder wieder sicher. Die Sozialpädagogin ist unsicher, ob sie den Polizeibeamten informieren darf.

Ein Diplompsychologe arbeitete als Therapeut in einem Heim, zuletzt als Erziehungsleiter. In dem Heim wurden psychisch gestörte, schwer erziehbare Jugendliche betreut. Er übernahm die Therapie einer 21-jährigen Frau, die Borderline-Persönlichkeitsstörungen, geringe Belastbarkeit und eine starke affektive Impulsivität aufwies. Unter Druck und Spannungen kam es zu autoagressiven Handlungen, z.B. brachte sie sich Ritze oder Schnitte im Bereich des Unterarms bei, äußerte Selbstmordgedanken und unternahm einmal entsprechende Handlungen. Der Psychologe kam zu der Ansicht, Ursache dieser psychischen Störung seien »sexuelle Missbrauchserfahrungen«, wenngleich diese Symptome gelegentlich auch andere Ursachen hätten.
Die junge Frau eröffnete dem Diplompsychologen bei einer von ihr erbetenen außerplanmäßigen Unterredung – nachdem sie ihn zuvor gefragt hatte, ob er zur Verschwiegenheit verpflichtet sei –, dass sie in der Zeit seines Urlaubes sexuelle Beziehungen zum Heimleiter, der sie in dieser Zeit betreut hatte, aufgenommen habe. Der Psychologe war der Meinung, dieses Verhältnis zu dem Heimleiter könnt schwerste psychische Störungen zur Folge haben, auch Suizidgefahr hielt er für nicht ausschließbar. Zudem erschien es ihm unerträglich, dass dem Heim ein Leiter vorstand, der sexuelle Kontakte zu den Schutzbefohlenen aufnahm. Er trug den Fall der Supervision vor, einem Gremium von Therapeuten des Heimes, dem er selbst und zwei Diplom-Pädagogen angehörten, die ebenso wie er selbst zur Verschwiegenheit verpflichtet waren (vgl. BayObIG, NJW 1995, 1623).
Hat sich der Psychologe strafbar gemacht?

Eine Sozialpädagogin wird per Dienstanweisung aufgefordert, bestimmte Verhaltensweisen der von ihr beratenen Jugendlichen (Drogenmissbrauch und andere schwerwiegende Vergehen) an ihren Dienstvorgesetzten weiterzumelden (vgl. Deutscher Verein 1997b).
Sie lehnt dies mit der Begründung auf ihre Schweigepflicht ab, zu Recht?

Eine Sozialpädagogin ist als Familienhelferin in der Familie A tätig. Den Eltern soll die Personensorge entzogen werden. Zwei Sachverständige haben bei den Kindern Verhaltensauffälligkeiten in Form des familiären Hospitalismus festgestellt. Allerdings steht nicht fest, ob die Eltern gegenüber den Kindern ein ausgesprochen rohes, von völliger Nichtachtung der Bedürfnisse der Kinder geprägtes Erziehungsverhalten gezeigt haben (vgl. OLG Hamm, FamRZ 1992, 201).
Darf das Gericht die Sozialpädagogin zu diesem Problem als Zeugin vernehmen?

Eine Diplompsychologin, die bei »Frauenhorizonte«, einer Anlaufstelle für sexuell missbrauchte Frauen tätig ist, wandte sich an die Staatsanwaltschaft. Eine ihrer Klientinnen habe von ihrer 20-jährigen Tochter erfahren, dass diese vor 13 Jahren sexuell missbraucht worden sei. Die Klientin sei zu Angaben bereit, doch wolle sie namentlich nicht erwähnt werden, da sie befürchte, ihre Tochter werde in die Sache hineingezogen. Mit Hilfe anonymer Angaben konnte der Tatverdächtige identifiziert werden. In dem von der Staatsanwaltschaft eingeleiteten Ermittlungsverfahren wegen sexuellen Missbrauchs beantragte die Staatsanwaltschaft die richterliche Vernehmung der Diplompsychologin (vgl. LG Freiburg, NJW 1997, 813).
Darf sie das Zeugnis verweigern?

Das Jugendamt führt über ein 15jähriges Mädchen und ihre Eltern eine Sozialakte, die unter anderem Aufzeichnungen über Beratungsgespräche der zuständigen Sozialarbeiterin enthält. Dem Vater des Mädchens sowie ihrem Bruder wird in einem Strafverfahren der Vorwurf gemacht, das Mädchen misshandelt zu haben. Aufgrund eines Durchsuchungsbeschlusses des Amtsgerichts hat die Polizei die Sozialakte beschlagnahmt. Das Jugendamt hat sie unter ausdrücklichem Widerspruch herausgegeben (vgl. LG Berlin, NDV 1992, 417).
Ist die richterliche Beschlagnahme der Akte rechtmäßig?

Die Geheimhaltungspflichten und die Offenbarungs- bzw. Übermittlungsbefugnisse beruhen in Beratung, Therapie und Supervision auf unterschiedlichen und verzahnten Rechtsgrundlage. Die Heterogenität der je verschiedenen Rechtsmaterien sowie die verschiedenen Normadressaten erschweren den Überblick. Ein Nachteil für die Rechtsentwicklung ist darin zu sehen, dass die Grundnorm der Schweigepflicht im Strafrecht zu finden ist, obwohl »im modernen Rechtsstaat versucht werden sollte, gesellschaftliche Steuerung per Strafrecht nur iS einer Ultima ratio auszuüben« (Wiesner u.a. 1995, Anm. 3 zu § 65 KJHG).

10.1 Ausgangspunkt: Schweigepflicht, Daten- und Vertrauensschutz

Der Vertrauensschutz in Beratung, Therapie und Supervision ist recht neuen Datums. Es ist daher nicht verwunderlich, dass sich noch keine rechtliche Sicherheit für alle Beteiligten abzeichnet. Informationskonflikte gehören zur Realität eines demokratisch verfassten Rechts- und Sozialstaates. Es mangelt jedoch an Berechenbarkeit und Transparenz im Datenschutzrecht, so dass dessen Anwendung und Umsetzung in der Praxis erhebliche Probleme mit sich bringt.
Aus diesem Grunde ist es nicht einfach, im konkreten Fall zu entscheiden, welche Gesetze und welche Normen in Betracht kommen, welches Geheimnis bzw. Sozialdatum durch wen geschützt ist, wann und unter welchen Voraussetzung ein Sozialdatum bzw. ein Geheimnis offenbart oder übermittelt werden darf. Wenig überraschend ist folglich auch, dass sich bei den unterschiedlichsten Fragestellungen Kontroversen über den Stellenwert des Vertrauensschutz und die »rechte« juristische Interpretation ergeben. Zusätzliche Schwierigkeiten entstehen durch das duale Angebot von öffentlichen und privaten Trägern in Beratung und Therapie.
Die juristische Absicherung des Vertrauensverhältnisses basiert auf strafrechtlichen Normen, den §§ 203 ff StGB und datenschutzrechtlichen Vorschriften.

§ 203 StGB Verletzung von Privatgeheimnissen
(1) Wer unbefugt ein fremdes Geheimnis, namentlich ein zum persönlichen Lebensbereich gehörendes Geheimnis oder ein Betriebs- oder Geschäftsgeheimnis, offenbart, das ihm als

1. Arzt, Zahnarzt, Tierarzt, Apotheker oder Angehöriger eines anderen Heilberufs, der für die Berufsausübung oder die Führung der Berufsbezeichnung eine staatlich geregelte Ausbildung erfordert,
2. Berufspsychologen mit staatlich anerkannter wissenschaftlicher Abschlussprüfung,
3. Rechtsanwalt, Patentanwalt, Notar, Verteidiger in einem gesetzlich geordneten Verfahren, Wirtschaftsprüfer, vereidigtem Buchprüfer, Steuerberater, Steuerbevollmächtigten oder Organ oder Mitglied eines Organs einer Wirtschaftsprüfungs-, Buchprüfungs- oder Steuerberatungsgesellschaft,
4. Ehe-, Familien-, Erziehungs- oder Jugendberater sowie Berater für Suchtfragen in einer Beratungsstelle, die von einer Behörde oder Körperschaft, Anstalt oder Stiftung des öffentlichen Rechts anerkannt ist,

4a. Mitglied oder Beauftragten einer anerkannten Beratungsstelle nach den §§ 3 und 8 des Schwangerschaftskonfliktgesetzes,

5. staatlich anerkanntem Sozialarbeiter oder staatlich anerkanntem Sozialpädagogen oder
6. Angehörigen eines Unternehmens der privaten Kranken-, Unfall- oder Lebensversicherung oder einer privatärztlichen Verrechnungsstelle anvertraut worden oder sonst bekannt geworden ist, wird mit Freiheitsstrafe bis zu einem Jahr oder mit Geldstrafe bestraft.

§ 203 Abs. 1 StGB folgt alten Berufstraditionen, nämlich der strafrechtlichen Absicherung der Vertrauensverhältnisse bestimmter Berufsgruppen. Dieser Vertrauensschutz für professionelle – im weitesten Sinne beratende Tätigkeit – ist historisch das älteste Mittel, um für Klienten, Patienten, Mandanten die Möglichkeit zu eröffnen, sich vorbehaltlos den Vertretern dieser Berufsgruppen zu offenbaren. Der strafrechtliche Geheimnisschutz richtet sich als persönliche Verpflichtung an die Mitglieder der genannten Berufsgruppen. Verletzen sie diese Pflicht, machen sie sich strafbar und sind gegebenenfalls schadensersatzpflichtig.
Der *Sozialdatenschutz* hat einen anderen Bezugspunkt. Der Schutz des Sozialgeheimnisses wird durch § 35 SGB I sowie §§ 67 ff SGB X und für die Jugendhilfe nochmals gesondert durch die §§ 61 ff KJHG geregelt.
§ 35 SGB I lautet:

> **§ 35 SGB I Sozialgeheimnis**
>
> (1) Jeder hat Anspruch darauf, dass die ihn betreffenden Sozialdaten (§ 67 Abs. 1 Zehntes Buch) von den Leistungsträgern nicht unbefugt erhoben, verarbeitet oder genutzt werden (Sozialgeheimnis). Die Wahrung des Sozialgeheimnisses umfasst die Verpflichtung, auch innerhalb des Leistungsträgers sicherzustellen, dass die Sozialdaten nur Befugten zugänglich sind oder nur an diese weitergegeben werden. Sozialdaten der Beschäftigen und ihrer Angehörigen dürfen Personen, die Personalentscheidungen treffen oder daran mitwirken können, weder zugänglich sein noch von Zugriffsberechtigten weitergegeben werden. Der Anspruch richtet sich auch gegen die Verbände der Leistungsträger, die Arbeitsgemeinschaften der Leistungsträger und ihrer Verbände, die in diesem Gesetzbuch genannten öffentlich-rechtlichen Vereinigungen, die Künstlersozialkasse, die Deutsche Bundespost, soweit sie mit der Berechnung oder Auszahlung von Sozialleistungen betraut ist, die Hauptzollämter, soweit sie Aufgaben nach § 107 Abs. 1 des Vierten Buches, § 66 des Zehnten Buches und § 150 a des Arbeitsförderungsgesetzes durchführen, und die Stellen, die Aufgaben nach § 67 c Abs. 3 des Zehnten Buches wahrnehmen. Die Beschäftigen haben auch nach Beendigung ihrer Tätigkeit bei den genannten Stellen das Sozialgeheimnis zu wahren.
>
> ...
>
> (3) Soweit eine Übermittlung nicht zulässig ist, besteht keine Auskunftspflicht, keine Zeugnispflicht und keine Pflicht zur Vorlegung oder Auslieferung von Schriftstücken, Akten und Dateien.

Normadressat des § 35 SGB sind allein die dort genannten Sozialleistungsträger. Sie sind zur Wahrung des Sozialgeheimnisses verpflichtet. § 35 SGB I hat so gesehen eine *»institutionelle Ausrichtung«* (Mrozynski 1995, Anm. 17 zu § 35 SGB I; Beckmann 1998). Das bedeutet, dass die Mitarbeiter der Sozialleistungsträger nicht unmittelbar Adressat dieser Vorschrift sind, sondern sie sind dienstrechtlich zum Geheimnisschutz verpflichtet. Wichtig ist jedoch, dass *alle Mitarbeiter* – unabhängig von ihrer jeweiligen Qualifikation – an den Sozialdatenschutz gebunden sind.[1]

Durch die institutionelle Ausrichtung auf die in § 35 SGB I erwähnten Leistungsträger ergibt sich schließlich, dass private und kirchliche Träger ebenso wie staatliche Institutionen, die nicht gleichzeitig Leistungsträger für soziale Leistungen sind, nicht unter § 35 SGB I fallen. Justizbehörden mit der Aufgabe der Strafverfolgung sowie des Strafvollzuges

[1] Zur Schweigepflicht von Mitarbeitern öffentlicher Sozialleistungsträger vgl. Ensslen (1999).

und der Bewährungshilfe, Schulen mit Aufgaben der Schulsozialarbeit und sonstigen Sozialdienste werden von § 35 SGB I nicht berührt.
Betrachten wir nunmehr *den speziellen Datenschutz im Kinder- und Jugendhilfegesetz*. Das KJHG enthält eigenständige Datenschutzregelungen für die Jugendhilfe. Sie gehen über den allgemeinen Sozialdatenschutz hinaus und erfüllen die Anforderungen des Bundesverfassungsgerichtes, für jeden Eingriff in das informationelle Selbstbestimmungsrecht des Bürgers eine eindeutige Rechtsgrundlage zu schaffen (BVerfGE 65, 1).
Durch die §§ 61 ff. KJHG ist der Datenschutz nicht nur als Datenmissbrauchsschutz, sondern als aktiver Persönlichkeitsschutz normiert.
Der besondere Vertrauensschutz in der persönlichen und erzieherischen Hilfe ist in § 65 KJHG geregelt.

§ 65 KJHG Besonderer Vertrauensschutz in der persönlichen und erzieherischen Hilfe

(1) Sozialdaten, die dem Mitarbeiter eines Trägers der öffentlichen Jugendhilfe zum Zwecke persönlicher und erzieherischer Hilfe anvertraut worden sind, dürfen von diesem nur weitergegeben werden

1. mit der Einwilligung dessen, der die Daten anvertraut hat, oder
2. dem Vormundschafts- oder dem Familiengericht zur Erfüllung der Aufgaben nach § 50 Abs. 3, wenn angesichts einer Gefährdung des Wohls eines Kindes oder eines Jugendlichen ohne diese Mitteilung eine für die Gewährung von Leistungen notwendige gerichtliche Entscheidung nicht ermöglicht werden könnte,
3. unter den Voraussetzungen, unter denen eine der in § 203 Abs. 1 oder 3 des Strafgesetzbuches genannten Personen dazu befugt wäre.

Gibt der Mitarbeiter anvertraute Sozialdaten weiter, so dürfen sie vom Empfänger nur zu dem Zwecke weitergegeben werden, zu dem er diese befugt erhalten hat.

(2) § 35 Abs. 3 des Ersten Buches gilt auch, soweit ein behördeninternes Weitergabeverbot nach Absatz 1 besteht.

§ 65 KJHG sieht vor, dass personenbezogene Daten, die Mitarbeitern eines Trägers der öffentliche Jugendhilfe zum Zwecke persönlicher und erzieherischer Hilfe anvertraut worden sind, einem gesteigertem Vertrauensschutz unterworfen sind.
Der Vertrauensschutz des § 65 KJHG ist nicht an eine bestimmte Berufsgruppe gebunden, sondern muss von denjenigen garantiert werden, die in der Jugendhilfe persönliche und erzieherische Hilfe leisten. Unter persönliche und erzieherische Hilfe fallen alle Formen der Betreuung, Beratung, Unterstützung und Hilfe, die im Zusammenhang von »Leistungen«

und im Rahmen der »anderen Aufgaben« der Jugendhilfe vorgesehen sind (Münder u.a. 1998, Anm. 4 zu § 65 KJHG). Damit fallen unter § 65 KJHG alle beratenden Leistungen des Jugendamtes soweit sie einen persönlichen Bezug aufweisen.
Daraus folgt zugleich, dass nach § 65 KJHG *jeder* Mitarbeiter des Jugendamtes, dem Sozialdaten zum Zwecke persönlicher und erzieherischer Hilfen anvertraut sind, mithin auch die nicht unter § 203 StGB fallenden Mitarbeiterinnen, z.B. Erzieherinnen oder Diplomsozialpädagoginnen ohne staatliche Anerkennung, dem erhöhten Sozialdatenschutz unterworfen sind. Insoweit wird der *strafrechtliche Schutz durch ein sozialrechtliches Schutzschild* ergänzt, wenn ein nicht zu den Berufsgruppen des § 203 Abs. 1 StGB gehörender Mitarbeiter des Jugendamtes mit ihm anvertrauten Daten umgeht (Fieseler/Schleicher (Kunkel) 1998, Anm. 2 zu § 65 KJHG). Inzwischen liegen umfangreiche Publikationen vor, die systematisch den Sozialdatenschutz, wie auch den Datenschutz nach dem Kinder und Jugendhilferecht darstellen (Hager/Sehrig 1992; Wiesner u.a. 1995; Mrozynski 1995; Proksch 1996; Kramer 1996; Busch 1997; Beckmann 1998; Falterbaum 1999).

10.2 Die strafrechtliche Schweigepflicht nach § 203 StGB

Art. 1 Abs. 1 sowie Art. 2 Abs. 1 GG schützen den Menschen vor Eingriffen in seine Persönlichkeitssphäre. Unter die Schutzgüter dieses verfassungsrechtlich garantierten allgemeinen Persönlichkeitsrechts fallen die Privat- und Intimsphäre, die persönliche Ehre und das verfassungsrechtlich geschützte Recht, grundsätzlich selbst zu entscheiden, wann und in welchen Grenzen persönliche Lebenssachverhalte von einem Dritten offenbart werden dürfen (BVerfGE 65, 1).
Dies ist auch der Grundgedanke des § 203 StGB, der das unbefugte Offenbaren eines fremden Geheimnisses, das dem Täter in seiner professionellen Tätigkeit anvertraut oder sonst bekannt geworden ist, bestraft. Durch die strafrechtlich gebotene Schweigepflicht soll das »allgemeine Vertrauen in die Verschwiegenheit der Angehörigen bestimmter Berufe, der Verwaltung usw. als Voraussetzung dafür, dass diese ihre im Interesse der Allgemeinheit liegenden Aufgaben erfüllen können,« (Schönke/Schröder 1997, Anm. 3 zu § 203 StGB) hergestellt bzw. erhöht werden. Die Verpflichtung, das Vertrauensverhältnis zwischen Klienten und Beratern zu schützen, galt bislang für die klassischen Professionen, die Ärzte, Rechtsanwälte und die wirtschafts- und steuerberatenden Berufe. Sie ist auf diejenigen ausgedehnt worden, die in materielle Not oder psychische Konfliktsituationen geratene Menschen auf unterschiedlichste Art und Weise betreuen und beraten (Barabas 1992). Die selbstverständliche Respektierung der Sphären Gesundheit und Eigentum durch das ärztliche und anwaltliche Berufsgeheimnis ist durch den Schutz der »sozialen und psychischen Sphäre« ergänzt worden.

10.2.1 Wer ist zum Schweigen verpflichtet?

Unter § 203 Abs. 1 StGB fallen u.a.:

- Berufspsychologen; zu dieser Berufsgruppe zählen die Psychologischen Psychotherapeuten sowie die Kinder- und Jugendlichenpsychotherapeuten;
- Ehe-, Familien-, Erziehungs- oder Jugendberater sowie Berater für Suchtfragen;
- Mitglieder oder Beauftragte einer Beratungsstelle nach dem Schwangerschaftskonfliktgesetz sowie
- staatlich anerkannte Sozialarbeiter und Sozialpädagogen, unerheblich davon, in welchem Berufsfeld sie tätig sind.

Zu den nach § 203 Abs. 1 StGB Schweigepflichtigen gehören nicht Diplompädagogen, Erzieher, Kindergärtnerinnen etc., die weder staatlich anerkannte Sozialarbeiter noch Sozialpädagogen sind (Tröndle/Fischer 1999, Anm. 19 zu § 203 StGB; Schönke/Schröder 1997, Anm. 40 zu § 203 StGB).

Nach § 203 Abs. 3 StGB sind in die Schweigepflicht auch die berufsmäßigen Gehilfen der genannten Fachkräfte und die Personen, die bei ihnen zur Vorbereitung auf den Beruf tätig sind, eingebunden. Hierzu zählen insbesondere die Schreib- und Teilzeitkräfte. Nicht darunter fallen indessen das Reinigungspersonal oder – für die Standortbestimmung der sozialen Arbeit von einiger Erheblichkeit – die ehrenamtlich Tätigen, da sie nicht berufsmäßig arbeiten (Wiesner u.a. 1995, Anm. 6 § 65 KJHG).

Hervorzuheben ist, dass der strafrechtliche Schutz des Vertrauens in Beratung und Therapie gleichsam doppelt gesichert ist. Zum einen muss das Geheimnis von allen in § 203 Abs. 1 StGB genannten Berufsgruppen gewahrt werden, aber auch von denjenigen, die als Berater in der Ehe-, Familien-, Erziehungs-, Jugend-, Drogen- oder Schwangerschaftskonfliktberatung arbeiten, ohne dass es auf deren konkrete berufliche Qualifikation ankommt.

Den Schweigepflichtigen muss das Geheimnis in ihrer Eigenschaft als Angehörige der vom Gesetz erfassten Berufsgruppen anvertraut oder sonst bekannt geworden sein. *Anvertraut* ist ein Geheimnis, wenn es in funktionalem Zusammenhang der Berufsausübung mündlich, schriftlich oder auf sonstige Weise bekannt gegeben worden ist (Schönke/Schröder 1997, Anm. 13 zu § 203 StGB). Hierzu ist es nicht erforderlich, dass das Geheimnis während der Sprech- und Dienstzeiten übermittelt wurde. Es ist ausreichend, wenn der Geheimnisträger auf der Straße oder bei gesellschaftlichen Ereignissen in seiner beruflichen Eigenschaft von dem Geheimnis erfährt. *Sonst bekannt geworden* ist ein Geheimnis, wenn es der Geheimnisträger auf andere Weise, aber in innerem Zusammenhang mit der Ausübung seines Berufes erfahren hat. Das ist z.B. dann der Fall, wenn eine Eheberaterin eine Familie aufsucht, um sie in ihrer häuslichen Umgebung kennenzulernen und Gespräche von Familienangehörigen mithört. Ebenso sind Beobachtungen, die der Schweigepflichtige bei der Anbahnung des Beratungs- oder Therapieverhältnisses macht, sonst bekannt geworden.

10.2.2 Der Geheimnisbegriff

Der Begriff Geheimnis ist weit auszulegen. Nach der Rechtsprechung sind Geheimnisse solche Tatsachen, die nur einem beschränktem Personenkreis bekannt sind und nach dem verständlichen Interesse des Geheimnisträgers nicht weiter bekannt werden sollen (Tröndle/Fischer 1999, Anm. 4 zu § 203 StGB). Das Geheimnis muss zum persönlichen Lebensbereich gehören und umfasst z.B. die wirtschaftlichen und beruflichen Verhältnisse, Charaktermerkmale, die psychischen Auffälligkeiten, körperlichen Besonderheiten und familiären Verhältnisse des Klienten (Langkeit 1994). Aber auch bereits der Name eines Klienten oder allein der Umstand des Besuchs einer Beratungsstelle unterfallen dem Geheimnisbegriff: »Schon die Tatsache, dass jemand die Beratung oder Behandlung des Klägers in seiner Eigenschaft als Berufspsychologe in Anspruch nimmt, ist ein solches Geheimnis im Sinne von § 203 StGB und nicht erst das Problem oder die Krankheit, die Anlass für die Inanspruchnahme des Berufspsychologen ist« (BAG, NDV 1987, 333 mit Anm. Mörsberger 1987). Der Arbeitgeber darf sich durch die Erfassung der Telefonnummern der Ratsuchenden keine Kenntnisse verschaffen (vgl. auch KG Berlin, NDV 1985, 52 mit Anm. Molitor; BVerwG, NJW 1995, 410). Die in Klientenakten oder Dateien enthaltenen Fakten, Berichte oder Wertungen sind klassische fremde Geheimnisse.

10.2.3 Die Offenbarung des Geheimnisses

Ein Geheimnis ist offenbart, wenn es in irgendeiner Weise an einen anderen gelangt ist. Unerheblich ist dabei, ob der Dritte selbst schweigepflichtig ist oder ob es sich um einen Angehörigen handelt. Bestraft werden kann auch grundsätzlich die Informationsvermittlung an andere Geheimnisträger (BGH, NJW 1991, 2955). Eine Ausdehnung der Offenbarungsbefugnisse gegenüber allen Schweigepflichtigen würde einen großen Kreis von »Wissenden« schaffen, unter denen relativ problemlos fremde Geheimnisse zirkulieren dürften: vom Tierarzt zum Psychologischen Psychotherapeuten, von der Anwältin zur staatlich anerkannten Sozialarbeiterin. Das darf nicht sein. In einer Entscheidung aus dem Jahre 1995 hat das Bayerische Oberste Landesgericht diesen Grundsatz betont und den Schutz des Berufsgeheimnisses in der Beratung und Therapie präzisiert. Das Gericht stellt zunächst heraus, dass ein Psychologe ein fremdes Geheimnis auch dann offenbart, wenn es »nur« in einer internen Supervision an andere Geheimnisträger weitergegeben wird. Es ist selbstverständlich, dass »auch die Weitergabe des

Geheimnisses an einen Schweigepflichtigen« den Tatbestand des § 203 StGB erfüllt. »Angesichts der nicht eingrenzbaren Vielzahl von Personen, die einer Schweigepflicht unterworfen sind, wäre im Übrigen der Schutz des § 203 StGB illusorisch, wollte man die Mitteilung an jede von ihnen als nicht tatbestandsmäßig ansehen« (BayObLG, NJW 1995, 1623).
Die Art und Weise der Offenbarung ist im Übrigen gleichgültig. Offenbart ist ein Geheimnis, wenn es in irgendeiner Weise an einen anderen gelangt. Jedes Mitteilen – auch durch schlüssiges Verhalten oder durch Unterlassen (Tröndle/Fischer 1999, Anm. 26 zu § 203 StGB) – ist daher ein Offenbaren. Das Offenbaren kann auch darin bestehen, dass man Dokumente, Akten und ähnliches auf seinem Schreibtisch herumliegen lässt, sie nicht verschließt und damit die Möglichkeit eröffnet, dass sie Nichtbefugte zu Gesicht bekommen (Langkeit 1994; a.A. Schönke/Schröder 1997, Anm. 20 zu § 203 StGB).
Kein Offenbaren im Sinne des Strafgesetzbuches und der Datenschutzgesetze liegt dagegen vor, wenn die Person des Betroffenen nicht ersichtlich ist, Daten also *anonymisiert* übermittelt werden (Schönke/Schröder 1997, Anm. 19 zu § 203 StGB). Im Sozialgesetzbuch X findet sich eine Vorschrift, die das Anonymisieren definiert. Nach § 67 Abs. 8 SGB X sind Sozialdaten anonymisiert, wenn sie derart verändert sind, dass die Einzelangaben über persönliche oder sachliche Verhältnisse nicht mehr oder nur mit einem unverhältnismäßig großem Aufwand an Zeit, Kosten und Arbeitskraft einer bestimmten oder bestimmbaren natürlichen Person zugeordnet werden können. Die Daten müssen mithin so verändert werden, dass die personenbezogene Bestimmbarkeit unmöglich gemacht wird (zu den Einzelheiten vgl. Krahmer 1996, Anm. 18 zu § 67 SGB X).

10.2.4 Die Offenbarungsbefugnisse

Vielfältige Fragen stellen sich im Zusammenhang mit der befugten Offenbarung: Unter welchen Bedingungen und Voraussetzungen dürfen Informationen weitergegeben werden? Wann ist es gerechtfertigt, die Schweigepflicht zu brechen, wo liegt die Grenze des pflichtgemäßen Schweigens?
§ 203 StGB selbst legt nicht fest, wann eine Offenbarung befugt ist, vielmehr ergeben sich unterschiedliche Fallgruppen, nach denen eine Offenbarung zulässig bzw. gesetzlich vorgeschrieben ist.

Die Einwilligung

Die Einwilligung des Betroffenen erlaubt die Offenbarung durch den Schweigepflichtigen. Die Einwilligung ist kein Rechtsgeschäft, sondern eine geschäftsähnliche Handlung.

- Eine rechtsgültige Einwilligung muss freiwillig erfolgen, darf also nicht auf Drohung, Zwang oder Täuschung beruhen.
- Die ausdrückliche Einwilligung kann grundsätzlich nur von dem Verfügungsberechtigten ausgesprochen werden.
- Die Verfügungsberechtigten sind darüber aufzuklären, was die Einwilligung bedeutet und an wen die Informationen weitergegeben werden sollen.
- Die rechtliche Fähigkeit zur Einwilligung besitzt jede geschäftsfähige Person.

Förmliche Anforderungen sind für eine rechtswirksame Einwilligung zwar nicht erforderlich. Die Einwilligung kann mündlich, auch telefonisch erteilt werden. Aus Gründen der Beweisbarkeit ist es jedoch sinnvoll, die Einwilligung sich schriftlich geben zu lassen (Münder u.a. 1998, Anm. 8 zu § 65 KJHG).

Eine Entscheidung des Bundesgerichtshofes aus dem Jahre 1998 lässt erkennen, welche Anforderungen die Gerichte an die Einwilligung stellen. Die Bundesrichter sprachen einer Patientin Schmerzensgeld und Schadensersatzansprüche zu, weil sie im Hinblick auf die Einwilligung zu einer Operation nicht ordnungsgemäß aufgeklärt wurde. Die Patientin unterschrieb die Einwilligungserklärung erst auf dem Weg in den Operationssaal, als sie bereits unter dem Einfluss einer Beruhigungsspritze stand. Außerdem äußerte der Arzt, man könne die Operation andernfalls unterlassen. Der BGH entschied, dass die Patientin in ihrer Entscheidungsfreiheit eingeschränkt worden sei. »Bei einem solchen Vorgehen wird das Selbstbestimmungsrecht des Patienten als Grundlage einer wirksamen Einwilligung nicht ausreichend gewahrt« (BGH, NJW 1998, 1784, 1785; vgl. auch Hoppe 1998).

Die stillschweigende Einwilligung

Die Einwilligung kann auch stillschweigend erfolgen. Von einer stillschweigenden Einwilligung ist auszugehen, wenn für den Verfügungsberechtigten erkennbar ist, dass seine Geheimnisse/Daten an weitere Personen übermittelt werden sollen und er damit *ersichtlich* einverstanden ist. Allerdings hat der Bundesgerichtshof an die rechtlichen Voraussetzungen einer stillschweigenden Einwilligung erhebliche Anforderungen gestellt (BGH, NJW 1991, 2955; BGH, NJW 1992, 737; vgl. auch BGH, NJW 1993, 2795; BGH, NJW 1993, 1638). Das Gericht hat die Reichweite der Schweigepflicht ausgedehnt. Eingriffe in das Recht auf informationelle Selbstbestimmung dürfen nur auf der Grundlage klar definierter, überschaubarer Eingriffsnormen erfolgen. Eine stillschweigende Einwilligung kann daher nur noch angenommen werden, wenn der Verfügungsberechtigte zweifelsfrei und erkennbar kein Interesse daran hat, dass sein Geheimnis gewahrt wird oder aber, dass er nicht rechtzeitig befragt werden kann. Die Notwendigkeit einer Einwilligung darf nicht mehr unter dem Aspekt der Praktikabilität unterlaufen werden. Weder höhere Kosten noch Gründe der Arbeitsorganisation dürfen herhalten, um eine fehlende Einwilligung zu ersetzen.

Nach der neueren Rechtsprechung ist daher im Allgemeinen die stillschweigende Einwilligung keine Rechtsgrundlage mehr, Daten an Dritte weiterzugeben (Münder u.a. 1998, Anm. 9 zu § 65 KJHG; Gramberg-Danielsen/Kern 1998). So verstößt beispielsweise die Abtretung von ärztlichen Honorarforderungen – ohne die ausdrückliche Zustimmung der Patienten – an Verrechnungsstellen gegen die strafrechtliche Schweigepflicht und gegen den Datenschutz. Die Erforderlichkeit der ausdrücklichen und informierten Einwilligung betont auch das OLG Karlsruhe. Es weist darauf hin, dass der Betroffenen wissen muss, aus welchem Anlass und mit welcher Zielsetzung er welche Personen von der Schweigepflicht entbindet (OLG Karlsruhe, NJW 1998, 831).

Es liegt auf der Hand, dass diese Rechtsprechung unmittelbar Konsequenzen für die Schweigepflicht in Beratung und Therapie hat. Die zuweilen anzutreffende Neigung, den Datenfluss über stillschweigende Einwilligungen der Klienten zu ermöglichen, ist rechtlich nicht mehr haltbar.

Die Einwilligung Minderjähriger

Wenn sich in einem Beratungsgespräch ergibt, dass Kinder und Jugendliche Opfer einer Straftat sind, stellt sich das Problem, ab welchem Alter sie selbst in die Offenbarung einwilligen können. Bei Minderjährigen sind zunächst die Personensorgeberechtigten rechtlich befugt, die Einwilligung für eine Offenbarung zu geben. Sobald sie aber selbst als Täter, Hilfeleistende oder Mitwissende in Betracht kommen, werden sie schwerlich durch ihre eigene Einwilligung dazu beitragen, sich selbst zu belasten.

Aus diesem Grunde ist es wichtig, unter welchen Voraussetzungen Minderjährige, in die Weitergabe von Daten einwilligen dürfen. Bei der Einwilligung Minderjähriger wird im Strafrecht und dem Datenschutzrecht auf deren *Einsichts- und Urteilsfähigkeiten* abgestellt (Belling 1990; Reiserer 1991; Ollmann 1994; Dickmeis 1995; Roxin 1997; Scherer 1997; Moritz 1999). Den Minderjährigen werden bei Vorliegen der Einsichtsfähigkeit entgegen den allgemeinen Altersregelungen Rechte eingeräumt. Dies gilt u.a. für ärztliche Heilbehandlungen unter Einbezug des Schwangerschaftsabbruches, der Wahrnehmung prozessualer Verweigerungsrechte und bei der Einwilligung im Strafrecht.

Für die *Einwilligung in die Offenbarung* von Geheimnissen im Rahmen des § 203 StGB gilt das Folgende:

- Nach der herrschenden Meinung ist die Einwilligungsfähigkeit bis zur Vollendung des 14. Lebensjahres zu verneinen,
- ab dem 16. Lebensjahr dagegen zu bejahen.

■ Für das Alter zwischen 14 und 16 Jahren ist jeweils nach dem individuellen Reifegrad zu entscheiden. Wenn eine Minderjährige fähig ist, die Bedeutung und Folgen der Rechtshandlung zu erkennen und nach dieser Einsicht zu handeln, ist ihre Einwilligung rechtswirksam (Weichert 1993; Dickmeis 1995; Stange 1997). Diese Einsicht wird in aller Regel bei 15jährigen vorliegen, da die Minderjährigen in diesem Alter nach § 36 Abs. 1 SGB I auch eigenständig Anträge auf Sozialleistungen stellen können (vgl. AG Schlüchtern, NJW 1998, 832; Fieseler/Schleicher (Kunkel) 1998, Anm. 14 zu § 65 KJHG). Berichtet daher ein einsichtsfähiges 15jähriges Mädchen ihrer Beraterin oder Therapeutin vom inzestuösen Handeln ihres Stiefvaters, so ist ihre ausdrückliche Einwilligung für die Offenbarung bzw. Übermittlung dieser Daten rechtlich ausreichend.

Die innerbehördliche Schweigepflicht, Teamkonferenz und Supervision

Im Zusammenhang mit dem befugten Offenbaren und der ausdrücklichen oder stillschweigenden Einwilligung stellt sich das Problem der innerbehördlichen Schweigepflicht – oder von einer anderen Warte aus betrachtet die Frage, wer gehört in einer Behörde zum Kreis, der von einem fremden Geheimnis wissen darf.[1]

■ Offenbart eine staatlich anerkannte Sozialpädagogin befugt ein Geheimnis, wenn sie sich ihrer Behördenleiterin anvertraut?

■ Wie ist die rechtliche Lage zu beurteilen, wenn in Teambesprechungen Einzelfälle erörtert werden oder was gilt für interne Supervisionen?

Angesichts der besonderen Bedeutung des informationellen Selbstbestimmungsrechtes kann es letztendlich nur einen Weg geben: Die staatlich anerkannten Sozialarbeiterinnen und Sozialpädagogen, die in Behörden tätig sind, müssen die Einwilligung des Betroffenen für die Weitergabe »seiner« Daten einholen (Frommann 1985; Proksch 1996; Münder u.a. 1998, Anm. 3 zu § 65 KJHG; BayObLG, NJW 1995, 1623). Dies gilt auf jeden Fall für alle Daten, die anlässlich persönlicher oder erzieherischer Hilfe bei beraterischen und therapeutischen Leistungen anvertraut werden (Schönke/Schröder 1997, Anm. 13 zu § 203 StGB). Der Betroffene ist auf die Konsequenzen fehlender Einwilligung hinzuweisen.

---

[1] Bei einem im Strafvollzug tätigen Anstaltszahnarzt erstreckt sich die Schweigepflicht auch auf die Beziehungen zur Anstaltsleitung und zur übergeordneten Behörde. »Die das ärztliche Schweigegebot unter strafrechtlichen Schutz stellende Vorschrift des § 203 I Nr. 1 StGB wird nicht dadurch außer Kraft gesetzt, dass ein beamteter oder für den öffentlichen Dienst besonders verpflichteter Arzt (§ 203 II Nr. 1 und 2 StGB) im Rahmen der gesundheitlichen Fürsorgepflicht der Vollzugsbehörde gegenüber einem Strafgefangenen tätig wird. Auch im innerbehördlichen Verkehr besteht die ärztliche Schweigepflicht weiter. Eine unbefugte Geheimnisoffenbarung ist nicht schon durch das spezielle dienstrechtliche Verhältnis gedeckt«, OLG Karlsruhe, NStZ 1993, 405, 406.

Diese konsequent an den Grundsätzen des Datenschutzes, der Schweigepflicht sowie des informationellen Selbstbestimmungsrechtes der Klienten ausgerichtete Handhabung des Umganges mit Klientendaten zwingt die Fachkräfte, die Klienten darüber zu informieren, was mit ihren Daten geschieht. Das beinhaltet die Chance, sich jeweils über das eigene professionelle Vorgehen selbst zu vergewissern und auf diese Weise unnötige Arbeitsschritte zu vermeiden.

Nichts anderes gilt auch für *Teamkonferenzen und Supervisionen*. Bei Teamkonferenzen ist zunächst an den Hilfeplan nach § 36 KJHG zu denken. Die Entwicklung eines Hilfeplans gemäß § 36 KJHG gehört mit zu den anspruchvollsten Aufgaben, die von den Jugendämtern unter Mitwirkung der betroffenen Kinder, Jugendlichen, jungen Volljährigen, Personensorgeberechtigten, Fachkräften und Institutionen, die die Erziehungshilfe durchführen, geleistet werden müssen. Es geht darum, sozialpädagogische Fachlichkeit zu garantieren und in rechtsstaatliches Verwaltungshandeln umzusetzen. Für eine effektive sowie methodisch fundierte Hilfeplanung sind vielfältige Daten und Informationen unterschiedlichster Art erforderlich. Sie reichen von hochsensiblen Daten aus therapeutischen Prozessen bis zu Daten, die zum Zwecke der Leistungsgewährung erforderlich sind. Zu den rechtsstaatlichen Strukturen gehört es, dass der Schutz der Sozialdaten im Prozess der Hilfe gewährleistet wird. Das bedeutet, dass Daten im Sinne von § 65 KJHG nur unter den dort genannten Voraussetzungen verwendet werden dürfen, im wesentlichen mit Einwilligung der Betroffenen (Wiesner u.a. 1995, Anm. 51 ff zu § 36 KJHG; Münder u.a. 1998, Anm. 24 zu § 36 KJHG).

Die Offenbarung der Daten innerhalb einer Teamkonferenz nach § 36 Abs. 2 KJHG unterliegt ebenfalls strengen Anforderungen. So ist der Einzelfall grundsätzlich anonymisiert zu behandeln oder, wenn eine Anonymisierung nicht möglich ist, mit Einwilligung der Betroffenen (Deutscher Verein 1994; dagegen ist Münder der Auffassung, dass die am Verfahren beteiligten Fachkräfte des öffentlichen Trägers der Jugendhilfe keine dritten Personen, sondern Verfahrensbeteiligte sind, Münder u.a. 1998, Anm. 24 zu § 36 KJHG). Der Hinweis, dass die Fachkräfte, die an der Teamkonferenz teilnehmen, ebenfalls schweigepflichtig sind, geht fehl. Da der Kreis der Schweigepflichtigen sehr groß ist, wäre die Anzahl der »Wissenden« nicht mehr überschaubar. Diese Grundsätze gelten auch für interne Supervisionen (BayObLG, NJW 1995, 1623).

Der rechtfertigende Notstand nach § 34 StGB

Die Offenbarung eines Geheimnisses ist rechtlich ebenfalls erlaubt, wenn ein sog. Notstand gegeben ist. Dieser rechtfertigende Notstand ist in § 34 StGB geregelt.

§ 34 StGB Rechtfertigender Notstand
Wer in einer gegenwärtigen, nicht anders abwendbaren Gefahr für Leben, Leib, Freiheit, Ehre, Eigentum oder ein anderes Rechtsgut eine Tat begeht, um die Gefahr von sich oder einem anderen abzuwenden, handelt nicht rechtswidrig, wenn bei Abwägung der widerstreitenden Interessen, namentlich der betroffenen Rechtsgüter und des Grades der ihnen drohenden Gefahren, das geschützte Interesse das beeinträchtigte wesentlich überwiegt. Dies gilt jedoch nur, soweit die Tat ein angemessenes Mittel ist, die Gefahr abzuwenden.

Nach § 34 StGB ist eine Offenbarung gerechtfertigt, wenn die Verletzung der Schweigepflicht erforderlich und angemessen ist, um eine gegenwärtige Gefahr für ein höherrangiges Rechtsgut abzuwenden (Neumann 1988; Bergmann 1989; Pelz 1995). Das wäre der Fall, wenn ein Autofahrer die Geschwindigkeitsregeln übertritt, um einen Schwerverletzten in ein Krankenhaus zu schaffen.

Die Notstandslage

§ 34 StGB setzt eine Notstandslage voraus. Sie besteht in einer gegenwärtigen Gefahr für Leben, Leib, Freiheit, Ehre, Eigentum oder ein anderes Rechtsgut, die nicht anders als durch Beschädigung anderer rechtlich geschützter Interessen abgewendet werden kann. Unter Gefahr ist eine Sachlage zu verstehen, deren Hinnahme den Eintritt oder die Intensivierung eines Schadens ernstlich befürchten lässt, falls nicht Abwehrmaßnahmen ergriffen werden. Gefahr kann auch Dauergefahr sein, z.B. weiterer sexueller Missbrauch in einer Familie (Schönke/Schröder 1997, Anm. 17 zu § 34 StGB). Sie ist gegenwärtig, wenn sie nur durch unverzügliches Handeln wirksam abgewendet werden kann.

Die Notstandshandlung

Die Notstandshandlung als Mittel der Gefahrenabwendung muss erforderlich und subjektiv vom Rettungswillen gekennzeichnet sein. Ob die Gefahr von sich selbst oder einem Dritten abgewendet werden soll, ist belanglos.
Nach § 34 StGB kann die Offenbarung anvertrauter Daten vor allem dann gerechtfertigt sein, wenn es um die Abwendung ernster Gefahren für Leib und Leben geht. Allerdings rechtfertigen Strafverfolgungsinteressen im Hinblick auf bereits begangene Delikte die Verletzung der Schweigepflicht grundsätzlich nicht. Wenn jedoch die Gefahr weiterer erheblicher Straftaten droht, kann eine Offenbarungsbefugnis gegeben sein. »Beruht die Kenntnis des Schweigepflichtigen von der Tat freilich

gerade darauf, dass der Täter sein Patient, Mandant usw. ist, so besteht eine Offenbarungsbefugnis nur bei hochgradiger Gefährlichkeit für die Zukunft, und auch dies nicht, wenn sich der Täter wegen dieser Tat an einen Anwalt (Übernahme der Verteidigung) oder Arzt (z.B. zur Behandlung einer die Gefährlichkeit begründenden Triebanomalie) gewandt hat« (Schönke/Schröder 1997, Anm. 32 zu § 203 StGB).
Nach der rechtswissenschaftlichen Literatur bietet § 34 StGB – allerdings unter engen Voraussetzungen – eine Rechtsgrundlage zur Offenbarung, wenn sie das einzige Mittel ist, die konkreten Gefahren für Leben, Leib etc. zu beseitigen (Weichert 1993; Wiesner u.a. 1995, Anm. 88 ff zu § 50 KJHG; Stange 1997). Ein rechtfertigender Notstand ist z.B. dann anzunehmen, wenn ein Arzt bei einer Untersuchung feststellt, dass ein Kind Verletzungen an dem äußeren Genital oder dem Anus aufweist, geschlechtskrank ist oder Spermien nachzuweisen sind (Dickmeis 1995).

Der rechtfertigende Notstand als letztes Mittel

Allerdings ist Vorsicht geboten. Der rechtfertigende Notstand kann nur unter engen Voraussetzungen zur Anwendung kommen (Münder u.a. 1998, Anm. 7 zu § 65 KJHG). Dies hat auch das Bayerische Oberste Landesgericht in der bereits genannten Entscheidung zum Bruch der Schweigepflicht durch einen Diplompsychologen deutlich hervorgehoben. Das Gericht untersuchte zunächst, ob die sexuellen Kontakte des Heimleiters mit einer erwachsenen jungen Frau, die in einer außenbetreuten Wohngruppe wohnt, eine gegenwärtige Gefahr i.S. des § 34 StGB darstellen. »Eine Gefahr ist gegenwärtig, wenn bei natürlicher Weiterentwicklung der Dinge der Eintritt eines Schadens sicher oder doch höchstwahrscheinlich ist, falls nicht alsbald Abwehrmaßnahmen ergriffen werden, oder wenn der ungewöhnliche Zustand nach menschlicher Erfahrung und natürlicher Weiterentwicklung der gegebenen Sachlage jederzeit in einen Schaden umschlagen kann« (BayOblG, NJW 1995, 1623,1624).
Darüber hinaus müsse stets geprüft werden, ob die Gefahr durch ein milderes Mittel – als den Bruch der Schweigepflicht – abgewendet werden könne. In dem konkreten Fall liege es nahe, dass mit therapeutischen Mitteln der Gefahr begegnet werden könne. »Es ist deshalb nicht von vornherein auszuschließen, dass der Angekl. aufgrund seiner eigenen therapeutischen Fähigkeiten die von ihm angenommene Gefahr, nach seiner Ansicht begründet durch sexuellen Missbrauch der Zeugin, hätte abwenden können. In erster Linie hätte sich dem Angekl. aufdrängen müssen zu explorieren, ob tatsächlich Anhaltspunkte für die von ihm angenommene Gefährdung der Zeugin zu finden waren« (BayOblG, NJW 1995, 1624, 1625). Als ein milderes Mittel komme eine *externe Supervision* in Betracht, weil dadurch die Anonymität der Zeugin

gewahrt werden könne. Die Frage, ob ein milderes Mittel hätte angewendet werden können, ist jeweils im Rahmen der Rechtsgüterabwägung genauestens zu prüfen. Handlungsalternativen, die einen weniger schwerwiegenden Eingriff in das Rechtsgut des § 203 Abs. 1 StGB beinhalten, sind jeweils in Erwägung zu ziehen, im konkreten Fall eben die Möglichkeit, selbst therapeutisch zu helfen. Dieses Urteil zeigt, dass die Schweigepflicht in Beratung und Therapie eine immer bedeutsamere Rolle spielt (Keßler 1997; Longino 1997).
Die Verletzung der Schweigepflicht kann mit einer Geldstrafe, aber auch mit einer Freiheitsstrafe bis zu einem Jahr geahndet werden. Wenn der Täter das fremde Geheimnis verwertet, d.h. das fremde Geheimnis wirtschaftlich ausnutzt, um Gewinn zu erzielen, kann eine Gefängnisstrafe bis zu zwei Jahren oder eine Geldstrafe verhängt werden, § 204 StGB. Nach § 205 StGB ist die Verletzung fremder Geheimnisse – mit Ausnahme von § 201 Abs. 3 StGB – ein *Antragsdelikt*. Das bedeutet, die Tat wird nur auf Antrag verfolgt. Der Geheimnisträger muss, wenn er will, dass der Täter bestraft wird, einen Strafantrag stellen.

Die nach § 203 Abs. 1 StGB Schweigepflichtigen dürfen »reden«, wenn sie die Einwilligung des Verfügungsberechtigten besitzen oder ein Fall des rechtfertigenden Notstandes gegeben ist. Für die Schweigepflichtigen, die zugleich im Jugendamt tätig sind, gilt zusätzlich § 50 Abs. 3 KJHG. Ansonsten: Man darf auch bei Verbrechen schweigen.

Anzeigepflichten

Die Pflicht zur Anzeige bei geplanten Straftaten

Die Pflicht zur Anzeige ist in den §§ 138, 139 StGB geregelt. In der Beratung, Therapie und Supervision stellt sich zuweilen das Problem, ob gesetzliche Verpflichtungen bestehen, bestimmte Sachverhalte gegenüber der Polizei oder der Staatsanwaltschaft zur Anzeige zu bringen. Zu denken ist an sexuellen Missbrauch oder aber auch an andere Straftatbestände, wie z.B. Raub, Mord oder Totschlag. Es bestehen erhebliche Missverständnisse über die Reichweite der Anzeigepflichten. Das bundesrepublikanische Recht kennt nur in äußerst begrenztem Umfang die Pflicht, Straftaten den Behörden oder dem Bedrohten anzuzeigen.
§ 138 StGB bestimmt, dass lediglich bei den dort genannten Delikten die Nichtanzeige *geplanter* Straftaten bestraft wird. Nur wer von dem Vorhaben oder der Ausführung eines Angriffskrieges, eines Hochverrates, eines Menschenhandels, Mordes, Totschlages, Völkermordes, Raubes, einer räuberischen Erpressung etc., also einer schwersten Straftat

erfährt, muss der Behörde oder dem Bedrohten Anzeige machen, allerdings auch nicht immer:

- Zur Anzeige ist nur gezwungen, wer von der geplanten Tat zu einem Zeitpunkt Kenntnis erlangt hat, zu dem die Ausführung oder der Erfolg noch abgewendet werden können. Es genügt zur Anzeigepflicht auch nicht, wenn man nur einen vagen Verdacht hat. Es sind glaubhafte Kenntnisse erforderlich. Darüber hinaus ist es nach dem Zweck dieser Norm nicht notwendig, immer unverzüglich Anzeige zu erstatten (BGH, StV 1997, 244).
- Straffrei bleibt auch, wer die Ausführung oder den Erfolg der Tat anders abwendet als durch Anzeige. Unterbleibt die Ausführung oder der Erfolg der Tat ohne Zutun des zur Anzeige Verpflichteten, so genügt zu seiner Straflosigkeit sein ernsthaftes Bemühen, den Erfolg abzuwenden.

Nur unter diesen sehr eingeschränkten Voraussetzungen besteht eine Anzeigepflicht. Wichtig in diesem Zusammenhang ist, dass § 138 StGB nicht die Strafverfolgung zum Ziel hat; die Vorschrift soll dazu beitragen, geplante Straftaten zu verhindern.

§ 138 StGB erfasst beispielsweise nicht das Sexualstrafrecht, so dass bei Straftaten gegen die sexuelle Selbstbestimmung keine Pflicht zur Anzeige nach dem Strafgesetzbuch existiert. Bei drohendem sexuellem Missbrauch, aber auch bei Kindesmisshandlungen besteht weder für Privatpersonen noch für die in pädagogischen Berufsfeldern arbeitenden Fachkräfte nach dem Strafgesetzbuch die Pflicht, die Strafverfolgungsorgane einzuschalten.[1] Dies ist auch die herrschende Meinung in der Rechtswissenschaft (Kaufmann 1990; DIV-Gutachten 1992; Menne 1993; Ollmann 1994; Fieseler/Herborth 1996; Keßler 1997; Münder u.a. 1998, Anm. 18 zu § 50 KJHG; Ollmann 1998). Dickmeis weist allerdings für die Ärzte daraufhin, dass z.B. bei schwerwiegendem sexuellen Missbrauch der Grenzbereich zur Anzeigepflicht gegenüber den Strafverfolgungsbehörden tangiert sein kann, »so dass ein trotz der Gefahrenlage fortbestehendes Schweigen des Arztes unter Umständen ein strafrechtlich relevantes Unterlassen darstellen kann ...« (Dickmeis 1995, 474, 479).

Keine »Pflicht« zur Anzeige bei abgeschlossenen Straftaten

Nach der Strafprozessordnung ist es Aufgabe der Polizei und Staatsanwaltschaft Straftäten, die ihnen dienstlich bekannt geworden sind, zu erforschen und zu verfolgen, §§ 160, 163 StPO (vgl. auch BGH, NStZ 1993,383).

[1] Zur Garantenstellung und sich daraus ergebenden Handlungspflichten vgl. auch BGH, NStZ 1993, 383. Zur Notwendigkeit der Verbesserung der Rechtsstellung der nach § 138 StGB Anzeigepflichtigen siehe Schomberg/Korte (1990).

Die Strafprozessordnung trifft keine Aussage, ob andere Personen, insbesondere öffentliche Bedienstete verpflichtet sind, den Strafverfolgungsbehörden Mitteilungen über ein ihnen bekannt gewordenes Delikt zu machen. Es ist aber unbestritten, dass Beschäftigte des öffentlichen Dienstes in diesem Zusammenhang nicht anders zu behandeln sind als Privatpersonen. Es besteht daher im Allgemeinen auch für abgeschlossene Delikte keine behördliche oder private Anzeigepflicht.
Eine Dienstvorschrift etwa, die vorschreibt, dass einschlägige Erkenntnisse des Jugendamtes den Strafverfolgungsbehörden zu übermitteln sind, ist rechtswidrig. Ergebnis wäre nämlich, dass alle Mitglieder des Jugendamtes Aufgaben der Staatsanwaltschaft wahrnehmen müssten. Auf diesem Wege würde der je eigene Behördenauftrag – z.B. die Realisierung der Ziele des KJHG – untergraben. Nicht ausreichend für eine Offenbarung sind daher die dienst- und fachaufsichtlichen Befugnisse des Arbeitgebers oder des Dienstherren. In diese Richtung weist eine Entscheidung des LAG Hamm: «Das Direktionsrecht des Arbeitgebers kann sich nicht auf die Art und Weise der Handhabung der dem Arbeitnehmer auferlegten Schweigepflicht erstrecken. Er darf dem Arbeitnehmer nicht ein bestimmtes Verhalten in bezug auf die Schweigepflicht aufzwingen. Die Verantwortung für die sachgerechte Wahrnehmung seiner Schweigepflicht trägt allein der Arbeitnehmer, so dass der Arbeitgeber ihm auch die Handhabung dieser seiner Verpflichtung selbst überlassen muss« (LAG Hamm, zit. nach Mörsberger 1987; vgl. auch Urteil des BAG, NDV 1987, 333 sowie OLG Karlsruhe, NStZ 1993, 405; Schönke/Schröder 1997, Anm. 53 c zu § 203 StGB).
Erfährt eine Beraterin oder Therapeutin in professionellen Zusammenhängen davon, dass ein Ratsuchender eine Straftat begangen hat, ist sie rechtlich nicht gehalten, die Strafverfolgungsorgane einzuschalten. Ist sie jedoch aus moralischen und ethischen Gründen zu der Überzeugung gelangt, dass die Straftat ihres Klienten gesühnt werden sollte und ist sie zugleich schweigepflichtig, dann darf sie ihre Schweigepflicht nur brechen, wenn ein übergesetzlicher Notstand vorliegt.

Die Aufgaben des Jugendamtes bei Kindeswohlgefährdung

§ 50 Abs. 3 KJHG verpflichtet das Jugendamt bei einer Kindeswohlgefährdung das Vormundschaftsgericht oder das Familiengericht anzurufen. Staatlich anerkannte, schweigepflichtige Sozialpädagogen und Sozialarbeiterinnen, die im Jugendamt tätig sind, sind bei Straftaten zum Beispiel gegen die sexuelle Selbstbestimmung keineswegs die Hände gebunden. Sie müssen bei Straftaten gegen die Jugendlichen nicht immer und unter allen Umständen schweigen.

Die entscheidende Frage ist: Erfährt das Jugendamt von einer Kindeswohlgefährdung, muss es dann zwingend das Vormundschafts- bzw. Familiengericht informieren, z.B. dass Eltern ihre Kinder übermäßig züchtigen, die Wohnverhältnisse völlig desolat sind, die Kinder zum Betteln angehalten oder sexuell missbraucht werden?
Aufgabe des Jugendamtes und der Gerichte ist es, zum Wohle der Kinder und Jugendlichen das staatliche Wächteramt auszuüben, allerdings aus unterschiedlicher Perspektive. Während das Gericht streitentscheidend tätig wird, ist das Jugendamt sozialpädagogische Fachbehörde. Bei den Verfahren vor den Gerichten nimmt das Jugendamt gleichsam als Anwalt des Kindes teil, im Vordergrund steht die Sicherung des Kindeswohls (Münder u.a. 1998, Anm. 1 ff zu § 50 KJHG).
Nach § 50 Abs. 3 KJHG ist das Jugendamt verpflichtet, das Gericht anzurufen, wenn es das Tätigwerden des Gerichtes zur Abwendung einer Gefährdung des Kindes oder Jugendlichen für erforderlich hält. Es ist unbestritten, dass das Jugendamt ein eigenständiges Prüfungsrecht und einen Beurteilungsspielraum besitzt, ob es das Gericht einschaltet. Dabei ist der Grundsatz zu beachten, dass auch im Rahmen des § 50 Abs. 3 KJHG das sozialpädagogische Leistungsangebot Vorrang gegenüber dem gerichtlichen Eingriff hat (Wiesner u.a. 1995, Anm. 79 zu § 50 KJHG; Münder u.a. 1998, Anm. 11 zu § 50 KJHG). Konkret: Mitarbeiter des Jugendamtes erfahren in einer Beratung von einem Kindesmissbrauch in einer Familie und sind aus fachlichen und pädagogischen Überlegungen der Auffassung, dass ein Einschalten des Gerichtes noch nicht geboten ist, um noch einen Zugang zu der Familie zu finden. Sie sind unter diesen Umständen nicht verpflichtet, das Gericht zu informieren. »So ist die Anrufungspflicht nicht zugleich eine Verpflichtung zu einer Durchbrechung der Schweigepflicht, auch nicht bei den Mitarbeitern einer Beratungsstelle des JAmts i.S. des § 203 Abs. 1 Nr. 4 StGB« (Wiesner u.a. 1995, Anm. 88 zu § 50 KJHG).
Ein Weiteres: Die Anrufungspflicht gilt nur gegenüber dem Vormundschafts- und dem Familiengericht, nicht jedoch gegenüber den Strafgerichten und den Strafverfolgungsbehörden. Eine Anzeigepflicht – abgesehen von § 138 StGB – existiert im deutschen Recht nicht (Münder u.a. 1998, Anm. 18 zu § 50 KJHG).

Exkurs: Das Recht zur Anzeige

Für Berater und Therapeutinnen kann es in Extremsituationen notwendig werden, die Strafverfolgungsbehörden einzuschalten, einen Täter anzuzeigen.

Rechtlich stellt sich die Lage folgendermaßen dar: Eine Strafanzeige kann von jedem erstattet werden, der von einem Straftatbestand Kenntnis erlangt hat, auch von Kindern und Handlungsunfähigen.[1] Sie ist an keine besondere Form gebunden, kann im Regelfall schriftlich, mündlich oder telefonisch gegenüber den Beamten des Polizeidienstes und den Amtsgerichten erklärt werden, § 158 Abs. 1 StPO. Die Anzeige kann vertraulich erfolgen.

Anders ist die Rechtslage bei den nach § 203 StGB Verpflichteten zu beantworten. Durch die Weitergabe von anvertrauten oder sonst bekannt gewordenen Geheimnissen an die Strafverfolgungsbehörden kann sich der Verpflichtete strafbar machen. Nach § 34 StGB, dem rechtfertigenden Notstand, ist aber eine Offenbarung vor allem dann gerechtfertigt, wenn es um die Abwendung ernstlicher Gefahren für Leib und Leben geht. In derartigen Fällen hat der Verpflichtete im Wege der Güterabwägung zu entscheiden.

Zu beachten ist indessen: Haben die Strafverfolgungsbehörden erst einmal Kenntnis von einem Straftatbestand, müssen sie von Amts wegen weiter ermitteln. Eine einmal erstatte Anzeige kann nicht zurückgezogen werden. Das Ermittlungs- und gegebenenfalls das Strafverfahren werden unabhängig vom Willen des Anzeigenden durchgeführt.

10.3 Datenschutz und Beratung

Kaum in einem anderen Bereich der öffentlichen Verwaltung werden so viele sensible Daten gespeichert und bearbeitet wie bei den Jugend- und Sozialämtern. Die Verlockung für die Strafverfolgungsorgane und andere Behörden ist daher groß, auf diesen Datensatz zuzugreifen, um ihre Aufgaben optimal erfüllen zu können (Kaufmann 1990; Wolter 1995; Hassemer 1996; Simitis 1997; Stange 1997; Gola 1998; zu den Problemen des Datenschutz im Sozialamt Beckmann 1998; vgl. auch Rasmussen 1998). Die Strafjustiz hat einen Informationsanspruch nach § 161 StPO. So kann die Staatsanwaltschaft von allen öffentlichen Behörden Auskunft verlangen und Ermittlungen jeder Art entweder selbst vornehmen oder durch die Behörden und Beamten des Polizeidienstes durchführen lassen.

Diesem umfassenden Auskunftsanspruch steht im Sozialbereich zunächst als *Zugriffsbarriere* der § 35 SGB I entgegen. Durch diese Vorschrift hat der Informations- und Amtshilfeanspruch der Ermittlungsbehörden eine Einschränkung erfahren. Mit § 35 SGB I wurde für den Sozialbereich eine Vorschrift geschaffen, die das Sozialgeheimnis in ähnlicher Weise absichert wie das Steuer-, Bank-, Post- und Fernmeldegeheimnis. § 35 Abs. 1

[1] Etwas anderes gilt für den *Strafantrag*. Das Strafgesetzbuch kennt bestimmte Delikte, die nur verfolgt werden, wenn ein Strafantrag vorliegt, so z.B den Hausfriedensbruch sowie die Verletzung der Schweigepflicht. Voraussetzung, einen Strafantrag stellen zu können, ist die Volljährigkeit, § 77 StGB. Ein von einer Minderjährigen gestellter Strafantrag ist daher unwirksam, vgl. auch BGH, NJW 1994, 1165.

SGB I entspricht den Grundsätzen des Volkszählungsurteils des Bundesverfassungsgerichts. Die Zulässigkeit jeder Informationsverarbeitung unterliegt einem *Begründungsvorbehalt*. So gesehen gibt es prinzipiell im sozialen Bereich keine *»freien«* Daten mehr.
Sofern Sozialdaten vorliegen, sind die Leistungsträger nicht nur zur Geheimhaltung, sondern nach § 35 Abs. 1 SGB I auch verpflichtet, aktiv – durch technische und organisatorische Maßnahmen – sicher zu stellen, dass auch innerhalb des Leistungsträgers Sozialdaten nur Befugten zugänglich sind. § 78 a SGB X enthält eine Fülle von Maßnahmen, um den Sozialdatenschutz zu garantieren. Das Gebot des Wahrens des Sozialgeheimnisses tritt neben das Verbot der Übermittlung. Es schützt das Sozialgeheimnis gegen Verletzungen durch Unterlassen von Sicherungsmaßnahmen. Erwähnt seien die Maßnahmen zur Datensicherung in EDV-Anlagen (z.B. Zugangs-, Datenträger,- Benutzer- und Zugriffskontrolle). § 78a Ziff. 10 SGB X bestimmt auch, dass die innerbehördliche oder innerbetriebliche Organisation so zu gestalten ist, dass sie den besonderen Anforderungen des Datenschutzes (Organisationskontrolle) gerecht wird. Von daher ist es selbstverständlich, dass Einzelberatungsgespräche, wenn erforderlich, in einem besonderen Dienstraum stattfinden (Mrozynski 1995, Anm. 25 zu 35 § SGB I) und Akten vor dem Zugriff durch Unbefugte gesichert werden müssen. Durch § 35 SGB I wird der Sozialbereich datenschutzrechtlich im Prinzip von anderen administrativen Systemen, der Finanz- und Steuerverwaltung, den Ordnungs- und Strafverfolgungsbehörden getrennt.

10.4 Der Datenschutz nach dem Kinder- und Jugendhilfegesetz

Eine weitere Zugriffsbarriere stellt der Datenschutz des Kinder- und Jugendhilfegesetzes dar. Das KJHG hat der beratenden Tätigkeit einen hohen Stellenwert eingeräumt. Dies kommt insbesondere in § 65 KJHG zum Ausdruck. Diese Vorschrift regelt, dass personenbezogene Daten, die Mitarbeitern eines Trägers der öffentliche Jugendhilfe zum *Zwecke persönlicher und erzieherischer Hilfe anvertraut* werden, einem gesteigertem Vertrauensschutz unterworfen sind (zu den Einzelheiten vgl. Kunkel 1995; Proksch 1996; Busch 1997; Fieseler/Schleicher (Kunkel) 1998, Anm. zu § 65 KJHG; Falterbaum 1999). Erkenntnisse aus der Beratungstätigkeit sollen nicht bei der sonstigen Aufgabenerfüllung der Jugendämter verwertet und gegebenenfalls gegen den Ratsuchenden verwendet werden.

- *Normadressat* sind die jeweiligen Mitarbeiter des Trägers der öffentlichen Jugendhilfe – und zwar ungeachtet ihrer jeweiligen Profession. § 65 KJHG gilt daher nicht nur für die nach § 203 StGB Schweigepflichtigen, sondern für alle Mitarbeiter, denen zum Zwecke persönlicher und erzieherischer Hilfen Daten anvertraut werden. Der gesteigerte Vertrauensschutz wirkt auch gegenüber den Kollegen und den Vorgesetzten.

Eine Weitergabe ist nicht schon dann befugt, wenn auch der Empfänger zur Verschwiegenheit verpflichtet ist.

- Von § 65 KJHG sind *alle Beratungs-, Unterstützungs- und Hilfeleistungen* des KJHG erfasst. Es kommt nicht darauf an, ob die Daten in Zusammenhang von »Leistungen« oder bei der Erfüllung »anderer Aufgaben« anvertraut worden sind. Auch in einem Beratungsgespräch anlässlich einer Inobhutnahme nach § 42 KJHG muss der Datenschutz gewährleistet sein.
- Die anvertrauten Sozialdaten dürfen nur unter den engen Voraussetzungen des § 65 KJHG *übermittelt* werden, sind mithin praktisch unter den gleichen Voraussetzungen wie die fremden Geheimnisse nach § 203 StGB geschützt.
- Diese Tatsache ist besonders bedeutsam für alle Beratungsangebote nach dem KJHG. Die anvertrauten Informationen dürfen im Grunde nur mit *Einwilligung* dessen, der die Daten anvertraut hat, übermittelt werden. Darüber hinaus dürfen sie nur weitergegeben werden, wenn zur Abwendung einer Gefährdung des Wohles eines Kindes oder Jugendlichen eine Entscheidung des Familien- oder Vormundschaftsgerichts erforderlich ist. Schließlich kommen noch die im Rahmen des § 203 StGB geltenden Offenbarungsbefugnisse zur Anwendung, insbesondere § 34 StGB, der eine Offenbarung – bei Vornahme einer entsprechenden Güterabwägung – zulässt.[1]

Rechtlich unbestritten ist, dass das Jugendamt auch Strafanzeigen wegen Kindesmisshandlung oder sexuellem Missbrauch erstatten darf, auch wenn die Daten in einem Beratungsgespräch anvertraut wurden. Das Jugendamt hat die Aufgabe das Kindeswohl zu sichern. Es muss Straftaten gegen Kinder oder deren Fortsetzung unterbinden. Um dieses Ziel zu erreichen, sind zunächst alle pädagogischen Leistungen und Maßnahmen auszuschöpfen. Wenn die pädagogischen Strategien nicht ausreichen oder von vornherein ungeeignet sind, dann ist eine Strafanzeige zulässig. Allerdings muss stets eine Beurteilung im Einzelfall erfolgen. Wenn die Erforderlichkeit bejaht wird, liegen nach Auffassungen von Landesdatenschutzbeauftragten auch regelmäßig die Voraussetzungen des rechtfertigenden Notstandes nach § 34 StGB vor. Deshalb steht der Einschaltung der Strafverfolgungsbehörden weder der besondere Vertrauensschutz in der persönlichen und erzieherischen Hilfe nach § 65 KJHG noch die berufliche Schweigepflicht entgegen (Hessischer Datenschutzbeauftragter 1998).

Wenn die Weitergabe von Informationen zulässig sein sollte, müssen die Mitarbeiterinnen des Jugendamtes aber noch § 64 Abs. 2 KJHG berücksichtigen. Danach darf durch die Übermittlung von Daten der Erfolg einer zu gewährenden Leistung nicht in Frage gestellt werden.

---

[1] Die Frage, ob § 34 StGB oder aber § 69 SGB X als Offenbarungstatbestand im Rahmen des § 65 KJHG zur Anwendung kommt, behandelt Ollmann (1998) mit Verweis auf die einschlägige Literatur.

Soweit Beratung im Rahmen der persönlichen und erzieherischen Hilfen erfolgt, also vertrauensvolle Beziehungen von Ratsuchenden zu den Beratern hergestellt werden müssen, haben die Mitarbeiter des Jugendamtes im Prinzip – abgesehen vom Zeugnisverweigerungsrecht in Strafprozessen und den Verpflichtungen nach § 50 Abs. 3 KJHG – eine berufsrechtliche Stellung wie Anwälte oder Ärzte.

10.5 Der Vertrauensschutz bei privaten Trägern und in privaten Praxen

Bei den kirchlichen und anderen privaten Trägern sowie bei Personen, die professionell beraten oder eine psychotherapeutische bzw. therapeutische Praxis betreiben, ist im Hinblick auf die Garantie der Vertraulichkeit zu differenzieren.

- Soweit die einzelne Fachkraft zu einer Berufsgruppe nach § 203 StGB gehört, ist sie schweigepflichtig. Der die einzelne Person verpflichtende Geheimnisschutz gilt uneingeschränkt in den jeweiligen Berufsvollzügen. Berufspsychologen, Psychologische Psychotherapeutinnen, Kinder- und Jugendlichenpsychotherapeuten, Ehe-, Familien-, Erziehungs- oder Jugendberater sowie Berater für Suchtfragen, Schwangerschaftskonfliktberaterinnen, staatlich anerkannte Sozialarbeiterinnen und Sozialpädagogen müssen die ihnen anvertrauten Daten schützen. Wenn sie sie unbefugt offenbaren, machen sie sich strafbar.
- Der institutionell ausgerichtete Datenschutz des § 35 SGB I und der Datenschutz des KJHG richten sich gegen die öffentlich-rechtlichen Leistungsträger und kommen daher unmittelbar für die privaten Träger und in privaten Praxen nicht zur Anwendung. Allerdings müssen sich die Privaten an den verlängerten Sozialdatenschutz des § 78 SGB X halten. Nach dieser Vorschrift müssen andere Personen oder Stellen, denen Sozialdaten nach den Grundsätzen der §§ 67 ff SGB X übermittelt worden sind, das Sozialgeheimnis wahren. Hat demnach ein freier Träger Daten von einem öffentlich-rechtlichen Leistungsträger erhalten, rückt er kraft Gesetzes in dessen datenschutzrechtliche Stellung ein (Fieseler/Schleicher (Kunkel) 1998, Anm. 282 zu § 61 KJHG).
- Im Kinder- und Jugendhilfegesetz ist eine weiterreichende Regelung vorhanden. Nach § 61 Abs. 4 KJHG gilt das Folgende: Werden Einrichtungen und Dienste der Träger der freien Jugendhilfe in Anspruch genommen, so ist über § 78 SGB X hinaus sicherzustellen, dass der Schutz personenbezogener Daten – wie bei dem Träger der öffentlichen Jugendhilfe selbst – gewährleistet ist. Der öffentliche Träger muss garantieren, dass der Datenschutz eingehalten wird, wenn er Aufgaben der Jugendhilfe durch freie Träger besorgen lässt.

▪ Neben diesem – gleichsam in den Privatbereich hineinwirkenden öffentlich-rechtlichen Datenschutz – gilt bei den kirchlichen Trägern der kirchliche Datenschutz und bei den anderen privaten Trägern oder privaten Leistungsanbietern ein vertraglicher Datenschutz. Nimmt ein Ratsuchender ein Beratungsangebot eines privaten Trägers an, kommt regelmäßig ein Vertrag zustande. Eine Nebenpflicht aus diesem Beratungs- oder Betreuungsvertrag besteht darin, die im Zusammenhang mit der Beratung bekannt gewordenen Daten als Sozialgeheimnis zu bewahren. Bei Verletzung dieser Nebenpflicht ergeben sich Schadensersatzansprüche aus Vertrag oder gegebenenfalls aus unerlaubter Handlung (Fieseler/Schleicher (Kunkel) 1998, Anm. 285 zu § 61 KJHG).

Alles in allem: Ein Verstoß gegen die Schweigepflicht liegt nicht vor,

- wenn die Betroffenen mit der Weitergabe der Informationen über sich und ihre Problematik einverstanden sind. Hierzu ist eine ausdrückliche Einwilligung erforderlich. Bei Minderjährigen sind die Personensorgeberechtigten zu fragen, es sei denn, dass bei den Minderjährigen bereits eine ausreichende Einsichtsfähigkeit vorhanden ist. Der Einwilligende muss verstanden haben und sinnhaft verstehen können, dass seine Daten weitergegeben werden. Eine mündliche Einwilligung genügt. Sie sollte jedoch unter Zeugen erfolgen und notiert werden;
- wenn zwar keine Einwilligung vorliegt, der Fall aber ausreichend anonymisiert und/oder zeitlich, örtlich und vom Kontext her so verfremdet ist, dass ein Rückschluss auf die betroffene Person praktisch ausgeschlossen ist.

Falls eine Einwilligung der betroffenen Person nicht vorliegt bzw. eine ausreichend sichere Anonymisierung nicht möglich ist, etwa bei kleineren Einrichtungen oder in Verhältnissen, wo fast jeder jeden kennt, dann darf über einen konkreten Fall nicht berichtet werden, wohl aber über die abstrakte Problematik als solche.

10.6 Zeugnisverweigerungsrechte und Beschlagnahmeverbote bei Beratung und Therapie

Haben wir bislang das Problem der Schweigepflicht im wesentlichen unter dem Gesichtspunkt betrachtet, unter welchen Voraussetzungen ein Schweigepflichtiger gegenüber Kollegen, Vorgesetzten und anderen Behörden Daten offenbaren darf oder gar muss, ist die Konstellation bei den Zeugnisverweigerungsrechten eine andere. Bei den Zeugnisverweigerungsrechten geht es darum, dass die Gerichte von Beratern Informationen, die mit ihrer Berufsausübung in Zusammenhang stehen, im Wege der Zeugenaussage erhalten wollen, um einen Straftäter zu verurteilen oder um zivilrechtliche Streitigkeiten zu entscheiden.

Seit langem wird darüber kontrovers diskutiert, in welchem Umfang in der sozialen Arbeit und in der psycho-sozialen Beratung Zeugnisverweigerungsrechte existieren. Die Auseinandersetzung dreht sich letztendlich, ganz ähnlich wie bei der Schweigepflicht, um die Effizienz staatlicher Institutionen und den Vertrauensschutz in der psycho-sozialen Arbeit. Die Justiz benötigt, um einen Straftäter überführen zu können, beispielsweise die Aussage einer Sozialpädagogin, die in einer Beratungseinrichtung arbeitet und als einzige bezeugen kann, dass der verdächtigte Jugendliche X an einer Vergewaltigung beteiligt war.
Ausgangspunkt ist die strafrechtliche Schweigepflicht. Nach § 203 Abs. 1 StGB sind Psychologische Psychotherapeuten, Kinder- und Jugendlichenpsychotherapeuten, Psychologen, Sozialarbeiter und Sozialpädagogen, Ehe-, Familien-, Erziehungs- und Jugendberater sowie Berater für Suchtfragen nach dem Strafrecht schweigepflichtig.

Aus dieser strafrechtlich gebotenen Schweigepflicht ergibt sich aber keineswegs automatisch das Recht, vor Gerichten das Zeugnis zu verweigern. Ein solches Recht muss vielmehr ausdrücklich in den jeweiligen Prozessordnungen verankert sein.

10.6.1 Das Zeugnisverweigerungsrecht im Zivilprozess

Vor den Zivilgerichten werden Prozesse geführt, in denen Beraterinnen und Therapeuten als Zeugen auftreten und aussagen sollen, was sie in ihrer beruflichen Eigenschaft erfahren haben. Es handelt sich um Verfahren, in denen es um den Entzug der elterlichen Sorge, um Scheidung, Unterhalt, elterliches Umgangsrecht aber auch um Mietstreitigkeiten, Schmerzensgeldansprüche und ähnliches geht. Nach § 383 Abs. 1 Nr. 6 ZPO sind zur Zeugnisverweigerung diejenigen berechtigt, denen kraft ihres Amtes, Standes oder Gewerbes Tatsachen anvertraut sind, deren Geheimhaltung durch ihre Natur oder durch gesetzliche Vorschriften geboten ist.
Ob sich aus dieser Vorschrift ein generelles Zeugnisverweigerungsrecht für staatlich anerkannte Sozialarbeiter und Sozialpädagogen ergibt, ist bislang noch umstritten. Das OLG Köln sowie das Bayerische Oberste Landesgericht haben entschieden, dass für diese Berufsgruppe sich ein Zeugnisverweigerungsrecht aus § 383 ZPO nicht ableiten lasse (OLG Köln,[1] FamRZ 1986, 708; BayOblG, FamRZ 1990, 1857). Ebenso ist ein Teil der juristischen Kommentarliteratur dieser Auffassung (Baumbach/Lauterbach/Albers/Hartmann 1998, Anm. 9 zu § 383 ZPO). Es beginnt

1 Allerdings hat auch das OLG Köln hervorgehoben, dass jedenfalls dann ein Zeugnisverweigerungsrecht anzunehmen ist, wenn sich jemand aus schutzwürdigen Individualinteressen dem Sozialarbeiter als Berater anvertraut.

sich jedoch mehr und mehr die Auffassung durchzusetzen, die ein Zeugnisverweigerungsrecht für Sozialarbeiter und Sozialpädagogen im Zivilprozess bejaht und dies mit überzeugenden Gründen.[1]

Schon 1966 hat das Landgericht Berlin in einer Familienrechtssache klargestellt, dass eine Sozialarbeiterin nicht zu Lasten ihrer Klienten aussagen muss: »Als Sozialinspektorin muss sie, um ihren Aufgaben gerecht werden zu können, ein Vertrauensverhältnis zu den Eltern der von ihr betreuten Kinder schaffen. Es liegt auf der Hand, dass auf Grund ihrer dienstlichen Stellung und ihrer Aufgaben ihr auch intime Tatsachen in der Erwartung anvertraut werden, sie werde diese auf jeden Fall geheimhalten. Ihre Tätigkeit gleicht insoweit der der Geistlichen, Ärzte und Rechtsanwälte. Die Beteiligten müssen sich darauf verlassen können, dass sie einer Sozialinspektorin in dienstlicher Eigenschaft auch geheime persönliche Dinge offenbaren können, ohne dass ihnen daraus später Nachteile entstehen können« (LG Berlin, RdJB 1966, 159, 160).

Die Auffassung, dass ein Zeugnisverweigerungsrecht für Sozialarbeiter und Sozialpädagogen besteht, wird nunmehr auch in der Kommentarliteratur vertreten (Mrozynski 1995, Anm. 24 zu § 35 SGB I; Zöller/Greger 1999, Anm. 18 zu § 383 ZPO; Münder u.a. 1998, Anm. 16 VorKap 4 § KJHG; (Fieseler/Schleicher (Kunkel) 1998, Anm. 53 zu § 61 KJHG). 1991 hatte das OLG Hamm folgenden Fall zu entscheiden: In einem Verfahren der freiwilligen Gerichtsbarkeit ging es um die Frage, ob rechtlich ein Erziehungsversagen der Eltern anzunehmen sei, wenn sie sich gegenüber ihren Kindern ausgesprochen roh verhielten und die Bedürfnisse der Kinder völlig missachteten. Von der Beantwortung dieser Frage hingen vormundschaftsgerichtliche Massnahmen zur Einschränkung des Elternrechts ab. Die die Familie beratenden Sozialpädagoginnen verweigerten die Aussage.

Das OLG Hamm hat die Frage, ob sich ein Zeugnisverweigerungsrecht aus der Zivilprozessordnung ergibt, letztendlich nicht abschließend entschieden, weil im konkreten Fall sich ein solches Recht bereits unmittelbar aus der Verfassung ableiten ließ. Das Oberlandesgericht hat aber alle Argumente, die für ein zivilrechtliches Zeugnisverweigerungsrecht in der Beratung und in der sozialen Arbeit sprechen, zusammengetragen.

Zunächst geht es – so das Oberlandesgericht – in den Verfahren vor den Zivilgerichten nicht um das staatliche Strafverfolgungsinteresse, um das staatliche Gemeinschaftsinteresse an einer effektiven Strafverfolgung. Der Ausgangspunkt eines Zivilprozesses »ist demgegenüber ein anderer, da die durch eine berufliche Tätigkeit begründete Vertrauenssphäre uneingeschränkt ohne Eingrenzung auf bestimmte Berufsgruppen geschützt wird. Dementsprechend ist einhellig anerkannt, dass das Zeugnisverweigerungsrecht über § 53 I StPO hinaus den Angehörigen

[1] Für Dipl.-Psychologen hat dies bereits frühzeitig Kaiser (1971) vertreten.

auch sonstiger Berufe zusteht, deren Ausübung die Kenntnis schutzwürdiger Geheimnisse Dritter bedingt, u.a. den Mitarbeitern von Banken. Hat aber im Rahmen des § 383 I Nr. 6 ZPO der Schutz der Vertrauenssphäre uneingeschränkt Vorrang, bestehen keine überzeugenden Gründe dafür, das zu einem Sozialarbeiter bzw. Sozialpädagogen begründete Vertrauensverhältnis generell von dem Schutz durch das Zeugnisverweigerungsrecht auszunehmen. Ein Wertungswiderspruch zwischen dem Schutz des Bankgeheimnisses einerseits und dem im Regelfall vorwiegend die private Lebensführung und die Intimsphäre betreffenden Vertrauensbereich zwischen einem Sozialarbeiter bzw. Sozialpädagogen und dem jeweiligen Klienten, der ohne Schutz durch das Zeugnisverweigerungsrecht bliebe, wäre unverkennbar. Hinzu kommt, dass § 203 I Nr. 5 StGB die unbefugte Offenbarung eines zum persönlichen Lebensbereich gehörenden Geheimnisses durch einen staatlich anerkannten Sozialarbeiter oder staatlich anerkannten Sozialpädagogen unter Strafe stellt. Die strafbewehrte Geheimhaltungspflicht und das Zeugnisverweigerungsrecht sind zwar nicht in allen Bereichen deckungsgleich. Für die Auslegung der zivilprozessualen Vorschrift im Lichte dieser strafrechtlichen Bestimmung bestehen jedoch keine Hinderungsgründe. § 383 I Nr. 6 ZPO räumt gerade den Angehörigen derjenigen Berufe ein uneingeschränktes Zeugnisverweigerungsrecht ein, denen durch gesetzliche Vorschrift die Geheimhaltung der ihnen im Rahmen ihrer beruflichen Tätigkeit anvertrauten Tatsachen geboten ist« (OLG Hamm, FamRZ 1992, 201, 202).

Aber selbst wenn man der Auffassung wäre, dass staatlich anerkannte Sozialpädagoginnen und Sozialarbeiter, Psychologinnen usw. nicht unter § 383 ZPO fielen, dann bedürfen sie jedoch zu einer Aussage, soweit sie im öffentlichen Dienst tätig sind, der Genehmigung durch den Dienstherrn. Dies gilt auch für eine bei einer Diözese als Eheberaterin tätige Diplom-Psychologin, die zu den anderen Personen des öffentlichen Dienstes gehört und daher für eine Aussage über Umstände, welche ihrer Verschwiegenheitspflicht unterliegen, die Genehmigung des Dienstherren benötigt (OLG Zweibrücken, FamRZ 1995, 679).

Die Verfahrensordnungen anderer Gerichtszweige beziehen sich häufig auf die Zivilprozessordnung. Das Zeugnisverweigerungsrecht, das die ZPO den staatlich anerkannten Sozialpädagogen und Sozialarbeitern einräumt, gilt daher auch für andere Verfahrensarten. Für die Verwaltungsgerichtsbarkeit regelt dies § 98 VwGO, für die Sozialgerichtsbarkeit § 118 SGG, für die freiwillige Gerichtsbarkeit § 15 FGG und für die Arbeitsgerichtsbarkeit § 46 ArbGG. Das bedeutet, dass staatlich anerkannte Sozialpädagogen und Sozialarbeiter in Zivilprozessen, Ehe- und Kindschaftssachen, Sozial- und Arbeitsgerichtsverfahren sowie Verwaltungsprozessen ein Zeugnisverweigerungsrecht haben, soweit von ihnen Informationen, die mit ihrer Berufsausübung im Zusammenhang stehen, erfragt werden sollen.

10.6.2 Das Zeugnisverweigerungsrecht im Strafprozess

Das strafprozessuale Zeugnisverweigerungsrecht ist enger und steht im Prinzip nur den in § 53 StPO genannten Personen zu. Das Recht in einem Strafverfahren, die Aussage zu verweigern, räumt § 53 StPO im wesentlichen den Geistlichen, den Ärztinnen, den Anwältinnen und steuerberatenden Berufen ein. § 53 Abs. 1 StPO enthält eine abschließende Aufzählung der Berufsgeheimnisträger, deren Schweigerecht der Pflicht zur Zeugenaussage vor dem Strafgericht vorgeht. Fachkräften aus dem Bereich der psycho-sozialen Beratung und der Therapie wird durch das Gesetz nur in wenigen Berufsfeldern ein Zeugnisverweigerungsrecht eingeräumt.

- Nach § 53 Abs. 1 Ziff. 3b StPO haben Berater für Fragen der Betäubungsmittelabhängigkeit in einer *Drogenberatungsstelle*, die eine Behörde oder eine Körperschaft, Anstalt oder Stiftung des öffentlichen Rechtes anerkannt oder bei sich eingerichtet hat, ein Zeugnisverweigerungsrecht über das, was ihnen in dieser Eigenschaft anvertraut wurde oder bekannt geworden ist. Allerdings ist es verfassungsrechtlich nicht geboten, das für Drogenberater bestehende Zeugnisverweigerungsrecht auf ehrenamtliche Berater in einer Selbsthilfegruppe von Eltern drogenabhängiger Kinder zu erstrecken (BVerfG, StV 1998, 355 mit Anm. Kühne1998).
- Ein strafrechtliches Zeugnisverweigerungsrecht aus beruflichen Gründen nach § 53 Abs. 1 Ziff. 3a StPO haben ebenfalls Mitglieder oder Beauftragte einer anerkannten Beratungsstelle nach dem *Schwangerschaftskonfliktgesetz* über das, was ihnen in dieser Eigenschaft bekannt geworden ist. Das Zeugnisverweigerungsrecht in den Beratungsstellen können die dort tätigen Sozialarbeiterinnen, Sozialpädagogen, Psychologinnen, Therapeuten etc. für sich in Anspruch nehmen.
- Seit Inkrafttreten des Psychotherapeutengesetzes gehören zu den Berufen, die das Zeugnis verweigern dürfen, auch die *Psychologischen Psychotherapeuten* sowie die *Kinder- und Jugendlichenpsychotherapeuten*.

> Von diesen Ausnahmen abgesehen dürfen Psychologinnen, Berater oder Therapeutinnen im Strafprozess die Zeugenaussage nicht verweigern. Aus diesem Grunde gibt es Personen, die schweigepflichtig nach dem Strafgesetzbuch sind und gleichwohl einem Aussagezwang vor den Strafgerichten unterliegen.

Diese Eingrenzung des Kreises der Zeugnisverweigerungsberechtigten, vor allen Dingen der Ausschluss derjenigen, die nach § 203 StGB schweigepflichtig sind, wird seit langem kritisiert (Schilling 1976; Hager 1990; Freund 1993; Arbeitskreis 1996; Eisenberg 1997; Fieseler/Schleicher

(Kunkel) 1998, Anm. 54 zu § 61 KJHG). Vorschläge, eine Übereinstimmung des Strafgesetzbuches mit der Strafprozessordnung durch die Zuerkennung eines Zeugnisverweigerungsrechtes für *alle* Schweigepflichtigen herzustellen, wurden nicht realisiert. Der Gesetzgeber hat insofern die Interessen an der Strafverfolgung höher eingestuft, als den Schutz der Vertrauensverhältnisse. Zwar ist unbestreitbar, dass in einem – an rechtsstaatliche Grundsätze gebundenen Strafprozess – keine Wahrheitsforschung um jeden Preis erfolgen muss. Aber die Effektivität der staatlichen Strafverfolgung gebietet nach der herrschenden Meinung, dass der Kreis der Zeugnisverweigerungsberechtigten durch eine extensive Gesetzesauslegung nicht erweitert werden darf.

Steht den Beratern ein Zeugnisverweigerungsrecht zu, so liegt es in ihrem freien Ermessen, ob sie aussagen oder das Zeugnis verweigern. Weder der Angeklagte noch etwa ein an der Geheimhaltung interessierter Zeuge können dem Zeugnisverweigerungsberechtigten vorschreiben, ob er von seinem Verweigerungsrecht Gebrauch macht (Kleinknecht/ Meyer-Goßner 1999, Anm. 5 zu § 53 StPO; BGH, NStZ 1996, 348 für einen Arzt). Der Klient ist aber insofern »Herr seiner eigenen Daten«, als er den Zeugnisverweigerungsberechtigten von seiner Schweigepflicht entbinden kann. In diesem Fall muss der Zeugnisverweigerungsberechtigte mit Ausnahme des Geistlichen vor den Strafgerichten aussagen, § 53 Abs. 2 StPO.

Weigert sich ein Zeuge auszusagen, ohne ein Zeugnisverweigerungsrecht zu besitzen, so werden ihm nach § 70 Abs. 1 StPO die durch die Nichtaussage verursachten Kosten auferlegt. Gegen ihn kann darüber hinaus ein Ordnungsgeld festgesetzt, und falls dies nicht beizutreiben ist, Ordnungshaft angeordnet werden. Nach § 70 Abs. 2 StPO kann ferner, um das Zeugnis zu erzwingen, bis zu sechs Monate Beugehaft verhängt werden. Man sieht: Der Strafjustiz stehen Instrumente zur Verfügung, renitente Zeugen, auch wenn sie triftige inhaltliche Gründe zur Zeugnisverweigerung besitzen, zur Aussage zu zwingen.

Bislang ist die Rechtslage noch so, dass nur ausnahmsweise Beraterinnen ein Zeugnisverweigerungsrecht in strafrechtlichen Verfahren besitzen.[1] Dieser Umstand ist für viele Beratungsverhältnisse bedrohlich, da er geeignet ist, das Vertrauensverhältnis zu den Klienten zu untergraben. In vielfältigen Beratungssituationen ist der Schutz des Vertrauensverhältnisses geradezu konstitutiv für den Erfolg der Beratung (so bereits Schilling 1976). Der Ausschluss der im psycho-sozialen Bereich beratenden Berufe aus dem Kreis der Zeugnisverweigerungsberechtigten ist aus mehreren Gründen nicht mehr zu vertreten:

---

1 Ob sich aus § 35 Abs. 3 SGB I ein strafrechtliches Zeugnisverweigerungsrecht für die Mitarbeiter der öffentlich-rechtlichen Leistungsträger im sozialen Bereich ableiten lässt, wird von der h.M. abgelehnt. Zu den Argumenten, die für ein derartiges Zeugnisverweigerungsrecht sprechen, Fieseler/Schleicher (Kunkel) 1998, Anm. 54 zu § 61 KJHG.

- Zum einen ist durch die Ausweitung der Schweigepflicht und durch die Einführung umfangreicher datenschutzrechtlicher Regelungen die Bedeutung des allgemeinen Persönlichkeitsrechts in der »Informationsgesellschaft« gestärkt worden. Der Schutz anvertrauter Daten ist durch diese rechtliche Entwicklung erheblich aufgewertet worden.
- Zum anderen haben sich die technischen Möglichkeiten der Strafverfolger entschieden verbessert. Ihnen steht inzwischen ein beeindruckendes technisches Arsenal zur Verfügung. Der Zeugenaussage kommt nicht mehr die Bedeutung zu wie in früheren Zeiten.
- Ein weiteres ist zu bedenken: Die Aussagepflicht von Beratern wird zwangsläufig durch deren Wissenstand begrenzt. Was Ratsuchende Ihnen nicht anvertrauen, können sie nicht wissen. In einem Beratungsgespräch werden die Berater – das gebietet die professionelle Kompetenz – auf ihre Aussagepflicht hinweisen müssen. Der Ratsuchende wird ihnen daher nichts Verfängliches mitteilen, so dass der »Wert« der Berater als Zeugen ohnehin geschmälert ist.

Das hat auch das LG Freiburg erkannt. Ganz ähnlich, wie das Bundesverfassungsgericht in den 70er Jahren ein Zeugnisverweigerungsrecht für Drogenberater *unmittelbar aus der Verfassung* herleitete, hat 1996 das Landgericht einer Psychologin, die in einer Anlaufstelle für sexuell missbrauchte Frauen beratend tätig war, ein solches Recht eingeräumt. Auch bei Anlaufstellen für die Opfer von Sexualdelikten besteht »ein – im Sozialstaatsprinzip angelegtes – Interesse der Allgemeinheit an ihrer wirksamen Arbeit. Die Diskussion über die oft lebenslangen einschneidenden psychischen und psychosomatischen Folgen von Sexualstraftaten, insbesondere wenn sie an Kindern begangen wurden, für die Opfer zeigt die Notwendigkeit therapeutischer Beratungsstellen im Rahmen der allgemeinen Gesundheitsfürsorge. Auch wenn die Opfer von Sexualstraftaten nicht wie die Betäubungsmittelabhängigen Gefahr laufen, im therapeutischen Gespräch über eigene Straftaten berichten zu müssen, so steht auch bei diesen Einrichtungen die Vertraulichkeit und deren Zusicherung als unabdingbare Voraussetzung für die therapeutische Arbeit jedenfalls solange außer Frage, als sich das Opfer nicht selbst zu einem strafgerichtlichen Vorgehen gegen den Täter entschließt« (LG Freiburg, NJW 1997, 813, 814; vgl. auch BVerfGE, 44, 353 sowie BVerfG, NJW 1988, 2945).

Diese Entscheidung hat deutlich gemacht, wie überfällig ein Zeugnisverweigerungsrecht für beratende Berufe auch im Strafverfahren ist. Der Gesetzgeber sollte endlich tätig werden und ein Zeugnisverweigerungsrecht für die beratenden Berufe absichern. Möglicherweise könnten dann einige mit dem Strafgesetz in Konflikt Geratene nicht verurteilt werden. Demgegenüber würde in der sozialen Arbeit und für die beratenden Berufe ein Gewinn an Vertrauen stehen und könnten so langfristig größere Erfolgschancen und ein erhöhtes Maß an Professionalität garantiert

werden.[1] Allerdings ist bislang die Gesetzeslage noch eindeutig: Die Strafprozessordnung verwehrt Fachkräften der sozialen Arbeit die Möglichkeit, im Strafprozess *selbstentscheidend* das Zeugnis zu verweigern.
Gleichwohl kennt die Strafprozessordnung Formen eines *abgeleiteten* Zeugnisverweigerungsrechtes, das in konkreten Konfliktfällen dazu beitragen kann, das Vertrauensverhältnis zu schützen.
Für Angehörige des öffentlichen Dienstes bedarf es zu einer Zeugenaussage nach § 54 StPO der *Aussagegenehmigung* durch den Dienstherren. Nach den Beamtengesetzen, § 61 Abs. 1 BBG sowie § 39 Abs. 2 BRRG, muss die Genehmigung versagt werden, wenn die Aussage für das Wohl des Bundes oder eines deutschen Landes nachteilig wäre oder wenn sie die Erfüllung öffentlicher Aufgaben ernstlich gefährden oder erheblich erschweren würde. Im sozialen Bereich sind in diesem Zusammenhang die Vorschriften des Datenschutzes zu berücksichtigen. Der Dienstvorgesetzte darf eine Aussagegenehmigung im Hinblick auf § 35 Abs. 3 SGB I in aller Regel nicht erteilen (Wiesner u.a. 1995, Anm. 15 zu Anhang § 61 KJHG; Krahmer 1996, Anm. 8 zu § 73 SGB X; Fieseler/Schleicher (Kunkel) 1998, Anm. 55 zu § 61 KJHG; LG Berlin, NDV 1992, 417; vgl. auch OLG Zweibrücken, FamRZ 1995, 679 im Hinblick auf die Notwendigkeit der Aussagegenehmigung des Dienstherren im Zivilprozess).[2] Der verstärkte Schutz der Persönlichkeitsrechte durch die Rechtsprechung und die Datenschutzgesetze lässt den Schluss zu, dass eine Aussagegenehmigung nur in Ausnahmefällen zu erteilen ist.
Ist die behördliche Entscheidung ergangen, dass einer beratenden Fachkraft die Aussagegenehmigung nicht erteilt wird, dann ist sie bindend für alle Beteiligten, die Vernehmung des Zeugen verboten, selbst wenn das Gericht die Versagensgründe für rechtswidrig hält und der Auffassung ist, die Behörde hätte eine Aussagegenehmigung erteilen müssen (Kleinknecht, Meyer-Gossner 1999, Anm. 24 zu § 54 StPO).

- Unter bestimmten Voraussetzungen kann sich ein Recht, im Strafprozess zu schweigen, auch aus § 53a StPO ableiten lassen. Diese Vorschrift dehnt das Zeugnisverweigerungsrecht auf die Personen aus, die als Gehilfen oder als Auszubildende an der beruflichen Tätigkeit des Zeugnisverweigerungsberechtigten teilnehmen. Damit sind z.B. die für den Arzt tätige Arzthelferin und Sekretärin gemeint. Der Zweck dieser Vorschrift ist einleuchtend: Stände nur dem Arzt das Zeugnisverweige-

---

[1] Ein Arbeitskreis von Strafrechtslehrern hat einen Alternativentwurf zu den Zeugnisverweigerungsrechten und zur Beschlagnahmefreiheit vorgelegt. Danach soll Ehe-, Familien- und Jugendberatern ein strafrechtliches Zeugnisverweigerungsrecht zustehen, obwohl dadurch u.U. auch Verteidigungs- und Beschuldigteninteressen verkürzt werden könnten, Arbeitskreis (1996); zu dem Lösungsansatz des Ausbaus der aufgabenbezogenen Zeugnisverweigerungsrechte vgl. Feuerhelm (1999).

[2] Das BayObIG hat dagegen entschieden, dass Angestellte im öffentlichen Dienst keiner Aussagegenehmigung ihres Dienstherren bedürfen, wenn sie im vormundschaftsgerichtlichen Verfahren als Auskunftspersonen oder Zeugen gehört werden sollen, BayObIG, NJW 1990, 1857.

rungsrecht zu, könnte durch eine Zeugenvernehmung der Gehilfen sein Zeugnisverweigerungsrecht unterlaufen und ausgehebelt werden.
Wenn in einer Beratungsstelle eine Ärztin oder eine Anwältin tätig sind, sind dann die anderen beratenden Fachkräfte als »Gehilfen« zu betrachten, denen zumindest ein abgeleitetes Zeugnisverweigerungsrecht zusteht? Dies hängt davon ab, in welcher Weise der Begriff »berufsmäßige Tätigkeit« ausgelegt wird. Bei einer Ärztin, die hauptberuflich in einer Beratungsstelle tätig ist, besteht kein Zweifel an der berufsmäßigen Tätigkeit, so dass in derartigen Fällen auch allen Gehilfen die Rechte nach § 53 a StPO zustehen.
Den staatlich anerkannten Sozialpädagogen und Sozialarbeitern, den Psychologen, den beratenden Berufen, die von § 203 StGB umfasst werden, sowie allen anderen Schweigepflichtigen nach § 203 StGB steht das zivilprozessuale Zeugnisverweigerungsrecht zu, während ein strafprozessuales Zeugnisverweigerungsrecht nur für die in § 53 StPO genannten Berufsgruppen besteht. Aus der Verfassung kann nur ausnahmsweise ein derartiges Recht abgeleitet werden.

10.6.3 Beschlagnahmeverbote

Die strafrechtlich gebotenen Verschwiegenheitspflichten, die datenschutzrechtlichen Bestimmungen sowie die Zeugnisverweigerungsrechte in der sozialen Arbeit garantieren inzwischen einen geschützten Raum, der vertrauensvolle Verhältnisse zwischen der Fachkraft und dem Ratsuchenden zulässt. Wie aber, wenn Staatsanwaltschaft oder Gericht Akten und Unterlagen beschlagnahmen lassen und auf diese Weise die Vertraulichkeit empfindlich stören?
Nach § 94 StPO können Beweisgegenstände im Rahmen eines Strafverfahrens bzw. Ermittlungsverfahren sichergestellt, d.h. beschlagnahmt werden, wenn sich die Gegenstände im Gewahrsam einer Person befinden, die sie nicht freiwillig herausgeben will. Nehmen wir den Fall einer Erziehungsberatungsstelle, die von einem privaten Träger betrieben wird. Die Beratungsstelle besitzt Unterlagen, aus denen hervorgeht, dass in einer Familie Kinder sexuell missbraucht und gequält werden. Die Staatsanwaltschaft möchte diese Unterlagen erhalten, um ein Strafverfahren einleiten und erfolgreich abschliessen zu können. Die Beschlagnahme ist ein Eingriff in das durch das Grundgesetz geschützte Eigentumsrecht und muss daher grundsätzlich durch den Richter angeordnet werden. Die Staatsanwaltschaft oder die Polizei können bei Gefahr im Verzuge die Gegenstände in Verwahrung nehmen, § 98 Abs. 1 StPO. Widerspricht der Betroffene ausdrücklich der Beschlagnahme durch die Polizei, so ist die Polizei gezwungen, innerhalb von drei Tagen nach der Beschlagnahme eine Bestätigung durch den zuständigen Amtsrichter einzuholen, § 98 Abs. 2 StPO.

§ 97 StPO regelt die Beschlagnahmeverbote. Danach dürfen schriftliche Mitteilungen, Aufzeichnungen und andere Gegenstände nicht beschlagnahmt werden, soweit den Betroffenen ein Zeugnisverweigerungsrecht eingeräumt wird.

Nach § 53 Abs. 1 Ziff. 3b StPO haben ein Zeugnisverweigerungsrecht Berater für Fragen der Betäubungsmittelabhängigkeit sowie nach § 53 Abs. 1 Ziff. 3a StPO Mitglieder oder Beauftragte einer anerkannten Schwangerschaftsberatungsstelle über das, was ihnen in dieser Eigenschaft bekannt geworden ist. Insoweit ist rechtlich klargestellt, dass in diesen Beratungsstellen eine Beschlagnahme nicht in Betracht kommt. Das gilt im Übrigen auch für schriftliche Mitteilungen, Aufzeichnungen und andere Gegenstände der Berufshelfer nach § 53 a StPO (Kleinknecht/Meyer-Gossner 1999, Anm. 44 zu § 97 StPO; Hager/Sehrig 1992, 64). Darüber hinaus, so ein Kommentar zum Strafgesetzbuch, gäbe es keinerlei Beschlagnahmeverbote. »Die *entsprechende Anwendung* der Vorschrift auf Personen, denen das Gesetz kein Zeugnisverweigerungsrecht einräumt, kommt nicht in Betracht« (Kleinknecht/ Meyer-Gossner 1999, Anm. 2 zu § 97 StPO). Das ist in dieser Allgemeinheit verkürzt. Für den sozialen Bereich ist im Einzelnen zu differenzieren.

Für die Sozialleistungsträger ergibt sich ein Beschlagnahmeverbot unter den Voraussetzungen des § 35 Abs. 3 SGB I. Diese Vorschrift bestimmt, soweit eine Übermittlung nicht zulässig ist, besteht keine Auskunftspflicht, keine Zeugnispflicht und keine Pflicht zur Vorlegung oder Auslieferung von Schriftstücken, Akten und Dateien. Der Gesetzgeber hat aber durch diese Vorschrift für die soziale Arbeit kein allgemeines Zeugnisverweigerungsrecht normieren wollen, denn Normadressat des § 35 Abs. 3 SGB I sind die Institutionen, nicht die Einzelpersonen (Mrozynski 1995, Anm. 17 zu § 35 SGB I; a.A. Fieseler/Schleicher (Kunkel) 1998, Anm. 54 zu § 61 KJHG). Es fragt sich daher, ob die Sozialleistungsträger eine Beschlagnahme abwehren können?

Nach § 35 Abs. 3 SGB I besteht ein Beschlagnahmeverbot, soweit sich keine Übermittlungsbefugnisse aus den §§ 67 ff SGB X ergeben. Für die Jugendämter hat die Rechtsprechung zunehmend anerkannt, dass Vertrauensverhältnisse nicht durch Beschlagnahmeaktionen zerstört werden dürfen (LG Braunschweig, NJW 1986, 258; LG Stuttgart, NStZ 1993, 552; LG Siegen, DVJJ 1996, 84).

Einem Fall, der vom Landgericht Berlin entschieden wurde, lag folgender Sachverhalt zu Grunde: Ein Jugendamt führt über ein 15 Jahre altes Mädchen und über seine Eltern eine Akte. Darin befinden sich nach Angaben des Jugendamtes Aufzeichnungen über Beratungsgespräche, die die zuständige Sozialarbeiterin mit der 15jährigen geführt hat. Die strafrechtlich Beschuldigten sind der Vater und der Bruder des geschädigten Mädchens. Wiederum geht es um das Verhältnis von Vertrauensschutz und die

Effektivität der staatlichen Strafverfolgung. Das LG Berlin untersagte die Beschlagnahme mit dem Hinweis auf den Sozialdatenschutz. »Eine Offenbarungspflicht nach den Vorschriften des Sozialgesetzbuches ist damit derzeit nicht gegeben. Das mag für die Strafverfolgungsbehörde unbefriedigend sein, entspricht aber dem hohen Stellenwert des Sozialgeheimnisses im SGB« (LG Berlin, NDV 1992, 417, mit zustimmender Anmerkung von Pirani 1992). Ebenso äußerte sich das LG Hamburg. Danach verstößt die Beschlagnahme einer Jugendamtsakte mit einem ärztlichen Krankenbericht gegen das verfassungsrechtlich garantierte Recht des Betroffenen auf informationelle Selbstbestimmung und ist deshalb rechtswidrig, wenn nicht die Voraussetzungen vorliegen, unter denen der Arzt selbst offenbarungsbefugt wäre (LG Hamburg, NStZ 1993, 401 mit zustimmender Anmerkung von Dölling 1993; für ein Beschlagnahmeverbot von Krankenunterlagen LG Hamburg, NJW 1990, 780; vgl. auch OLG Celle, ZfF 1998, 229).

Für private Verbände, die nicht Sozialleistungsträger im Sinne des SGB I sind, gilt die Privilegierung des § 35 SGB nicht, so dass zunächst auf den verfassungsmäßigen Grundsatz der Verhältnismäßigkeit zurückgegriffen werden muss (Proksch 1996, 202; Hager/Sehrig 1991). So entschied auch das Bundesverfassungsgericht 1977 im Hinblick auf die Beschlagnahme von Klientenakten einer Drogenberatungsstelle der Caritas. Bei Abwägung von staatlichen Strafverfolgungsinteressen und des staatlichen Interesses an einer effektiven Gesundheitsvorsorge muss der Verhältnismäßigkeitsgrundsatz berücksichtigt werden. Dieser ist dann verletzt, wenn der verursachte Schaden in der Drogenberatungsstelle, nämlich der Verlust an Vertrauen, außer Verhältnis steht zu dem mit der Beschlagnahme angestrebten und erreichten Erfolg (BVerfGE 44, 353). Allerdings ist nur in Ausnahmefällen damit zu rechnen, dass ein Beschlagnahmeverbot bei privaten Verbänden rechtswidrig und daher unzulässig ist. Das ergibt sich ebenfalls aus einem Beschluss des Bundesverfassungsgerichts (BVerfG, Beschluss vom 31.5.1988, 2 BvR 367/88). Das Gericht bestätigte einen Beschluss des Landgerichtes Mainz (LG Mainz, NJW 1988, 1744), dass eine – in einem Förderverein für Jugendliche – beschäftige Drogenberaterin kein Aussageverweigerungsrecht hat.

In diesem Zusammenhang ist jedoch zu bedenken: Wenn in Beratungsstellen der privaten Träger Geistliche, Ärzte, Anwältinnen, Psychologische Psychotherapeuten etc. tätig sind, denen das Zeugnisverweigerungsrecht zusteht, dann unterliegen schriftliche Mitteilungen, Aufzeichnungen und andere Gegenstände dem Beschlagnahmeverbot. Berufshelfer sind wiederum gleichgestellt.

LITERATUR

AGJ (1999): Reform des Kindschaftsrechts, Stellungnahme der AGJ zu den Konsequenzen für die Jugendhilfe, in: ZfJ, 134

ALTENHOFF/BUSCH/CHEMNITZ (1993): Rechtsberatungsgesetz, 10. Aufl., Aschendorff, Münster

ARBEITSKREIS deutscher, schweizerischer und österreichischer Strafrechtslehrer (1996): Alternativ-Entwurf Zeugnisverweigerungsrechte und Beschlagnahmefreiheit, München

BALLOFF, Rainer (1994): Familien in Trennung: Von der Koordination zur kooperativen Vernetzung, in: ZfJ, 302

BALLOFF, Rainer (1995): Beratung, Unterstützung und Mitwirkung im Scheidungsfall bei der Ausgestaltung der elterlichen Sorge und des Umgangsrechts im Allgemeinen Sozialen Dienst (ASD), in: ZfJ, 160

BALLOFF/WALTER (1993): Möglichkeiten und Grenzen beratender Interventionen am Beispiel der Mediation nach §§ 17, 28, 18 Abs. 4 KJHG, in: ZfJ, 65

BALTZ, Jochen (1997): Kindschaftsrechtsreform und Jugendhilfe, in: NDV 1997, 306, 341

BARABAS, Friedrich (1992): Recht und Krisenintervention, in: Straumann, Ursula, Hrsg., Beratung und Krisenintervention, Köln, 29

BARABAS, Friedrich (1998a): Sexualität und Recht, Frankfurt am Main

BARABAS, Friedrich (1998b): Verrechtlichung von Beratung?, in: Gesprächspsychotherapie und Personzentrierte Beratung, 1/1998, 9

BARABAS/ERLER (1994): Die Familie, Einführung in Soziologie und Recht, Weinheim, München

BARABAS/STRAUMANN (1996): Beratung und Recht, Zu Inhalt und Methoden eines weiterbildenden Studienganges: »Personzentrierte Beratung und Krisenintervention«, in: Sozialmagazin, Heft 3, 42

BAUER/BIRK/KLIE/RINK (1997): Heidelberger Kommentar zum Betreuungs- und Unterbringungsrecht, Heidelberg

BÄUERLE, Wolfgang (1969): Der Begriff der »Beratung« in der Jugendhilfe, in: Frommann/Haag, Hrsg., Wolfgang Bäuerle, Jugendhilfe und Sozialarbeit, Frankfurt am Main, 1983

BAUMBACH/LAUTERBACH/ALBERS/HARTMANN (1998): Kommentar zur Zivilprozessordnung, 56. Aufl., München

BECKMANN, Elke (1998): Datenschutz im Sozialamt, in: ZFSH/SGB, 92ff sowie 131 ff

BELARDI, Nando (1999): Beratung, eine sozialpädagogische Einführung, Weinheim, Basel

BELLING, Detlev (1990): Die Entscheidungskompetenz für ärztliche Eingriffe bei Minderjährigen. in: FuR, 68

BERGMANN, Alfred (1989): Die Grundstruktur des rechtfertigenden Notstandes, in: JuS, 109

BERLIT/FUCHS/SCHULZE-BÖING (1999): Thesen zu einem fachpolitischen Leitbild der Hilfe zur Arbeit, in: NDV, 28

BIEBACK, Karl-Jürgen (1997): Stellungnahme zum Verbandspolitischen Forum der GWG, in: Gesprächspsychotherapie und Personzentrierte Beratung, 217

BIENWALD, Werner (1999): Betreuungsrecht, Kommentar zum BtG/BtBG einschl. BtÄndG, 3. Aufl., Bielefeld

BIRK/BRÜHL/CONRADIS/HOFMANN, u.a. (1998): Bundessozialhilfegesetz, Lehr- und Praxiskommentar, 5. Aufl., Baden-Baden

BLANKE/SACHßE (1987): Wertewandel in der Sozialarbeit, in: Olk/Otto, Hrsg., Soziale Dienste im Wandel, Bd. 1, Darmstadt, 251

BÖLLINGER/STÖVER/FIETZEK (1995): Drogenpraxis, Drogenrecht, Drogenpolitik, 4. Aufl., Frankfurt am Main

BOTTKE, Wilfried (1993): Recht und Suizidprävention, in: R&P, 174

BRINGEWAT, Peter (1997): Tod eines Kindes, Baden-Baden

BRÜHL, Albrecht (1998): Rechtsbesorgung in Sozialhilfesachen durch Vereine, in: info also, 1/1998/3

BUNDESARBEITSGEMEINSCHAFT DER LANDESJUGENDÄMTER (1996): Das Fachkräftegebot des Kinder- und Jugendhilfegesetzes, Kassel

BUNDESKONFERENZ FÜR ERZIEHUNGSBERATUNG e.V. (1997a): Hinweise zu Kapazitäten und Kosten von Erziehungsberatungsstellen, in: ZfJ, 165

BUNDESKONFERENZ FÜR ERZIEHUNGSBERATUNG e.V. (1997b): Rechtsfragen in der Beratung, Fürth

BUNDESKONFERENZ FÜR ERZIEHUNGSBERATUNG e.V. (1998): Psychotherapie in Erziehungsberatungsstellen, in: Informationen für Erziehungsberatungsstellen 2/98, 3

BUNDESMINISTER FÜR FAMILIE UND SENIOREN, Hrsg., (1993): Familie und Beratung, Gutachten des Wissenschaftlichen Beirats für Familienfragen beim Bundesministerium für Familie und Senioren, Stuttgart, Berlin, Köln

BUNDESMINISTERIUM DER JUSTIZ (1998): Restschuldbefreiung – eine neue Chance für redliche Schuldner, Bonn

BUNDESMINISTERIUM FÜR FAMILIE UND SENIOREN, Hrsg., (1994): Fünfter Familienbericht, Bonn

BUNDESMINISTERIUM FÜR FAMILIE, SENIOREN, FRAUEN UND JUGEND, Hrsg., (1997): Gewalt in Ehe und Partnerschaft, 2. Aufl., Bonn

BUNDESMINISTERIUM FÜR FAMILIE, SENIOREN, FRAUEN UND JUGEND, Hrsg., (1998): 10. Jugendbericht, Bonn

BUNDESMINISTERIUM FÜR JUGEND, FAMILIE, FRAUEN UND GESUNDHEIT, Hrsg., (1990): 8. Jugendbericht, Bonn.

BUNGART, Birgit (1988): Zur Kooperation in der Schuldnerberatung, in: AnwBl., 40

BÜRGER, Ulrich (1995): Zwischen Sparzwängen und Leistungsverpflichtungen – Tendenzen und Widersprüche der kommunalen Jugendhilfefinanzierung in einer reichen Gesellschaft, in: ZfJ, 447

BUSCH, von (1997): Der Schutz von Sozialdaten in der Jugendhilfe, §§ 61 – 68 SGB VIII, Stuttgart

BUSSE, Felix (1999): Rechtsberatungsgesetz – ein Ärgernis?, in: NJW 1999, 1084

BÜTTNER, Helmut (1998): Änderungen im Familienverfahrensrecht durch das Kindschaftsrechtsreformgesetz, in: FamRZ, 585

COEPPICUS, Rolf (1991): Durchführung und Inhalt der Anhörung in Betreuungs- und Unterbringungssachen, in: FamRZ, 892

COESTER, Michael (1985): Zur sozialrechtlichen Handlungskompetenz des Minderjährigen, in: FamRZ, 982

COESTER, Michael (1992): Sorgerecht bei Elternscheidung und KJHG, in: FamRZ, 617

CONEN, Marie-Luise (1994): Ressourcenorientierte Schuldnerberatung, in: Soziale Arbeit, 321

CREFELD, Wolf (1998): Denn sie wissen nicht, was sie tun, in: BtPrax, 47

CREMER/HUNDSALZ/MENNE, Hrsg., (1994): Jahrbuch für Erziehungsberatung Band 1, Weinheim, München

CURSIEFEN, Johannes (1989): Zum Erfordernis einer Erlaubnis nach dem Heilpraktikergesetz bei psychotherapeutischer Behandlung durch Diplom-Psychologen, in: DVBl., 1188

DEGENER, Theresia (1998): Die Geburt eines behinderten Kindes als Schaden?, in: psychosozial, Heft 1, 37

DEINERT, Horst (1998): Neue Zahlen zur Praxis des Betreuungsrechts, in: FamRZ, 934

DERLEDER, Peter (1995): Anforderungen an eine interdisziplinäre Trennungsberatung, in: FuR, 208

DEUTSCH, Erwin (1998): Berufshaftung und Menschenwürde: Akt III, in: NJW, 510

DEUTSCHER STÄDTETAG u.a. (1988): Kommunale Schuldnerberatungsstellen im Verhältnis zur Anwaltschaft, in: AnwBl., 49

DEUTSCHER STÄDTETAG u.a. (1997): Empfehlungen für die Zusammenarbeit von Trägern der öffentlichen und freien Jugendhilfe bei der Erziehungsberatung, in: ZfJ, 5

DEUTSCHER VEREIN (1992): Empfehlungen des Deutschen Vereins zur Beratung in Fragen der Trennung und Scheidung und zur Mitwirkung der Jugendhilfe im familiengerichtlichen Verfahren, in: NDV, 148

DEUTSCHER VEREIN (1994): Empfehlungen des Deutschen Vereins zur Hilfeplanung nach § 36 KJHG, in: NDV, 317

DEUTSCHER VEREIN (1995): Stellungnahme des Deutschen Vereins zu den Entwürfen eines Gesetzes über die Berufe des Psychologischen Psychotherapeuten und des Kinder- und Jugendlichenpsychotherapeuten und zur Änderung des Fünften Buches Sozialgesetzbuch, in: NDV, 480

DEUTSCHER VEREIN (1997a): Gutachten vom 8.8.1997, in: NDV, 331

DEUTSCHER VEREIN (1997b): Zum Verhältnis von dienstrechtlicher Gehorsamspflicht und strafrechtlicher Schweigepflicht, in: NDV, 22

DEWE/SCHERR (1991): Beratung oder Therapie, in: Blätter der Wohlfahrtspflege 1/1991, 6
DICKMEIS, Franz (1995): Keine Schweigepflicht der Ärzteschaft bei Gewalttaten an Frauen und Kindern, in: ZfJ, 474
DICKMEIS, Franz (1998): Das neue Kindschaftsrecht und seine Bedeutung für die sozialen Dienste, in: ZfJ, 193
DIEDERICHSEN, Uwe (1998): Die Reform des Kindschafts- und Beistandschaftsrechts, in: NJW, 1977
DIV-GUTACHTEN (1992): Sexueller Missbrauch von Kindern: Veranlassung der Strafverfolgung durch das Jugendamt, in ZfJ, 641
DODEGGE, Georg (1998): Die Entwicklung des Betreuungsrechts bis Anfang Juni 1998, in: NJW, 2710
DÖLLING, Dieter (1993): Anmerkung zum Beschluss des LG Hamburg vom 3.3.1992, in: NStZ, 402
DÖRNDORFER, Josef (1998): Einführung in das neue Kindschaftsrecht, in: ZfJ, 202
DÖRR, Gernot (1993): Grenzen der »Herstellung«, in: DAngVers, 182
DREIFERT, Barbara (1999): Mehr Leid als Freud, in: Sozialmagazin, Heft 6, 16
DRÖGE, Michael (1998): Die Betreuungsanordnung gegen den Willen des Betroffenen, in: FamRZ, 1209
DÜNISCH/BACHMANN (1997): Das Recht des Heilpraktikerberufs und der nichtärztlichen Heilkundeausübung, Starnberg
EBLI, Hans (1995): Zur Professionalität in der Schuldnerberatung, in: NDV 331
EBSEN, Ingwer (1987): Der sozialrechtliche Herstellungsanspruch – ein Beispiel geglückter richterlicher Rechtsfortbildung?, in: DVBl., 389
EISENBERG, Ulrich (1997): Rezension des Alternativ-Entwurfes Zeugnisverweigerungsrechte und Beschlagnahmefreiheit, in: StV, 331
ELLWANGER, Dieter (1997): Schwangerschaftskonfliktgesetz, Stuttgart, Berlin, Köln
ENDERS/HEEKERENS (1994): Licht am Horizont – Neues zu »Soziale Arbeit und Psychotherapie«, in: np, 361
ENSSLEN, Carola (1999): Zur Schweigepflicht von Sozialarbeitern und Sozialpädagogen, in: NDV, 121
ERLENKÄMPER/FICHTE (1995): Sozialrecht, 3. Aufl., Köln, Berlin, Bonn, München
ERLER, Michael (1996): Die Dynamik der modernen Familie, Empirische Untersuchung zum Wandel der Familienformen in Deutschland, Weinheim, München
EUROPARAT (1998): Empfehlung – Nr. R (98) 1 des Ministerkomitees an die Mitgliedstaaten über Familienmediation –, in: ZfJ, 454
EUROPEAN ASSOCIATION FOR COUNSELLING (1998): charter for ethical practice, Rugby Warwickshire
FALTERBAUM, Johannes (1999): Gefahrenabwehr mit Hilfe des Jugendamtes?, Behördlicher Datenschutz als Garant für Sozial- und Rechtsstaatlichkeit, in: ZfJ, 99
FALTERMEIER/FUCHS, Hrsg., (1992): Trennungs- und Scheidungsberatung durch Jugendhilfe, Frankfurt am Main
FEUERHELM, Wolfgang (1999): Überlegungen zum Zeugnisverweigerungsrecht in sozialpädagogischen Berufen, in: Sozialmagazin, Heft 5, 15
FIESELER, Gerhard (1989): Anmerkungen zum Urteil OLG Frankfurt vom 8.4.1988, in: NDV, 243
FIESELER, Gerhard (1997): Jugendberufshilfe in freier Trägerschaft – Rechtsstellung junger Menschen. Ein Gutachten, in: ZfJ, 271 ff, 306 ff
FIESELER/HERBORTH (1996): Recht der Familie und Jugendhilfe, 4. Aufl., Neuwied, Kriftel, Berlin
FIESELER/SCHLEICHER (1998): Kinder- und Jugendhilferecht, Gemeinschaftskommentar zum SGB VIII, Neuwied, Kriftel
FINGER, Peter (1981): Reform der Rechtsberatung, Königstein
FINIS SIEGLER, Beate (1997): Ökonomik Sozialer Arbeit, Freiburg im Breisgau
FRENZKE-KULBACH/KULBACH (1998): Qualitätssicherung in der Beratungsarbeit, in: Soziale Arbeit, 195
FREUND, Georg (1993): Verurteilung und Freispruch bei Verletzung der Schweigepflicht eines Zeugen, in: GA, 49
FRICKE, Astrid (1992): Die Beteiligung der Personensorgeberechtigten sowie der Kinder und Jugendlichen bei der Hilfe zur Erziehung (Heimunterbringung, Vollzeitpflege) nach dem KJHG, in: ZfJ, 509

FRIEDRICH, Walther (1995): Wie erhalte ich Prozesskostenhilfe?, in: NJW, 617
FROMMANN, Matthias (1985): Schweigepflicht und Berufsauftrag des Sozialarbeiters, in: Frommann/Mörsberger/Schellhorn, Hrsg., Sozialdatenschutz, 159
FROMMEL, Monika (1993): § 218: Straflos, aber rechtswidrig; zielorientiert, aber ergebnisoffen – Paradoxien der Übergangsregelungen des Bundesverfassungsgerichts, in: KJ, 324
FUCHS, Petra (1993): Unterstützung bei Trennung und Scheidung – Neue Wege, Möglichkeiten und Grenzen der Jugendhilfe, in: Arbeitsgemeinschaft für Erziehungshilfe, Hrsg., Beratung und Mitwirkung der Jugendhilfe im Trennungs- und Scheidungsverfahren, Hannover
GESELLSCHAFT FÜR WISSENSCHAFTLICHE GESPRÄCHS-PSYCHOTHERAPIE (1998): Entwurf für ethische Richtlinien, in: Gesprächspsychotherapie und Personzentrierte Beratung, 1/1998, 39
GEUTER, Ulfried (1999): Die Psychotherapie und die Politik, Anmerkungen zum neuen Psychotherapeutengesetz, in: Mabuse 117 (Januar/Februar), 62
GIESE, Dieter (1994): Anmerkungen zum Urteil VG Braunschweig vom 27.8.1992, in: RsDE 1994, 91
GIESE/MELZER (1974): Die Beratung in der sozialen Arbeit, Rechtsfragen – Methoden – Gespräche, Frankfurt am Main
GOLA, Peter (1998): Die Entwicklung des Datenschutzrechts in den Jahren 1997/98, in: NJW, 3750
GRAMBERG-DANIELSEN/KERN (1998): Die Schweigepflicht des Arztes gegenüber privaten Verrechnungsstellen, in: NJW, 2708
GROPP, Walter (1996): Zur Freiverantwortlichkeit des Suizides aus juristisch-strafrechtlicher Sicht, in: Pohlmeier, Hermann, Hrsg., Selbstmordverhütung, Anmaßung oder Verpflichtung, 2. Aufl., Bonn, 13
GRÖSCHNER, Rolf (1990): Öffentlichkeitsaufklärung als Behördenaufgabe, in: DVBl., 619
GROSS, Norbert (1989): Die geschäftsmäßige Rechtsberatung, in: AnwBl., 155
GROß/FÜNFSINN (1992): Datenweitergabe im strafrechtlichen Ermittlungsverfahren, in: NStZ, 105
GROßMAß, Ruth (1997): Paradoxien und Möglichkeiten psychosozialer Beratung, in: Nestmann, Frank, Hrsg., Beratung, Tübingen, 111
GROTH, Ulf (1995): Strukturelle Rahmenbedingungen professioneller Schuldnerberatung, in: NDV, 334
GRÜNER/DALICHAU (1995): Kommentar zum Sozialgesetzbuch, Starnberg
HAAGE, Heinz (1998): Berufsrechtliche Beurteilung des neuen Psychotherapeutengesetzes, in: MedR, 291
HABERMAS, Jürgen (1992): Faktizität und Geltung, Beiträge zur Diskurstheorie des Rechts und des demokratischen Rechtsstaats, Frankfurt am Main
HAFFKE, Bernhard (1992): Legitimation von Mediation im deutschen Raum, in: Mediation in Familiensachen, 53
HAFKE, Christel (1998): Vertrauen und Versuchung. Über Machtmissbrauch in der Therapie, Reinbek bei Hamburg
HAGER, Joachim (1990): Das Zeugnisverweigerungsrecht im sozialen Bereich, in: Soziale Arbeit, 332
HAGER/SEHRIG (1992): Vertrauensschutz in der sozialen Arbeit, Heidelberg
HAHLWEG/BAUCOM/BASTINE/MARKMAN (1998): Prävention von Trennung und Scheidung – Internationale Ansätze zur Prädiktion und Prävention von Beziehungsstörungen, Stuttgart, Berlin, Köln
HASSEMER, Winfried (1996): Über die absehbare Zukunft des Datenschutzes, in: KJ, 99
HEEKERENS, Hans-Peter (1992): »... die Sozialarbeiter/-pädagogen werden manchen Gesichtsverlust hinnehmen müssen«, in: np, 442
HEINHOLD, Hubert (1997): Asylrechtskundige Beratung durch Sozialarbeiter und Ehrenamtliche – ein Verstoß gegen das Rechtsberatungsgesetz?, in: ZAR 1997, 110
HESSISCHER DATENSCHUTZBEAUFTRAGTER (1998): 27. Tätigkeitsbericht, Wiesbaden
HOPPE, Jürgen (1998): Der Zeitpunkt der Aufklärung des Patienten – Konsequenzen der neuen Rechtsprechung, in: NJW, 782

HOTTELET, Harald (1996): Stichwort Beratung, in: KREFT/MIELENZ, Wörterbuch der sozialen Arbeit, 4. Aufl., Weinheim, Basel
HUCHTING, Konrad (1998): Sozialarbeiter dürfen keine Rechtsberatung erteilen?, in: Sozialmagazin, Heft 3, 42
HUNDSALZ, Andreas (1995): Die Erziehungsberatung, Weinheim, München
HUNDSALZ, Andreas (1998): Beratung, Psychotherapie oder Psychologische Beratung? Zum Profil therapeutischer Arbeit in der Erziehungsberatung, in: Prax. Kinderpsychol. Kinderpsychiat., 157
HUNDSALZ/MENNE/CREMER, Hrsg., (1999): Jahrbuch für Erziehungsberatung Band 3, Weinheim, München
JOPT, Uwe (1996): Anmerkungen zum Referentenentwurf zur Reform des Kindschaftsrechts aus psychologischer Sicht, in: ZfJ, 203
JÜRGENS/KLÜSENER u.a. (1995): Betreuungsrecht, Kommentar zum materiellen Betreuungsrecht, zum Verfahrensrecht und zum Betreuungsbehördengesetz, München
KAISER, Eberhard (1971): Zeugnisverweigerungsrecht der Diplompsychologen, in: NJW, 491
KAUFMANN, Ferdinand (1990): Die Jugendhilfe im Spannungsfeld zwischen Strafverfolgung und Erziehungshilfe; Rechtsfragen im Zusammenhang mit Straftaten, an denen Minderjährige als Täter oder Opfer beteiligt sind, in: ZfJ, 1
KAYßER, Marijon (1998): Beratungszwang und strafrechtliche Rechtfertigung, in: Kettner, Matthias, Hrsg., Beratung als Zwang, Frankfurt am Main, 67
KEßLER, Rainer (1997): Die strafrechtliche Schweigepflicht des Berufspsychologen bei sexuellem Missbrauch, in: Praxis der Rechtspsychologie 7 (1), 67
KETTNER, Matthias, Hrsg., (1998): Beratung als Zwang, Frankfurt am Main
KEUPP, HEINER (1991): Beratung und Therapie, in: Blätter der Wohlfahrtspflege 1/1991, 1
KIEHL, Walter (1990): Die Rechtsstellung Minderjähriger und Sorgeberechtigter im neuen Kinder- und Jugendhilfegesetz, in: ZRP, 94
KIERDORF, Albert (1979): Gedanken zum Rechtsberatungsgesetz, in: Rasehorn, Theo, Hrsg., Rechtsberatung als Lebenshilfe, Neuwied, Darmstadt, 69
KINSCHER/SEDLAK (1996): Die Gewerbeordnung, 6. Aufl., Wien
KLEINKNECHT/MEYER-GOßNER (1999): Kommentar zur Strafprozessordnung, 44. Aufl., München
KLINGER/KUNKEL (1990): Sozialdatenschutz in der Praxis, Stuttgart, München, Hannover
KNOPP/FICHTNER u.a., Hrsg., (1992): Kommentar zum Bundessozialhilfegesetz, 7. Aufl., München
KOHLER, Mathias (1999): Kindschaftsrechtsreform im Blickwinkel der Kinder, in: ZfJ, 128
KOMMUNALE GEMEINSCHAFTSSTELLE (1994): Outputorientierte Steuerung der Jugendhilfe, Bericht Nr. 9/1994, Köln
KOMMUNALE GEMEINSCHAFTSSTELLE (1995): Bericht Nr. 11/1995, Köln
KOMMUNALE GEMEINSCHAFTSSTELLE (1996): Integrierte Fach- und Ressourcenplanung in der Jugendhilfe, Bericht Nr. 3/1996, Köln
KÖRNER, Harald (1994): Kommentar zum Betäubungsmittelgesetz und Arzneimittelgesetz, 4. Aufl., München
KRAHMER, Utz (1996): Sozialdatenschutz nach SGB I und X, Einführung mit Schaubildern, Köln, Berlin, Bonn, München
KRESSEL, Eckhard (1994): Der Herstellungsanspruch in Vorsorgesystemen, in: NZS, 395
KRETSCHMER/von MAYDELL/SCHELLHORN (1996): Gemeinschaftskommentar zum Sozialgesetzbuch – Allgemeiner Teil, Neuwied, Kriftel, Berlin
KÜHNE, Hans-Heiner (1998): Anmerkung zum Beschluss des BVerfG vom 18.1.1996, in: StV, 356
KUNKEL, Peter-Christian (1995): Datenschutz in der Sozial- und Jugendhilfe nach der Neuregelung des Sozialdatenschutzes, in: ZfSH, 225
KUNKEL, Peter-Christian (1997): Wider einen »Perspektivenwechsel« in der Jugendhilfe, in: FamRZ, 193
KUNKEL, Peter-Christian (1998): Rechtsfragen der Hilfe zur Erziehung und des Hilfeplanverfahrens nach den Reformgesetzen, in: ZfJ, 205

KURZ-ADAM, Maria (1998): Modernisierung durch Recht, in: RdJB, 426

KUTZER, Klaus (1994): Strafrechtliche Grenzen der Sterbehilfe, in: NStZ, 110

LAKIES, Thomas (1998): Das Recht der Pflegekindschaft im BGB nach der Kindschaftsrechtsreform, in: ZfJ, 129

LANDESJUGENDAMT HESSEN (1997): Fachliche Empfehlungen zur Arbeit der Erziehungsberatungsstellen, in: Informationen für Erziehungsberatungsstellen, 3/1997/ 9

LANGKEIT, Jochen (1994): Umfang und Grenzen der ärztlichen Schweigepflicht, in: NStZ, 6

LAUFS, Adolf (1998): Schädliche Geburten – und kein Ende, in: NJW, 796

LENZ/GMÜR (1996): Qualitätsmanagement in der Beratung: Weiterentwicklung durch Evaluation, in: Bundeskonferenz für Erziehungsberatung e.V., Hrsg., Produkt Beratung, Materialien zur outputorientierten Steuerung in der Jugendhilfe, Fürth, 52

LIPP, Martin (1998): Das elterliche Sorgerecht für das nichteheliche Kind nach dem Kindschaftsrechtsreformgesetz (KindRG), in: FamRZ 65

LONGINO, Marcus (1997): Zur Verschwiegenheitspflicht von Psychologen und Sozialarbeitern in der Jugendverwaltung, in: ZfJ, 136

LOSCH/RADAN (1999): Die »Kind als Schaden«-Diskussion, in: NJW, 821

LOSSEN/VERGHO (1998): Familienberatung bei Trennung und Scheidung am AmtsG, in: FamRZ, 1218

LUHMANN, Niklas (1989): Vertrauen, Ein Mechanismus der Reduktion sozialer Komplexität, 3. Aufl., Stuttgart

MAAS, Udo (1993): Leistungen der Jugendhilfe als Sozialleistungen, in: NDV 465

MAAS, Udo (1995): Erziehungsberatung und Hilfe zur Erziehung, in: ZfJ, 387

MAAS, Udo (1998): Beratung nach § 14 SGB I im Bereich der Jugendhilfe, in: RdJB, 406

MÄHLER/MÄHLER (1997): Streitschlichtung – Anwaltssache, hier: Mediation, in: NJW, 1262

MARBURGER, PETER (1971): Therapie und Aufsichtspflicht bei der stationären Behandlung psychisch Kranker, in: VersR, 777

MARSCHNER, Andreas (1997): Neue Rechtsprechung des Bundessozialgerichtes zum sozialrechtlichen Herstellungsanspruch, in: ZFSH/SGB, 599

MARSCHNER, Andreas (1998): Sozialrechtlicher Herstellungsanspruch nach unterbliebener Hinweispflicht des Rentenversicherungsträger, in: ZFSH/SGB, 521

MARSCHNER, Lutz, Hrsg., (1999): Beratung im Wandel, Mainz

MARSCHNER, Rolf (1997): Unterbringungsgesetze der Länder, in: Deutscher Verein für öffentliche und private Fürsorge, Hrsg., Fachlexikon der sozialen Arbeit, 4. Aufl., Frankfurt am Main, 977

MARSCHNER/VOLCKART/WAGNER (1994): Freiheitsentziehung und Unterbringung, 3. Aufl., München

MENNE, Klaus (1993): Hinweise zu Rechtsfragen bei Kindesmisshandlung und sexuellem Missbrauch, in: ZfJ, 291

MENNE, Klaus (1994): Aktuelle Probleme von Beratungsstellen – Ein Überblick, in: ZfJ, 470

MENNE, Klaus (1996a): Zur Einleitung, in: Bundeskonferenz für Erziehungsberatung e.V., Hrsg., Produkt Beratung, Materialien zur outputorientierten Steuerung in der Jugendhilfe, Fürth, 7

MENNE, Klaus (1996b): Erziehungsberatung, in: Kreft/Mielenz, Hrsg., Wörterbuch Soziale Arbeit, 4. Aufl., Weinheim, 173

MENNE, Klaus (1999): Finanzierungsbedingungen für Erziehungs- und Familienberatungsstellen, in: Hundsalz/Menne/Cremer, (Hrsg.), Jahrbuch für Erziehungsberatung Band 3, Weinheim, München, 239

MENNE, Klaus, Hrsg., (1998): Qualität in Beratung und Therapie, Weinheim, München

MENNE/CREMER/HUNDSALZ, Hrsg., (1996): Jahrbuch für Erziehungsberatung, Band 2, Weinheim, München

MENNE/WEBER (1998): Beratung in Fragen der Partnerschaft, Trennung und Scheidung (§ 17 KJHG), in: ZfJ, 85

MERCHEL, Joachim (1998b): Zwischen Effizienzsteigerung, fachlicher Weiterentwicklung und Technokratisierung: Zum sozialpolitischen und fachpolitischen Kontext der Qualitätsdebatte in der Jugendhilfe, in:

Merchel, Hrsg., Qualität in der Jugendhilfe, Münster 1998, 20
MERCHEL, Joachim, Hrsg., (1998a): Qualität in der Jugendhilfe, Münster
MEYER/RICHTER/GRAWE/GRAF v. d. SCHULENBURG/SCHULTE (1991): Forschungsgutachten zu Fragen eines Psychotherapeutengesetzes, Hamburg-Eppendorf
MÖHLE, Andreas (1990): Der sozialrechtliche Herstellungsanspruch und Sozialhilfe, in: ZfSH/SGB, 522
MOLITOR, Wolfram (1985): Anmerkung zum Urteil des KG Berlin vom 26.5.1983, in: NDV, 55
MOLLENHAUER, Klaus (1965): Das pädagogische Phänomen »Beratung«, in: Mollenhauer/Müller, »Führung« und »Beratung« in pädagogischer Sicht, Heidelberg, 25
MORITZ, Heinz Peter (1999): Bedeutung des Elternvotums für den Abbruch der Schwangerschaft Minderjähriger, in: ZfJ, 92
MÖRSBERGER, Thomas (1987): Schweigepflicht intern, Anmerkungen zu einem Urteil des Bundesarbeitsgerichts zur Telefondatenerfassung, in: NDV, 325
MÖRSBERGER/RESTEMEIER, Hrsg., (1997): Helfen mit Risiko, Neuwied, Kriftel, Berlin
MROZYNSKI, Peter (1995): Kommentar zum Sozialgesetzbuch – Allgemeiner Teil – (SGB I), 2. Aufl., München
MÜLLER, Burkhard, K., (1996): Qualitätskriterien für das »Produkt« Beratung in der Jugendhilfe, in: Bundeskonferenz für Erziehungsberatung e.V., Hrsg., Produkt Beratung, Materialien zur outputorientierten Steuerung in der Jugendhilfe, Fürth, 35
MÜLLER, Paul (1997): Anmerkungen zum Urteil des LG Offenburg vom 25.10.1994, in: FamRZ, 553
MÜLLER, Wigo (1999): Das neue Insolvenzverfahren für »natürliche Personen«, in: ZfJ, 138
MÜLLER-DIETZ, Heinz (1980): Rechtsberatung und Sozialarbeit, Königstein
MÜNDER, u.a. (1998): Frankfurter Lehr- und Praxiskommentar zum KJHG/ SGB VIII, 3. Aufl., Münster
MURGATROYD, Stephen (1994): Beratung als Hilfe, Weinheim, Basel
MÜSSIG, Peter (1997): Falsche Auskunftserteilung und Haftung, in: NJW, 1697
NEFIODOW, Leo (1996): Der sechste Kondratieff, Wege zur Produktivität und Vollbeschäftigung im Zeitalter der Information, 2. Aufl., Bonn
NESTMANN, Frank (1988a): Die alltäglichen Helfer, Berlin, New York 1988
NESTMANN, Frank (1988b): Beratung, in: Hörmann/Nestmann, Hrsg., Handbuch der psychosozialen Intervention, Opladen, 101
NESTMANN, Frank (1997): Beratung als Ressourcenförderung, in: Nestmann, Frank, Hrsg., Beratung, Bausteine für eine interdisziplinäre Wissenschaft und Praxis, Tübingen, 15
NEUENFELDT, Detlef (1999): Schuldnerberatung, Weinheim
NEUMANN, Ulfrid (1988): Der strafrechtliche Nötigungsnotstand – Rechtfertigungs- oder Entschuldigungsgrund?, in: JA, 329
NEUMANN, Volker (1982): Freiheitssicherung und Fürsorge im Unterbringungsrecht, in: NJW, 2588
NOTHACKER, Gerhard (1993): Zur Neuregelung des Insolvenzrechts für Privatpersonen – Hintergrund, Inhalt, Kritik und Folgerungen für die Schuldnerberatung, in: NDV, 210
NOTHACKER, Gerhard (1996): Therapiebegriff und therapeutische Leistungen im Kinder- und Jugendhilferecht, in: ZfSH/SGB, 225
OBERLIES, Dagmar (1997): Die bayerischen Abtreibungsgesetze, in: ZRP, 149
OBERLIES/HOLLER/BRÜCKNER (1998): Ratgeberin: Recht. Für Frauen, die sich trennen wollen, und für Mitarbeiterinnen in Frauenhäusern und Beratungsstellen, Frankfurt am Main
OBERLOSKAMP, Helga (1996): Sozial-Anwalt: ein neuer Beruf?, in: ZfJ, 371
OBERLOSKAMP, Helga (1997a): Die Kompetenzen des Jugendamtes gemäß § 18 Abs. 1 KJHG, in: DAVorm, 65
OBERLOSKAMP, Helga (1997b): Sozial-Anwalt: ein neuer Beruf?, Neuwied. Kriftel, Berlin
OEBBECKE, Janbernd (1994): Beratung durch Behörden, in: DVBl., 147
OLK, Thomas (1996): New Public Management für die Jugendhilfe? in: Evangelische Akademie Bad Boll, Hrsg., Protokolldienst 2/96, 44

OLK/RAUSCHENBACH/SACHßE (1995): Von der Wertegemeinschaft zum Dienstleistungsunternehmen, in: Rauschenbach/Sachße/Olk, Hrsg., Von der Wertegemeinschaft zum Dienstleistungsunternehmen, Frankfurt am Main, 11

OLLMANN, Rainer (1994): Rechtliche Aspekte der Aufdeckung von sexuellem Missbrauch, in ZfJ, 151

OLLMANN, Rainer (1998): Strafanzeige des Jugendamtes bei sexuellem Kindesmissbrauch, in: ZfJ, 354

OTTO, Günther (1998): Sozial-Anwalt: ein neuer Beruf?, in: FamRZ, 76

PALANDT/Bearbeiter (1999): Bürgerliches Gesetzbuch. 58. Aufl., München

PAPE, Gerhard (1999): Die Insolvenzordnung ist in Kraft getreten..., in: NJW, 29

PARDEY, Karl-Dieter (1995): Zur Zulässigkeit drittschützender freiheitsentziehender Maßnahmen nach § 1906 BGB, in: FamRZ, 713

PARITÄTISCHER WOHLFAHRTSVERBAND – Gesamtverband e.V., (1996): Stellungnahme zur Sicherung und weiteren Entwicklung der Erziehungsberatung, in: ZfJ, 55

PEGLAU, Jens (1998): Plädoyer für einen stärkeren strafrechtlichen Persönlichkeitsschutz, in: ZRP, 249

PELZ, Christian (1995): Notwehr- und Notstandsrechte und der Vorrang obrigkeitlicher Hilfe, in: NStZ, 305

PETTINGER, Rudolf (1998): (Familienbezogene) Beratung im Kinder- und Jugendhilfegesetz, in: RdJB, 418

PIRANI, Uta von (1992): Anmerkung zum Beschluss des LG Berlin vom 19.2.1992, in: NDV, 418

PLAGEMANN, Hermann (1998): Vertragsarztrecht · PsychotherapeutenG, Ein Leitfaden für Ärzte, Psychotherapeuten, Rechtsanwälte und Krankenkassen, Frankfurt am Main

PLAGEMANN/KLATT, Hrsg., (1999): Recht für Psychotherapeuten, Psychotherapeutengesetz · SGB V · Zulassungsverordnung · Bundesmantelvertrag – Ärzte · Psychotherapeuten-Richtlinien · Ausbildungs- und Prüfungsverordnungen, Frankfurt am Main

PROKSCH, Roland (1996): Sozialdatenschutz in der Jugendhilfe, Münster

PROKSCH, Roland (1992): Verwirklichung des Kindeswohls durch Kooperation der Scheidungsprofessionen, in: NDV, 317

PROKSCH, Roland (1998): Praxiserprobung von Vermittlung (Mediation) in streitigen Familiensachen, Stuttgart, Berlin, Köln

PULVERICH, Gerd (1996): Recht-ABC für Psychologinnen und Psychologen, psychologisches Berufsrecht in Stichworten, Bonn

PULVERICH, Gerd (1999): Kommentar zum Psychotherapeutengesetz, 3. Aufl., Bonn

RASEHORN, Theo (1979): Außergerichtliche Rechtsberatung in einem »schwierigen Vaterland«, in: Rasehorn, Theo, Hrsg., Rechtsberatung als Lebenshilfe, Neuwied, Darmstadt, 7

RASMUSSEN, Heike (1998): Sozialdatenschutz in der Praxis von Sozialversicherungsträgern, in: VSSR 1/1998, 25

RAUSCHER, Thomas (1998): Das Umgangsrecht im Kindschaftsrechtsreformgesetz, in: FamRZ, 329

REINSCH, Ursula (1998): Streit hinter den Kulissen, Psychotherapeutengesetz vor schwierigem Start, in: Soziale Sicherheit, 321

REIS, Claus (1995): Schuldnerberatung auf dem Weg zur Professionalisierung, in: NDV, 326

REIS, Claus (1997): Hilfevereinbarungen in der Sozialhilfe, in: ArchsozArb, 87

REIS/BARTELHEIMER u.a. (1998): Zwischenbericht der wissenschaftlichen Begleitung des Modellprojekts Sozialbüros in Nordrhein-Westfalen

REISERER, Kerstin (1991): Schwangerschaftsabbruch durch Minderjährige im vereinten Deutschland, in: FamRZ, 1136

RENNEN/CALIEBE (1992): Rechtsberatungsgesetz mit Ausführungsverordnungen, 2. Aufl., München

RICHTLINIEN zur Durchführung des Heilpraktikergesetzes vom 06.02.1984, in: Hessischer Staatsanzeiger 1984, 546

RICKER, Reinhart (1999): Das Rechtsberatungsgesetz im Konflikt mit den Grundrechten aus Art. 5 I GG, in: NJW, 449

RIEKENBRAUK, Klaus (1992): Sozialdatenschutz im Strafverfahren, in: StV, 37

ROSENBAUM-MUNSTEINER, Inge (1998): Psychotherapeutengesetz: Psychologische Gewinner oder: ist der Rest Schweigen?, in: Psychotherapie Forum, No. 2

ROTHER, W. (1998): Über die Insolvenz der Gesetzgebung, in: ZRP, 205
ROXIN, Claus (1994): Die Mitwirkung beim Suicid als Problem des Strafrechts, in: Pohlmeier, Hermann, Hrsg., Selbstmordverhütung, Anmaßung oder Verpflichtung, 2. Aufl., Bonn, 75
ROXIN, Claus (1997): Strafrecht Allgemeiner Teil, Bd. 1, 3. Aufl., München
RÜFNER, Wolfgang (1996): Komm. zu § 14 SGB I, in: Wannagat, Georg, Hrsg., Kommentar zum Recht des Sozialgesetzbuches, Erstes Buch (I), Allgemeiner Teil, Köln, Berlin, Bonn, München
SALGO, Ludwig (1993): Der Anwalt des Kindes, Köln 1993
SALGO, Ludwig (1996): Zur gemeinsamen elterlichen Sorge nach Scheidung als Regelfall – ein Zwischenruf, in: FamRZ, 449
SANDER, Klaus (1998): Personzentrierte Krisenintervention und Konfliktberatung. Modell eines integrativen Beratungskonzepts, in: Gesprächspsychotherapie und Personzentrierte Beratung 1/1998, 13
SANS, Reiner (1995): Finanzierung von Schuldnerberatung, in: NDV, 99
SCHADE, Ulf (1998): Anmerkungen zum Psychotherapeutengesetz, in: Gesprächspsychotherapie und Personzentrierte Beratung, 2/1998/78
SCHELLHORN/JIRASEK/SEIPP (1997): Kommentar zum Bundessozialhilfegesetz, 15 Aufl., Neuwied, Kriftel, Berlin
SCHELLHORN/WIENAND (1991): Das Kinder- und Jugendhilfegesetz (KJHG), Ein Kommentar für Ausbildung, Praxis und Wissenschaft, Neuwied
SCHERER, Inge (1997): Schwangerschaftsabbruch bei Minderjährigen und elterliche Zustimmung, in: FamRZ, 589
SCHERER, Inge (1998): Stellungnahme zur Anmerkung von Richter am AmtG Eckhardt Siedhoff, in: FamRZ, 11
SCHIERSMANN/THIEL (1998): Innovationen in Einrichtungen der Familienbildung, Bonn
SCHILLING, Georg (1976): Strafprozessuales Zeugnisverweigerungsrecht für Sozialarbeiter, Sozialpädagogen und Psychologen, in: JZ, 617
SCHIRMER, Horst Dieter (1998): Eingliederung der Psychologischen Psychotherapeuten und Kinder- und Jugendlichenpsychotherapeuten in das System der vertragsärztlichen Versorgung, in: MedR, 435
SCHLUND, Gerhard (1998): Das Psychotherapeutengesetz – ein Überblick, in: NJW, 2722
SCHNEIDER, Egon (1976): Zur Notwendigkeit einer verfassungskonformen Auslegung des Rechtsberatungsgesetzes, in: MDR, 1
SCHNEIDER, Johann (1999): Gut und Böse – Falsch und Richtig. Zu Ethik und Moral der sozialen Berufe, Frankfurt am Main
SCHÖCH, Heinz (1998): Das Gesetz zur Bekämpfung von Sexualdelikten und anderen gefährlichen Straftaten, in: NJW, 1257
SCHÖCH, Heinz, (1996): Strafrechtliche Verantwortlichkeit von Ärzten bei Suizidhandlungen, in: Pohlmeier u.a., Hrsg., Suizid zwischen Medizin und Recht, Stuttgart, 81
SCHOMBERG/KORTE (1990): Zur Notwendigkeit der Verbesserung der Rechtsstellung des nach § 138 StGB Anzeigepflichtigen, in: ZRP, 417
SCHÖNKE/SCHRÖDER (1997): Kommentar zum Strafgesetzbuch, 25. Aufl., München, Berlin
SCHOREIT/DEHN (1998): Beratungshilfe, Prozesskostenhilfe, Kommentar, 6. Aufl., Heidelberg
SCHRÖDER, Jan (1999): Wettbewerb in der Kinder- und Jugendhilfe, in: NDV, 201
SCHRÖDTER, Wolfgang (1997): Zum Konzept von Beratung als integrativer Bestandteil der psychosozialen Versorgung, in: Nestmann, Frank, Hrsg., Beratung, Tübingen, 71
SCHRÖDTER, Wolfgang (1998): Verstehen, Selbstaktualisierung und Selbstorganisation – Schlüsselkonzepte für Beratung und Supervision?, in: Straumann/Schrödter, Hrsg., Verstehen und Gestalten, Beratung und Supervision im Gespräch, 63
SCHULIN/GEBLER (1992): Rechtliche Grundlagen und Probleme des Beratungswesens, in: VSSR, 33
SCHULTE-KELLINGHAUS, Thomas (1994): Jugendämter und Rechtsberatung, in: FamRZ, 1230
SCHULTZE, Nils-Günther (1998): Kostenminderung durch Erziehungsberatung – ein Berliner Projekt –, in: ZfJ, 493

SCHULZ-RACKOLL/GROTH (1986): Schuldnerberatung und Rechtsberatungsgesetz, in: ZRP, 105
SCHUMACHER, Gabriele (1997): Kinder haben Rechte – Rechtsberatung für Kinder und Jugendliche – Erfahrungsbericht –, in: ZfJ, 124
SCHUSCHKE, Winfried (1979): Rechtsfragen in Beratungsdiensten, 2. Aufl., Freiburg im Breisgau
SCHWAB, Dieter (1998): Elterliche Sorge bei Trennung und Scheidung der Eltern, in: FamRZ, 457
SCHWAB/WAGENITZ (1997): Einführung in das neue Kindschaftsrecht, in: FamRZ, 1377
SCHWABE, Jürgen (1998): Der Schutz des Menschen vor sich selbst, in: JZ, 66
SCHWEDE, Joachim (1998): Die Aufklärung und Beratung von Sozialleistungsberechtigten, in: ZFSH/SGB, 207
SCHWEER, Martin K.W., (1997): Vertrauen und soziales Handeln, Neuwied, Kriftel, Berlin
SCHWERDTNER, Eberhard (1999): Mehr Rechte für das Kind – Fluch oder Segen für die elterliche Sorge?, in: NJW, 1525
SIEDHOFF, Eckhardt (1998): Schwangerschaftsabbruch bei Minderjährigen und elterliche Zustimmung, in: FamRZ, 8
SIMITIS, Spiros (1975): Zur Situation des Familienrechts, in: Simitis/Zens, Hrsg., Familie und Familienrecht, Frankfurt am Main, 15
SIMITIS, Spiros (1997): Daten- oder Tatenschutz – ein Streit ohne Ende?, in: NJW, 1902
SIMITIS, Spiros (1998): Datenschutz – Rückschritt oder Neubeginn?, in: NJW, 2473
SKROCH, Norma (1998): Erwünschte und unerwünschte Wirkungen der Beratungspflicht in der Praxis, in: Kettner, Matthias, Hrsg., Beratung als Zwang, Frankfurt am Main, 47
SONNENFELD, Susanne (1997): Die Rechtsprechung zum Betreuungsrecht – Übersicht 1992 - 1996 –, in: FamRZ,849
SPECHT, Friedrich (1993): Zu den Regeln des fachlichen Könnens in der psychosozialen Beratung von Kindern, Jugendlichen und Eltern, in: Prax. Kinderpsychol. Kinderpsychiat., 113
SPELLBRINK, Wolfgang (1999): Die Rechtsstellung des Psychotherapeuten nach dem Psychotherapeutengesetz – zugleich eine Einführung in das Psychotherapeutengesetz, in: NZS, 1
STADT FRANKFURT AM MAIN, Hrsg., (1997): Fremdsprachige psychosoziale Beratung in Frankfurt am Main, Frankfurt am Main
STÄHR/HILKE (1999): Die Leistungs- und Finanzierungsbeziehungen im Kinder- und Jugendhilferecht vor dem Hintergrund der neuen §§ 78a bis 78g SGB VIII, in: ZfJ, 155
STANGE, Albrecht (1997): Das Sozialgeheimnis im Strafverfahren, in: ZfJ, 97
STASCHEIT, Ulrich, Hrsg., (1995): Sozialrecht studieren. Ein neuer Studiengang, Frankfurt am Main
STATISTISCHES BUNDESAMT (1994): Sozialleistungen, Fachserie 13, Jugendhilfe – Institutionelle Beratung, Einzelbetreuung und sozialpädagogische Familienhilfe 1992, Wiesbaden
STATISTISCHES BUNDESAMT (1998): Sozialleistungen, Fachserie 13, Jugendhilfe – Institutionelle Beratung, Einzelbetreuung und sozialpädagogische Familienhilfe 1996, Wiesbaden
STAUDINGER/BEARBEITER (1995): Kommentar zum Bürgerlichen Gesetzbuch, 13. Aufl., Berlin
STAUDINGER/BEARBEITER (1992): Kommentar zum Bürgerlichen Gesetzbuch, 12. Aufl., Berlin.
STRAUMANN, Ursula (1992): Personzentrierte Beratung und Krisenintervention unter integrativen und kooperativen Aspekten – Ein Weiterbildungskonzept, in: Straumann, Ursula, Hrsg., Beratung und Krisenintervention, Köln, 12
STRAUMANN, Ursula (1996): Personzentrierte Gesprächsführung/Personzentrierte Beratung und Krisenintervention, Lehrmappen für Studium und Weiterbildung, Frankfurt am Main
STRAUMANN, Ursula (1998): Supervision auf der Grundlage fachlich bestimmer Beratung, in: Straumann/Schrödter Hrsg., Verstehen und Gestalten, Beratung und Supervision im Gespräch, 117

STRAUMANN, Ursula, Hrsg., (1994): Materialien zum weiterbildenden Studium »Personenzentrierte Beratung und Krisenintervention«, Frankfurt am Main

TAUPITZ, Jochen (1991): Der Heilpraktiker aus der Sicht des Haftungsrechts: »Arzt«, »Mini-Arzt« oder »Laie«?, in: NJW, 1505

TAUPITZ, Jochen (1998): Anmerkungen zum Urteil des LG Verden vom 25.6.1997, in: MedR, 184

THIEN, Franz (1998): Der Verbraucherkonkurs – Chance oder Risiko für Schuldner und Schuldnerberatung?, in: ZfF, 155

THIERSCH, Hans (1992): Laienhilfe, Alltagsorientierung und professionelle Arbeit, in: Müller/Rauschenbach, Hrsg., Das soziale Ehrenamt, 2. Aufl., Weinheim, München, 9

TRENCZEK, Thomas (1999): Kinder haben Rechte – Kinderrechtskonvention und Kinderrechtshäuser, in: ZfJ, 170

TRÖNDLE/FISCHER (1999): Kommentar zum Strafgesetzbuch und Nebengesetze, 49. Aufl., München

TRUTE, Hans-Heinrich (1998): Der Schutz personenbezogener Informationen in der Informationsgesellschaft, in: JZ, 822

UHLENBRUCK, Wilhelm (1998): Insolvenzrechtsreform: Flucht der Schuldner aus dem »Modernen Schuldturm« auf Kosten der Unterhaltsberechtigten, in: FamRZ, 1473

WABNITZ, Reinhard (1999): Qualitätsentwicklung als gesetzliche Aufgabe, in: ZfJ, 123

WAGENITZ, Thomas (1998): Betreuung – Rechtliche Betreuung – Sozial(rechtlich)e Betreuung, in: FamRZ, 1273

WALLERATH, Maximilian (1998): Herstellungsanspruch in der Sozialhilfe?, in: NDV, 65

WEICHERT, Thilo (1993): Kindesmisshandlung und Datenschutz, in: ZfSH, 301

WIESNER, Reinhard (1994): Die Stellung der Erziehungsberatung in freier Trägerschaft, in: Cremer/Hundsalz/Menne, Hrsg., Jahrbuch für Erziehungsberatung, Bd. 1, Weinheim, München, 109

WIESNER, Reinhard (1997): Konsequenzen der Reform des Kindschaftsrechts für die Jugendhilfe, in: ZfJ, 29

WIESNER, Reinhard (1998): Kinderrechte – Zur rechtlichen und politischen Bedeutung eines Begriffes, in: ZfJ, 173

WIESNER, Reinhard (1999): Die Neuregelung der Entgeltfinanzierung in der Kinder- und Jugendhilfe, in: ZfJ, 79

WIESNER/KAUFMANN u.a. (1995): Kommentar zum SGB VIII, Kinder und Jugendhilfe, München

WIGGE, Peter (1996): Arztrechtliche Fragen des Unterbringungsrechts, in: MedR, 291

WILL, Annegret (1998): Der Anwalt des Kindes im Sorgerechtsverfahren – Garant des Kindeswohls?, in: ZfJ, 1

WOLFSLAST, Gabriele (1987): Die Haftung des Psychotherapeuten, in: R&P, 2

WOLTER, Jürgen (1995): Datenschutz und Strafprozessrecht, in: ZStW, 793

ZETTNER, Robert (1993): Der Umfang der Trennungs- und Scheidungsberatung nach dem neuen KJHG, in: FamRZ, 621

ZÖLLER/GREGER (1999): Kommentar zur Zivilprozessordnung, 21. Aufl., Köln

ZUCK, Rüdiger (1999): Wie verdient der Anwalt im sozialhilferechtlichen Mandat sein Geld?, in: AnwBl., 190

STICHWORTVERZEICHNIS

S

T

U

V